Axel Beyer
Yun Dörr
Hilbert Meyer (Hrsg.)

Moderne Schule Hamburg

Chinesisch und Englisch ab Klasse 1

Verlag Barbara Budrich
Opladen • Berlin • Toronto 2023

Bibliografische Information der Deutschen Nationalbibliothek
Die Deutsche Nationalbibliothek verzeichnet diese Publikation in der Deutschen
Nationalbibliografie; detaillierte bibliografische Daten sind im Internet über
https://portal.dnb.de abrufbar.

Gedruckt auf FSC-zertifiziertem Papier

Alle Rechte vorbehalten
© 2023 Verlag Barbara Budrich GmbH, Opladen, Berlin & Toronto
www.budrich.de

ISBN   978-3-8474-0620-4 (Paperback)
eISBN   978-3-8474-0274-9 (PDF)
DOI   10.3224/84740620

Das Werk einschließlich aller seiner Teile ist urheberrechtlich geschützt. Jede Verwertung außerhalb der engen Grenzen des Urheberrechtsgesetzes ist ohne Zustimmung des Verlages unzulässig und strafbar. Das gilt insbesondere für Vervielfältigungen, Übersetzungen, Mikroverfilmungen und die Einspeicherung und Verarbeitung in elektronischen Systemen.

Umschlaggestaltung: Bettina Lehfeldt, Kleinmachnow – www.lehfeldtgraphic.de
Titelbildnachweis: lehfeldtmalerei.de
Satz: Ulrike Weingärtner, Gründau – info@textakzente.de
Druck: docupoint GmbH, Barleben
Printed in Europe

Inhaltsverzeichnis

**TEIL I: GRÜNDUNGSGESCHICHTE UND
PÄDAGOGISCHES KONZEPT** **11**

(1)
Meinert Arndt Meyer
Gründungsgeschichte und erste Jahre **13**

(2)
Meinert Arndt Meyer und Axel Beyer
**Gespräch Meinert Meyer mit Axel Beyer:
„Und jedem Anfang wohnt ein Zauber inne".** **53**

(3)
Meinert Arndt Meyer
Bildungsgangdidaktik **73**

**TEIL II: CHINESISCHUNTERRICHT und SCHÜLERAUSTAUSCH
mit XI'AN** **89**

(4)
Yun Dörr, mit einem Beitrag von Guo Ying
„Reise in den Westen": Zum Chinesischunterricht ab Klasse 1 .... **91**

(5)
Tiyama Saadat
Mein Bildungsgang an der MSH **137**

(6)
Yun Dörr
Schüleraustausch mit der Fremdsprachenschule in Xi'an **150**

TEIL III: BAUSTEINE GANZHEITLICHER BILDUNGSARBEIT 167

(7)
Sarah-Fay Koesling
„Demokratisch Leben und Handeln lernen" in der Grundschule der Modernen Schule Hamburg 169

(8)
Matthias Kießner
Digitalisierung der Modernen Schule Hamburg 202

(9)
Franziska Trautmann
Digitale Medien im NaWi-Unterricht ab Klasse 5 221

(10)
Constanze Möricke
Nia – Innere und äußere Kraft durch Bewegung 235

(11)
Matthias Kießner
Die Oberstufe der Modernen Schule Hamburg 248

TEIL IV: WOHIN GEHT DIE REISE? 265

(12)
Hilbert Meyer und Axel Beyer
Hilbert Meyer im Gespräch mit Axel Beyer: Der Entwicklungsgang der Modernen Schule Hamburg 267

(13)
Hilbert Meyer & Ren Ping
Chinesisch-deutscher Didaktikdialog 282

(14)
Axel Beyer
Blick zurück nach vorn 305

Autor:innenverzeichnis 308

Abbildungsverzeichnis 311

Sach- und Personenregister 314

VORWORT

Der Schulbetrieb der Modernen Schule Hamburg (MSH) begann im August 2010. Die Gründungsfeier war im Januar 2011. Seit zwölf Jahren wird nun unterrichtet und die ersten fünf Jahrgänge haben das Abitur gemacht. – Ein Anlass, innezuhalten und zu fragen, was erreicht worden ist und welche Herausforderungen noch zu meistern sind.

Schule in der globalisierten Welt: Die MSH ist eine private Schule mit besonderer Prägung. Insbesondere der frühe Chinesischunterricht und das Ziel, Chinakompetenz in einem grundlegenden Sinne zu vermitteln, sind bundesweit ein Alleinstellungsmerkmal. Aber es wäre falsch, nur auf den Chinesischunterricht zu achten. Die anderen Bausteine unseres Schulkonzepts sind ebenso wichtig: das „Demokratisch Leben und Handeln lernen" im Sinne John Deweys, die Individualisierung der Bildungsgänge im Sinne der Bildungsgangdidaktik, das ganzheitliche Lernen und die konsequente Digitalisierung. Wir sind eine internationale Schule. Wir haben Schüler:innen aus 20 Nationen. Das ist heute nichts Ungewöhnliches mehr. Wir haben aber auch Lehrer:innen aus 10 verschiedenen Nationen und geben immersiven Sach-Fachunterricht auf Deutsch, Englisch und Chinesisch. Wir haben das Ziel, eine pädagogische Antwort auf die Herausforderungen der globalisierten Welt zu Beginn des 21. Jahrhunderts zu geben. Ob wir diesem Anspruch gerecht werden, können Sie anhand dieses Buches prüfen und kritisch hinterfragen.

Ein Gemeinschaftswerk: Insgesamt elf Personen haben an diesem Buch mitgeschrieben. Es sind Mitglieder der Schulleitung, Kolleg:innen der Schule (darunter zwei Chinesinnen) und drei Erziehungswissenschaftler (einer davon ein Chinese). Ein Beitrag ist von einer Schülerin geschrieben. Zeichnungen haben Grundschüler:innen der MSH und Meinert Meyer beigesteuert. Es war für die Kolleg:innen nicht einfach, neben der täglichen Unterrichtsarbeit einen Text zu schreiben, der die Unterrichtspraxis lebendig darstellt und zugleich den Ansprüchen der wissenschaftlichen Forschungsreihe, in der dieser Band erscheint, genügt. Aber die Anstrengungen aller Beteiligten haben sich unseres Erachtens gelohnt.

Meinert Arndt Meyer hat dieses Buch über die MSH initiiert und wollte der Herausgeber werden. Er hatte auch schon wichtige Beiträge, die nun im TEIL I abgedruckt sind, weitgehend fertiggestellt, ist dann aber während der Arbeit an diesem Buch am 9.11.2018 gestorben. Sein Zwillingsbruder Hilbert Meyer hat sich bereit erklärt, gemeinsam mit dem Schulleiter Axel Beyer und mit Yun Dörr, der verantwortlichen Leiterin des Chinesischunterrichts der MSH, die Herausgabe zu übernehmen. Hilbert Meyer hat alle vorliegenden Manuskripte redaktionell bearbeitet

Vorwort

und neue Beiträge initiiert. Er kennt die Schule seit 2014 aus mehreren Schulbesuchen und aus Fortbildungsveranstaltungen.

Curriculum vitae des Initiators: Meinert Arndt Meyer (1941–2018) machte 1968 an der Pädagogischen Hochschule Reutlingen sein Examen für das Lehramt an Volksschulen und 1971 an der Uni Tübingen ein weiteres Examen für das Lehramt an Gymnasien (in den Fächern Philosophie, Anglistik und Geschichte). Er ist in Tübingen an der Philosophischen Fakultät mit einer Arbeit über den Philosophen und Sprachwissenschaftler Ludwig Wittgenstein promoviert worden. In seiner in Münster entstandenen erziehungswissenschaftlichen Habilitationsschrift entwarf er ein Konzept für den Fremdsprachenunterricht im *Modellversuch Kollegschule* in Nordrhein-Westfalen. Von 1996 bis zum Eintritt in den Ruhestand 2007 war er Professor für Erziehungswissenschaft „unter besonderer Berücksichtigung der Schulpädagogik mit dem Schwerpunkt Allgemeine Didaktik" an der Universität Hamburg. Er hat sich für die schulpraktische Erprobung und die empirische Absicherung der maßgeblich von ihm entwickelten Bildungsgangdidaktik stark gemacht und auf ihrer Folie auch das pädagogische Konzept der MSH analysiert.

Meinert Meyer hat in der Gründungsphase ein wichtiges Gutachten und beim Schulstart drei Jahresberichte zum Entwicklungsstand verfasst, deren Extrakt im ersten Beitrag, TEIL I dargestellt wird. Der Kontakt zur Schule ging bald über die übliche Beratungstätigkeit hinaus und führte zu einer engen Freundschaft mit dem Schulleiter.

Abbildung 1: Meinert Meyer überreicht ein Ölbild als Präsent zur Eröffnungsfeier
(Foto Sibylle Hummel)

Wissenschaftliche Begleitung: Die intensive Arbeitsbeziehung Meinert Meyers zur MSH ist aufgrund einer Initiative von Axel Beyer zustande gekommen. Ihm war klar, dass es für den Aufbau dieser Schule besonderer Prägung erforderlich ist, eine beständige wissenschaftliche Beratung und Begleitung zu organisieren. Dazu war Meinert Meyer bereit. Er hatte enge Kontakte zu chinesischen Kolleg:innen. Er reiste viermal nach China und hielt dort Vorträge, u.a. an der Beijing Normal University in Peking, an der East China Normal University in Shanghai, an der Wuhan University in der Provinz Hubei und an der Anhui Normal University in Wuhu/Provinz Hefei. Es gibt eine Reihe gemeinsam mit seinem Bruder Hilbert verfasste Aufsätze zum chinesisch-deutschen Didaktikdialog, die in China, Hongkong und Deutschland veröffentlicht worden sind.

Widerstände: Auf den Antrag zur Gründung der Modernen Schule Hamburg reagierten manche mit Unkenrufen, viele andere waren begeisterte Förderer der ersten Stunde. Die Hamburger Schulbehörde wollte das Vorhaben nicht genehmigen. In dem von uns angestrengten Verwaltungsgerichtsverfahren hat die zuständige Richterin dann eine gütliche Einigung herbeigeführt (siehe Beitrag 1). Wir erhielten tatkräftige Unterstützung aus der Hamburger Öffentlichkeit, für die wir bis heute dankbar sind. Nach zwölf Jahren sagen wir: Eine Schule, die Chinesisch und Englisch ab Klasse 1 anbietet, kann allen Unkenrufen zum Trotz erfolgreich sein und die Hamburger Schullandschaft bunter machen.

Ziele: Mit diesem Buch verfolgen wir mehrere, unterschiedlich gelagerte Ziele. Wir wollen einen wissenschaftlich reflektierten Beitrag zur Schul- und Unterrichtsentwicklung leisten. Wir wollen all jenen Mut machen, die sich überlegen, als Lehrperson an eine Schule besonderer Prägung zu gehen oder gar selbst eine solche Schule zu gründen. Wir hoffen darüber hinaus, mit diesem Buch einen praktischen Beitrag zum chinesisch-deutschen Didaktik-Dialog zu leisten. Die bi-nationalen Beziehungen zwischen China und Deutschland waren schon immer kompliziert. In den letzten Jahren sind sie noch komplizierter geworden. Im zwölften Beitrag (TEIL IV) und im Nachwort kommen wir darauf zu sprechen.

Ein Dank geht an die Herausgeber der Studien zur Bildungsgangforschung, Uwe Hericks, Ingrid Kunze und Matthias Trautmann, sowie an Miriam von Maydell vom Barbara Budrich Verlag. Wir bedanken uns bei den Generalkonsuln und den zuständigen Konsuln für Bildung der Volksrepublik China, die uns in den vergangenen 15 Jahren in Hamburg wohlwollend begleitet haben. Ein besonders freundschaftlicher Dank gilt den Schulleitungen und Kolleg:innen der Fremdsprachenschule in Xi'an, die mit uns vor zwölf Jahren eine Partnerschaft aufgebaut und seitdem kontinuierlich gepflegt und ausgebaut haben.

Abbildung 2: „Nashorn" (Meinert Meyer, 2016)

Wir widmen dieses Buch Meinert Meyers Nashorn. Es signalisiert für uns seine beharrliche Zielstrebigkeit, aber auch die Weitsicht, mit der er diesen Schulversuch begleitet hat.

Hamburg und Oldenburg
1. Juni 2023

Axel Beyer
Yun Dörr
Hilbert Meyer

TEIL I:
GRÜNDUNGSGESCHICHTE UND PÄDAGOGISCHES KONZEPT

Meinert Arndt Meyer

Gründungsgeschichte und erste Jahre

Abbildung 1: MSH, Brödermannsweg Hamburg (Foto Axel Beyer)

Vorbemerkung der Herausgeber:innen: *Grundlage dieses ersten Beitrags sind drei für die Hamburger Schulbehörde angefertigte Jahresberichte zur Entwicklung und Evaluation der Modernen Schule Hamburg (MSH) aus der Feder von Meinert Arndt Meyer:*

- *Erster Jahresbericht an den Hamburger Schulsenator über den Beginn des Schulbetriebs 2010/11 über 53 Seiten (im Archiv der MSH)*
- *Zweiter Jahresbericht 2011/12 über 71 Seiten (im Archiv der MSH)*
- *Dritter Jahresbericht 2012/13 über 76 Seiten (im Archiv der MSH)*

Die wichtigsten Passagen dieser insgesamt 200 Seiten werden in diesem Beitrag wiedergegeben. Einige wenige Passagen stammen aus der am Tag der Schuleröffnung 2010 in Anwesenheit der Schulsenatorin der Freien und Hansestadt Hamburg von Meinert Meyer gehaltenen Ansprache. Die Komprimierung der drei Jahresberichte und der Ansprache, die Literaturnachweise sowie die Druckvorbereitung des Beitrags hat Hilbert Meyer übernommen.[1]

---

1 Das Gendern des Textes ist erst 2023 erfolgt. Die Fußnoten sind von Hilbert Meyer ergänzt. Nach 2014 verfasste neuere Beiträge von Meinert A. Meyer zur Globalisierung der Didaktik (Meyer, Meyer & Ling 2016; Meyer & Meyer 2017; Meyer, Meyer & Ping 2017) sind in das Literaturverzeichnis dieses Beitrags aufgenommen.

1. Gründungsphase

1.1 Bildungspolitische Konfliktlage

Schulen in freier Trägerschaft[2] stehen gemäß Grundgesetz, Artikel 7 unter der Aufsicht des Staates. Sie müssen, so die deutsche Rechtslage, für die Gründung eine Genehmigung der Schulaufsicht einholen. Sie werden dann juristisch zu „Ersatzschulen", weil sie den Schulbesuch an einer öffentlichen Schule ersetzen.[3] Sie müssen sich nach ihrer Gründung in den ersten drei Jahren selbst finanzieren. Dies heißt für die MSH, deren Träger sich die Rechtsform einer gGmbH gegeben hat, dass sie erst ab dem 1. August 2013 einen Antrag auf staatliche Förderung stellen konnte, die dann auch ab dem 1. Januar 2014 gewährt wurde. Diese Förderung soll 85 Prozent der Kosten für den Schulbetrieb abdecken. Die restlichen 15 Prozent sollen durch das Schulgeld der Schüler:innen erbracht werden.

Aufgrund der im Grundgesetz der Bundesrepublik verankerten Garantie einer gemeinsamen Grundschule für alle Kinder ist die Genehmigung einer Ersatzgrundschule viel schwieriger als die eines Gymnasiums in freier Trägerschaft. Das hat historische Gründe. Im Gefolge des Weimarer Grundschulkompromisses aus dem Jahr 1920 sind die bis dahin existierenden „Progymnasien" für Grundschüler:innen, die sich auf einen zukünftigen Gymnasialbesuch vorbereiten wollten, verboten worden. Das Verbot gilt im Prinzip bis heute. Ausnahmen gibt es nur, wenn ein „besonderes pädagogisches Interesse" nachgewiesen werden kann. Und genau dies sah die Hamburger Schulbehörde bei der MSH-Grundschule zunächst nicht als gegeben an.

Das Zielkonzept: Das Zielkonzept der MSH ist stark an der an der Universität Hamburg entwickelten Bildungsgangdidaktik orientiert, die die Tradition der Bildungstheorien von Wilhelm von Humboldt, Wolfgang Klafki und Herwig Blankertz aufnimmt und aktualisiert. Das Hamburger Modell setzt darauf, die Bildungsgänge zu individualisieren und das selbstregulierte Lernen und die Verantwortungsübernahme der Schüler:innen zu stärken. Die eigentliche Herausforderung für die Entwicklung der MSH bestand und besteht aber in der internationalen und interkulturellen Perspektive, die vor allem durch den Fokus auf die chinesische Sprache und die chinesische Kultur hergestellt wird. Der Anspruch ist hoch gesteckt. Die Schule hofft, ihren Teil dazu beizutragen, dass das Verständnis der Deutschen für die chinesische Kultur und das der Chinesen für die deutsche Kultur wächst. Dies schließt für

---

2 Schule in freier Trägerschaft ist die juristische Formulierung der im Alltag zumeist benutzten Bezeichnung Privatschule.

3 Ersatzschulen, so die rechtliche Formulierung, „entsprechen" den Schulformen des öffentlichen Schulwesens und können deshalb auch die Abschlüsse des öffentlichen Schulsystems vergeben. Sie bieten grundsätzlich die gleichen Unterrichtsinhalte wie öffentliche Schulen an. Sie sind berechtigt, nach eigenen Lehr- und Erziehungsmethoden zu arbeiten, die aber „gleichwertig" zu denen der öffentlichen Schulen sein müssen.

eine deutsche Schule die Erziehung zur Demokratie und eine Auseinandersetzung mit der nicht-demokratischen Gesellschaft und Politik in China ein.

Der Genehmigungsprozess – ein Hürdenlauf: Die Hamburger Schulbehörde machte zunächst keinerlei Hoffnungen, dass eine Grundschule, in der Chinesisch- und Englischunterricht ab Klasse 1 Pflicht sind, genehmigt werden könnte. Aber der Initiator Axel Beyer ging davon aus, dass genau dieses Alleinstellungsmerkmal ihr spezifisches Bildungspotenzial darstellte und im Gefolge dessen auch die Attraktivität der Schule ausmachen musste. Weil er lange in einer NGO gearbeitet hatte, war ihm klar, dass er selbst tätig werden musste, um die Akzeptanz für diese freie Schule im Stadtteil Groß Borstel und in der ganzen Stadt Hamburg herzustellen. Was er dafür alles angestellt hat, erläutert er im Interview im zweiten Beitrag (S. 55–57).

1.2 Verwaltungsgerichtsverfahren

Im Jahr 2009 hat der Schulträger der projektierten MSH ein Gerichtsverfahren gegen die Freie und Hansestadt Hamburg angestrengt. Darin ging es darum, die zwei wesentlichen rechtlichen Vorgaben für die Genehmigung einer neuen Schule zu überprüfen. Es musste geklärt werden, ob das sogenannte Sonderungsverbot eingehalten wird und ob ein besonderes pädagogisches Interesse an der Schulgründung gegeben ist:

- *Sonderungsverbot:* Die zuständige Richterin Frau Dr. Rubbert kam zu dem Ergebnis, dass dem Antrag des Schulträgers stattzugeben sei. In ihrem Urteil vom 11. Dezember 2009 geht sie davon aus, dass die Qualität des Bildungswesens durch die Existenz von Schulen in freier Trägerschaft nicht gefährdet wird, sondern umgekehrt gesteigert werden kann. Der Artikel 7, Absatz 4 GG, so die Richterin, verfolgt als Zweck, „die Kinder aller Volksschichten zumindest in den ersten Klassen grundsätzlich zusammenzufassen – gegen alle Tendenzen, Klassen, Stände oder sonstige Schichtungen zuzulassen." Dieser Zweck wird, so die Richterin, durch die Gründung der MSH-Grundschule mit ihrem besonderen Profil nicht gefährdet, weil die Schule offen für alle ist, weil das geplante Schulgeld moderat ist und weil in Einzelfällen auch Schüler:innen ganz ohne Schulgeld aufgenommen werden.
- *Besonderes pädagogisches Interesse:* Im Antrag auf Genehmigung der Schulgründung wurden als besonderes Profil der Schulplanung zum einen die Dreisprachigkeit (Deutsch, Chinesisch und Englisch ab Klasse 1), zum anderen das konsequente demokratiepädagogische Konzept der Schule hervorgehoben. Auch in diesem Punkt sah Frau Dr. Rubbert keinen Hinderungsgrund. Ihr Urteil: „Das besondere pädagogische Interesse ist gegeben!" Und weiter: „Es impliziert, dass das, was in der MSH erprobt wird, so noch nicht zuvor an anderer Stelle

erprobt worden ist. Dabei ist das Gelingen des Konzepts grundsätzlich anzunehmen." Die Schulgründung darf also nicht mit dem Argument abgeblockt werden, dass es noch keine wissenschaftlichen Erkenntnisse zu dem Vorhaben gibt, auf das sich das besondere pädagogische Interesse bezieht.

Der Prozess endete in einer gütlichen Einigung mit dem Ergebnis, dass das MSH-Schulkonzept genehmigungsfähig ist. Das Gerichtsverfahren hatte allerdings den Start der MSH verzögert und die Beteiligten stark belastet.

1.3 Genehmigung mit Auflagen

Der Staatsrat der Behörde für Schule und Berufsbildung Hamburg musste die vor Gericht getroffene gütliche Einigung umsetzen. Er hat dann am 19. Januar 2010 die Genehmigung der „Modernen Schule Hamburg – Grundschule" und „Gymnasium" als Ersatzschule in freier Trägerschaft ausgesprochen und sie, wie üblich, mit Auflagen verbunden:

- „Der Anteil der Sprache Deutsch an der Unterrichtssprache beträgt mindestens 50 Prozent."
- „Die Schule nimmt an den Hamburger Lernstandserhebungen teil."
- „Die Schule stellt eine begleitende externe wissenschaftliche Evaluation sicher, die jährlich einen Bericht zur Qualität des Unterrichts, zum trilingualen Ansatz und zu den Deutschkenntnissen der Schülerinnen und Schüler erstellt."

Diese Auflagen erfassen aber nur einen Ausschnitt der konstitutiven Ziele der MSH. Zum besseren Verständnis gehe ich deshalb im zweiten Abschnitt dieses Beitrags auf alle wesentlichen Aspekte des MSH-Konzepts ein.

1.4 Absichten des Schulleiters

Axel Beyer formulierte sie 2013 wie folgt: „Mein persönliches Anliegen war es, eine Schule zu schaffen, die alles Gute, was es schon im staatlichen Schulwesen gibt, unter einem Dach vereint und dabei das Kind in den Mittelpunkt der Schule rückt." Diese Absichtserklärung gibt der MSH ein wenn auch noch abstrakt bleibendes Profil, sie hat den Schulgründer aber zugleich angreifbar gemacht. Wenn er auf nichts verzichten will, was es im Bildungswesen an Gutem gibt, dann besteht die Gefahr einer überbordenden Ansammlung nicht aufeinander abgestimmter Einzelmaßnahmen. Darauf hat der Gutachter der Schulbehörde im Verwaltungsgerichtsverfahren (s.o.) hingewiesen. Aus meiner Sicht ist die Argumentation des Gutachters aber nicht schlüssig, denn ein Schulleiter *muss* sich mit allen Fragen der

Schul- und Unterrichtsgestaltung beschäftigen und immer wieder neu abwägen, was insgesamt an „Gutem" bekannt ist und helfen kann, eine gute Schule aufzubauen. Er kann sich nicht auf die im Genehmigungsantrag benannten Bereiche des „besonderen pädagogischen Interesses" der Schule, hier also auf die Dreisprachigkeit und die Demokratiepädagogik, beschränken.

Schulgebäude: Recht früh wurde das auf der ersten Seite dieses Beitrags abgebildete Schulgebäude gekauft. Eine ehemalige Fabrik, die äußerlich nicht viel hermachte, aber innere Werte hat: eine sehr stabile Bauweise, viel Fläche, große Fenster, sehr günstige Lage im Stadtviertel, gute Verkehrsanbindungen.

Abbildung 2: Axel Beyer (Foto Sibylle Hummel)

Türkisch oder Chinesisch? Interessant sind Axel Beyers Ausführungen bezüglich dessen, was mit einem vornehmen Ausdruck als ‚trilingualer Ansatz' bezeichnet wird. Er war an Fremdsprachen schon immer interessiert und hat nach denjenigen Sprachen gesucht, mit denen er für Hamburg ein besonderes pädagogisches Interesse verknüpfen konnte. Zum Schluss standen neben dem Englischen Türkisch und Chinesisch in der engeren Wahl. Türkisch hat dann „verloren", weil Axel Beyer nicht ausschließen konnte, dass Türkisch als Pflichtsprache an einer Schule in freier Trägerschaft von einem Teil der potenziellen deutschsprachigen Eltern für ihre Kinder abgelehnt werden könnte. Demgegenüber, so die Annahme, ist das Chinesische „bei einem Gutteil der Menschen jetzt schon, in ihrem Alltag, im Arbeitsleben wichtig. Wenn man Chinesisch kann, hat man später im Berufsleben Vorteile!" Axel Beyer hat sich sachkundig gemacht, welche Chancen eine Schule mit starkem Chinesisch-Anteil haben könnte, und z.B. bei der Hamburger Deutsch-Chinesischen Gesellschaft, bei der Hamburg-China-Gesellschaft und bei der COSCO, der größten in Hamburg vertretenen chinesischen Reederei, nachgefragt. Das Ergebnis seiner Recherchen: „Alle fanden die Idee gut. Und auch die Erziehungswissenschaftler haben nicht widersprochen, sondern gesagt: Eine solche Schule ist machbar. Das Chinesische ist nicht schwerer als jede andere Sprache auch. Wenn man alles sauber plant, kann man auch mit drei Sprachen ab Klasse 1 beginnen."

So schloss sich der Kreis und die Aufbauarbeit konnte starten.

2. Allgemeinbildung gestern und heute

2.1 Allgemeinbildender Fächerkanon

Allgemeinbildende Schulen verweisen schon in ihrer Namensgebung auf die Pflicht, die Schüler:innen fit zu machen für gesellschaftliche Teilhabe und individuelles Glück im späteren Leben. Der Begriff Allgemeinbildung setzt hohe Ansprüche. Er hat eine zweihundert Jahre alte Theoriegeschichte (Klafki 1991), die hier nicht wiederholt zu werden braucht.

Fragt man Studierende der Lehrämter und Schüler:innen der gymnasialen Oberstufe, was Allgemeinbildung sei, dann erhält man Auskünfte wie die, dass es die Bildung für alle sei oder dass es um „breites Grundlagenwissen" gehe. Fragt man dann genauer nach, was sie sich darunter vorstellen, sagen viele: „Na das, was in den Unterrichtsfächern vermittelt wird." Der Fächerkanon steht für sie also für eine allgemeine und zugleich breit angelegte Bildung. Man kann sich das mit einem schlichten Bild veranschaulichen: Die Allgemeinbildung ist so etwas wie eine Torte mit verschiedenen, allerdings unterschiedlich großen Tortenstücken, die zusammengenommen ein Ganzes bilden – das, was die Griechen und das Mittelalter die *enkyklios paideía* (den Kreis der Bildungsinhalte) nannten. Die Tortenmetapher hinkt natürlich ein wenig, weil sie nur die Frage erfasst, *welche Fächer* in die Schule gehören. Die Metapher beantwortet nicht die Frage, was daran bildend ist. Probleme der curricularen Ausgestaltung von Allgemeinbildung lassen sich aber verdeutlichen:

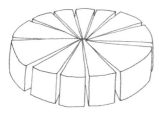

— Die Torte als Ganze stellt das dar, was die Schüler:innen im Laufe ihrer Schulzeit verkraften können, ohne dass ihnen, salopp formuliert, übel wird. Das sind an einer deutschen Ganztagsschule bis zur 10. Klasse – Übungsphasen und betreute Freizeit eingerechnet – ungefähr 15.000 Unterrichtsstunden.
— Wenn man diese Studierenden fragt, welche Unterrichtsfächer die Tortenstücke für sie darstellen, dann werden durchgehend die bekannten Schulfächer genannt: Deutsch, Mathematik, Englisch, zweite Fremdsprache, auch Geschichte, Erdkunde, Politik und Sozialkunde, manchmal Französisch und Spanisch, selten Lateinisch oder Griechisch. Ob Religion oder Sport dazu gehören, bleibt zumeist unklar.
— Wenn man eine Neuerung einführen will, z.B. das Fach Chinesisch oder Informatik, dann müssen alle anderen Tortenstücke schmaler werden oder eines oder zwei ganz herausgenommen werden. Das Herausnehmen wird von meinen

studentischen Gesprächspartnern zur Not akzeptiert, solange es nicht die eigenen zwei Fächer sind. Die sind natürlich, so die feste Überzeugung der meisten, ein wichtiger Bestandteil allgemeiner Bildung!
- Die Tortenstücke sind seit jeher unterschiedlich groß. Deutsch, Mathematik und Sachunterricht haben seit 60 Jahren in der Grundschule ein ungefähr gleich großes Stundenvolumen. Englisch wird irgendwann ein ähnlich großes Stück zugewiesen bekommen. Im Grundschulunterricht der MSH ist diese Gleichgewichtung für Englisch und auch für Chinesisch schon heute erreicht.
- Auf die Frage, warum Recht oder Medizin oder Psychologie keine Unterrichtsfächer sind, fällt den Studierenden in der Regel nicht viel ein. Es ist auch systematisch nicht zu erklären, nur historisch: Das Fehlen ist eine Spätfolge der mittelalterlichen Fächeraufteilung zwischen Schule und Universität, in der der Lateinunterricht in die Schule gehörte, aber Recht und Medizin der Universität vorbehalten waren.
- Ein neu hinzugekommenes Tortenstück ist an der MSH das Fach *Modern Enterprise*, eine handlungsorientiert akzentuierte Variante von Informatikunterricht.

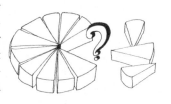

Seit jeher wird darüber räsoniert, wie opulent oder knapp das Stundenvolumen für die einzelnen Fächer zu sein hat. Auch bei der Genehmigung der MSH war dies ein wichtiger Streitpunkt. Er schlägt sich in der Auflage der Schulbehörde nieder, mindestens 50 Prozent des Unterrichts auf Deutsch zu erteilen (s.o.).

Für einen Bildungstheoretiker sind die immer wieder neu geführten Kämpfe um Stundenanteile wichtig, aber auch ein wenig kurzatmig. Sie erfassen nur das, was als die materiale Seite von Bildungsprozessen bezeichnet wird. Die formale, also auf das lernende Subjekt bezogene Seite muss hinzukommen. Für seine Bestimmung lohnt sich ein Blick in die Geschichte der Pädagogik!

2.2 Wilhelm von Humboldt

Der Begründer der klassischen deutschen Bildungstheorie, Wilhelm von Humboldt (1767–1835 – Abb. 3, aus dem Bildarchiv M. Meyer), hat Bildung als ganzheitliche Entfaltung der Persönlichkeit bestimmt. Er schreibt:

„Der wahre Zweck des Menschen – nicht der, welchen die wechselnde Neigung, sondern welchen die ewig unveränderliche Vernunft ihm vorschreibt – ist die höchste und proportionirlichste (*sic*) Bildung seiner Kräfte zu einem Ganzen. Zu dieser Bildung ist Freiheit die erste, und unerlässliche Bedingung." (Humboldt 1963, Bd. I, S. 64).

Abbildung 3: Wilhelm von Humboldt (Humboldt 1963, Bd. I, S. 64)

Das ist sehr pathetisch formuliert, aber damals so üblich und im Kern bis heute gültig. Bildung ist ganzheitlich, vernunftbezogen und dient der „Kräftebildung", also dem, was heute als Kompetenzentwicklung bezeichnet wird. Allgemeine Bildung wäre aber gründlich missverstanden, wenn man denkt, „alles" lernen zu müssen. Das galt schon immer. Man musste sich auf das „Wesentliche" konzentrieren. Aber was ist wesentlich? Humboldts Antwort: das, was den Menschen zum kritischen Denken befähigt, was die Menschenkenntnis fördert und die Handlungsfähigkeit sichert. Dafür benötigt der Mensch Freiräume, weil verordnetes Mündigsein ein Widerspruch in sich selbst wäre. Und das gilt dann auch für die Schule, in der Führung und selbstgesteuertes Lernen in eine Balance gebracht werden müssen.

An welchen Inhalten kann Bildung in diesem allgemeinen Sinne erworben werden? Für Humboldt sind es die griechische und die römische Sprache und deren Kultur. Die antike Welt erschließt, so der Autor, dem Menschen eine andere, fremde Weltansicht. Bildung ist also bei Humboldt zum einen formal bestimmt, weil sie die Verstandeskräfte ausbildet und zur Verantwortungsübernahme befähigt. Sie ist zum anderen inhaltlich bestimmt, weil der Autor die idealisierend betrachtete griechisch-römische Literatur, ihre Philosophie und bildende Kunst zum Lerngegenstand, Vorbild und Maßstab nimmt.

Entfremdung und Aufhebung der Entfremdung: Humboldt stellt, was oft übersehen wird, den Bildungsprozess als einen Prozess der Entfremdung dar, der sich im Spannungsfeld von Universalität und Individualität entwickelt: Ich setze mich der Welt aus, ich erobere sie mir, ich erleide sie aber auch, bin ihrer in vielfacher Hinsicht nicht mächtig, bin vom Schicksal und von meinen eigenen Grenzen bestimmt. Wenn Bildung aber Entfremdung und gleichzeitig Aufhebung dieser Entfremdung ist, dann ist klar, dass Bildung dialektisch zu denken ist. Sie dient der Aneignung von Welt durch das Individuum, macht aber auch die Welt zu einer anderen, weil Bildung dazu führt, dass gebildete Weltbürger heranwachsen, die ihr Geschick innerhalb gewisser Grenzen selbst bestimmen können.

Universalität und Individualität: Bildungsprozesse sind grundsätzlich individuelle Prozesse, aber sie finden in der Auseinandersetzung mit anderen statt. Deshalb entfaltet sich der Bildungsprozess in einer Wechselwirkung von Universalität und Individualität, die immer auf sprachliche Vermittlung angewiesen ist. Im Jahr 1830 schreibt Humboldt:

> „Eine Nation hat freilich im Ganzen dieselbe Sprache, allein schon nicht alle Einzelnen in ihr (...) ganz dieselbe, und geht man noch weiter in das Feinste über, so besitzt wirklich jeder Mensch seine eigne. Keiner denkt bei dem Wort gerade das, was der andre, und die noch so kleine Verschiedenheit zittert, wenn man die Sprache mit dem beweglichsten aller Elemente vergleichen will, durch die ganze Sprache fort. Bei jedem Denken und Empfinden kehrt, vermöge der Einerleiheit der Individualitaet, dieselbe Verschiedenheit zurück, und bildet eine Masse aus einzeln Unbemerkbarem. Alles Verstehen ist darüber immer zugleich ein Nicht-Verstehen, eine Wahrheit, die man auch im praktischen Leben trefflich benutzen kann, alle Übereinstimmung in Gedanken und Gefühlen zugleich ein Auseinandergehen." (Humboldt 1963, Bd. I, S. 228 f.)

Die Dialektik von Individualität und Universalität gilt bis heute. Im Antrag der MSH für die Gestaltung des Grundschulunterrichts heißt es dazu: „Die Einzigartigkeit jedes einzelnen Kindes wird gesehen." Richtig! Das muss dann aber auch Folgen für die offene Gestaltung des Bildungsgangs jedes einzelnen Kindes und Jugendlichen haben!

Verstehen und Nicht-Verstehen: Allgemeine Bildung heißt nicht, so die Botschaft des Zitats, allen Menschen das Gleiche beizubringen, sondern sie zu lehren, trotz aller persönlichen Unterschiede das Gegenüber zu verstehen. Sie ist, so Humboldt, dann allgemein, wenn in ihr die Andersartigkeit der Anderen und damit das Andere in uns selbst erfahren werden können. In seinen Worten: „Übereinstimmung in Gedanken und Gefühlen zugleich ein Auseinandergehen" darstellt. Allgemeine Bildung steht also nicht im Widerspruch zur Entwicklung von Individualität, sondern setzt sie voraus. Sie ermöglicht dem Heranwachsenden, mit seinen je individuellen Fähigkeiten am privaten und öffentlichen Leben in den großen Praxisfeldern teilzunehmen: in der Familie, im politischen Leben, in der Freizeit und, last but not least, in der Berufstätigkeit.

Welche Sprache bildet? Vom Englischen hielt Humboldt, obwohl er es neben einem Dutzend weiterer Sprachen perfekt beherrschte, im Blick auf seine bildende Kraft nicht viel. Das Englische weiche, so Humboldt, bezüglich seiner Struktur und seines kulturellen Hintergrunds nicht stark genug vom Deutschen ab, um Bildungsanstöße zu geben. Demgegenüber erschließt das Griechische eine ganz andere, für den Educandus neue und fremde Weltansicht. Eigentlich hätte man, so Humboldt, am Gymnasium auch Hebräisch oder Arabisch zur Pflichtsprache machen können, weil deren Grammatik und Sprachform ganz anders als die des Deutschen sei. Aber für einen Neuhumanisten wie Humboldt war die Rückbesinnung auf das Ideal der griechischen und lateinischen Kultur die einzige ernst zu nehmende Option (vgl. Meyer 1986, S. 17–33).

Vielleicht erahnen Sie jetzt, worauf ich hinaus will: Gerade weil die chinesische Sprache in ihrer Struktur noch stärker vom Deutschen und Englischen abweicht als das Griechische und weil es eine imposante, Jahrtausende alte chinesische Kultur gibt, eignet sich diese Sprache besonders gut, um allgemeine Bildung in Humboldts Sinne zu vermitteln. Es lehrt im „Verstehen" und „Nicht-Verstehen" eine völlig andere, fremde Weltansicht!

2.3 Moderne Allgemeinbildungskonzepte

Humboldts Vorschlag für einen allgemeinbildenden Fächerkanon, in dem Deutsch, Griechisch, Latein und Mathematik drei Viertel der Unterrichtszeit einnehmen, hat sich nicht durchgesetzt. Humboldts Gedankenspiel, dass es dem zukünftigen Tischler gut täte, Griechisch zu lernen, wie es ebenso dem Gelehrten gut täte, Tische machen zu können (Humboldt 1964, Bd. IV, S. 189), war von Beginn an illusionär. Schon im 19. Jahrhundert wurde der Griechischunterricht an Gymnasien zurückgefahren, im 20. Jahrhundert auch das Lateinische. Bis heute hört man das Argument, man könne auf Latein ganz verzichten, es sei ja eine tote Sprache, in der man nicht kommunizieren könne. Humboldt hätte eine solche Kritik nicht akzeptiert. Auf die Bildung kommt es an, nicht auf gewerbsmäßige Nützlichkeit! Das Scheitern der Humboldtschen Lehrplantheorie zwingt uns aber, darüber nachzudenken, wie Bildung und Nützlichkeit besser zusammengeführt werden können.

Bildung als Transformationsprozess denken! Wir müssen – mit Humboldt – berücksichtigen, dass Allgemeine Bildung zwar auf Inhalte angewiesen ist, weil es Unterricht ohne Unterrichthalte nicht gibt, dass es aber neben den im Unterricht vermittelten Sach- und Fachkompetenzen um Persönlichkeitsbildung geht. Wolfgang Klafki (1927–2016), der bekannteste Pädagoge des „goldenen Zeitalters der Didaktik", schrieb, dass derjenige gebildet sei, dem man Verantwortung übertragen könne (Klafki 1963). Und Hans Christoph Koller, der maßgeblich am Aufbau der Hamburger Bildungsgangforschung mitgewirkt hat, fordert, Bildung als Transformationsprozess zu deuten, bei dem das bereits vorhandene Wissen und Können gründlich durcheinander gewirbelt und ganz neu strukturiert wird (Koller 2012).

Berufs- und Allgemeinbildung zusammenbringen! Bildung und Nützlichkeit schließen einander nicht aus, auch wenn dies im 19. Jahrhundert einige Bildungstheoretiker im Anschluss an einen missverstandenen Wilhelm von Humboldt meinten. Erst in der Mitte des 20. Jahrhunderts ist insbesondere von Herwig Blankertz (1927–1983) herausgearbeitet worden, dass sich Berufs- und Allgemeinbildung nicht widersprechen (Blankertz 1963). Er schreibt, ganz in der Tradition Humboldts, dass Allgemeinbildung darin besteht, den eigenen Bildungsprozess kritisch und auf wissenschaftlichem Niveau zu reflektieren. „Die Wahrheit der Allgemeinbildung", so Blankertz (1982, S. 141) im Anschluss an den Philosophen Hegel, „ist somit die spezielle oder berufliche Bildung." Allgemeinbildung kann und darf nach seinem Verständnis nicht an einen bestimmten Fächerkanon gebunden werden – entscheidend ist, dass die Unterrichtsinhalte kritisch aufgearbeitet werden und dadurch die Persönlichkeitsbildung unterstützen.

21st century skills stärken! Was braucht man in der globalisierten Welt für die von Klafki und Blankertz eingeklagte Befähigung zur Verantwortungsübernahme? Neben der unverzichtbaren breiten Sach- und Fachkompetenz ist es das, was heute im englischen Sprachraum als *21st century skills* bezeichnet wird:

- Kooperations- und Kommunikationsfähigkeit
- kritische Urteilsfähigkeit sich selbst und anderen gegenüber
- Empathie und Solidaritätsfähigkeit
- Kreativität
- und die Bereitschaft, sich für die Demokratie einzusetzen.

Es dürfte einleuchten, dass die Förderung dieser Fähigkeiten nicht an bestimmte Unterrichtsfächer und ihre Inhalte gebunden ist, sondern daran, *wie* diese Fächer unterrichtet werden.

2.4 Das Bildungspotenzial der chinesischen Sprache

Ich habe schon darauf hingewiesen, dass aus der Perspektive der Humboldtschen Allgemeinbildungstheorie und der Blankertzschen Berufsbildungstheorie das Chinesische als Unterrichtsfach leicht legitimiert werden kann, weil das Eintauchen in diese Sprache einen sehr fremdartigen Kulturraum erschließt, dessen Fremdartigkeit, so die begründete Hoffnung, im Verstehen und Nicht-Verstehen bildend wirkt und darüber hinaus einen deutlichen Berufsbezug bekommen kann.

Was ist an der chinesischen Sprache grundlegend anders? Sie kennt keine Syntax im Sinne der indogermanischen Sprachen. Deshalb gibt es auch keine Deklinationen, Konjugationen, Tempusformen usw. Stattdessen gibt es das hoch komplexe Schriftzeichensystem, dessen Beherrschung viele Jahre intensiven Lernens erfordert und dessen vollständige Beherrschung in der Lebensspanne eines einzelnen Menschen gar nicht abgeschlossen werden kann.[4] Die Schriftzeichen, die ursprünglich aus Eingravierungen von symbolischen Bildern auf Orakelknochen entstanden

---

4 Insgesamt gibt es circa 100.000 Schriftzeichen, von denen nur ein Teil im heutigen Chinesisch verwandt wird. Die Zahl der Schriftzeichen, die ein gebildeter Chinese tatsächlich versteht und teilweise nutzt, liegt bei 6000.

sind (Bauer 2009, S. 38), enthalten bis heute bildliche Elemente, die mit Einfühlungsvermögen dekodiert werden können. Ich will dies an drei Beispielen erläutern!

Erstes Beispiel: Nehmen Sie das Schriftzeichen *dào*, das Sie vielleicht von der philosophischen Richtung des Daoismus des Laotse kennen. Das Zeichen kann mit „Weg" übersetzt werden, manchmal erhält es auch die Bedeutung von „Wahrheit".

Es bezeichnet in der antiken chinesischen Philosophie die bewegende, alles regulierende Kraft. Im links abgebildeten, von mir ohne jede kalligraphische Kompetenz nachgezeichneten Schriftzeichen für *dào* sehen Sie unten einen durch einen längeren Strich angedeuteten Wagen mit Deichsel, der von rechts nach links führt, und darüber einen Mann, der den Wagen lenkt, wobei man sich das Pferd hinzudenken muss. Was lehrt das Zeichen? Wer sich auf den Weg macht, muss wissen, dass er den Wagen in die richtige Richtung lenken muss! Und wenn er das tut, kommt er der Wahrheit näher. Ich war überrascht, in China gesehen zu haben, dass dieses urtümliche Schriftzeichen bis heute im Alltag geläufig ist, zum Beispiel an den Mautstationen der chinesischen Autobahnen.

Zweites Beispiel: Die große Kraft der chinesischen Sprache ergibt sich nun dadurch, dass einzelne Zeichen immer wieder neu kombiniert werden können und dann eine oftmals ganz andere, manchmal auch sehr abstrakte Bedeutung erhalten. Im folgenden Satz wird das Zeichen für dào mit zwei weiteren Zeichen verknüpft:

hóng dào mén
弘 道 门

Das erste Zeichen *hóng* hat die Bedeutung „großartig" oder „prächtig", als Verb auch „verbreiten" oder „verherrlichen". Die ersten zwei Zeichen zusammen genommen können also mit *„Den Weg verherrlichen"*, aber auch mit *„Die Wahrheit ausbreiten"* oder *„Die Wahrheit verherrlichen"* übersetzt werden. Sie bilden eine Formel, die auch in den berühmten „Gesprächen" (*Lun Yu*) des im 5. Jahrhundert vor Chr. geborenen Konfuzius benutzt wird (Konfuzius 1982). Das dritte Zeichen *mén* heißt „Tür" oder „Tor". Man kann die drei Zeichen zusammen genommen also nüchtern mit *„Tor zum Verbreiten der Wahrheit"* oder

Abbildung 4: Tor zur Verherrlichung der Wahrheit (Foto Yun Dörr)

ein wenig pathetischer mit „*Tor zur Verherrlichung der Wahrheit*" übersetzen. Dadurch erhalten die Zeichen einen rituellen Sinn, wie er im Foto von Seite 24 zu erkennen ist. Die drei Schriftzeichen stehen nämlich – vertikal angeordnet – über dem Toreingang des Konfuzius-Tempels in Qufu in der Provinz Shandong (Abb. 4, Foto Yun Dörr).[5]

Drittes Beispiel: Die vier Schriftzeichen der nächsten Abbildung 勤学苦练 haben die Bedeutung:

— rechts oben 勤: fleißig, arbeitsam, unermüdlich
— rechts unten 学: lernen, studieren
— links oben 苦: mühsam; sein Möglichstes tun
— links unten 练: üben, trainieren.

Zusammen kann man die vier Zeichen übersetzen mit „*Fleißig lernen und hart üben*". Im Jahr 2008 habe ich mir die vier Zeichen von einem Kalligraphen in der Touristen-Meile in Beijing zeichnen lassen:

Abbildung 5: 勤学苦练 (Fleißig lernen und hart üben)

Inzwischen habe ich erfahren, dass jedes chinesische Kind diese Spruchweisheit kennt und dass die große Mehrheit sie auch verinnerlicht hat. Dem entspricht das in unseren Augen sehr disziplinierte Verhalten chinesischer Schüler:innen.

Die in dieser Spruchweisheit deutlich werdende Differenz zur deutschen Schulkultur ist augenfällig. In Deutschland soll Lernen Spaß machen! Das steht sogar in vielen Bildungsplänen. Deshalb hat das unvermeidbare Üben oftmals bei Schüler:innen einen negativen und bei den Eltern einen stressigen Beigeschmack. Um

---

5 Der Überlieferung nach ist Konfuzius in Qufu geboren, dort ist auch sein tatsächliches oder angebliches Grab.

dem zu begegnen, fordern Didaktiker wie mein Bruder Hilbert Meyer neue methodische Konzepte für „intelligentes" Üben (Meyer 2004, S. 104 ff.). Es ist ein Üben, das an das erreichte Kompetenzniveau des einzelnen Schülers/der Schülerin angepasst ist und dann möglichst auch noch Spaß macht – eine Forderung, die chinesische Schüler:innen und Eltern merkwürdig, wenn nicht weltfremd finden dürften.

Die drei Beispiele sollen deutlich machen: Bildend ist bei der Aneignung des Chinesischen zum einen das Eintauchen in eine ganz fremde Kultur, zum anderen die Erkenntnis, was die chinesische Sprache zu leisten vermag: Durch geschicktes Kombinieren von Zeichen kann eine sehr große Bedeutungstiefe erzielt, ganz neue Bedeutungen können produziert werden. Hat man dies verstanden, kann man auch nachvollziehen, warum die Übersetzung chinesischer Philosophie oder Lyrik immer eine große Herausforderung darstellt. Sie leistet immer nur eine von vielen möglichen Annäherungen an die originale, tief gestaffelte Bedeutung des Textes.

Ich hoffe, nun ausreichend demonstriert zu haben, dass allgemeine Bildung in deutscher Tradition und das Erlernen der chinesischen Sprache keinen Gegensatz darstellen. Mit Wilhelm von Humboldt zusammengefasst: Das Chinesische erschließt eine „fremde Weltansicht", die zum Nachdenken über die eigene Anschauung der Welt anregt und dadurch bildend wirkt.

3. Das pädagogische Konzept der MSH

Welchen Bildungsweg sollen die Schüler:innen gegangen sein, die diese Schule im Jahr 2020 nach zehn Jahren mit dem Sekundarstufen-I-Abschluss verlassen? Und was ist die Zielsetzung für die Abiturientinnen und Abiturienten? Die Antwort auf diese Frage steckt im pädagogischen Konzept der MSH. Es versucht zu beantworten, was heute – in Zeiten gesellschaftlicher Krisen und globalisierter Weltwirtschaft – unter einer Allgemeinbildung, die die Berufsorientierung einschließt, verstanden werden kann. Die Stundentafeln im ANHANG dieses Beitrags geben einen ersten Einblick in die curriculare Umsetzung des Konzepts.

3.1 Dreisprachigkeit

Die MSH bietet ab Klasse 1 nicht nur Unterricht in Chinesisch, sondern auch in Englisch an. Und selbstverständlich findet dann auch noch die Alphabetisierung in Deutsch als dominanter Unterrichtssprache statt. Das ist, soviel wir wissen, in dieser Sprachenkombination in Deutschland einmalig. In anderen Nationen, in denen die Muttersprache nicht identisch mit der Unterrichtsprache ist, ist dreisprachiges Aufwachsen keine seltene Ausnahme, sondern oftmals die Regel (s.u.).

Englisch ist die *lingua franca* der Gegenwart und steht als Weltverkehrssprache unangefochten auf Platz 1 der Nützlichkeitsskala. Darüber gibt es keinen Streit.

Rechtfertigen müssen sich in Deutschland eigentlich nur diejenigen, die entschieden haben, erst in Klasse 3 mit Englisch zu beginnen. Chinesisch ist noch nicht Weltverkehrssprache, aber es hat allein aufgrund der geballten politisch-ökonomischen Macht der chinesischen Nation im Ranking mächtig aufgeholt und könnte über kurz oder lang die zweite Position einnehmen.

Wie macht man Chinesischunterricht in der Grundschule? An der MSH soll er, wo immer möglich, nach dem Immersionsprinzip gestaltet werden (siehe Beitrag 4, S. 93). Immersion heißt wörtlich, dass die Schüler:innen im Sprach- ebenso wie im Fachunterricht in die fremde Sprache „eintauchen". Die Abkürzung *CLIL* für *Content and Language Integrated Learning* gibt Ziel und Methode dieser Unterrichtsform treffend wieder: Die Lehrer:innen reden durchgängig im Sprach- und im Fachunterricht in der Fremdsprache, die Schüler:innen verstehen sie auch, antworten aber zunächst noch auf Deutsch. Dies entspricht dem, was in der Immersionsforschung als *silent period* bezeichnet wird. Man hört zunächst schweigend zu und geht dann allmählich zum eigenen Sprechen in der fremden Sprache über. Ich habe mir immersiven Unterricht an der MSH in Mathematik und Musik angeschaut – mit Gewinn für beide Fächer. Mehr dazu im Abschnitt 5.3 dieses Beitrags.

3.2 Demokratiefördernder Unterricht

Auch eine Ersatzschule hat der in den Schulgesetzen aller Bundesländer verankerten Verpflichtung auf Demokratieförderung zu entsprechen. Dies ist im Verwaltungsgerichtsstreit um die Genehmigung der MSH ausdrücklich festgestellt worden (s. o.). Die MSH nimmt diese Auflage sehr ernst. John Dewey (1859–1952), dessen Demokratieverständnis für das Schulkonzept Pate gestanden hat, schreibt:

> „A democracy is more than a form of government; it is primarily a mode of associated living, of conjoint communicated experience." (Dewey 1916/1964, S. 87)

Im Grundschulantrag der MSH heißt es im Anschluss John Dewey:

> „Wenn die Kinder und Jugendlichen in einer demokratischen Lern- und Lebenswelt aufwachsen, kann ein demokratischer *Habitus* erworben werden. Demokratisch ist ein Lernen, dessen Zielsetzungen, Inhalte und Methoden in einem ausgewiesenen Prozess der Mitgestaltung gefunden werden."

Mit Dewey formuliert: Demokratie ist eine Lebensform, aus der dann auch noch eine Staatsform erwachsen kann. Wolfgang Edelstein (1929-2020), Nestor der deutschen Demokratiepädagogik, argumentiert genauso: Demokratie zu lernen heißt, demokratiegemäße Erfahrungen zu machen. Sie erfordern gegenseitige Achtung, Interessenausgleich und vielfältige Formen der Kooperation. Der Weg zu dieser Lebensform ist lang und fängt ganz klein und elementar an – so, wie dies im Abschnitt 5.5 dieses Beitrags (S. 42 f.) an drei Beispielen erläutert wird.

Die demokratische Gestaltung von Lehr-Lernprozessen bedarf sowohl einer begrifflichen Klärung als auch einer inhaltlichen Konkretisierung: Wie muss das Lehrer-Schülerverhältnis gestaltet werden? Was kann Gegenstand von Abstimmungen sein und was nicht? Wie sieht der organisatorische Rahmen einer Schule aus, die den Aufbau demokratischer Strukturen im Unterricht, in Klassenkonferenzen und in der Schülervertretung fördert? Deshalb fängt demokratieförderlicher Unterricht nicht mit Vorträgen über die repräsentative Demokratie oder die Französische Revolution an, sondern mit der Kultivierung der Umgangsformen im Klassenzimmer und in der ganzen Schule. Dafür ist im Konzept und auch in der Praxis der MSH eine Reihe einzelner Bausteine entwickelt worden:

- Miteinander statt übereinander reden; Ich-Botschaften senden; aktives Zuhören üben (nach Carl Rogers)
- „Giraffensprache" (Gewaltfreie Kommunikation nach Marshall B. Rosenberg – siehe Beitrag 7)
- „Klar Schiff" als Aufräumritual (siehe Beitrag 7)
- Teamarbeit
- regelmäßige Projektarbeit
- Streitschlichterprogramm
- „Runder Tisch" zur Konfliktlösung (nach Fritz Oser)
- „Schutzengelprinzip" (siehe Beitrag 7)
- Klassenrat und Schulversammlung (siehe Beitrag 7)
- Schüler- und Lehrerfeedback.

Das Konzept der MSH erweitert diesen Anspruch auf demokratieförderliche Unterrichtsgestaltung noch einmal und fokussiert auf das *friedliche Zusammenleben der Kulturen in der entstehenden Weltgesellschaft*. Deshalb ist der Zusammenhang von Demokratieförderung und interkulturellem Lernen besonders wichtig. Dazu gehören: eine Kultur der Verständigung, die Förderung von Kommunikationsfähigkeit und Kommunikationswilligkeit und das Finden und Einüben demokratischer Formen der Meinungsbildung im Austausch mit Angehörigen anderer Nationen. Wenn es in acht Jahren oder vielleicht schon früher zum ersten deutsch-chinesischen Schüleraustausch der MSH kommt, können die chinesischen Schüler:innen bei uns eine demokratische Unterrichtskultur und in den Gastfamilien partnerschaftliche Lebensformen kennen lernen und zugleich erfahren, wieviel Spaß Schule machen kann.

3.3 Lernzeiten

Die Lernzeiten spielen im Unterrichtskonzept der MSH von Klasse 1 an eine wichtige Rolle. Sie stehen in der reformpädagogischen Tradition der individualisierten Planarbeit. Sie dienen dazu, die im Lese-, Schreib- und Mathelehrgang und im Sprach- und Fachunterricht eingeführten Lerninhalte in Einzel- und hin und wieder auch in Tandemarbeit zu üben und zu vertiefen. Deshalb nehmen sie in der im ANHANG abgedruckten Stundentafel der MSH sowohl in der Grundschule als auch am Gymnasium einen breiten Raum ein. Lernzeiten können darüber hinaus genutzt werden, um sich neue Lerninhalte mit geeigneten Unterrichtsmedien eigenständig anzueignen. Im Chinesischunterricht der Grundschule spielen sie eine geringere Rolle.[6]

3.4 Leistungsbewertung und Zeugnisse

Im Konzept für die MSH wird dargelegt, dass in der Grundschule auf die herkömmlichen Ziffernoten für die Leistungsmessung verzichtet wird und dass es stattdessen Berichtszeugnisse gibt – eine Form der Leistungsrückmeldung, die inzwischen an vielen Grund- und Gesamtschulen praktiziert wird, die allerdings sehr arbeitsaufwändig ist. Die Schüler:innen sollen darüber hinaus Portfolios führen, zu denen sie regelmäßige Rückmeldungen ihrer Lehrer:innen erhalten – ebenfalls ein erhöhter Zeitaufwand. Ziel ist ein selbstreflexiver Umgang mit den eigenen Lernfortschritten und Lernhürden – eine wesentliche Voraussetzung, um zu lernen, selbstreguliert zu arbeiten.

Die Portfolioarbeit hat inzwischen begonnen. Die Teilnahme an der Hamburger Lernstandserhebung Klasse 3 ist im Gründungserlass der Schulbehörde festgeschrieben und inzwischen das erste Mal realisiert.

Über die Berichtszeugnisse und die Portfolioarbeit wird darüber hinaus eine Brücke zur Bildungsgangforschung eröffnet, weil sie für die Analyse individueller Bildungsverläufe genutzt werden können.

---

6 Beitrag 7 (S. 175–178) informiert über den aktuellen Stand der Umsetzung des Lernzeiten-Konzepts.

4. Umsetzung des pädagogischen Konzepts

In der Schulentwicklungsforschung besteht ein Konsens, dass die schulische Qualitätssicherung und -verbesserung nur gelingen können, wenn kooperative Unterrichtsentwicklung auf hohem Niveau praktiziert wird (Bastian 2007, S. 24). Das gilt erst recht, wenn eine Schule neu aufgebaut wird. Dementsprechend kommt es bei einer Neugründung wesentlich darauf an, dass ein klarer Zielrahmen erarbeitet wird, an dem sich das Kollegium orientieren kann, an den sich aber auch der Schulleiter halten muss. Schulische Entwicklungsarbeit, so die übereinstimmende Auffassung der Schulentwicklungsforschung (vgl. Fullan 1999, S. 71), klappt nur in einer klugen Kombination von *top down*- und *bottom up*-Arbeit. Dabei gelten für mich drei Maximen: Je offener der Unterricht, umso wichtiger ist seine klare Strukturierung! Nicht der einzelne Akteur bestimmt den Entwicklungsprozess der Schule, sondern die Akteurskonstellation! Man muss die Stärken stärken – dann wird es einfacher, die Schwächen zu schwächen!

4.1 Schülerzahlen 2013

Die Entwicklung der Schülerzahlen verlief in den ersten drei Jahren nach zögerlichem Anfang stürmisch. Entsprechend schnell wächst das Personal und entsprechend viel konkrete Entwicklungsarbeit ist im Blick auf Unterrichtspraxis, Curriculumentwicklung, Personal- und Organisationsentwicklung zu leisten.

Schülerzahlen: Angefangen hat der Unterricht im Schuljahr 2010/11 mit 12 Schüler:innen in der Grundschulklasse und 3 in der Gymnasialklasse. Das war, auch finanziell, die untere Grenze des Machbaren. Nun sind es nach drei Jahren im Schuljahr 2012/13 mehr als siebenmal so viele:

Klasse	Jahrgangsstufe	Anzahl der Schüler:innen
Vorschule	jünger als 6 Jahre	18
Grundschulklasse 1	Jahrgangsstufe 3 + 4	22
Grundschulklasse 2	Jahrgangsstufe 1 + 2	18
Grundschulklasse 3	Jahrgangsstufe 1	20
Gymnasialklasse 5	Jahrgangsstufe 5	11
Gymnasialklasse 6 + 7	Jahrgangsstufe 6 + 7	15

Die erste Grundschulklasse ist im Jahr 2012/13 im Vergleich zu den anderen Klassen recht groß – ein erfreuliches Zeichen der Akzeptanz der MSH. Erstmals ist 2012/13 eine Gymnasialklasse eingerichtet worden, die nur Schüler:innen einer einzigen Jahrgangsstufe hat (Stufe 5). Die im Jahr 2010/11 eingerichtete jahrgangsübergreifende Gymnasialklasse (inzwischen Jahrgangsstufen 6+7) hat mit 15 Schüler:innen – auch aufgrund vieler Quereinsteiger:innen – eine erfreuliche Größe, aber auch eine Altersmischung, die vor allem im Fach Chinesisch das Unterrichten erschwert. Die soziale Zusammensetzung der Schülerschaft und die Motive der Eltern für die Wahl der Schule sind sehr heterogen. Beides wird im Interview mit dem Schulleiter erörtert (Beitrag 2, S. 64–68).

4.2 Personalentwicklung 2013

Der Expansion der Schülerzahlen entspricht der Ausbau des Personals. Es gibt nun an der MSH insgesamt 29 feste Mitarbeiter:innen (Lehrer:innen, Sozialpädagoginnen, Büromitarbeiterinnen, Hortmitarbeiterinnen, Hausmeister) und 13 Honorarkräfte (Kursleiter und Aushilfen), darunter 3 Chinesinnen.

Der Schulleiter betreibt den Personalausbau mit Bedacht und setzt Akzente. Im Jahr 2011/12 sind zwei männliche Lehrkräfte für die Grundschule eingestellt worden, damit die Kinder nicht nur von Frauen unterrichtet werden. Die Schule hat zwei Sozialpädagoginnen gewonnen, die an der Ganztagsschule, im Hort und in der Vorschule vielfältige Aufgaben erfüllen. Dazu der Schulleiter im Interview: „Das Schulklima hat sich durch die beiden Sozialpädagoginnen erheblich verbessert. Wenn die Kinder irgendwelche Sorgen haben, gehen sie zuerst zu den beiden."

Seit November 2011 unterrichtet Axel Beyer nicht mehr selbst, da seine Arbeit als Schulleiter immer umfangreicher geworden ist. Mit Beginn des Schuljahres 2013/14 ist neben weiteren Lehrerstellen die Stelle einer Assistentin des Schulleiters eingerichtet worden. Zusammengenommen: Das Kollegium wird größer und bunter.

4.3 Entwicklungsaufgaben

Nicht nur einzelne Lehrer:innen, auch die Schule als Ganzes hat Entwicklungsaufgaben, die unterschiedlich intensiv und manchmal mit wechselnden Schwerpunkten bearbeitet werden müssen. Ich nenne vier solcher Aufgaben:

Alphabetisierung: Gegen das besondere pädagogische Interesse am Unterricht in drei Sprachen steht das berechtigte Interesse, die Alphabetisierung der Kinder, also ihren Schriftspracherwerb, in deutscher Sprache durchzuführen. Deshalb hat die Schulbehörde ja auch die Auflage gemacht, dass maximal 50 Prozentpunkte des Unterrichts in Englisch oder Chinesisch abgehalten werden dürfen (s.o.). Dieses Limit ist an der MSH noch keineswegs erreicht.

Das Erlernen der Schriftsprache erfolgt in der Unterrichtssprache Deutsch, die zugleich die Muttersprache des größeren Teils der Schüler:innen ist. Die Ergebnisse, die die neun Schüler:innen der dritten Jahrgangsstufe in der Lernstandserhebung 3 des Hamburger Qualitätsinstituts erbracht haben, können aber nicht zufrieden stellen. Die MSH hat auf den Befund aber mit einer Reihe von Maßnahmen reagiert (s.u.).

Mit John Hattie und anderen sei darauf hingewiesen, dass die Alphabetisierung stärker vom familiären Milieu abhängt, als dies etwa für das Erlernen der Fremdsprachen oder für den Mathematikunterricht zu veranschlagen ist (Hattie 2013, S. 74 und 79). Umstritten ist, ob offener Grundschulunterricht zu besseren Lernergebnissen führt als ein traditioneller Lese-Schreiblehrgang. Mit Jeanette Roos et al. (2009, S. 246 ff.) ist aber auch zu beachten, dass die Entwicklung der Lese- und Schreibfähigkeit nicht monokausal auf eher lehrgangsmäßigen oder eher offenen Unterricht zurückgeführt werden kann. Es kommt immer darauf an, wie professionell die unterschiedlichen Ansätze umgesetzt werden.

Individualisierung: Individuelles Fördern ist ein wichtiger Grundsatz des pädagogischen Konzepts der MSH. Solange die Klassen noch relativ klein sind, geht das auch gut. Schwieriger wird es, wenn im Chinesischunterricht Kinder schon einiges können und der Rest der Klasse mit dem Lernen erst anfängt. In China kämen die weiter Vorangeschrittenen und die schnelleren Lerner in eine andere, höhere Klasse, aber das geht an der MSH (noch) nicht. Hinzu kommt, dass eine stärkere Binnendifferenzierung, wie wir sie für die MSH anstreben, in China weitgehend unbekannt ist. Dass das hier erwartete Differenzierungsniveau unseren in China ausgebildeten Chinesischlehrerinnen anfänglich Schwierigkeiten bereitet hat, ist nicht überraschend.

Klassenführung: Sie hat maßgeblichen Einfluss auf den Lernerfolg, weil sie den Anteil echter Lernzeit erhöht und zu einem lernförderlichen Unterrichtsklima beiträgt. Aus chinesischer Sicht sind deutsche Schüler:innen ziemlich undiszipliniert. „They have been spoilt previously", hat eine der von Ren Ping (2017) interviewten Lehrer:innen gesagt. Vielleicht ist dem so. Aber das Dilemma, das darin zum Ausdruck kommt, muss analysiert und nach Lösungswegen gesucht werden. Undisziplinierte deutsche Schüler:innen würden in China, wenn sie dort zur Schule gingen, „ihr Gesicht verlieren". Bei uns in Deutschland besteht umgekehrt die Gefahr, dass die aus China stammenden Lehrer:innen das Gefühl entwickeln, das Gesicht zu verlieren, wenn sie nicht hart durchgreifen. Aus der Perspektive der Bildungsgangforschung betrachtet heißt dies, dass beide Seiten ihre Verantwortung für den Unterrichtserfolg übernehmen müssen.

Rhythmisierung des Tages- und Wochenablaufs: Die MSH ist eine Ganztagsschule mit rhythmisiertem Tagesablauf. Damit ist gemeint, dass die starre 45-Minuten-Taktung abgeschafft und stattdessen ein flexibler, den Lernbedürfnissen und Aufmerksamkeitsspannen der Schüler:innen besser angepasster Tagesablauf gewählt wird. Das an der MSH gewählte Modell zeigen die im ANHANG abgebildeten Stundentafeln der Grundschule und des Gymnasiums:

- Der Tag beginnt mit dem Offenen Anfang: gleitendes Eintreffen der Schüler:innen und stille Eingangsphase.
- Es folgen – mit leichten Variationen zwischen den Wochentagen – zwei Stunden Fachunterricht: Deutsch, Chinesisch, Englisch, Mathe.
- Nach der ersten Pause eine bunte Mischung von Lernzeit, Theater, Sport, Mathe oder Deutsch.
- Zwei weitere Stunden mit Chinesisch, Deutsch, Mathe, Sachunterricht und Nia.
- Am Nachmittag: an allen Tagen eine Stunde Lernzeit, danach Mathe, Musik Sachunterricht oder Kunst.
- Der Unterricht endet mit einer Abschlussrunde.

Für die Gymnasialklasse gibt es eine ähnliche Struktur. Es folgt das Mittagessen, das erstaunlich diszipliniert eingenommen wird, gemeinsam von allen Schüler:innen und ihren Lehrkräften. Erst dann beginnt wieder der Fachunterricht. Eine hin und wieder vorgenommene Überprüfung, ob die vorgenommene Rhythmisierung angemessen ist, dürfte sinnvoll sein. Dafür braucht man aber kein Evaluationsgutachten. Das merkt man auch so!

4.4 Belasten drei parallel unterrichtete Sprachen die Kinder zu sehr?

Man hört dieses Argument oft, wenn man mit Freunden, Verwandten und Bekannten spricht. Man findet es aber auch in der Argumentation der Hamburger Schulbehörde im Genehmigungsprozess (s.o.). Mir liegt daran, die Kraft dieses Arguments zu relativieren. Ich nenne die Gründe:

- Aufwachsen in drei Sprachen ist für Milliarden von Kindern und Jugendlichen eine Selbstverständlichkeit. Deutsche Schüler:innen mit Migrationshintergrund lernen zuerst zu Hause ihre Muttersprache, also Türkisch, Russisch oder Farsi, dann das Deutsche als Hort-, Schul- und Verkehrssprache und als drittes das für sie fälschlich als erste Fremdsprache bezeichnete Englisch. Ghanaische und Südafrikanische Schüler:innen lernen zuerst ihre Muttersprache und dann die Verkehrssprache Englisch.
- Auch für die vielen Chines:innen mit Minoritätenstatus (Uiguren, Tibeter usw.) ist dreisprachiges Aufwachsen selbstverständlich, auch wenn es zumeist durch den Schulbesuch erzwungen wird. Sie lernen also zuhause Uigurisch oder Tibetisch, in der Schule dann Han-Chinesisch (Mandarin) und Englisch.

Natürlich kann es Probleme geben, wenn in der deutschen Unterrichtssprache keine Rücksicht auf die Mehrsprachigkeit der Schüler:innen genommen wird. Erforderlich ist in sämtlichen Fächern ein sprachsensibler Unterricht, der in deutschen Schulen lange noch keine Selbstverständlichkeit ist.

Die Vorstellung, dass das gleichzeitige Erlernen mehrerer Sprachen eine kognitive Überforderung darstellt, beruht auf einem Vorurteil, das zu meiner Schulzeit und in meinem Studium des Englischen als wissenschaftliche Erkenntnis ausgegeben wurde, ohne es zu sein: die Vorstellung, dass es im Gehirn sozusagen verschiedene Abteilungen gibt, für jede Sprache eine, und dass es klüger sei, sukzessive zu lernen, als alles auf einmal abspeichern zu müssen. Dies lässt sich nach dem heutigen Kenntnisstand der Neurowissenschaften (Roth 1997) nicht mehr aufrechterhalten. Die Wörter und Konstruktionen der Muttersprache und weiterer Sprachen werden im Gehirn im Sprachenzentrum parallel gespeichert und vielfältig vernetzt. Das lässt sich auch mit Assoziationstests belegen. Wer im Test das Wort „the sun" hört, assoziiert das problemlos mit dem deutschen Wort „die Sonne" und, sofern er auch noch Französisch lernt, mit „le soleil". Für die Überforderung durch parallel angesetzten Unterricht in drei Sprachen gibt es keine wissenschaftlichen Belege, auch wenn zugestanden werden muss, dass der Forschungsstand noch ungenügend ist. Überforderungen gibt es allerdings, wenn die Eltern eine der drei Sprachen fehlerhaft verwenden.

Darf man trotz einiger Forschungsdefizite trilingualen Unterricht machen? *Ja, man darf*, schrieb 2009 die oben schon zitierte zuständige Verwaltungsrichterin Frau Dr. Rubbert, die den Streit um den Ersatzschulantrag hätte entscheiden müssen, wenn es nicht zur gütlichen Einigung gekommen wäre. Das heißt: Man muss nicht alles, was man sich für eine Schulneugründung vorgenommen hat, vorher wissenschaftlich abgesichert haben. Man muss aber begründet darlegen können, dass die Zielsetzung realistisch und dass das curriculare Programm angemessen sind. Ich bin der Auffassung, dass der Schulträger der MSH dies in seinem Antrag ausreichend deutlich gemacht hat. Allgemeine Bildung in drei Sprachen ist ein realistisches Ziel!

4.5 Nia – ein Highlight

Durch Nia (Neuromuscular Integrative Action – siehe Beitrag 10) wird der Anspruch der MSH, ein ganzheitliches Bildungsangebot zu machen, besonders deutlich. Es ist zugleich ein wesentliches Element der Rhythmisierung des Tagesablaufs. Am 28.10.2011 habe ich in der Mittagspause daran teilgenommen und eine Zeichnung angefertigt:

Abbildung 6: Nia (Zeichnung M. Meyer)

Mein Eindruck: Die Schülerinnen und Schüler gehen sehr gerne in die bewegte Pause. Ihr großes Bewegungsbedürfnis wird darin befriedigt. Die didaktische Progression der Übungen ist offensichtlich, auch wenn ich sie als Laie nicht differenziert beurteilen kann. Die beiden Lehrerinnen produzieren einen wahren Wirbel an Bewegung und Musik und erzeugen ein schnelles Bewegungstempo. Den Abschluss bildet eine „Rakete", eine rasante Temposteigerung. Die Schüler sind dann vollauf begeistert. Dabei fasziniert die Körperbeherrschung der Lehrerinnen! Sie sind Vollprofis, auch in didaktischer Sicht.

4.6 Leistungsentwicklung

Sie ist heterogen und sie steht in unmittelbarem Zusammenhang mit der Frage, welche Kinder und Jugendlichen die Schule besuchen.

– Im Gründungsjahr 2010/11 waren aufgrund der Anmeldezahlen zwangsläufig Schüler:innen aller vier Jahrgänge der Grundschule jahrgangsübergreifend zu unterrichten. Das war für einige dieser Schüler:innen im Blick auf ihre kognitive Entwicklung offensichtlich nicht vorteilhaft. Deshalb hat die MSH im November 2012 beschlossen, zukünftig den Umfang des jahrgangsübergreifenden Unterrichts zu reduzieren.
– Die Kinder der dritten Jahrgangsstufe des Schuljahrs 2011/2012 haben alle schon einen Schulwechsel hinter sich. Die Gründe für die Anmeldung an der MSH waren auch durch problematische Situationen in den abgebenden Schulen bestimmt. Es ist deshalb davon auszugehen, dass es auch im nächsten Jahr eine Leistungsdifferenz zwischen den Quereinsteiger:innen und den regulär in die erste Grundschulklasse aufgenommenen Schüler:innen geben kann.

- Die Hamburger Lernstandserhebung 3 in den Bereichen Lesen, Schrift und Rechnen hat ergeben, dass die Leistungen der Schüler:innen der dritten Jahrgangsstufe unbefriedigend waren. In den Lernstandserhebungen des Schuljahrs 2012/13 sind die Durchschnittstestergebnisse dann aber deutlich besser geworden.
- Die MSH ist in gewissem Umfang für Eltern und ihre Kinder attraktiv, die in irgendeinem Sinne nicht zu den leistungsstarken Schüler:innen gehören. Dies ist auch an vielen anderen Schulen in freier Trägerschaft der Fall. Dies bedarf besonderer Aufmerksamkeit.

Die MSH hat zwischenzeitlich ein Förderprogramm für diejenigen Schüler:innen eingerichtet, bei denen sich Defizite zeigten (siehe den Förderplan vom 31. August 2012).

4.7 Elternarbeit

Kooperative Schulentwicklung (s.o.) gelingt nur, wenn auch die Eltern eingebunden werden und das pädagogische Konzept der Schule mittragen. Deshalb ist ein wichtiges Element des Schulkonzepts der MSH, eine enge Zusammenarbeit mit den Eltern anzustreben. Das ist auch umgesetzt worden. So ist eine Mutter einer Schülerin/eines Schülers Mit-Gesellschafterin der GmbH, die die Schulträgerin ist. Für die Grundschule sind ein Mann und eine Frau als Elternsprecher:innen, für das Gymnasium zwei Frauen gewonnen worden.

Ich war überrascht von der Breite der Perspektiven, die Eltern damit verknüpfen, dass sie ihre Kinder auf die kostenpflichtige MSH schicken. Offensichtlich liegt jeder Fall anders und neben der Attraktivität, die die MSH für Eltern besitzt, die das Schulkonzept zur Kenntnis nehmen, gibt es auch „Push-Kräfte", die dann entstehen, wenn Eltern und/oder ihre Kinder mit dem Unterricht im Regelschulsystem so unzufrieden sind, dass sie es verlassen und an der MSH den Quereinstieg versuchen.

Interessant wäre es, Gespräche mit den (wenigen) Schüler:innen und ihren Eltern zu führen, die die Schule wieder verlassen haben.

4.8 Beginnender Alltag

Auch in einer Neugründung zieht nach drei Jahren der Alltag ein, der von den beim Schulaufbau gesammelten Erfahrungen der Akteure lebt: Der Unterrichtsplan schafft Routine-Zwänge. Es gibt erste Fassungen der Curricula der Unterrichtsfächer, die sich nicht durchgehend von denen der staatlichen Regelschulen unterscheiden. Auch an der MSH gibt es morgendliche Krankmeldungen und Unterrichtsausfälle, die kompensiert werden müssen. Auch hier schmeckt manchmal das

Mittagessen nicht. Und auch hier gibt es einen einzelnen Schüler wie den, den ich Rotjacke genannt habe, der sich notorisch oft mit seinen Mitschüler:innen streitet, mit dem die Lehrkräfte aber professionell umgehen. Deshalb muss die Frage, was man an einer innovativen Schule als Alltag bezeichnen kann, präziser gefasst werden. Meine Definition, mit ironischem Unterton: *Alltag ist, wenn es langweilig wird.*

Die MSH ist heute, im Jahr 2013, aber offensichtlich nur erst begrenzt in einem so definierten Stadium angekommen. Nahezu jeden Tag gibt es neue Herausforderungen – nicht nur für die Schulleitung, sondern für das ganze Kollegium und oftmals auch für die Schüler:innen und Eltern. Das gilt für jene Bereiche der Unterrichtsentwicklung, in denen die Schule noch nicht so gut vorangekommen ist, wie dies im Jahr 2010 geplant war, z.B. im Blick auf die Befähigung der Schüler:innen, selbstreguliert zu arbeiten. Es gilt auch für die angestrebte Ausbalancierung des Umfangs der genutzten methodischen Großformen, den Frontalunterricht, die Gruppen- und die Einzelarbeit. Das Ziel, mit Hilbert Meyer (2015, S. 74) Drittelparität zwischen den drei Großformen herzustellen, ist lange noch nicht erreicht. Das gilt erst recht für das Besondere, den Immersionsunterricht. Deshalb ist es gut, dass Regeln und Rituale eingeführt worden sind, die gut zu dieser Schule passen und Beständigkeit in die Tagesabläufe bringen.

5. Evaluation

5.1 Voraussetzungen

Die durch den Gründungserlass vorgeschriebene Evaluation der Anfangsphase der Schule ist – auf Bitten der Schule und mit Zustimmung der Schulbehörde – von mir übernommen worden. Grundsätzlich kann Evaluation sowohl mit quantitativer als auch mit qualitativer Datenerhebung durchgeführt werden. Meinem eigenen Forschungsschwerpunkt entsprechend habe ich aber nahezu ausschließlich qualitative Datenerhebung betrieben. Förderlich für die Evaluation ist, dass Axel Beyer keine Abwehrhaltung gegenüber Universitäts-Leuten zeigt, sondern aktiv auf sie zugeht. Er hat mich als Wissenschaftlichen Begleiter, meinen chinesischen Doktoranden Ren Ping als Evaluator und ein Praxis-Seminar von Prof. Andreas Bonnet, Universität Hamburg, zugelassen.

Die Arbeit mit statistisch auswertbaren Fragebogen, die die Pädagogische Psychologie in großem Umfang bereithält, halte ich angesichts des hohen Innovationspotenzials der MSH für wenig angemessen. Die Schule ist so neu und hat ein so besonderes Profil, dass die „normalen" Fragebogen nicht passen, auch wenn sie den Vorteil haben, standardisiert zu sein, so dass man die Ergebnisse der MSH mit denen anderer Schulen vergleichen könnte. Demgegenüber ist die sogenannte Teilnehmende Beobachtung ein in der Sozialforschung etabliertes qualitatives Verfahren, das dort eingesetzt wird, wo der empirische Forschungsstand niedrig ist. Sie bietet sich auch für die Evaluation der MSH an. Der Vorteil: Alles, was auffällt, auch das, was bei der Planung der Evaluation noch nicht auf dem Bildschirm war, kann zum Gegenstand der Datenerhebung gemacht werden. Der Nachteil: Teilnehmende Beobachtung ist zeitintensiv.

Ich habe bis 2012/13 insgesamt 90 Stunden Unterricht an der MSH beobachtet und teilweise in den drei Jahresberichten dokumentiert und kommentiert. Zwei Schüler habe ich nach dem sogenannten Shadowing-Verfahren jeweils einen ganzen Tag begleitet. Hinzu kommen insgesamt zwölf Interviews mit Lehrer:innen, drei Elterninterviews und zwei mit dem Schulleiter (dokumentiert im 2. und 3. Jahresbericht). Darüber hinaus habe ich den Diagnosebogen der Hamburger Schulinspektion bei 27 Stundenhospitationen in Eigenregie eingesetzt (siehe 1. Jahresbericht), bin aber nicht zu sonderlich aussagekräftigen Ergebnissen gekommen.

5.2 Bewertung der Unterrichtsqualität anhand der 30 Items der Hamburger Schulinspektion

Der Jahresbericht 2010/11 bringt eine umfassende Bewertung der beobachteten Unterrichtsstunden anhand der 30 Items (Gütekriterien) der Hamburger Schulinspektion. Dabei wird jedes Item nochmals durch 3 bis 6 Indikatoren präzisiert. Wie in anderen Bundesländern auch, arbeitet die Hamburger Inspektion im ersten Schritt mit qualitativ gewonnenen Einschätzungen der Indikatoren, die dann im zweiten Schritt quantifiziert werden, um Vergleiche mit Durchschnittswerten oder mit anderen Schulen vornehmen zu können. Während die Hamburger Inspektoren immer nur für 20 Minuten[7] in einer Klasse waren, habe ich immer eine ganze Stunde in der Klasse hospitiert.

Das Problem der Beobachtungsbogen der Schulinspektion: Die abzugebenden Schätzurteile lassen den Beobachter:innen sehr viel Spielraum bei der Deutung der Frage, ob und wenn ja wie stark die Indikatoren für ein Item erfüllt sind. So entstehen Bewertungen, die in der empirischen Unterrichtsforschung als „hoch inferent" bezeichnet werden. Ein Beispiel:

---

7   Eine bundesweit übliche Praxis der Schulinspektion, die, so Andreas Helmke, die Reliabilität der Datenerhebung nicht gefährdet.

> **Item (6): Die Arbeitsaufträge und Erklärungen sind von der Lehrkraft angemessen klar und präzise formuliert.**
>
> Die Indikatoren:
> - *Die Arbeitsaufträge sind inhaltlich klar.*
> - *Die Beispiele sind anschaulich.*
> - *Die Schüler/innen wissen offensichtlich, was sie zu tun haben.*
> - *Es ist nicht nötig, Instruktionen nachzureichen.*
> - *Die Lehrkraft spricht in angemessener Lautstärke und mit guter Artikulation. Die Äußerungen der Lehrkraft sind verständlich und der Lerngruppe angemessen.*

Jeder wird zustimmen, dass es klug ist, klar, verständlich, anschaulich usw. zu verfahren. Aber was in einer ganz konkreten Klasse jeweils als „klar", „verständlich" oder „anschaulich" zu bewerten ist, erfährt man nicht. Das müssen die Inspektor:innen selbst auf Basis ihres professionellen Wissens entscheiden. Wir wissen aber aus der Forschung, dass in der Praxis der Inspektorentätigkeit sehr große Unterschiede zu beobachten sind. Es fehlt an dem, was die Empiriker Interrater-Reliabilität nennen.

Mein eigenes Ergebnis zum Item 6 an der MSH ist das folgende: Ich stelle nach gewissenhafter Auswertung der Hospitationsstunden fest, dass es den Lehrer:innen der MSH weitgehend gelingt, die Arbeitsaufträge klar und anschaulich zu erteilen, dass die Schüler:innen zumeist wissen, was sie tun sollen, und dass die Sprache der Lehrer:innen verständlich ist (auch und gerade im immersiven Unterricht) und dass sie in angemessener Lautstärke erfolgt, auch wenn hin und wieder die Körpersprache zu Hilfe genommen werden muss.

Auch die anderen 29 Items habe ich in meinem Jahresbericht 2010/11 nach gleichem Muster im Detail kommentiert und bewertet. Bei wohlwollender statt übellauniger Interpretation der Indikatoren schneidet die MSH praktisch in allen Items positiv ab, erreicht also die im Unterrichtsqualitäts-Modell der Schulinspektion vorgesehenen Stufen 3 und 4. Zusammengefasst, im Anschluss an die Inspektionsdefinition der Qualitätsstufen:

(1) Es gelingt den Lehrer:innen und dem Leiter der MSH, von sehr kleinen Ausnahmen abgesehen, durchgehend ein positives Lernklima aufzubauen und klare pädagogische Strukturen zu sichern.

(2) Es gelingt den Lehrer:innen und dem Leiter der MSH weitestgehend, die beiden Klassen effizient zu führen und dabei Unterrichtsmethoden sachgerecht zu variieren.

(3) Es gelingt den Lehrer:innen und dem Leiter der MSH, von wenigen Ausnahmen abgesehen, die Schüler:innen zu motivieren und aktives Lernen und Wissenstransfer zu ermöglichen.
(4) Es gelingt der Mehrzahl der Lehrer:innen und dem Leiter der MSH, zu differenzieren und die Schüler:innen kompetenzorientiert wirksam zu fördern. Einer Lehrerin gelingt das Differenzieren sogar ausgezeichnet.

5.3 Immersiver Unterricht und CLIL

Ich habe immersiven Unterricht in der Grundschule im Sachunterricht auf Englisch und im Musikunterricht auf Chinesisch beobachtet. Dazu ein Auszug aus dem zweiten Jahresbericht (2011/12) zum immersiven Sachunterricht:

> Die Lehrerin stellt sehr schnell die Lernbereitschaft ihrer Schüler her. „We have a nice topic today: daffodils, tulips, snowdrops." Sie zeigt auf die mitgebrachten Bilder der Blumen. „Now you say it, I will only point." Die Schüler wiederholen die Blumennamen. Es stört nicht, dass sie hin und wieder die englischen Aufforderungen in Deutsch beantworten.
>
> Im zweiten Schritt erhalten Year one und Year two altersangepasste Aufgaben und gehen an ihre Tische, um sie zu erledigen.
>
> Die Lehrerin arbeitet mit Year three und Year four weiter. Die Lehrerin hat die englischen Bezeichnungen einiger der Blumen nachgeschlagen. Sie zeichnet einen Keimling und beschriftet das Bild mit den Fachbegriffen: stem, bulbils, thick fleshy leaves, roots. Die Schüler sollen weitere Blumennamen finden. Die Lehrerin: „You can do research in the internet!"
>
> Die Zeit vergeht wie im Fluge. Nach 40 Minuten: „Time to tidy up!" Alle räumen ihren Arbeitsplatz auf. Die Schüler beherrschen offensichtlich schon sehr viel von dem Vokabular, das man für effizientes *classroom management* braucht.
>
> Und dann: „It's time for circle time!" (Stuhlkreis) – Er wird zügig hergestellt und es wird wieder ruhig. „Show me, how did you work?" – „And how do you remember the names of the plants?" Die Lehrerin singt ein Lied: „A little bird told me ..." und alle Schüler:innen singen mit.
>
> Abschließend gibt es noch einen „Nachklapp" zum Stuhlkreis, auf Deutsch. Die Lehrerin macht Sprachreflexionsarbeit: „Was kann man sagen?" „Ich freu mich, dass ich ..." oder „Ich fand nicht so toll, dass ..." Die Lehrerin gibt Ratschläge, hört aber auch ruhig zu, was die Schüler sagen. Dann ist Schluss: „Good bye und auf Wiedersehen."

Die Schüler:innen waren während der ganzen Stunde hoch motiviert. Die Lehrerin zeigt, dass sie beides kann, bilingualen Sach-Fachunterricht geben und in vier Jahrgängen differenzieren! Man sieht auch, dass die innere Differenzierung sorgfältige Vorbereitung verlangt.

Ich kann feststellen, dass das als Theorierahmen für den trilingualen Ansatz genutzte Konzept des *Content and Language Integrated Learning* (CLIL) problemlos, harmonisch und unauffällig in den Sachunterricht integriert wird. CLIL funktioniert also auch schon in einer Grundschulklasse! Dabei liegt das Volumen von Englischunterricht, Chinesischunterricht und immersivem Fachunterricht deutlich unter den 50 Prozent, die die Schulbehörde im Gründungserlass als Maximum festgelegt hat.

5.4 Chinesischunterricht

Chancen und Probleme mit dem frühen Beginn des Chinesischunterrichts für Kinder mit deutscher Muttersprache werden in Beitrag 4 dieses Buchs ausführlich erörtert. Ich merke schon hier an, dass ich es für sinnvoll halte, das Lerntempo im Fach Chinesisch im Blick auf den Wortschatz anzuheben. Das Curriculum bis zur Klasse 10 ist inzwischen fertig gestellt. Am Ende der Sekundarstufe I sollen die Schüler:innen den *Chinese Proficiency Test HSK*[8] ablegen. Das ist eine anspruchsvolle, weltweit benutzte Prüfung, deren Stufen 3 bis 4 deutschsprachige Schüler:innen nur selten bestehen. Das hat zunächst einen erheblichen Druck auf die Chinesischlehrerinnen ausgelöst.[9]

Um auch Quereinsteiger:innen den Besuch der Oberstufe zu ermöglichen, soll Chinesisch in der Oberstufe nicht mehr Pflichtfach für alle sein. Ein Problem sehe ich darin, dass die Zahl der Schüler:innen im Wahlpflichtkurs Chinesisch dann vielleicht recht klein sein wird. Ich empfehle deshalb, das Curriculum für die nächsten Jahre schon jetzt möglichst konkret auszuarbeiten, auch für die fortgesetzte Fremdsprache Chinesisch in der Oberstufe. Es sollte, auch wenn dies didaktisch sehr anspruchsvoll ist, so angelegt werden, dass es bei entsprechender Nachfrage Quereinsteiger:innen ermöglicht, ab Klasse 11 Chinesisch als zweite (bzw. für sie als dritte) Fremdsprache zu wählen.

Insgesamt: Es war ein fordernder Start, der aber bewältigt und von allen Beteiligten mit viel Engagement und Begeisterung für die Sache getragen worden ist.

---

8 Der *Chinese Proficiency Test HSK* (Hanyu Shuiping Kaoshi – 汉语水平考试) ist ein standardisierter *chinesischer* Sprachtest für *Chinesisch* als Fremdsprache – siehe Beitrag 4, S. 108.

9 Im Beitrag 4 wird erläutert, dass dieser Druck nach den deutlichen Erfolgen von Schüler:innen der MSH in Wettbewerben auf Bundesebene spürbar nachgelassen hat.

5.5 Demokratieerziehung

Die von mir durchgeführten 12 Lehrerinterviews dokumentieren, dass ein starkes Interesse der Lehrerschaft an einer demokratischen Schulentwicklung besteht, die Deweys Forderung, Demokratie erfahrbar zu machen, entspricht und die es ermöglicht, die Freiheitsspielräume für alle Beteiligten zu nutzen. Es ist gut, dass Frau Sprockmann als Sozialpädagogin der MSH erklärt hat, sich in diesem weiten Begriffsverständnis um den Aufbau demokratischer Strukturen an der MSH kümmern zu wollen. Demokratieerziehung fängt ganz klein an. Und es beschreibt, so Dewey, einen Lebensstil, nicht ein Verfahren.

Ein erstes Beispiel – Vorlesen: Das unten stehende Bild zeigt Frau Weinberger beim Vorlesen in der Grundschulkasse. Sie liest aus dem Buch „Michel aus Lönneberga" von Astrid Lindgren. In der Mitte des Klassenraums steht eine dicke Säule, die noch aus der früheren Nutzung der Schule als Fabrikgebäude stammt. Vor der Säule sitzt die Lehrerin, um sie herum auf Matten die Schüler:innen.

Abbildung 7: Demokratieerziehung (Zeichnung M. Meyer)

Die Geschichte ist spannend. Alle hören zu. Es bleibt 20 Minuten lang absolut ruhig. Erst danach geht es in die Pause. Was hat das mit Demokratieerziehung zu tun? Etwas Grundlegendes! Demokratisches Handeln beginnt mit der Herstellung der angemessenen Atmosphäre und lebt von gemeinschaftlicher Arbeit!

Ein zweites Beispiel – Mittagessen, berichtet von Axel Beyer: „Ich denke beim Stichwort Demokratieförderung an eine so schlichte Sache wie das Mittagessen. Die Kleinen sitzen eine halbe Stunde lang am Tisch. Ein Junge aus der 5. Klasse hat einem hibbeligen Schüler aus der ersten Klasse beim Essen geholfen und die Nudeln geschnitten, hat ihn sogar gefüttert. Ich saß daneben und habe ihn beobachtet. Das ist das Schöne an dieser Erfahrung: Der eine Schüler, der zuhause der einzige ist, freut sich, dass er jemanden füttern darf, und der Kleine ist dankbar, weil er nicht die Hälfte der Nudeln liegen lassen muss, wenn die Zeit vorbei ist. Dieses Miteinander – in aller Ruhe zu Mittag essen und sich dabei unterstützen – ist positiv!"

Ein drittes Beispiel: Zur Rolle von Schülerfeedback erläutert Clara May im Lehrerinterview (Jahresbericht 2012/13, S. 46): „Zur Demokratieförderung gehört auch unser Schülerfeedback als Instrument zur Teilhabe und Mitbestimmung. In ihm bewerten die Schüler nicht die Lehrer, sondern die Unterrichtsfächer. Es geht uns also nicht darum herauszufinden, welcher Lehrer bei den Schülern besonders beliebt ist. Vielmehr sollen die Schüler lernen, *den Unterricht* zu bewerten. Die Ergebnisse des Feedbacks werden im Klassenrat gemeinsam mit dem Klassenteam und bei Bedarf mit den weiteren Lehrern besprochen. Dabei lernen die Schüler miteinander zu reden, also von Schüler zu Schüler und von Schüler zu Lehrer. Sie lernen, sich selbst zu reflektieren und zu gucken, ob sie beispielsweise in einem Fach häufig abgelenkt waren und deshalb dem Unterricht nicht folgen konnten. Oder sie können auch Rückmeldung geben, warum Dinge nicht verstanden wurden. Hier kann die Lehrkraft dann reagieren, zum Beispiel indem die verschiedenen Lerntypen in der Gruppenarbeit berücksichtigt werden. Die Schüler lernen so den achtsamen Umgang miteinander; sie schulen sich immer wieder darin, miteinander statt übereinander zu sprechen."

Ein Fazit: Demokratieförderung ist komplex und anspruchsvoll, aber machbar! Es ist allerdings schwierig, erbrachte Leistungen in diesem Feld empirisch zu erfassen und zu gewichten. Man kann den demokratischen Habitus einer Schülerin/ eines Schülers beschreiben. Aber welche familiären, schulischen und außerschulischen Faktoren geholfen haben, ihn zu entwickeln, ist empirisch noch schwer zu fassen. Es ist ja kein Zufall, dass in John Hatties Metaanalyse (2013) zur Lernwirksamkeit einzelner Unterrichtsvariablen keine einzige Aussage über die Effekte demokratieförderlichen Unterrichts gemacht wird.

Zusammenfassung: Ich erinnere an die von der Schulbehörde gemachten Auflagen und komme auf der Grundlage meiner Unterrichtsbeobachtungen und der Lehrerinterviews zu folgendem zusammenfassendem Ergebnis meiner Evaluation des Entwicklungsgangs der MSH:

(1) Die Schüler:innen genießen erkennbar den Chinesischunterricht, der ihnen zuhause und bei den Gleichaltrigen Anerkennung verschafft.
(2) Eine Überforderung der Schüler:innen dadurch, dass sie von Anfang an in zwei Fremdsprachen neben dem Deutschen unterrichtet werden, lässt sich nicht feststellen. Es gibt auch bis heute keine Beschwerden von Eltern oder Kindern.

(3) Der triliguale Ansatz entwickelt sich auf unterschiedlichen Niveaus der Immersion.
(4) Die Alphabetisierung der Schulanfänger:innen erfolgt, wie vorgegeben, in der Unterrichtssprache Deutsch.
(5) Ein demokratisch orientiertes Miteinander wird durch die liebevolle Gestaltung des Schulalltags – ganz im Sinne John Deweys – erfahrbar gemacht.
(6) Eine Evaluation der Praxis der Arbeit mit Berichtszeugnissen und der Portfolioarbeit steht aus.

Ich stelle fest, dass es der MSH gelingt, Englisch und Chinesisch zu unterrichten, ohne die Alphabetisierung in der Muttersprache zu gefährden, auch wenn die erste Lernstandserhebung bei der Alphabetisierung Ergebnisse gebracht hat, die nicht zufrieden stellen können.

6. Vorarbeiten für eine interkulturell ausgerichtete Chinesischdidaktik

Die Existenz der MSH bietet mittelfristig die Chance, eine grundständige (und nicht erst in Klasse 9 oder 10 beginnende) Chinesischdidaktik zu entwickeln. Damit betritt die MSH absolutes Neuland! Angesichts des allgemeinbildenden Anspruchs an den Chinesischunterricht heißt dies, dass es nicht nur um Sprachkompetenz im engeren Sinne, sondern um das Eintauchen in die chinesische Kultur, aber auch um reflexive Distanzierung von dem Fremden dieser Kultur gehen muss. Dafür sind bereits erste Bausteine entwickelt.

Grundsatzpapiere der MSH: Die Chinesischlehrer:innen der MSH haben ein dreiseitiges Grundsatzpapier mit der Überschrift „Anforderungsniveau im Fach Chinesisch an der MSH" erstellt, das eine gute Ausgangsbasis für die Erstellung des Chinesisch-Curriculums der MSH darstellt. Es gliedert Leistungserwartungen im Blick auf sprachliche Kompetenz, fachlich-methodische Kompetenz, interkulturelle Kompetenz und kommunikative Kompetenz. Das Papier wird durch eine Darstellung des "Chinesischen Elementarzeichenschatzes" von 312 Kurzzeichen ergänzt.

EPA Chinesisch der KMK: Die beiden MSH-Papiere werden durch die von der KMK herausgegebenen „Einheitlichen Prüfungsanforderungen in der Abiturprüfung: Chinesisch" (EPA: Chinesisch) aus dem Jahre 1998 ergänzt. Das Papier muss aber aus meiner Sicht substanziell erweitert werden. Es ist ja für „normale" Gymnasiasten verfasst worden, die in der Sekundarstufe I und/oder II drei bis vier Jahre lang Chinesischunterricht erhalten haben. Das kann natürlich keine Richtschnur für den MSH-Chinesischunterricht ab Klasse 1 abgeben. Im regulären gymnasialen Chinesischunterricht, zum Beispiel am Hamburger Gymnasium Marienthal mit deutsch-chinesischem Zweig, werden ein aktiver Wortschatz von 400 Zeichen und ein passiver Wortschatz von 500 Zeichen angestrebt. Das muss deutlich überboten werden.

Progression: Aus meiner Sicht muss im Blick auf die Leistungserwartungen an die MSH-Schüler:innen zügig Klarheit geschaffen werden, damit die Progression der Lernanforderungen über die vier Schuljahre der Grundschule, die sechs in der Sekundarstufe I und die zwei in der Sekundarstufe II deutlich wird. Derzeit wissen die Chinesischlehrerinnen gar nicht, ob sie die Zeitplanung bis zum ersten Abschluss in der Klasse 10 und dann bis zum Abitur einhalten können.

Dekonstruktion und Rekonstruktion der EPAS: Die EPAs der KMK für das Fach Chinesisch sind stark sprachlich-literarisch orientiert, nur wenig landeskundlich-interkulturell und gar nicht auf den wirtschaftlich-politischen und wissenschaftlichen Sektor ausgerichtet. Der erste Schritt für die eigene Didaktik muss also eine Dekonstruktion der EPAs Chinesisch und die nachfolgende Konstruktion eines breiter aufgestellten Anspruchskatalogs sein. Zuvor muss geklärt werden, welche Anforderungen die Schüler:innen der MSH für den mittleren Schulabschluss (MSH) bewältigen sollen.

Bausteine: Durch die MSH-Arbeit werden die Konturen einer zukünftigen Fachdidaktik Chinesisch deutlich:

– *Curriculumentwicklung:* Die MSH hat jetzt schon die Grobstruktur des Chinesisch-Curriculums bis zur Jahrgangsstufe 10 auf vier Seiten erarbeitet.
– *Sprachliche Bildung:* Aus sprachtheoretischer Perspektive kann das Erlernen einer Sprache, die nicht mit der Alphabetschrift arbeitet, enormes Potenzial für eine sprachlich aufgeklärte Bildung entfalten, wie dies Wilhelm von Humboldt konzipiert hat (s. o.).
– *Klassenführung:* Ich habe im Abschnitt 3.3 schon darauf hingewiesen: Aus chinesischer Sicht sind deutsche Schüler:innen tendenziell undiszipliniert. Sie sind es im Vergleich zu chinesischen Schüler:innen auch tatsächlich. Dieses Problem muss in der gesuchten Didaktik, die sich ja auch an in China ausgebildete Lehrer:innen wendet, thematisiert werden. Lösungsmöglichkeiten müssen beschrieben werden.
– *Gesellschaftlich-bildungspolitische Dimension:* Für die MSH eröffnet sich die Chance, bei der Weiterführung der Arbeit an der Chinesischdidaktik einen interkulturellen Dialog zu führen, der sich nicht in wechselseitiger Toleranz erschöpft, sondern bei allem Verständnis für das fremde Land das Eintreten für die eigenen Werte ermöglicht. Die Kopplung der zwei Schwerpunkte der MSH gemäß Genehmigung durch die Schulbehörde – Fremdsprachenangebot mit Chinesisch und Demokratieförderung – ist deshalb aus meiner Sicht ein besonderes Positivum.

Die MSH bietet die Chance, diese Bausteine einer zukünftigen Fachdidaktik nicht nur abstrakt-akademisch und blutleer zu erörtern, sondern praktisch zu erproben und weiterzuentwickeln. Es wäre schön, wenn sich eine Sprachdidaktikerin/ein Didaktiker findet, welche bzw. welcher eine erste grundständige Chinesischfachdidaktik schreibt.

7. Empfehlungen

Die Freie und Hansestadt Hamburg versteht sich als Tor zur Welt. Die wirtschaftlichen und die kulturellen Beziehungen der Stadt zu chinesischen Hafenstädten[10] und insgesamt zur Volksrepublik China sind über die Jahre enger geworden. Es ist davon auszugehen, dass sie weiter steigen werden. Die Eröffnung einer Schule, die neben der Weltsprache Englisch auch die Sprache des der Bevölkerung nach größten Staates dieser Erde, nämlich das Chinesische, als Hauptfach unterrichtet, ist überfällig. Ebenso überfällig ist die Erarbeitung einer global interpretierten Allgemeinbildung[11], in der die traditionelle curriculare Orientierung auf Europa und die USA durch eine Orientierung auf China und den ganzen asiatischen Raum ergänzt wird. Langfristig ist deshalb zu hoffen, dass die MSH am kulturellen Austausch mit China konstruktiv beteiligt wird, z.B. über einen Schüleraustausch.

Was dabei aus der typisch deutschen Allgemeinbildung und der zu ihr passenden deutschen Schulkultur wird, ist eine offene Frage. Die MSH kann mit ihrer Praxis trilingualen Unterrichts nützliche Erkenntnisse für die Klärung dieser Frage beisteuern. Das curriculare Programm der MSH führt sie aus ihrem lokalen Milieu heraus auf ein globalisiertes Niveau, was produktive Entwicklungen und Auseinandersetzungen bezüglich des Demokratiedefizits der Volksrepublik China möglich macht, uns aber zugleich auch darauf verpflichtet, über die Defizite unserer eigenen Demokratiegestaltung nachzudenken.

Auf Basis der Erkenntnisse aus dem ersten und dem zweiten Jahresbericht komme ich im dritten, abschließenden Jahresbericht 2012/2013 zu folgenden Empfehlungen für die weitere Entwicklungsarbeit:

(1) Die MSH sollte auf eine ausgewogene Balance zwischen dem Fachunterricht als „Kerngeschäft" und den außerunterrichtlichen Programmen und Aktivitäten im Rahmen der Schulkultur achten.

(2) Die MSH hat sich an der Lernstandserhebung für die Jahrgangsstufe 3 und an weiteren Erhebungen beteiligt. Feststellbar ist ein erfreulicher Trend zur Verbesserung. Dieser Trend sollte sorgfältig weiter beobachtet werden. Die Ergeb-

---

10 Shanghai ist Hamburgs Partnerstadt.
11 Was genau darunter zu verstehen ist, haben Katharina Roselius & Meinert Meyer (2018) in dem Aufsatz „Bildung in Globalizing Times" dargelegt.

nisse sollten weiterhin in didaktischen Maßnahmen umgesetzt werden, wie es bereits mit dem Förderunterricht gemacht wird.
(3) Die MSH sollte sich um eine Überprüfung der Unterrichtsqualität durch das Institut für Bildungsmonitoring und Qualitätsentwicklung der Stadt Hamburg (IfBQ) bemühen. Dies ist sinnvoll, weil die Lernstandserhebungen das Leistungsprofil der Schüler:innen bestimmen, wobei zu beachten ist, dass daraus keine Aussagen über das Leistungsprofil der Lehrkräfte abgeleitet werden dürfen, weil die Leistungstests keine Aussage über die Ursachen der Schülerstärken und -schwächen zulassen.
(4) Die MSH sollte den jahrgangsstufenübergreifenden Unterricht im chinesischen Sprachunterricht reduzieren, aber in gewissem Umfang beibehalten und die Altersstufenmischung nicht auf Aktivitäten außerhalb des Unterrichts beschränken.
(5) Die MSH sollte die Englischkenntnisse ihrer Grundschüler:innen erheben, z. B. durch einen C-Test nach Rüdiger Grotjohan, Bochum (ab Klasse 4).
(6) Sie sollte im Sinne des von Hilbert Meyer entwickelten Drei-Säulen-Modells der Unterrichtsentwicklung (Meyer 2004, S. 42) eine ausgewogene Balance zwischen direkter Instruktion, Projektarbeit und individualisiertem Unterricht anstreben.
(7) Die MSH sollte das Curriculum für das Fach Chinesisch weiter ausbauen, auch um ab 2016 die Attraktivität des Fachs für die gymnasiale Oberstufe und für das Abitur zu sichern. Sie sollte als Abschluss für die Jahrgangsstufe 10 die HSK-Prüfung vorsehen (was so auch vorgesehen ist) und für das Abitur im Fach Chinesisch einen eigenen Anforderungskatalog erarbeiten, der über die Chinesisch-EPA der KMK hinausgeht.
(8) Sie sollte Bausteine für eine Didaktik des Chinesischen als Fremdsprache praxisnah erarbeiten. Dabei sollte sie im Sinne der Bildungsgangforschung den individuellen Entwicklungsaufgaben der Lehrer:innen und der Schüler:innen besondere Beachtung schenken.
(9) Die MSH sollte prüfen, ob sie einen Erfahrungsaustausch mit der Bielefelder Laborschule und ab 2016 mit dem Oberstufen-Kolleg Bielefeld anstreben soll und kann.
(10) Die MSH sollte den Kontakt mit Wissenschaftler:innen, wie er bisher praktiziert worden ist, beibehalten und gegebenenfalls weiter ausbauen.
(11) Ein besonderes Augenmerk sollte dabei auf die empirische Erfassung der Bildungsgänge der Schüler:innen gelegt werden, die ab Klasse 1 Chinesischunterricht erhalten haben.
(12) Die MSH sollte ein Schulprogramm erarbeiten. Dafür gibt es bereits viele Vorarbeiten, angefangen mit den beiden Gründungspapieren für die Grundschule und das Gymnasium.

Ich habe in den Jahresberichten immer wieder auf John Hattie hingewiesen. Ich schließe jetzt mit seinem Ratschlag für Lehrer:innen, der wie ein roter Faden sein Buch „Lernen sichtbar machen für Lehrpersonen" (2014) durchzieht. Er lautet: „Know thy impact!" – „Wisse, welchen Einfluss Du auf den Lernerfolg der Schüler:innen hast." Ich verstehe dies als Aufforderung an alle Lehrer:innen, die eigene Lehrerpersönlichkeit und das fachdidaktische Wissen und Können zu reflektieren und in Auseinandersetzung mit der Fachliteratur eine „persönliche Didaktik" zu entwickeln.

Fazit

Gebildet ist ein Mensch, der bereit und in der Lage ist, Verantwortung für sich und andere zu übernehmen (s. o. S. 22). Ich hoffe, dass die zukünftigen Absolvent:innen der MSH Verantwortung für die deutsch-chinesischen Beziehungen übernehmen können und wollen, einschließlich der Förderung der demokratischen Kultur, die wir uns für Deutschland und China wünschen. Ich stelle mir vor, dass sie als junge gebildete Persönlichkeiten Mittler zwischen Ost und West, China und Deutschland werden und für die Aushandlung der Frage, wie wir in dieser Welt zusammenleben wollen, kompetent tätig werden. Für den Schulträger, für die Lehrer:innen und insgesamt für die Stadt Hamburg heißt dies, dass bei der Konzeption der allgemeinen Bildung ihre globalisierte Bedeutung mitzudenken ist, aber nicht so, dass alle Menschen das gleiche Curriculum absolvieren! Wir wünschen uns eine Welt, in der es kulturelle Verschiedenheit gibt und die Menschen sich dennoch verständigen, wohl wissend, dass Verstehen mit Wilhelm von Humboldt immer auch ein Nichtverstehen einschließt.

Münster, 12. November 2013

Prof. Dr. Meinert A. Meyer

Literaturnachweise

Bastian, J. (2007). *Einführung in die Unterrichtsentwicklung.* Weinheim: Beltz.

Bauer, W. (2001). *Geschichte der chinesischen Philosophie.* München: C.H. Beck.

Blankertz, H. (1963). *Berufsbildung und Utilitarismus.* Düsseldorf: Schwann.

Blankertz, H. (1982). *Die Geschichte der Pädagogik.* Wetzlar. Büchse der Pandora.

Dewey, J. (1916). *Democracy and Education. An Introduction to the Philosophy of Education.* London: The Free Press Collier Macmillan Publishers. (Deutsch: Demokratie und Erziehung. (3. Aufl.) Braunschweig Westermann 1964).

Fullan, M. (1999). *Die Schule als lernendes Unternehmen.* Stuttgart: Klett-Cotta.

Hattie, J. (2013): *Lernen sichtbar machen.* Baltmannsweiler: Schneider Verlag Hohengehren.

Hattie, J. (2014). *Lernen sichtbar machen für Lehrpersonen.* Baltmannsweiler: Schneider Verlag Hohengehren.

Humboldt, W. v. (1963). *Werke in fünf Bänden.* Hrsg. von A. Flitner & K. Giel. Wiesbaden: Wissenschaftliche Buchgesellschaft.

Klafki, W. (1963). Engagement und Reflexion im Bildungsprozess. In: W. Klafki. *Studien zur Bildungstheorie und Didaktik.* Weinheim: Beltz, S. 46–71.

Klafki, W. (1991). Die Bedeutung der klassischen Bildungstheorien für ein zeitgemäßes Konzept allgemeiner Bildung. In: W. Klafki. *Neue Studien zur Bildungstheorie und Didaktik.* Weinheim: Beltz, S. 15–41.

Koller, H.-C. (2012). *Bildung anders denken. Einführung in die Theorie transformatorischer Bildungsprozesse.* Stuttgart: Kohlhammer.

Meyer, H. (2004). *Was ist guter Unterricht?* Berlin: Cornelsen Scriptor.

Meyer, H. (2015). *Unterrichtsentwicklung.* Berlin: Cornelsen.

Meyer, H., Meyer, M. A. & Lin L. (2016). New Developments and Challenges of German Schooling at the Beginning of the 21th Century. In: *Global Education,* Shanghai, Vol. 45, 10/2016, pp. 3–7.

Meyer, H. & Meyer, M. A. (2017). Zur internationalen Rezeption der Veröffentlichungen Wolfgang Klafkis. In: A. Köker & J. Störtländer (Hrsg.). *Kritische und konstruktive Anschlüsse an das Werk Wolfgang Klafkis.* Weinheim: Beltz, S. 180–209.

Meyer, M. A. (1976). *Formale und handlungstheoretische Sprachbetrachtung.* Stuttgart: Klett.

Meyer, M. A. (1986). *Shakespeare oder Fremdsprachenkorrespondenz? Zur Reform des Fremdsprachenunterrichts in der Sekundarstufe II.* Wetzlar: Verlag Büchse der Pandora.

Meyer, M. A. & Meyer, H. (2007). *Wolfgang Klafki. Eine Didaktik für das 21. Jahrhundert?* Weinheim: Beltz.

Meyer, M. A. & Meyer, H. (2009). Totgesagte leben länger. In: B. Wischer & K.-J. Tillmann (Hrsg.) (2009). *Erziehungswissenschaft auf dem Prüfstand*. München: Juventa, S. 97–128.

Meyer, M. A., Meyer, H. & Ren Ping (2017). The German Didaktik Tradition Revisited. In: K. J. Kennedy & L. C. Ki (Eds.). *European Didactics and Chinese Curriculum: Curriculum Thoughts in Dialogue*. Hongkong: Routledge, pp. 179–216.

Roos, J. et al. (2009). Zusammenfassendes Fazit. In: J. Roos & H. Schöler (Hrsg.). *Entwicklung des Schriftspracherwerbs in der Grundschule. Längsschnittanalyse zweier Kohorten über die Grundschulzeit.* Wiesbaden: VS Verlag für Sozialwissenschaften, S. 229–248.

Roselius, K. & Meyer, M. A. (2018). Bildung in globalizing times. In: *Zeitschrift für Erziehungswissenschaft*. Vol. 21, pp. 217–240.

Roth, G. (1997). *Das Gehirn und seine Wirklichkeit*. Frankfurt/M.: Suhrkamp.

ANHANG 1

Stundenplan der GS 1/3 und Klasse 4 im Jahr 2012/13

Zeit	Montag	Dienstag	Mittwoch	Donnerstag	Freitag
7:45–8:00	offener Anfang/stille Eingangsphase				
8:00–8:45	Deutsch	Chinesisch	Deutsch/ Mathe	Sport in der LokDamm-Halle[12]/Sachunterricht (im 14-tägigen Wechsel)	Mathe 7 Deutsch
8:45–9:30	Deutsch	Englisch	Deutsch/ Mathe	Sport Lok-Damm/Sachunterricht	Mathe
9:30–9:45	←		1. Pause		→
9:45–10:30	Lernzeit	Theater	Sport in der ETV Halle[13]	Mathe/ Deutsch	Nia
10:30–11:15	Sachunterricht	Theater	Sport	Mathe/ Deutsch	Chinesisch
11:15–11:30	←		2. Pause		→
11:30–12:15	NIA	Theater	Chinesisch	Deutsch	Sachunterricht
12:15–13:00	Mathe	Theater	Chinesisch	Lernzeit	Lernzeit/Sachunterricht
13:00–13:45	←		Mittagessen		→
13:45–14:15	Lernzeit	Lernzeit	Lernzeit	Lernzeit	Lernzeit: 13:45–14:00 Uhr
14:15–15:00	Mathe	Musik	Sachunterricht	Kunst	

12 Eine gemietete Turnhalle
13 Die zweite Turnhalle

Gründungsgeschichte und erste Jahre

ANHANG 2

Stundenplan der 6./7. Klasse Gymnasium, Schuljahr 2012/13

Zeit	Montag	Dienstag	Mittwoch	Donnerstag	Freitag
7:45 bis 8:00	offener Anfang/stille Eingangsphase				
8:00 bis 8:45	Sport Lok-Damm/Sachunterricht (im 14-tägig. Wechsel)	Naturwissenschaften	Sport ETV Halle	Deutsch	Klassenrat/Lernzeit
8:45 bis 9:30	Sport Lok-Damm/Sachunterricht (im 14-tägig. Wechsel)	Beg./Chinesisch durch Theater	Sport ETV Halle	Erdkunde	Chinesisch
9:30 bis 9:45	← 1. Pause →				
9:45 bis 10:30	Deutsch	Beg./Chinesisch durch Theater	Deutsch	Musik/Mathe	Chinesisch
10:30 bis 11:15	Deutsch	Kunst	Englisch	Lernzeit	Englisch
11:15 bis 11:30	← 2. Pause →				
11:30 bis 12:15	Mathe	Mathe	Musik	Englisch	Naturwissenschaften
12:15 bis 13:00	Mathe	Mathe	Naturwissenschaften	Englisch	Naturwissenschaften
13:00 bis 13:30	Lernzeit	Nia: 12:45 bis 13:30 Uhr	Lernzeit	Nia: 12:45–13:30 Uhr	Nia: 12:45–13:30 Uhr
13:30 bis 14:15	Mittagessen	Mittagessen	Mittagessen	Mittagessen	Mittagessen: 13:30–14:00 Uhr
14:15 bis 15:00	Erdkunde	Englisch	Chinesisch	Lernzeit	

Meinert Arndt Meyer und Axel Beyer

Gespräch Meinert Meyer mit Axel Beyer: „Und jedem Anfang wohnt ein Zauber inne"

Abbildung 1: Ein Ölbild, von Meinert Meyer an Axel Beyer überreicht bei der Gründungsfeier im Januar 2011

Vorbemerkung der Herausgeber:innen: *Das hier dokumentierte Gespräch hat am 10. April 2013 im Gebäude der Modernen Schule Hamburg (MSH) stattgefunden. Es ergänzt den Beitrag 1 durch persönliche Einschätzungen der Chancen und Risiken, der Erfolge und Enttäuschungen im Entwicklungsgang der MSH. Der Titelzusatz stammt aus Hermann Hesses Gedicht „Stufen". Die Überarbeitung des Rohmanuskripts und die Druckvorbereitung hat Hilbert Meyer übernommen.*

Erster Abschnitt: Gründungsphase

Berufsbiografie des Schulleiters

MM: Lieber Axel Beyer: Wir kennen uns nun schon seit sieben Jahren. Ich habe dich als sehr engagierten und in der Sache klaren Schulentwickler wahrgenommen. Aus Sicht der Bildungsgangforschung ist es sinnvoll, dieses Engagement aus deiner Berufsbiographie heraus zu interpretieren – nach dem Motto: Nichts ist zufällig! Deshalb die erste Frage: Warum bist du Lehrer geworden?

AB: Eigentlich wollte ich nie Lehrer werden, sondern Biologe oder Historiker. Aber dann wurde mir klar, dass ich als Mikro-Biologe den ganzen Tag Petri-Schalen hätte hin und herschieben und Bakterien zählen müssen und als Historiker abends mit schwarzen Fingern aus dem Archiv nach Hause gekommen wäre. Beides ist ohne Menschen! So kam ich auf die Idee, in Hamburg ein Lehramtsstudium in denselben Fächern zu absolvieren, also in Biologie und Geschichte. Ich wollte im Studium ausprobieren, was mir besser gefiel. Für eine anspruchsvolle Berufstätigkeit in Biologie oder Geschichte hätte ich promovieren müssen. Dafür hätte das Lehramts-Staatsexamen die formalen Voraussetzungen geschaffen. Und dann habe ich nach dem Studium sofort das Referendariat angeschlossen und auch das Zweite Staatsexamen gemacht.

MM: Offensichtlich hat dir das Unterrichten ja Spaß gemacht. Warum bist du dann nicht dauerhaft im Schuldienst geblieben?

AB: Das hätte ich jederzeit tun können, aber mir wurde die Stelle des Geschäftsführers der *Deutschen Gesellschaft für Umwelterziehung e.V. (DGU)* angeboten. Das war für mich natürlich sehr attraktiv. Es ging um die Kombination meiner zwei Fächer, also Biologie und Geschichte, und um die Frage, wie gesellschaftliche Teilhabe besser als bisher organisiert werden kann. In meiner Funktion als Geschäftsführer habe ich später den größten Schulwettbewerb in Deutschland mitgestaltet und organisiert: *Umweltschule in Europa – Internationale Nachhaltigkeitsschule*. Ein Wettbewerb, den es bis heute bundesweit und auch in Hamburg gibt. Am Anfang ging es um ein weiteres völlig neues Projekt in allen Staaten der Europäischen Union (damals noch: Europäische Wirtschaftsgemeinschaft): die *Blaue Flagge*. Die Flagge gibt es heute weltweit, auch in China, Südafrika und in der Karibik. Es ist inzwischen das am weitesten verbreitete Umweltzeichen weltweit. Durch die *Blaue Flagge* bin ich mit den Vertretern der gesamten deutschen Umwelt- und Tourismuspolitik, von den wichtigsten Bundespolitikern bis zu den Bürgermeistern und Kurdirektoren aller deutschen Badeorte an Nord- und Ostsee, zusammengekommen. Gleichzeitig habe ich durch die europäische Zusammenarbeit lernen können, dass sich unsere „deutsche Sicht der Dinge" doch sehr von der der anderen Staaten unterscheidet. Insgesamt war das eine spannende und inspirierende Tätigkeit mit sehr viel Freiheit zur eigenen Gestaltung. Aus heutiger Sicht ein Traumjob, jedoch gepaart mit einer sehr großen Verantwortung, da ich vom einen auf den anderen Tag für die Koordination in ganz Deutschland zuständig war. Später war ich dann auch noch Initiator und Koordinator der *Initiative Energiesparen in Schulen* in verschiedenen Bundesländern.

MM: Offensichtlich für dich eine sehr produktive Zeit?

AB: Ja, die *Deutsche Gesellschaft* hat mir den Raum gegeben, den ich brauchte, um eigene Ideen umzusetzen, weil sie gemerkt hatte, dass das auch für sie Vorteile brachte.

MM: Und wie bist du dann auf die Idee gekommen, eine eigene Schule zu gründen?

AB: In meiner Funktion als Leiter des genannten Projekts *Umweltschule in Europa* bin ich mit Schulen in ganz Deutschland in Berührung gekommen und habe dann sehr bald gemerkt, dass die Lehrer:innen in Deutschland unter den Rahmenbedingungen des alltäglichen Schulbetriebs – ich nenne das die Regelkreise – leiden. Da ich regelmäßig persönlichen Kontakt mit den Kultusministern hatte, habe einfach mal gefragt, ob ich ein völlig neues Schulkonzept initiieren und in einigen Bundesländern realisieren könnte. Vier Minister hatten mir zugestimmt und dann habe ich losgelegt. Zuerst war im Projekt angedacht, vier Schulen aus vier Bundesländern für eine konsequent ökologisch und demokratisch ausgerichtete Schule zu gewinnen. Aber die angesprochenen Lehrer:innen und auch die Schulleitungen fingen an, sich aus dem angebotenen Kuchen einzelne Stücke herauszupicken und die Idee vom großen Ganzen zu verwässern. So ist es bei mir zur Idee gekommen, dass ich persönlich eine neue Schule gründen müsste, naheliegenderweise hier in Hamburg, wo ich zuhause bin. Dass es eine Schule in freier Trägerschaft geworden ist, war eher ein Zufall, auch wenn die größeren Spielräume für den Aufbau einer Schule mit eigener Prägung von großem Vorteil waren.

Turbulenzen der Gründungsphase

MM: Was hast du ab 2006 unternommen, als für dich klar war, dass du eine eigene Schule gründen wolltest?

AB: Als die Entscheidung gefallen war, habe ich meine schon länger entwickelten Vorüberlegungen zum Schulkonzept konkretisiert, die Frage geklärt, welche Sprachen die Schule anbieten sollte, und erste Kontakte zu den in Hamburg relevanten Gruppen, auch zur Wissenschaft, also zu dir, aufgenommen.

MM: Es lief ja nicht alles glatt. Der Widerstand gegen deine Schulidee dürfte größer gewesen sein, als du es zunächst gedacht hattest?

AB: Ja, richtig. Ich bin aber aufgrund der Tätigkeit bei der *Deutschen Gesellschaft für Umwelterziehung* kampagnenerprobt gewesen. Klein beizugeben war nicht mein Ding!

MM: Was hast du getan, um Bündnisgenossen für dein Projekt zu gewinnen?

AB: Ich habe Kontakt zur Hamburger *Deutsch-Chinesischen Gesellschaft* und zur *Hamburg-China-Gesellschaft* aufgenommen. Ich war bei der größten chinesischen Reederei hier in Hamburg, der COSCO. Ich bin in alle Fraktionen der Hamburgischen Bürgerschaft und auch zur Schulbehörde gegangen. Am 3. November 2009 haben wir dann eine große Informationsveranstaltung in unserem späteren Schulhaus durchgeführt. Die Zustimmung der anwesenden Landespolitiker aller Fraktionen und der Wirtschaftsvertreter war sehr groß. Die zögerliche Haltung der Schulbehörde wurde in der Plenumsdiskussion offen als „Behördenwillkür und Skandal" bezeichnet.

Sonderungsverbot und Schulgeldfrage

AB: Die größte Hürde für die Genehmigung war das sogenannte Sonderungsverbot nach § 7 Abs. 4 des Grundgesetzes, das mit der Schulgeldfrage verknüpft ist. Damit ist gemeint, dass private Grundschulen, die ihre Schüler:innen nach den Besitzverhältnissen ihrer Eltern auswählen, nicht genehmigt werden dürfen.

MM: Das wird allerdings in den Bundesländern sehr unterschiedlich ausgelegt. In Berlin müssen in der Grundschule einheitlich 580 € monatlich und in der Sekundarstufe 630 € Schulgeld bezahlt werden, in Baden-Württemberg nur 160 €. Wenn ein Internatsaufenthalt hinzukommt, kann es schnell auch bis zu 40.000 € jährlich kosten.

AB: In Hamburg beträgt das Schulgeld seit 2010 für alle Privatschulen 200 € monatlich. Das ist eine Vorgabe der Hamburgischen Bürgerschaft, an die wir gebunden sind. Es gibt aber auch in jedem Jahr mehrere Schüler:innen, die aufgrund der finanziellen Lage der Eltern weniger oder auch gar kein Schulgeld zahlen müssen.

MM: Findest du das Sonderungsverbot des Grundgesetzes richtig?

Gespräch Meinert Meyer mit Axel Beyer: „Und jedem Anfang wohnt ein Zauber inne"

Politiker setzen sich für die MSH ein:

MODERNE SCHULE HAMBURG

Breite Zustimmung am 3. November auf der Veranstaltung: „MSH – ein pädagogisches Konzept in der Diskussion"

Frühes Sprachenlernen - zwischen Illusion und Tradition:

Überzeugend erläuterte Chinesischlehrerin Yun Dörr (links) wie überschaubar und logisch die chinesische Sprache aufgebaut ist. Die Zuhörer hatten bisher selten Berührung mit der chinesischen Sprache und bekamen an diesem Abend Antworten auf ihre Fragen.

Prof. Meinert A. Meyer, Erziehungswissenschaftler der Universität Hamburg (Bild r.) erörterte die Relevanz des frühzeitigen Erlernens einer zusätzlichen „andersartigen" Sprache wie Chinesisch. Niemand wird vernünftigerweise bezweifeln, dass die gesamte Entwicklung der Kinder dadurch besonders gefördert wird.

„Ganztagsschule mit siebentägigem Freizeitangebot in Groß Borstel" und „Freie Schulen in Hamburg eine Rarität – warum?"

NDR Moderatorin Birgit Langhammer (rechts 1.v.l.) leitete ehrenamtlich und professionell die Diskussionsrunden. Die Vertreter der Fraktionen der Bezirksversammlung Hamburg-Nord und die Bürgerschaftsabgeordneten der CDU, SPD, GAL sowie Silvia Canel, Bundestagsmitglied der FDP, (2. v. l.), wollen einträchtig für die MSH eintreten. Alle Politiker sehen im pädagogischen Konzept eine Bereicherung für die Stadt Hamburg. Die Arbeitsweise der Schulbehörde kann niemand verstehen und in der Plenumsdiskussion wurde offen von „Behördenwillkür und Skandal" gesprochen. Bereits vor zwei Jahren wollte die Schule ihren Betrieb eröffnen.

Auf dem Foto oben nach der Diskussion: Claus-Joachim Dickow (FDP Fraktionsvorsitzender, HH-Nord, 4.v.l), Gisela Busold (stv. Fraktionsvorsitzende der CDU, HH-Nord, 5.v.l.), Dorie Olszewski (Sprecherin Gruppe Nordabgeordnete, HH-Nord, 6.v.l.), Thomas Domres (Vorsitzender der SPD-Fraktion, HH-Nord, 7.v.l) und Ties Rabe (Bildungspolitischer Sprecher der SPD-Bürgerschaftsfraktion, 8.v.l.).

Gemeinsam besprechen Marino Freistedt (Bildungspolitischer Sprecher der CDU-Bürgerschaftsfraktion, 1.v.l.), Gisela Busold (3.v.l.), und Andreas Waldowsky, Bürgerschaftsabgeordneter der GAL (4.v.l.), mit Axel Beyer, designierter Schulleiter der MSH (2.v.l.), wie sie sich für die MSH einsetzen werden. Derzeit warten rund 200 Eltern mit ihren Kindern auf die Eröffnung.

Allgemeiner Tenor nach der Veranstaltung:
Die Behörde müsse endlich einlenken und die MSH genehmigen. Die Blockade der Behörde sei nicht nachvollziehbar, die erzwungene Gerichtsverhandlung überflüssig und einzustellen.

Vertreter der Behörde haben sich der Diskussion mit den Eltern an diesem Abend nicht gestellt.

Moderne Schule Hamburg gGmbH, Tel. 040 / 46 77 54 35, www.moderne-schule-hamburg.de

Abbildung 2: Flugblatt der MSH (2009) (© Axel Beyer)

AB: Grundsätzlich unterstütze ich es. Die Problemlösung ist aber m.E. eine andere als die, die in den Schulgesetzen der Bundesländer festgeschrieben ist. Wenn der Staat 100 Prozent der Schulkosten auch bei Privatschulen übernähme, könnten die Eltern, ohne Finanzprobleme zu bekommen, die für ihr Kind beste Schule aussuchen. Das könnte dann auch eine Schule in freier Trägerschaft sein. Und davon könnten die Schulen des öffentlichen Schulwesens profitieren.

MM: Dann müssten aber deutsche Eliteschulen wie Salem oder Louisenlund wegen Überfüllung auf der Stelle geschlossen werden – oder sie müssten sich ein kompliziertes Auswahlverfahren ausdenken, das den Auflagen des Sonderungsverbots genügt. Und die vielen teuren Extras, die es an diesen Internatsschulen für alle geben müsste, wären dann ja nicht einmal ansatzweise zu finanzieren!

AB: Die Frage, wie das Schulgeldproblem gerecht gelöst werden kann, brauchen wir zum Glück in diesem Gespräch nicht zu lösen. Und alle Seiten zufrieden zu stellen, wird wohl nie gelingen! Noch einmal: Es ist richtig, dass eine Schule in freier Trägerschaft nicht Kinder von Eltern mit geringerem Einkommen über ein hohes Schulgeld ausschließen darf. Aber was ist zumutbar für „normal" betuchte Eltern? 200 € pro Monat? Oder 580? Oder nicht mehr als 150 €?

MM: Deutlich werden muss, dass die MSH das Sonderungsverbot einhält, dass sie, kurz formuliert, keine Schule für die Reichen der Stadt ist, die gerne unter sich bleiben wollen. Ich denke, dass das mit 200 € gewährleistet ist.

Verwaltungsgerichtsverfahren

MM: Du hast im Jahr 2009 vor dem Hamburger Verwaltungsgericht einen Prozess gegen die Freie und Hansestadt Hamburg mit dem Ziel angestrengt, die Genehmigung für die Schulgründung zu erstreiten. Warum?

AB: Es war die *ultima ratio*, weil ich in den vielen Gesprächen mit der Schulbehörde das Gefühl hatte, dass nichts mehr weiterging. Die Behördenvertreter sahen einfach keinen Bedarf für eine Schule mit Chinesisch ab Klasse 1.

MM: Es leuchtet ein, dass eine Schulbehörde, die die Anzahl von Schulen in freier Trägerschaft klein halten will, im Genehmigungsverfahren mit dem angeblich oder tatsächlich nicht gegebenen „besonderen pädagogischen Interesse" argumentiert.

AB: Ja, das ist ja auch versucht worden. Aber die Rechtsprechung ist in dieser Frage interessant. Die zuständige Richterin, Frau Dr. Rubbert, ging in ihrem Grundsatzpapier vom 11. Dezember 2009 davon aus, dass die Qualität des

Bildungswesens durch die Existenz von Schulen in freier Trägerschaft nicht behindert wird, sondern umgekehrt gesteigert werden kann. Das ist auch meine Position!

MM: Hat die Notwendigkeit, einen Prozess zu führen, um die Genehmigung zu erhalten, eure Zeitplanung durcheinander gebracht?

AB: Ja klar! Zu Beginn des Projekts, also im Jahr 2006, hatte ich gedacht, dass die Schulgründung schnell erfolgen könnte, aber das war, wie wir nun wissen, ein Irrtum. Der vor dem Verwaltungsgericht ausgetragene Streit war anstrengend und kräftezehrend. Mein Problem war dabei, dass die Eltern der ersten Runde, die schon 2006/07 erklärt hatten, ihre Kinder zu uns schicken zu wollen, wieder eine andere Schule suchen mussten. So konnten diese Eltern auch nicht als erste Generation den Stab an die danach kommende Generation weitergeben. Wir hatten trotzdem rechtzeitig Ende 2009 die Verträge mit der erforderlichen Anzahl von Lehrer:innen abgeschlossen. Und dann hatten wir ja auch 12 Schüleranmeldungen für die Grundschulklasse und 3 Anmeldungen für die Gymnasialklasse.

MM: Ist das nicht viel zu wenig für einen Schulstart?

AB: Im Prinzip schon, es galt aber zunächst erst einmal zu beginnen. Jedes neue Projekt oder Geschäft beginnt klein. Wir waren von unserem Konzept überzeugt und hatten ja eine sehr gute Resonanz bei Eltern.

Erster Schultag

MM: Wann war der erste Schultag?

AB: Die Schule in Hamburg beginnt immer an einem Donnerstag, also auch in der Modernen Schule Hamburg. Das war also im August, nach den Sommerferien 2010!

MM: Wie lief der Tag ab? Gilt im Nachhinein das bekannte Hesse-Zitat: „Und jedem Anfang wohnt ein Zauber inne"?

AB: Ja, und das hatte gute Gründe. Wir hatten im ersten Jahrgang sehr enthusiastische Eltern. Und was noch entscheidender war: Es war ein großartiges, sechsköpfiges Lehrerteam.

MM: Ist die Annahme richtig, dass bei solch einem komplexen Unternehmen wie der Gründung einer neuen Schule nicht alles von Beginn an glatt lief?

AB: Doch, es lief alles erstaunlich gut! Und das hat sich auch bis heute so gehalten. Wir hatten z.B. sehr wenig Unterrichtsausfall durch Krankheit und wir hatten in den ersten Jahren keine Schüler:innen, die wieder abgemeldet worden sind.

Ankommen im Alltag – Rolle des Schulleiters

MM: Der Schulleiter ist für alles verantwortlich, aber eben dies verlangt, dass er alle Akteure, also die Lehrer:innen, Schüler:innen, Eltern und alle am Schulaufbau Beteiligten, dazu bringt, ebenfalls Verantwortung zu übernehmen.

AB: Ja. Und darum bemühe ich mich, z.B. durch die Einrichtung einer kollegialen Schulleitung und durch viel Präsenz bei den Eltern und viele Gespräche mit meinen Mitarbeitern.

MM: Mich interessiert, wie sich heute, drei Jahre nach dem Start, der Schulalltag gestaltet. Seid ihr überhaupt schon im Alltag angekommen?

AB: Ich denke schon! Für mich geht es nun vor allem um Qualitätssicherung durch Verstetigung des Schulbetriebs. Ich kenne ja die Probleme aus anderen Schulen. Eltern stellen fest, dass ihr Kind in der 3. Klasse immer noch nicht lesen und schreiben kann. Oder die Lehrer:innen laufen weg, weil sie ihre Kompetenzen an ihrer Schule nicht ausspielen können. Das sind Alarmzeichen, die man als Schulleiter registrieren muss.

MM: Was bedeutet das für deine Schulleiterrolle?

AB: Ich muss als Schulleiter die Schule stark führen, ich muss im Konfliktfall entscheiden, unter Umständen auch gegen die Wünsche mancher Eltern. Sie müssen akzeptieren, dass die Lehrer:innen die Chefs sind, so wie das Kollegium akzeptieren muss, dass der Schulleiter der Chef ist, was nicht heißt, dass er von oben nach unten durchregieren darf.

Zweiter Abschnitt: Fächerkanon

Dreisprachigkeit

MM: Ich habe den Eindruck, dass das Thema „Drei Sprachen ab Klasse 1 – zeitgleich und mit erheblichem Stundenvolumen", das im Genehmigungsprozess am Landgericht eine so große Rolle gespielt hat und für das ich ja auch ein Gutachten geschrieben habe, jetzt, also im April 2013, in seiner Bedeutung stark zurückgetreten ist.

AB: Richtig! Der Rechtsstreit ist beigelegt. Und die Eltern sind zufrieden, wie das in unserer Grundschule läuft! Auch zum Start mit Chinesisch in Klasse 1 gab es zu unserer Überraschung bis heute keine einzige Diskussion mit empörten Eltern oder Schüler:innen.

MM: Warum sagst du, das sei überraschend? Die Eltern, die ihr Kind bei euch anmelden, wissen doch, dass es in der 1. Klasse mit Chinesisch losgeht!

AB: Sicherlich, aber das schließt nicht aus, dass sie sich beschweren, wenn etwas nicht so läuft, wie gedacht.

Chancen und Probleme des frühen Chinesisch- und Englischunterrichts

AB: Chinesisch ist offensichtlich ein Fach, das den Kindern Selbstbewusstsein vermittelt, weil sie etwas machen, das sie gegenüber ihren Eltern und Verwandten auszeichnet. Sie machen etwas Tolles, und darauf sind sie stolz. Das liegt natürlich auch an der Art und Weise, in der unsere chinesischen Lehrer:innen den Chinesischunterricht und auch den immersiven Fachunterricht gestalten: ganzheitlich, mit viel Singen, Spielen und Präsentieren.

MM: Und wie ist die Akzeptanz des für eine erste Klasse ja sehr umfangreichen Englischunterrichts?

AB: Da ist es ganz genauso! Die Eltern sind zufrieden. Einige Eltern können sich sogar vorstellen, dass ihre Kinder noch mehr Englischunterricht und auf Englisch gegebenen Fachunterricht erhalten. Insgesamt: Die Eltern sind zufrieden, wie es in der Grundschule läuft!

MM: Gilt das auch für den Chinesisch- und Englischunterricht in der Gymnasialstufe?

AB: Ja, auch hier betreten wir Neuland. Unser Problem ist Folgendes: An anderen Hamburger Schulen, die Chinesisch anbieten, beginnt der Unterricht irgendwann in der Sekundarstufe I. Das erleichtert an diesen Schulen manches. Darüber hinaus gibt es in den meisten dieser Klassen Schüler:innen, die zuhause Chinesisch sprechen und so den Standard für die Abiturprüfung nach oben schrauben. Das ist bei uns grundlegend anders. Wir müssen neu festlegen, was die Standards für Chinesisch *für deutschsprachige Schüler:innen* ab Klasse 1 und ab Klasse 5 sein sollen, und dann den Unterricht entsprechend gestalten. Aber wir nehmen die Herausforderung an und haben in drei Jahren schon eine ganze Menge geschafft.

MM: Gibt es ein Schulbuch, auf das ihr euch stützen könnt?

AB: Nein – das gibt es nur für die gymnasiale Oberstufe. Wir müssen alles selbst erarbeiten.

MM: Die Perspektivplanung bis hin zum Abitur ist wichtig – eine Aufgabe der Curriculumentwicklung, die ihr mehr oder weniger in Eigenregie betreiben müsst. Dabei ist dann auch zu klären, was genau ihr unter interkultureller Kompetenz versteht und wie das Verhältnis von Sprachenlernen und interkulturellem Lernen an der MSH bestimmt werden soll.

AB: Es muss natürlich beides gemacht werden: Sprachkompetenz im herkömmlichen Sinne, aber eingebettet in ein tiefes Verstehen der chinesischen Geschichte und Kultur! Ich hoffe und bin da auch ganz zuversichtlich, dass unsere Schüler:innen in der Grundschule so viel Spaß am Chinesischen entwickeln, dass zum einen in der Sekundarstufe die Zahl der zu lernenden Schriftzeichen deutlich erhöht werden kann, so dass eine basale Kommunikationsfähigkeit entsteht, dass aber auch immer mehr kulturwissenschaftliche Inhalte in den Unterricht aufgenommen werden können. Zum Curriculum Chinesisch der MSH gehört deshalb auch, dass die Schüler:innen einmal, in der 10. Klasse, nach China fahren sollen. Meine Kollegin Yun Dörr war gerade in China an der Fremdsprachenschule in Xi'an. Die Chancen, eine Kooperationsvereinbarung hinzubekommen, stehen gut.

Ausbildung der chinesischen Sprachlehrer:innen

MM: Wie viele chinesische Lehrer:innen hat die MSH? Und welche Fächer unterrichten sie neben Chinesisch?

AB: Zurzeit sind es drei Lehrerinnen, alle mit einem Abschluss in China. Sie unterrichten nicht nur Chinesisch, sondern geben auch immersiv organisierten Fachunterricht. Das heißt z.B., dass eine Chinesin auch den Musik- oder den Kunstunterricht auf Chinesisch gibt.

MM: Und welche Ausbildung haben diese Lehrerinnen?

AB: Sie haben ein wissenschaftliches Studium in China abgeschlossen, aber dort zumeist noch keine pädagogische Ausbildung erhalten. Sie kommen also ohne Lehrerfahrungen zu uns oder sie haben sie mit anderen Zielgruppen gemacht, z.B. als Dozentin an einer Universität. Wenn wir sie befragen, sagen sie: „Ja, ich kann unterrichten!" Aber sie unterrichten noch nicht nach unseren, sondern nach den chinesischen didaktischen Standards. Dann dauert es fast ein Jahr, bis sie mit den deutschen Klassen einigermaßen klarkommen. Dabei muss man berücksichtigen, dass es für die Chines:innen deutlich interessanter ist, Fachunterricht zu erteilen als Sprachunterricht zu geben. Fachunterricht rangiert höher! Chinesisch rangiert tiefer. Das können, so die Meinung, doch alle! Aber das ist eine Fehleinschätzung!

MM: Gerade weil die Chines:innen eher ausblenden, dass sie für ihren Sprachunterricht in Deutschland eine Fachdidaktik benötigen und sich darüber hinaus allgemeindidaktisch-methodisches Know-how für den deutschen Schulbetrieb aneignen müssen, unterlaufen ihnen, wie ich hier und dort an deiner Schule beobachtet habe, handwerkliche Fehler, z.b. eine nicht zur Sozialform passende Wahl der Sitzordnung, Probleme, darauf zu achten, dass Arbeitsaufträge erst dann erteilt werden, wenn alle herschauen und niemand mehr redet, oder Schwierigkeiten, die Disziplin zu sichern. Meine Frage: Was tut ihr an eurer Schule, um solchen Problemen zu begegnen?

AB: Ich erwarte, dass sich alle Lehrer:innen persönliche Entwicklungsaufgaben setzen. Und ich unterstütze sie bei deren Bearbeitung. Das entspricht doch auch deiner Bildungsgangdidaktik!? Natürlich können alle Lehrer:innen an Fortbildungsveranstaltungen teilnehmen. Wir machen auch schulinterne Fortbildungen. Noch wichtiger ist aber, dass sich die einzelnen Fachgruppen, auch die der Chinesischlehrer:innen, regelmäßig treffen, um sich über ihre Unterrichtserfahrungen auszutauschen und nach Lösungen für Probleme zu suchen.

MM: Das nennt man ja kooperative Unterrichtsentwicklung. Und alle Schulforscher sind sich einig, dass sie die entscheidende Voraussetzung für nachhaltige Schulentwicklung ist.

Dritter Abschnitt: Ganzheitliches Lernen

Demokratiefördernder Unterricht

MM: Die MSH hat ein beeindruckendes Programm zur Demokratieförderung aufgelegt. Das hat ja auch viel mit deiner früheren Arbeit in einer NGO zu tun. Aber wird euer Konzept auch erfolgreich umgesetzt?

AB: Aus meiner Perspektive: Ja! Demokratieförderung zeigt sich vor allem an den Partizipationsmöglichkeiten, die die Schule für Lehrer:innen, Schüler:innen und Eltern eröffnet. Das hast du ja alles schon bei deinen Hospitationen kennengelernt: Klassenkonferenz, Schulversammlung, Feedbackkultur, Streitschlichterprogramm und Schutzengelprinzip.

MM: Ja, das ist gut gelungen. Ich sehe aber ein Problem darin, dass es zu einer falschen Aufteilung kommen kann: hier der normale Fachunterricht und dort die eben von dir genannten besonderen unterrichtlichen und außerunterrichtlichen Aktivitäten, die das Demokratieverständnis der Kinder und ihre Demokratiefähigkeit fördern sollen. Was wichtig ist, ist die gegenseitige

Durchdringung, also eine Unterrichtskultur, in der auch im regulären Unterricht Demokratieförderung stattfindet, und eine Schulkultur mit Klassenkonferenzen etc., in denen nicht nur über Schulhofstreitigkeiten oder die Klassenfahrt gesprochen wird, sondern über die Verbesserung des Unterrichts. Das ist anspruchsvoll. Aber ich könnte mir vorstellen, dass es der MSH immer besser gelingt, diese gegenseitige Durchdringung hinzubekommen.

AB: Du hast Recht. Und genau darum bemühen wir uns vom Hort an bis zum Gymnasium.

Nia (Neuromuscular Integrative Action)

MM: Eine Besonderheit ist euer Nia-Unterricht! Ich habe ihn mehrfach in der verlängerten großen Pause beobachtet. Die Schüler:innen haben Nia erkennbar genossen. Das Gefühl der Gemeinsamkeit, das Bewegungserlebnis, die Vorturnerin (oder: Vortänzerin?) mit ihrer enormen Körperbeherrschung – das alles war und ist offensichtlich hochgradig motivierend.

AB: Ja, dafür, dass wir an unserer Schule dreimal in der Woche Nia machen, habe ich mich von Beginn an eingesetzt. Ob man Nia dabei zum Unterricht oder zur Schulkultur zählt, ist unwichtig. Unwichtig ist auch, ob die Theorie, die der Nia zugrunde liegt, wissenschaftlich zu verteidigen ist oder ob sie korrigiert werden muss. Entscheidend ist, dass Nia ganz offensichtlich Leib und Seele zusammenhält und beim ganzheitlichen Lernen hilft.

MM: Allerdings habe ich beobachtet, dass sich Nia dem regulären Unterricht annähert, wenn für eine Aufführung oder Ähnliches geübt werden muss.

AB: Das mag sein, aber das ist kein akzeptables Gegenargument! Fachunterricht, Sport und Bewegung, Kunst und Musik müssen zusammen gedacht und in ein ganzheitliches Unterrichtskonzept integriert werden. Und daran arbeiten wir.

Vierter Abschnitt: Zusammensetzung der Schülerschaft

Der Startpunkt

MM: Ihr seid ja im Schuljahr 2010/11 mit sehr kleinen Anmeldezahlen gestartet. Es waren ganze 15 Schüler:innen. Jetzt, nach drei Jahren, habt ihr sieben Mal so viele.

AB: Ja, das ist ein guter und auch beruhigender Zustand! Dadurch, dass im Schuljahr 2012/13 sehr viele Kinder für die erste Klasse angemeldet worden sind, erreichen wir einen Zustand, bei dem wir auch Schüler:innen ablehnen müssen. Langfristig mildert das die Quereinsteigerproblematik in den höheren Jahrgangsstufen. Auch Kinderhort und Vorschule sind gut besucht, so dass wir von daher im nächsten Jahr mit einer noch besseren Zahl von Anmeldungen für die 1. Klasse rechnen können.

Wie viele Schüler:innen mit chinesischer Nationalität gibt es heute?

MM: Als die Schule ihren Unterrichtsbetrieb noch gar nicht begonnen hatte, habe ich bereits an Informationsveranstaltungen teilgenommen und dort den Eindruck gewonnen, dass eine wichtige Zielgruppe für die neue Schule chinesische Kinder waren oder Kinder aus Familien, in denen zumindest ein Elternteil chinesisch ist. So ist es aber nicht gekommen! Ich vermute, dass die Staatsangehörigkeit und/oder ethnische Herkunft der tatsächlich angemeldeten Schüler:innen für euch eine Überraschung war?

AB: Ja, das stimmt. Wir hatten in den ersten drei Jahren nur ein einziges deutsch-chinesisches Mädchen, die kleine Ma, aber ihre Familie ist umgezogen und jetzt ist kein einziges chinesisches oder deutsch-chinesisches Kind mehr an unserer Schule. Wir haben aber einige Kinder, deren Eltern mit ihren Kindern einige Jahre im chinesischen bzw. asiatischen Raum gelebt haben. Diese Schüler waren dann zumeist auf englischsprachigen Schulen, an denen es aber auch Chinesischunterricht gab.

MM: Warum gibt es so wenige chinesische Kinder an der Schule? Es gibt doch in Hamburg ganz viele Chines:innen, die hier arbeiten?

AB: Dafür kann man zwei Gründe angeben. Erstens: Größere Zahlen von Chines:innen leben in Hamburg-Harburg und in Wandsbek, nicht im Stadtteil Groß Borstel, in dem unsere Schule liegt. Sie haben dort eigene Kolonien gebildet und schicken ihre Kinder bevorzugt in die dort liegenden Schulen. Das Zweite ist die chinesische Lebenseinstellung: Ich mache, was mir einen persönlichen Nutzen bringt! Und wenn die Kinder schon zu Hause Chinesisch mit den Eltern sprechen, warum sollen sie dann in eine Klasse gehen, in der viele Mitschüler:innen gerade erst anfangen, Chinesisch zu sprechen? Es fehlt der Eigennutzen. – So etwas gibt es bei deutschen Eltern, die nach Shanghai oder Singapur gehen, natürlich auch.

Aus welchen Stadtteilen kommen die Schüler:innen der MSH?

AB: Die Hälfte der Schülerschaft kommt aus der unmittelbaren Umgebung des Brödermannswegs, wo man mit dem Fahrrad gut hinkommt. Die andere Hälfte kommt aus größerer Entfernung.

MM: Dass man sein Kind gern auf eine Grundschule und ein Gymnasium „um die Ecke" schickt, überrascht nicht weiter. Mich interessiert, was die Motive der Eltern sind, die längere Schulwege akzeptieren?

AB: Ein wichtiges Motiv ist natürlich der Chinesischunterricht. Es hat sich aber auch herumgesprochen, dass wir gute pädagogische Arbeit machen. Wir haben kein einziges Kind, das nicht gerne zur Schule geht! Eine Mutter hat gerade erzählt, dass ihr Kind, als sie es aus der Vorschule abholen wollte, nicht mit nach Hause wollte.

MM: Wir haben ja leider in Hamburg und in ganz Deutschland, anders als z.B. in Großbritannien, keine Kultur, für sein Kind eine gute Schule auszusuchen und es dann täglich dorthin zu fahren oder es die öffentlichen Verkehrsmittel benutzen zu lassen.

AB: Ja, die Schulwahl ist in weiten Kreisen der Hamburger Gesellschaft nicht geeignet, das gesellschaftliche Renommee zu erhöhen. Ich überzeichne mal ein wenig: Mann und Frau müssen eine gut bezahlte Arbeit haben, das richtige Auto fahren und die richtigen Jacken tragen. Und vor allem: Man muss im richtigen Stadtteil wohnen. Außerdem gilt es, die Tradition zu wahren, nach dem Motto: Mein Großvater ging auf diese Schule, ich ging dorthin, und mein Kind tut es auch! Wenn man sein Kind an eine Schule wie die MSH schickt, grenzt man sich ab. Man macht etwas anders als die anderen, und dann muss man sich erklären!

MM: Was wird bei dieser Zusammensetzung der Schülerschaft aus dem Anspruch der Schule, einen Schwerpunkt auf die internationale interkulturelle Kommunikation zu legen?

AB: Dieser Anspruch ist in keiner Weise gefährdet. Wir sind eigentlich durch die Eltern zu einer internationalen Schule geworden. Wir haben zum Beispiel fünfzehn Schüler:innen in der Vorschule und Grundschule, die fließend Spanisch können. Hamburg ist die Hauptstadt der Iraner:innen in Deutschland, und diese Iraner:innen wohnen nun gerade in Groß-Borstel. Sie können perfekt Deutsch und viele gehen davon aus, dass ihre Kinder einmal studieren werden. Sie haben ein dementsprechend großes Bildungsinteresse. Hier ist auch ihr Konsulat. Eine Gruppe russischer Eltern gibt es auch noch.

Wie ist die Schülerschaft sozial zusammengesetzt?

MM: Was du eben gesagt hast, klingt so, als ob die Schüler:innen im Wesentlichen aus dem Bildungsbürgertum kommen. Gilt das für alle?

AB: Die Schülerschaft ist, was die sozialen Milieus angeht, ganz gemischt. Die Schule zieht als Ganztagsschule Schüler:innen an, deren Eltern beide arbeiten. Aber auch alleinerziehende Frauen und die wenigen alleinerziehenden Männer sind dabei.

MM: Habt ihr schulpflichtige Geflüchtete?

AB: Nein! Das liegt im Wesentlichen daran, dass die Kinder schon Deutsch sprechen sollen, wenn sie zu uns kommen. Es ist die Eingangsbedingung, weil anders unser dreisprachiger Ansatz nicht umgesetzt werden kann. Dadurch unterscheiden wir uns von den Regelschulen. Die Schule macht aber keinen Eingangstest, wie das bei anderen Privatschulen der Fall ist. Wir klären das im Gespräch.

MM: Bei der Analyse des Wahlverhaltens der Eltern muss doch auch die Schulgeldfrage beachtet werden, oder? Wie reich sind die MSH-Eltern? Ich habe nicht den Eindruck, dass nur die Kinder der Betuchten hierher kommen.

AB: Das ist das Schöne: Die Eltern, die wohlhabend sind und ihre Kinder zu uns schicken, müssen das nicht herausstellen. Sie orientieren sich nicht an Haus, Auto oder dickem Kontostand. Sie müssen sich auch nicht rechtfertigen, wenn sie mit der ganzen Familie fünf Jahre in Singapur waren. Ebenso wenig muss man sich rechtfertigen, wenn man um die Ecke in Klein- oder Groß Borstel wohnt und nichts von Singapur weiß. Es gibt auch die alleinerziehenden Mütter, deren Männer keine Unterstützung zahlen, und die dann eine Reduktion des Schulgeldes oder eine Befreiung bekommen. Aber die anderen wissen nicht, wer das ist – auch nicht die Lehrer:innen. Und das, sagen alle, ist der Grund, weshalb auch dieser Teil der Schüler:innen sehr gern hier ist.

MM: Wie sieht es mit Schüler:innen aus schwierigeren elterlichen Verhältnissen aus?

AB: Bei vielen Kindern sind die Eltern geschieden oder leben getrennt. Wir haben aktuell drei Fälle, wo intensiv vor Gericht um das Sorgerecht für die Kinder gestritten wird und wo ein Elternteil versucht, dem anderen die Kinder wegzunehmen. Das führt natürlich zu einer enormen psychischen Belastung für die Kinder – und das zumeist über mehrere Jahre. Bei jenen Kindern, die im wöchentlichen Wechsel zwischen Mutter und Vater pendeln, merkt man am Montag geradezu, dass da jeweils ein anderes Wesen auftaucht.

MM: Ihr solltet auf jeden Fall den Eindruck vermeiden, dass die MSH eine Schule ist, auf die diejenigen Schüler:innen gehen, die an anderen Schulen gescheitert sind.

AB: Entscheidend für die Schulwahl sollte der Tatbestand sein, dass an der MSH Deutsch, Englisch und Chinesisch ab Klasse 1 unterrichtet wird, dass wir ein ganzheitliches Bildungsverständnis haben und dass in unserer Schule Demokratieförderung eine große Rolle spielt.

Fünfter Abschnitt: Individualisierung

„Jedes Kind ist wertvoll!"

MM: Im Genehmigungsantrag der MSH heißt es: „Die Einzigartigkeit jedes einzelnen Kindes wird gesehen." Das ist ein hoher Anspruch. Trifft er zu?

AB: Deine Frage kann nicht auf die Schnelle beantwortet werden. Aber wir bemühen uns. Ich nenne einen ersten Punkt: Die vielen Sprachen an der Schule stärken das Vertrauen der Schüler:innen in ihre eigene Leistungsfähigkeit. Sie sehen hier: „Das schaffe ich auch!" Dies gilt gerade auch für die Quereinsteiger:innen von den anderen Schulen, die dort gelernt haben, was sie alles nicht können. Die anderen Schulen arbeiten sicherlich fachlich nicht verkehrt. Aber den Schüler:innen zu helfen, ein ausreichendes Maß an Selbstbewusstsein zu entwickeln, ihre Das-schaffe-ich-Mentalität zu stärken, scheint dort oftmals ein Problem zu sein. Bei uns gelingt dies – aus meiner Sicht ein klares Positivum der MSH.

Jan – Ein untypischer „typischer Grundschüler"?

MM: Das mit der Das-schaffe-ich-Mentalität sehe ich genauso! Jan[1] ist solch ein Schüler. Ich habe ihn einen Vormittag lang begleitet. Er verhält sich unauffällig, was in merkwürdigem Kontrast zu seinem imposanten Äußeren steht. Er ist insgesamt sehr ruhig und fast immer konzentriert bei der Arbeit. Er ist sozial offensichtlich voll integriert, auch wenn die Schüler:innen sich in den Pausen (noch) nach Geschlechtern getrennt bewegen. Ich vermute, dass Jan, wenn er eine staatliche Regelschule besuchen würde, aus Lehrerperspektive zu den unauffälligen Schüler:innen gehören würde, die „mit durchlaufen", weil sie keine Probleme bereiten.

AB: Ich nehme Jan auch so wahr. Er ist ein freundlicher Junge, der Aufmerksamkeit zeigt, Lust zu sich selbst hat und nicht überdreht ist. Er ist farbig. Seine Mutter kommt aus Ghana, wenn ich mich richtig erinnere. Aber das interessiert hier niemanden.

---

1 Die Namen der Schülerinnen sind hier und im ganzen Buch maskiert. Eine Ausnahme: Beitrag 5.

MM: Ich habe in der großen Pause versucht, ein Interview mit Jan zu führen, was aber nur wenig gebracht hat. Er war eher wortkarg. Auf meine Frage, wie er sich an der Schule fühlt, antwortet er: „Frau Zheng regt sich manchmal auf, wenn ich sie ärgere. Dann dreht sie sich schnell um und wird sauer. Wenn ich selbst sauer bin, ziehe ich mich zurück oder versteck mich zuhause hinter der Tür der Schrankwand."

Abbildung 3: „Schüler Jan" (Aquarell Meinert Meyer 2013)

Jonathan – Man arrangiert sich

MM: An einem anderen Tag habe ich Jonathan begleitet. Ich habe ihn gefragt, warum er auf die MSH gekommen ist. Seine Antwort war, dass er mit Spanisch an seiner alten Schule nicht zurechtgekommen sei. Ich habe ihn dann verwundert gefragt, warum er hoffe, dass dies mit Chinesisch besser laufe könne. Aber darauf hat er keine klare Antwort gegeben.

AB: Ein interessanter, merkwürdiger Schüler – mit seiner Introvertiertheit. Aber er ist auch selbstbewusst. Er ist zum Klassensprecher gewählt worden. Und er hat sich in den drei Jahren, die er nun bei uns ist, gut entwickelt. So nehmen das zumindest seine Lehrer:innen und auch die Mutter wahr.

MM: Er ist zurückhaltend, gutmütig und er hat auch Humor. Er sollte im Kunstunterricht eine Serigrafie herstellen, sechsmal hintereinander das Gleiche, aber leicht variiert – so, wie das Andy Warhol mit Marylin Monroe gemacht hat. Da hat Fabian dann sechs „durchsichtige Strümpfe" gemalt.

AB: Offensichtlich ein für ihn vertretbarer Arbeitsaufwand für eine Aufgabe, die ihn nicht sonderlich gereizt hat.

MM: Ich habe Jonathan gebeten, eine Rangliste zu der Frage herzustellen, welche Unterrichtsfächer er am besten findet. Sie ist interessant: Platz (1) Sport; (2) Musik; (3) Chinesisch; (4) Kunst; (5) Deutsch; (6) Englisch; (7) Erdkunde; (8) Mathematik.

AB: Dass Musik bei Jonathan auf Platz 2 steht, ist doch toll! Dabei muss man wissen, dass der Musikunterricht von Frau Zheng auf Chinesisch gegeben wird. Schön, lieber Meinert, dass du gerade diese beiden Schüler ausgewählt hast. Das belegt, dass wir nicht nur die Überflieger und die Problemfälle besonders aufmerksam begleiten, sondern uns wirklich um alle kümmern. Du kennst ja unser Motto: Jede und jeder ist wertvoll!

Siebter Abschnitt: Personalentwicklung

Heterogenität des Kollegiums

MM: Ich habe bei meinen vielen Hospitationsstunden gesehen, dass nicht nur die Schüler:innen, sondern auch die Lehrer:innen an dieser Schule sehr heterogen sind.

AB: Ja, so sehe ich das auch. Das ist in meinen Augen aber eine Stärke und nicht eine Schwäche der MSH. Wichtig ist nur, dass alle, bis auf die drei Chinesinnen, das Zweite Staatsexamen haben!

MM: Ich habe beobachtet, dass die Mathematik-Grundschullehrerin, die immersiv auf Englisch Mathematikunterricht gibt, vor drei Jahren noch mit ihrem Englisch kämpfte, das heute nicht mehr tut und eine deutlich differenziertere Sprache spricht.

AB: Lehrer:innen, die bei uns neu eingestellt worden sind, müssen sich erst an den bilingualen Sach-Fachunterricht gewöhnen. Ich sage ihnen dann: Fangen Sie erst einmal mit Deutsch an und versuchen Sie es dann Schritt für Schritt auf Englisch. An dieser Schule haben alle die Chance, sich weiterzuentwickeln.

MM: Chines:innen, die in China groß werden, wissen seit ihrer Kindheit, dass das Erlernen der Schriftsprache harte Arbeit ist. Deshalb der Grundsatz: „Fleißig lernen und hart üben". Hier wird der kulturelle Unterschied deutlich, der dann, wie es mein Doktorand Ren Ping gerade untersucht, beim Aufenthalt in Deutschland zum interkulturellen Konflikt werden kann. In China ist es eine Verpflichtung für jeden einzelnen, fleißig zu lernen. Die Lehrerin/der Lehrer muss sich nicht darum kümmern, ob die Schülerin/der Schüler die richtige Arbeitshaltung hat. Und wenn sie/er sie nicht hat, ist das kein Auftrag an die Lehrperson, ihr didaktisches Programm zu ändern.

AB: Ja, so erlebe ich das auch. Chinesische Lehrer:innen, die neu bei uns angekommen sind, hatten anfangs Probleme mit der Klassenführung. Sie haben Disziplinlosigkeit als Problem des einzelnen Schülers wahrgenommen – nicht als das der Lehrerin, die daran arbeiten muss. Wer nicht von sich aus diszipliniert ist, gilt in China als respektlos. Dort würde sich ein Schüler/eine Schülerin nie gegenüber einem Erwachsenen so benehmen, wie es die deutschen Schüler:innen manchmal tun. Aber daran kann man arbeiten. Und das tun wir auch.

Innere Differenzierung versus Power-Stil

MM: Innere Differenzierung fand in dem von mir beobachteten Unterricht nur hin und wieder statt. Ich hatte ja gerade den immersiven Matheunterricht genannt, in dem das der Fall war. Aber insgesamt war doch der meiste Unterricht frontal nach altem Muster. Und wenn dann ein Schüler wie Jonathan über- oder unterfordert ist, so ist er ein Meister darin, sich unauffällig mit anderen Dingen zu beschäftigen, während andere dann zu stören anfangen.

AB: Unsere Chinesischlehrer:innen sind aus ihrem Unterricht in China das gewöhnt, was ich den Power-Stil nenne: Wenn die Pause rum ist, geht es los mit dem Unterricht, ohne Rücksicht darauf, ob irgendwer irgendwelche Probleme hat. Diese Lehrer:innen müssen sich hier in Deutschland umorientieren und anerkennen, dass es passieren kann, dass eine Schülerin/ein Schüler heute einfach langsamer lernt, weil es irgendein Problem gibt. Dann muss ihr/ihm ermöglicht werden, doch noch etwas zu lernen, langsamer eben. Dies verlangt Differenzierung im Unterrichtsprozess, was der chinesischen Tradition fremd ist.

MM: Das ist kein Spezifikum der MSH. Die Inspektoren vom Hamburger Institut für Bildungs-Monitoring sind zu dem Ergebnis gekommen, dass die meisten Lehrer:innen in ganz Hamburg schlecht differenzieren können. Ich finde es deshalb ermutigend, dass eine der Lehrer:innen der MSH dies so gut hinbekommt.

Interkulturell ausgerichtete Fachdidaktik?

MM: Mich interessiert die Frage, wie stark solche interkulturell unterschiedlichen Muster der Unterrichtsführung kulturell verankert sind, so dass die dabei erworbenen Verhaltensmuster kaum mehr reformierbar sind. Muss man als Chinesin/als Chinese schon interkulturell sozialisiert sein, um nach deutschen Standards unterrichten zu können, ohne sich zu verrenken? Oder kann man sich das, sobald man in Deutschland angekommen ist, aneignen? Für mich ist das eine offene Frage! Und zugleich eine große Chance für die MSH. Hier könnte eine bisher nicht existierende interkulturell ausgerichtete Fachdidaktik Chinesisch entwickelt und erprobt werden.

AB: Ja, daran arbeiten wird. Ich betrachte die zahlreichen Fachgruppensitzungen der chinesischen Lehrer:innen an unserer Schule in dieser Hinsicht als sehr positiv. Sie können hier zu dritt oder viert mit individuellen Unterschieden eine ganz praxisnahe Unterrichtsentwicklung betreiben.

MM: Der Chinesischunterricht ermöglicht den Schüler:innen die Erkenntnis, dass man die Welt sehr unterschiedlich sehen kann. Und genau das ist allgemeinbildend im Sinne Wilhelm von Humboldts!

Fazit

MM: Lieber Axel: Das war sehr erhellend für mich. Ich wünsche der MSH alles Gute für ihre zielstrebige Weiterentwicklung.

AB: Danke. Das können wir brauchen!

Meinert Arndt Meyer

Bildungsgangdidaktik

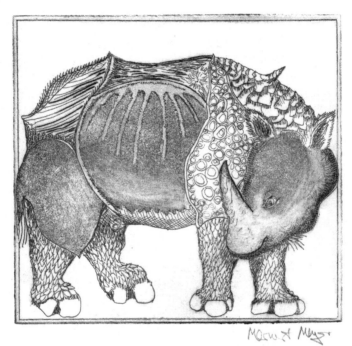

Abbildung 1: „Nashorn" (Meinert Meyer 1992)

Vorbemerkung der Herausgeber:innen: *Meinert A. Meyer (1941–2018) hat die Gründung der MSH intensiv begleitet und sich dabei bemüht, die MSH und ihren Unterricht als Probe auf die Praxisrelevanz der maßgeblich von ihm an der Universität Hamburg entwickelten Bildungsgangdidaktik zu nehmen. Ein Kapitel zur Bildungsgangdidaktik aus seiner Feder war geplant. Er hat es noch vorbereiten, aber nicht veröffentlichungsfertig machen können. Diese Aufgabe hat Zwillingsbruder Hilbert Meyer übernommen und dafür zusätzlich auf seine unveröffentlichte Abschiedsvorlesung an der Universität Hamburg vom 12. Dezember 2007 zurückgegriffen. Seit seiner Habilitationsschrift (Shakespeare oder Fremdsprachenkorrespondenz? 1986) hat Meinert das nach Albrecht Dürers berühmter Vorlage gezeichnete Nashorn zu seinem Symboltier gewählt. Deshalb dient eine der zahlreichen Versionen der Eröffnung des Kapitels.*

Meinert Arndt Meyer

1. Was ist Didaktik?

Es gibt unter deutschsprachigen Didaktiker:innen einen weitgehenden Konsens über den Gegenstand der Disziplin. Sie befasst sich mit der Theorie und Praxis des Lehrens und Lernens und erforscht Voraussetzungen, Ziele und Gelingensbedingungen von Lehr-Lernprozessen ganz allgemein. Im Mittelpunkt steht demgemäß das spannungsvolle Mit- und Gegeneinander von Lernenden und Lehrenden, das empirisch analysiert wird, für das aber auch normative Orientierungen formuliert werden. Diese Normorientierung schafft eine Nähe der Didaktik zur inzwischen 200 Jahre alten Bildungstheorie und unterscheidet sie von einer psychologisch orientierten Lehr-Lernforschung. Da die Schule das wichtigste Praxisfeld der Didaktik ist, ist es üblich, sie primär auf das Unterrichten zu beziehen. Dabei wird zwischen Allgemein- und Bereichs- oder Fachdidaktiken unterschieden. Die Bildungsgangdidaktik richtet sich an alle Fächer, ist also eine Allgemeindidaktik.

Theorie und Praxis: Die zweifache Dimensionierung der Didaktik wird nicht von allen Didaktiker:innen geteilt. Üblich ist vielmehr, die Didaktik als Wissenschaft zu definieren und davon das praktische didaktisch-methodische Handeln der Lehrenden und Lernenden abzugrenzen. Es gibt aber m. E. keine klare Aufgabenteilung zwischen den Praktiker:innen hier und den Theoretiker:innen dort. Die didaktische Theorie schließt das praktische Erproben ein, so wie die Praxis von der Theorie durchdrungen ist. Theoretiker werden praktisch – Praktiker produzieren Theorien. Das lässt sich auch an der an der MSH geleisteten Basisarbeit für die Entwicklung einer chinesischen Fremdsprachendidaktik demonstrieren (siehe S. 44 f.).

Didaktik als Berufswissenschaft: Ewald Terhart (2002, S. 80) hat herausgestellt, dass die Aufgabe der Didaktik in der „Theoretisierung und operative(n) Gestaltung von Lehren und Lernen im Kontext von Ausbildung für den pädagogischen Beruf des Lehrers" bestehe. Schlichter formuliert: Didaktik ist die Berufswissenschaft von Lehrer:innen. Deshalb lohnt es sich m.E. auch für Profis im Lehrberuf, sich mit didaktischen Modellen zu befassen.

Grundbegriffe: Ziele, Inhalte, Methoden/Medien und Organisationsformen des Unterrichts sind die Grundbegriffe der Didaktik. In allgemein- und fachdidaktischen Modellen wird ihr Zusammenspiel analysiert und mehr oder weniger kunstvoll variiert. Sie stehen sowohl bei der Planung als auch bei der Durchführung von Unterricht in Wechselwirkung zueinander. Es gibt also keine Hierarchie von den Zielen über die Inhalte zu den Methoden oder umgekehrt vom Methodenkonzept zur Auswahl der Inhalte. Ob die Medien dabei eine eigene Grundkategorie bilden oder als Teil der Methodik zu betrachten sind, ist umstritten, aber unerheblich für unser Buch.

Bildungsgangdidaktik

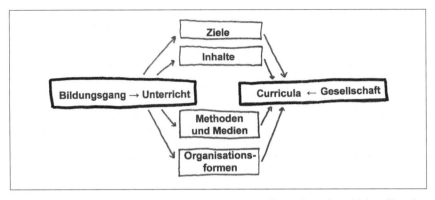

Abbildung 2: Strukturschema didaktischer Handlungsfelder (Eigene Darstellung: Meinert Meyer)

Staatliche Schulaufsicht, Führung und Selbstbestimmung: Seit Erich Wenigers[1] Buch „Theorie der Bildungsinhalte und des Lehrplans" (1952) gibt es einen Konsens der Wissenschaft und der Bildungspolitik, dass die Lehrpläne und Curricula zwar aus pädagogischer Perspektive und von pädagogischen Fachleuten geschrieben werden, dass aber die Grundsatzentscheidungen (z.b. über den Fächerkanon) durch gesellschaftliche Mächte (Arbeitgeber, Arbeitnehmer, Parteien, Kirchen, Elternverbände, Lehrergewerkschaften, Kulturschaffende) bestimmt werden. Sie haben ein legitimes Interesse daran, den Bestand und die Fortentwicklung der Gesellschaft zu sichern. Deshalb nehmen sie Einfluss auf die Gesetzesvorlagen, auf die Lehrerbildung, die Stundentafeln, die Lehrpläne/Curricula usw. Der Staat muss aber, so Weniger, sicherstellen, dass die Bildungsmächte nicht unkontrolliert ihre Partikularinteressen in der Schule durchsetzen, sondern akzeptieren, dass der Staat die Instanz ist, die für die Ausbalancierung der unterschiedlichen, oft auch konträr zueinander stehenden Interessen sorgt. Das ist bis heute die „Geschäftsgrundlage" für die staatliche Schulaufsicht über das öffentliche Bildungswesen.

Auch Schulen in freier Trägerschaft unterliegen gemäß Grundgesetz der Bundesrepublik dieser Aufsicht, haben aber etwas größere Spielräume für individuelle Spezifikationen der Lehrpläne und der sonstigen Vorgaben (siehe Beitrag 1, S. 14). Sie können Chinesisch als Pflichtfach einführen, auch wenn die Schulbehörde Bedenken hat und der gesellschaftliche Druck, dies zu tun, niedrig ist.

---

1 Erich Weniger (1894-1961) war Erziehungswissenschaftler an der Universität Göttingen und prominenter Vertreter der Geisteswissenschaftlichen Pädagogik. Seine Doktoranden (u.a. Wolfgang Klafki, Herwig Blankertz, Klaus Mollenhauer und Theodor Schulze) bestimmten nach dem Zusammenbruch des Nazi-Regimes wesentlich die westdeutsche Lehrerbildung.

2. Unterricht – ein dialektischer Prozess

Unterricht ist die planmäßige Zusammenarbeit von Lehrenden und Lernenden an selbst- oder fremdgestellten Aufgaben zum Zwecke der Persönlichkeitsbildung und zum Aufbau von Sach-, Methoden- und Sozialkompetenzen. Das war schon immer ein komplexes Geschäft. Und die Kompliziertheit hat sich in den letzten Jahrzehnten nochmals erhöht, weil die Aufgaben und Ansprüche spürbar zugenommen haben: Unterricht soll helfen, die auseinander driftende Gesellschaft doch noch zusammenzuhalten. Die Lehrer:innen sollen individualisieren, gender- und sprachsensibel unterrichten und umfangreiche Digitalkompetenzen vermitteln. Sie sollen die Demokratie fördern, schulpflichtige Geflüchtete integrieren, Cybermobbing-Prävention betreiben, den Rechtspopulismus bekämpfen und vieles andere mehr.

Erster Spannungsbogen: Weil das Unterrichten so kompliziert und anspruchsvoll geworden ist, ist ein Durchregieren von oben nach unten, selbst wenn alle Beteiligten dies wollten, gar nicht mehr möglich. Das liegt nur zum geringen Teil an den komplizierter gewordenen Rahmenbedingungen – entscheidend ist, dass der Unterrichtsprozess selbst so komplex ist. Lehren und Lernen lassen sich nicht 1 zu 1 verrechnen. Sie stehen, wie ich im Anschluss an führende Didaktiker formuliere, in einem dialektischen Verhältnis zueinander. So entsteht in jeder Sekunde Unterrichts ein erster Spannungsbogen aufgrund der inneren Widersprüchlichkeit von Führung und Selbsttätigkeit, von Zwang und Freigabe: Auf der einen Seite wollen wir, dass die Schüler:innen im Erziehungs- und Unterrichtsprozess zunehmend selbstständig werden, auf der anderen Seite zwingen wir sie, etwas zu tun, was sie alleingelassen gar nicht oder zumindest deutlich anders getan hätten. Die Lehrer:innen tun dies aber nicht, weil sie die Schüler:innen drangsalieren wollen, sondern weil sie die Hoffnung nicht aufgeben, dass diese mit ihrer Hilfe kompetenter und dadurch auch selbstständiger werden. So bestimmt der erste Spannungsbogen die Dynamik der im Unterricht ablaufenden intergenerationellen Kommunikationsprozesse (Meyer 2016, S. 253).

Vom Lehren zum Lernen? Die Lehr-Lernforschung und auch einige Didaktikmodelle stehen in der Gefahr, mit dem international propagierten Slogan „Shift from Teaching to Learning" diese Dialektik des Verhältnisses von Lehrer:innen und Schüler:innen zu unterlaufen und dadurch ein zu simples Bild vom Unterricht zu liefern. Wenn z.B. die bekannten Unterrichtsforscher Edward Deci und Richard Ryan (1993) fordern, den Schüler:innen zu einem Optimum an Autonomieerfahrungen zu verhelfen, ist diese Forderung leicht falsch zu verstehen. Es ist richtig: Ohne die Zumutung an die Schüler:innen, Verantwortung für den eigenen Lernprozess zu übernehmen, geht es nicht. Aber ebenso wenig ist ein nachhaltiger individueller Bildungsgang denkbar, ohne dass wesentliche Teile davon in einer institutionell verfassten Lerngemeinschaft ablaufen. Das geht aber nicht ohne ein systematisch aufgebautes Curriculum.

Zweiter Spannungsbogen: Er entfaltet sich zwischen den Ansprüchen der Lerngemeinschaft (den Lehrenden und Lernenden) einerseits und den politisch-administrativen Vorgaben und institutionellen Rahmenbedingungen andererseits. Deshalb müssen die Schüler:innen akzeptieren, dass die Schule den Rahmen vorgibt und dass Bildungsgänge langfristig geplant werden. Dies schließt ein, dass es im Unterricht Phasen direkter Instruktion und Zeiten verschulten Übens gibt, deren Sinn nicht immer sofort voll erfasst werden kann. Salopp formuliert: Die Lehrer:innen müssen auch einmal klare Kante zeigen und den Autonomiedrang – im wohlverstandenen Interesse der Schüler:innen – begrenzen. So kommt es, dass wir als Lehrer:innen für die Schüler:innen immer nur die Repräsentanten der Welt von gestern sind, von denen es sich zu emanzipieren gilt (Klingberg 1998).

Wie die Balance zwischen Rahmenvorgaben und Schulautonomie, zwischen Führen und Freigeben konkret auszugestalten ist, lässt sich nicht am grünen Tisch der Theorie entscheiden. Das muss immer wieder neu ausgehandelt werden. Die Aufs und Abs dieser Balancierungsleistungen kann man auch am Entwicklungsprozess der MSH studieren.

3. Unverzichtbarkeit des Bildungsbegriffs für eine moderne Didaktik

Wilhelm von Humboldt hat den Bildungsbegriff im Zeitalter des Neuhumanismus geprägt. (siehe S. 19–22"). Auf dieser Grundlage haben 150 Jahre später Pädagogen des „goldenen Zeitalters der Didaktik" (1960–1990) wie Erich Weniger, Theodor Litt, Wolfgang Klafki, Herwig Blankertz und Lothar Klingberg Bildung zum zentralen Begriff der Didaktik gemacht und die Bildungstheorie als den Ort bestimmt, an dem über Ziele, Inhalte und Methoden didaktischen Handelns wissenschaftlich kontrolliert gestritten werden kann. Seither besteht in der deutschsprachigen Didaktik ein Konsens, dass das übergeordnete Ziel der Erziehung und des Unterrichts in der Stärkung der Persönlichkeit, der Beförderung von Mündigkeit und der Befähigung zur Verantwortungsübernahme besteht. In seiner „Geschichte der Pädagogik" schreibt Herwig Blankertz, mein akademischer Ziehvater, in einem oft zitierten Schlusssatz seines Buchs:

> „Thema der Pädagogik ist die Erziehung, die den Menschen im Zustand der Unmündigkeit antrifft. Erziehung muss diesen Zustand verändern, aber nicht beliebig, sondern orientiert an einer unbedingten Zwecksetzung, an der Mündigkeit des Menschen. Nach Auskunft der Geschichte der europäischen Pädagogik ist dieser Maßstab nicht willkürlich gesetzt, sondern in der Eigenstruktur der Erziehung enthalten. (…)
>
> Wie die kommende Generation ihren Auftrag erfüllen und bewähren wird, kann inhaltlich von den Erziehenden nicht vorweggenommen werden und ist darum prinzipiell nicht operationalisierbar. Wer pädagogische Verantwortung übernimmt, steht im Kontext der jeweils gegebenen historischen Bedingungen unter dem Anspruch des unbedingten Zweckes der menschlichen Mündigkeit – ob er das will, weiß, glaubt oder nicht, ist sekundär. Die Erziehungswissenschaft aber arbeitet eben dieses als das Primäre heraus: Sie rekonstruiert die Erziehung als den Prozess der Emanzipation, d.h. der Befreiung des Menschen zu sich selbst." (Blankertz 1982, S. 306/307)

Der entscheidende Punkt der Blankertzschen Argumentation liegt in der These, dass Unterricht und Erziehung *von ihrer Eigenstruktur her* zwingend auf Abrichtung verzichten und Selbstständigkeit und Mündigkeit der Lernenden anstreben müssen. Mündigkeit wird so zum „unbedingten Zweck" aller Unterrichtsbemühungen. Unterricht und Erziehung dürfen nicht für andere Zwecke, z.B. für die Erziehung zur Frömmigkeit, zum maximalen Profitstreben oder zum Klassenbewusstsein, instrumentalisiert werden.

Abbildung 3: Immanuel Kant (Bildarchiv Hilbert Meyer)

Blankertz bezog sich mit dieser Bestimmung des Bildungsbegriffs auf die maßgeblich von Immanuel Kant (Abb. 3) beeinflusste Pädagogik der Aufklärung. In Kants „Vorlesung über Pädagogik", posthum im Jahr 1804 veröffentlicht, heißt es:

> „Eines der größten Probleme der Erziehung ist, wie man die Unterwerfung unter den gesetzlichen Zwang mit der Fähigkeit, sich seiner Freiheit zu bedienen, vereinigen könne. Denn Zwang ist nötig! Wie kultiviere ich die Freiheit bei dem Zwange? Ich soll meinen Zögling gewöhnen, einen Zwang seiner Freiheit zu dulden, und soll ihn selbst zugleich anführen, seine Freiheit gut zu gebrauchen. Ohne dies ist alles bloßer Mechanismus (*sic*) und der der Erziehung Entlassene weiß sich seiner Freiheit nicht zu bedienen." (Kant 1964, S. 711)

Weil die Frage nach der Bedeutung der Freiheit im Lehr-Lern-Prozess für Kant ungeklärt war (und im Grunde bis heute offen geblieben ist), forderte er die Einrichtung von Experimentalschulen. Sie sind notwendig, weil Erziehung auf Prinzipien beruhen muss, die nicht „mechanisch" umgesetzt werden können, sondern praktisch erprobt werden müssen, damit die aus der Schule entlassene junge Frau/der junge Mann weiß, wie sie bzw. er sich „seiner Freiheit bedienen" kann.

Ohne Frage ist die MSH eine solche Experimentalschule, an der das Spannungsverhältnis von Zwang und Freiheit erprobt und überprüft und in eine empirisch bearbeitbare Form gebracht werden kann.

4. Was ist ein Bildungsgang?

Das Unterrichtsangebot der Schule, unterteilt ist Stufen, Lehrgänge, Fächer, Arbeitsgemeinschaften u.a.m., definiert den Rahmen, innerhalb dessen die Schüler:innen ihre je individuellen schulischen Bildungsgänge entfalten können. Deren Verlauf ist nur selten gradlinig und so, wie es in den Fachcurricula und Schulprogrammen vorgesehen ist. Vielmehr gibt es Unterbrechungen, Schleifen, Abbrüche und Neustarts nach mehr oder weniger freiwillig erfahrenen Zäsuren im Bildungsgang. Was bildend wirkt, kann deshalb nicht aus Theorieannahmen deduziert, sondern nur empirisch erhoben werden. Deshalb ist es sinnvoll, einen *objektiven,* durch administrative Vorgaben, Organisationsstrukturen und das Unterrichtsangebot der Schule bestimmten Bildungsgang von einem *subjektiven* Bildungsgang zu unterscheiden. Die „objektiven" Laufbahnvorgaben, kodifiziert in Schulgesetzen, Verordnungen und Curricula, begleiten die Schüler:innen von der ersten Klasse bis zum Schulabschluss. Von ihnen hebt sich der subjektive Bildungsgang als das ab, was die Schüler:innen aus dem Unterrichtsangebot der Schule herausfiltern und in Kombination mit eigenen Bedürfnissen und Interessen, Impulsen des Elternhauses und außerschulischen Lernangeboten tatsächlich bildungswirksam nutzen.

5. Was ist Bildungsgangdidaktik?

Bildungsgangdidaktik ist die Theorie und Praxis des Lehrens und Lernens, zugespitzt auf die Frage, wie die Bildungsgänge der Schüler:innen unter den gegebenen institutionellen Rahmenbedingungen von Schule von ihnen in Zusammenarbeit mit den Lehrpersonen gestaltet werden können, wie sie lernwirksam sind oder das Lernen behindern. Während traditionell die Erwachsenen für die Heranwachsenden festlegen, was die Aufgabenkomplexe sind, durch deren Bearbeitung ihr Bildungsgang vorangetrieben werden soll, geht die Bildungsgangdidaktik davon aus, dass die Entwicklungsaufgaben, die sich die Kinder und Jugendlichen selbst setzen, Treiber für Lernprozesse sind, ohne dass damit die Vorgaben der Lehrenden überflüssig geworden wären. So entsteht der in Abschnitt 2 schon genannte *zweite Spannungsbogen:* der zwischen den subjektiven Bedürfnissen und Interessen der Lernenden und auch der Lehrenden einerseits, den objektiven Vorgaben der Schule als System andererseits. Er schafft den Rahmen, innerhalb dessen sich der *erste Spannungsbogen* entfaltet, bei dem es um das dialektische Wechselverhältnis von Führung und Freigabe geht. Der dialektische Widerspruch von Lehren und Lernen kann nicht aufgehoben, sondern nur auf der Basis eines Arbeitsbündnisses von Lehrperson und Schüler:innen bearbeitet werden.

Uns interessieren deshalb primär die Lernenden als Subjekte, als Gestalter ihrer eigenen Lern- und Lebensgeschichte. Wir wollen ausloten, wie sie selbst aktiv werden, um die zu werden, die sie sein wollen. Uns interessiert natürlich auch, wie es Lehrer:innen schaffen, diese Spannung auszuhalten und zu didaktisch begründeten Entscheidungen zu kommen. (Das gilt insbesondere für den Chinesischunterricht an der MSH und ihre in China sozialisierten Lehrer:innen.)

6. Theoretische Annahmen

Die wichtigsten Annahmen der Bildungsgangdidaktik lauten:

- Übergeordnetes Ziel von Bildungsprozessen ist die Beförderung von Mündigkeit und die Befähigung zum (Weiter-)Lernen.
- Lernen ist ein erfahrungsbasierter ganzheitlicher Prozess, der in wachsendem Umfang selbstbestimmt ablaufen kann.
- Unterricht dient neben der Persönlichkeitsbildung der intergenerationellen Verständigung der Lehrenden und Lernenden über ihre unterschiedlichen Sinnkonstruktionen.
- Die Aushandlung von Sinn (*negotiation of meaning* im Sinne Deweys) setzt eine demokratisch orientierte Unterrichtskultur voraus.
- Anspruchsvolle Lernprozesse finden statt, wenn sich die Lernenden eigene Entwicklungsaufgaben setzen können und daran arbeiten.
- Die Bearbeitung von Entwicklungsaufgaben führt zu neuen Sinnkonstruktionen und zu nachhaltigem Lernerfolg.

7. Grundbegriffe

Die wichtigsten Grundbegriffe der Bildungsgangdidaktik sind neben dem Bildungsbegriff die Begriffe Erfahrung, Sinnkonstruktion, Arbeitsbündnis, *embryonic society*, Selbstbestimmung bzw. Selbstregulation und Entwicklungsaufgabe.

Erfahrung: Grundlage selbstbestimmter Lernprozesse sind selbst gemachte Erfahrungen. John Dewey beschreibt sie in seinem 1916 erstmals veröffentlichten Klassiker „Demokratie und Erziehung":

> „Das Wesen der Erfahrung kann nur verstanden werden, wenn man beachtet, dass dieser Begriff ein aktives und ein passives Element umschließt, die in besonderer Weise miteinander verbunden sind. Die aktive Seite der Erfahrung ist Ausprobieren, Versuch – man m a c h t Erfahrungen. Die passive Seite ist ein Erleiden, ein Hinnehmen. Wenn wir etwas erfahren, so wirken wir auf dieses Etwas zugleich ein, so tun wir etwas damit, um dann die Folgen unseres Tuns zu erleiden. Wir wirken auf den Gegenstand ein, und der Gegenstand wirkt auf uns zurück." (Dewey 1964, S. 186 f.; Hervorhebung im Original)

Für dieses Erfahrungsverständnis steht die zu Deweys Überzeugungen passende, aber nicht von ihm stammende Formel *learning by doing*. Die Formel wäre allerdings gründlich missverstanden, wenn sie als Einladung zum reflexionsarmen „Draufloswurschteln" verstanden würde. Das genaue Gegenteil ist gemeint: Erst durch Reflexion werden Handlungs- zu Bildungsprozessen (vgl. Meyer 2017).

Die reflexive Verarbeitung von Erfahrungen ermöglicht Sinnstiftung. Deshalb kommt es im Unterrichtsprozess darauf an, sich über unterschiedliche Sinnstiftungen und Bedeutungszuschreibungen zu verständigen und dabei und dadurch den eigenen Bildungshorizont zu erweitern. Deshalb definiert Dewey Unterricht als *negotiation of meaning* – die Aushandlung von Sinn und Bedeutung. Grundlage solcher Aushandlungsprozesse ist ein Arbeitsbündnis zwischen Lehrperson und Schüler:innen, in dem gegenseitig einzuhaltende Rechte und Pflichten festgelegt werden.

Sinnkonstruktion: Die Schüler:innen eignen sich die Bildungsinhalte nicht eins zu eins und zumeist auch nicht so an, wie es sich die Lehrenden erhoffen, sondern auf eigenen Wegen, die manchmal krumm und wunderlich, manchmal klar und elegant, hin und wieder aber auch krisenhaft sind. Dieser Prozess der wertenden Verarbeitung der Unterrichtsinhalte ist das, was wir in der Bildungsgangdidaktik als Sinnkonstruktion bezeichnen. Die schon vorhandenen Sinnkonstruktionen der Schüler:innen werden dabei zu ihrem immer gewichtiger werdenden „biographischen Gepäck". Sie fungieren wie ein Filter gegenüber den Lehrtätigkeiten der Lehrer:innen und lassen nur das hindurch, was den Lernenden selbst als bedeutsam erscheint. Wer als Schüler:in etwas als sinnvoll empfindet oder das Gefühl hat, dass das, was die Lehrperson von ihr bzw. ihm verlangt, eigentlich sinnlos ist, argumentiert aus seiner biographischen Situation heraus, im Blick auf seine wie auch immer antizipierte Zukunft. Dabei können sich die Sinnkonstruktionen der Schüler:innen hin und wieder auch kritisch gegen die Inhalte richten, die die Lehrperson für sie aufbereitet hat (Blankertz 1969, S. 41).

Weil Sinnkonstruktion erfahrungsbasiert ist, ist sie ein aktiver Vorgang. Sie setzt die Möglichkeit voraus, neu gewonnene Einsichten zu erproben und zu überprüfen. Dies schafft eine theoretische Nähe der Bildungsgangdidaktik zum Konzept des Handlungsorientierten Unterrichts (Reinartz 2003).

Schule als *embryonic society*: Produktive Sinnstiftungen gelingen nicht automatisch, sondern nur dann, wenn im Unterricht ein günstiges Arbeitsklima geschaffen wird. Schule wird dann für Dewey zu einer *embryonic society*, in der die Schüler:innen schon heute erfahren können, was ein erwünschter zukünftiger Zustand der Gesellschaft sein könnte, in dem ein respektvoller Umgang miteinander herrscht, in der tiefes Verstehen möglich ist und die demokratische Interessenklärung funktioniert. Ein hoher Anspruch! Dass er ansatzweise einzulösen ist, zeigt Beitrag 7.

Selbstregulation: Ich habe Hunderte von Studierenden gebeten, einmal aufzuschreiben, wie sie sich selbst etwas beigebracht haben. Dabei kamen viele spannende Berichte zustande, etwa zum Schwimmen lernen oder zu der Erfahrung, die man macht, wenn man ohne Sachverstand eine Steckdose repariert. Ich habe die Berichte ausgewertet. Sie zeigen: Selbstreguliertes Lernen klappt,

– wenn man etwas ausprobieren kann und auch Fehler machen darf,
– wenn die Arbeit interessant ist oder sogar begeistert,
– wenn man über den Lernerfolg Anschluss an die anderen, die Älteren, die Gleichaltrigen, die Geschwister bekommt oder ihnen sogar imponieren kann,
– wenn es eine Notsituation gibt, in der man einfach handeln muss, wenn's also „Druck" gibt,
– wenn man einen Weg und ein dazugehöriges Ziel sieht,
– wenn man sieht, dass einen die Aufgaben, die man bearbeitet, voranbringen,
– wenn man sich mit dem, was man neu gelernt hat, identifizieren kann.

Der Merkmalskatalog zeigt: Selbstreguliertes Lernen ist nicht individualistisch, sondern zugleich individuell und kollektiv. Interessant ist darüber hinaus, dass mein Katalog die Selbstbestimmungstheorie der Motivation von Edward Deci und Richard Ryan (1993) bestätigt. Die Fähigkeit, sich selbst zu motivieren, wächst, wenn man beim Lernen Kompetenz- und Autonomieerfahrungen macht und dabei in eine soziale Gemeinschaft eingebunden ist.

Entwicklungsaufgaben. Im Anschluss an den US-amerikanischen, in der Dewey-Tradition stehenden Soziologen Robert Havighurst (1972) werden Entwicklungsaufgaben als jene gesellschaftlichen Anforderungen bestimmt, die Heranwachsende bearbeiten müssen, um gesellschaftlich erfolgreich und individuell glücklich zu sein. Es geht nicht um persönliche Ziele, sondern um einen Aufgabenkatalog *midway between* subjektiven Bedürfnissen, die sich entwicklungspsychologisch betrachtet aus dem Heranwachsen ergeben, und gesellschaftlichen Ansprüchen. So können sie zum Motor der eigenen Lernanstrengungen werden. Denkbar ist aber auch, dass sie zu Lernbarrieren werden. Die Heranwachsenden bringen ja ihre ganze Lebensgeschichte, ihre Stärken und Schwächen, ihre schönen und leidvollen bisherigen Lernerfahrungen in die unterrichtlichen Lernsituationen ein. Entwicklungsaufgaben sind je individuell, aber sie werden nicht beliebig gewählt, sondern eingebunden in die Wahrnehmung „objektiv gebotener" gesellschaftlicher Erwartungen. Für die Jugendphase sehe ich im Anschluss an Havighurst folgende Aufgaben:

Beruf: klären, was man werden will und was man dafür lernen muss; sich über die angestrebte Ausbildung/den Beruf/das Studium Gedanken machen

Schulerfolg: ein persönliches Leistungsverständnis entwickeln als Voraussetzung für die Bewältigung des Hindernislaufs bis zum MBA oder Abitur

Körper: die Veränderungen des Körpers und des eigenen Aussehens akzeptieren

Gender: ein Verständnis der eigenen Geschlechtsrolle entwickeln und sich in fremde Geschlechtsrollen hineinversetzen

Selbst: Klarheit über sich selbst gewinnen und erkunden, wie andere einen sehen

Peers: einen Freundeskreis aufbauen

Beziehung: eine engere, auch intime Beziehung zu einem Freund bzw. zu einer Freundin aufbauen

Ablösung: sich vom Elternhaus loslösen und auf eigenen Beinen stehen

Werte: sich darüber klar werden, welche Werte man vertritt und an welchen Prinzipien man das eigene Handeln ausrichten will; eine eigene Weltanschauung entwickeln, sich politisch, religiös oder areligiös orientieren.

Die Bearbeitung der Entwicklungsaufgaben erfolgt selten Knall auf Fall – oftmals sind es langsame und schleichende Prozesse, die irgendwann zur Klarheit über die eigenen Bedürfnisse und Interessen und die gesellschaftliche Positionierung führen.

Didaktische Kompetenz: Um Entwicklungsaufgaben im Unterricht bearbeiten zu können, müssen die Schüler:innen didaktische Kompetenzen erwerben. Wie gut und wie schlecht sie dies zu leisten vermögen, ist in einer Reihe empirischer

Studien der Bildungsgangforschung untersucht worden (z.B. Merziger 2007). Die Schüler:innen geben und nehmen Feedback. Sie machen Vorschläge zur Unterrichtsgestaltung und beteiligen sich an deren Durchführung. Sie denken gemeinsam mit der Lehrperson über Lernerfolge und Lernbarrieren nach, sie übernehmen Lehraufgaben und beteiligen sich am Aufbau eines Helfersystems.

8. Was ist Bildungsgangforschung?

Bildungsgangforschung hat zum Ziel, individuelle und kollektive Bildungsprozesse auf empirischer Basis theoretisch gehaltvoll zu beschreiben. Sie erforscht, wie sich Heranwachsende und junge Erwachsene in Lehr-Lern-Situationen tatsächlich verhalten, wie sie ihre Lernaufgaben deuten und was getan werden kann, um sie dabei zu unterstützen. Uns interessiert die Antwort auf die Frage, wie sie nicht nur Wissen und Können, sondern zugleich auch die Fähigkeit zur Selbstbestimmung und zu verantwortlichem Handeln in einer Welt entwickeln, die zunehmend komplexer wird.

Inzwischen liegt eine ganze Reihe von Einzelstudien zur Bildungsgangdidaktik vor, die sich auf die Theoriebildung in Allgemein- und Fachdidaktiken (Hericks et al. 2001; Trautmann 2004; Schenk 2005; Koller 2008), auf die Methodologie (Müller-Roselius & Hericks 2013), auf konkrete Teilaspekte fachdidaktischer Forschung (Hericks 2002; Meyer et al. 2007; Ziegler 2009; Gedaschko 2015) und auf die Lehrerbildung (Hericks 2006; Keller-Schneider 2010) beziehen. Eine kompakte Überblicksdarstellung liefert mein Beitrag in der von Raphaela Porsch herausgegebenen „Einführung in die Allgemeine Didaktik" (2016). Ich nenne einige wenige Forschungsergebnisse:

– Schon Schüler:innen der Grundschule verfügen über beträchtliches *Reflexionspotenzial* bezüglich der Gestaltung ihrer Lernprozesse.
– Sie verfügen über beträchtliche *didaktische Kompetenzen*, entwickeln dennoch häufig die Klischeevorstellung, dass es die Lehrperson ist, die den Unterricht „macht".
– Sie erwerben von Fach zu Fach unterschiedlich ausgeprägte Kompetenzen zum *selbstregulierten Lernen* (Merziger 2007).
– Im Modell der Bildungsgangdidaktik werden *Niveaustufen der Lehrer-Schüler-Interaktion* unterschieden, die sich auch empirisch erfassen lassen. Dabei ist leider deutlich geworden, dass die dritte Stufe, in der eine intergenerationelle Aushandlung von Sinn und Bedeutung stattfindet, nur selten erreicht wird (Meyer 2016, S. 253).

- Auch *Lehrer:innen* müssen sich Entwicklungsaufgaben setzen und sie schrittweise bearbeiten. Die Mehrzahl ist darin erfolgreich (Hericks 2007; Hellrung 2011; Wittek 2013).

Bildungsgangdidaktik und -forschung sind eng miteinander verzahnt. Wenn in der Bildungsgangdidaktik empirische Ergebnisse der Forschung berücksichtigt werden, öffnet sie sich für empirisch abgesicherte Verbesserungsvorschläge.

9. Offene Fragen und Wünsche

Wie geht es weiter mit der Bildungsgangdidaktik? Es gibt eine ganze Reihe offener Fragen, die allerdings kein Spezifikum der Bildungsgangdidaktik darstellen, sondern auch in den anderen aktuell diskutierten allgemeindidaktischen Modellen ungeklärt sind:

- Es ist dringend geboten, inhaltlich und methodisch genauer zu definieren, was heute unter *Allgemeinbildung* verstanden werden kann (siehe dazu Kapitel 1, S. 22 f.).
- Es muss geklärt werden, was heute und in naher Zukunft die wichtigsten *globalen Schlüsselprobleme* sind, die unsere Gesellschaft bewältigen und auf deren Meisterung die heranwachsende Generation in der Schule vorbereitet werden muss. Welche es sind, muss immer wieder neu ausgehandelt werden. Dabei kann auf die von Wolfgang Klafki (1991, S. 43 ff.) formulierten Schlüsselprobleme zurückgegriffen werden: die Friedensförderung, die Eindämmung der Klimakatastrophe, die Armutsbekämpfung oder der Nord-Süd-Ausgleich.
- Es gibt viele empirische Befunde, dass die *Bildungs-Ungerechtigkeit* in Deutschland immer noch sehr hoch ist. Kann die Bildungsgangforschung helfen, mehr Chancengleichheit herzustellen? Nur in sehr engen Grenzen – aber sie kann empirisch klären, was die Stellschrauben sind, an denen gedreht werden muss.

Auch im Blick auf die Weiterentwicklung der MSH gibt es viele offene Fragen. Ein Teil davon könnte durch dieses oder jenes Forschungsprojekt beantwortet werden. Ich wünsche mir:

- eine qualitative Studie zu der Frage, ob und wenn ja welche Entwicklungsaufgaben sich Schüler:innen der Klasse 1 bis 4 setzen, wenn sie chinesischen Sprachunterricht haben;
- eine genauere Analyse, wie gut oder wie schlecht die Grundschüler:innen mit dem zeitgleichen Start der Fremdsprachen Chinesisch und Englisch klarkommen.

– eine qualitative und gern auch quantitative Studie zu der Frage, ob der in der Schule praktizierte Aufbau einer demokratischen Unterrichtskultur den fachlichen Lernerfolg erhöht oder schmälert.

Die Liste ließe sich leicht verlängern. Aber darauf kommt es nicht an. Entscheidend ist, dass ein engagiertes Kollegium den Status der Schule in freier Trägerschaft nutzt, um dringend gebotene und überfällige Innovationen auszuprobieren, die dann dem ganzen Schulsystem zugutekommen können.

„Eule der Weisheit", gezeichnet von der Grundschülerin Emily Giang

Literaturnachweise

Blankertz, H. (1969). *Theorien und Modelle der Didaktik*. München: Juventa.

Blankertz, H. (1982). *Die Geschichte der Pädagogik*. Wetzlar: Büchse der Pandora.

Deci, E. & Ryan, R. M. (1993). Die Selbstbestimmungstheorie der Motivation und ihre Bedeutung für die Pädagogik. In: *Zeitschrift für Pädagogik*, Jg. 39, H. 2, S. 223–238.

Dewey, J. (1916/1964). *Democracy and Education*. New York: The Free Press, Macmillan Publishing (deutsche Ausgabe: *Demokratie und Erziehung*. 3. Aufl. Braunschweig 1964: Westermann).

Gedaschko, A. (2015). *Sinnkonstruktion und offenes Experimentieren im Physikunterricht*. Opladen: Barbara Budrich.

Havighurst, R. J. (1948, 3. ed. 1972). *Developmental tasks and education*. New York: David McKay Company.

Hellrung, M. (2011). *Lehrerhandeln im individualisierten Unterricht*. Opladen: Barbara Budrich.

Hericks, U. (2002). *Über das Verstehen von Physik*. Münster: Waxmann.

Hericks, U. (2006). *Professionalisierung als Entwicklungsaufgabe*. Wiesbaden: VS Verlag für Sozialwissenschaften.

Hericks, U., Keuffer, J., Kräft, H. C. & Kunze, I. (Hrsg.) (2001). *Bildungsgangdidaktik. Perspektiven für Fachunterricht und Lehrerbildung.* Opladen: Leske + Budrich.

Hudson, B. & Meyer, M.A. (Eds.) (2011). *Beyond Fragmentation: Didactics, Learning und Teaching in Europe.* Opladen: Barbara Budrich.

Humboldt, W. v. (1963). *Werke in fünf Bänden.* Bd. I. Hrsg. von A. Flitner & K. Giel. Wiesbaden: Wissenschaftliche Buchgesellschaft.

Kant, I. (Original 1804, 1964). Über Pädagogik. In: Immanuel Kant. *Werke in sechs Bänden*, hrsg. von W. Weischedel. Darmstadt: Wissenschaftliche Buchgesellschaft, Band 6, S. 695–761.

Keller-Schneider, M. (2010). *Entwicklungsaufgaben im Berufseinstieg von Lehrpersonen.* Münster: Waxmann.

Klafki, W. (1991). *Neue Studien zur Bildungstheorie und Didaktik.* Weinheim: Beltz.

Klingberg, L. (1998). Zeit und Raum des Unterrichts. In: *Seminar.* H. 4, S. 27–34.

Koller, H.-C. (Hrsg.) (2008). *Sinnkonstruktion und Bildungsgang.* Opladen: Barbara Budrich.

Merziger, P. (2007). *Entwicklung selbstregulierten Lernens im Fachunterricht.* Opladen: Barbara Budrich.

Meyer, M. A. (2016). Bildungsgangdidaktik. In: R. Porsch (Hrsg.). *Einführung in die Allgemeine Didaktik.* Münster: Waxmann, S. 229–268.

Meyer, M. A. (2017). Subject Matter: Combining „Learning by Doing" with „Past Collective Experience". In: L. J. Waks & A. R. English (Eds.). *John Dewey's DEMOCRACY AND EDUCATION.* Cambridge: Cambridge University Press, pp. 124–136.

Meyer, M. A., Kunze, I. & Trautmann, M. (2007) (Hrsg.). *Schülerpartizipation im Englischunterricht. Eine empirische Untersuchung in der gymnasialen Oberstufe.* Opladen: Barbara Budrich.

Müller-Roselius, K. & Hericks, U. (Hrsg.) (2013). *Bildung – Empirischer Zugang und theoretischer Widerstreit.* Opladen: Barbara Budrich.

Reinartz, A. (2003). *„Leben und Lernen sind weit auseinander!" Eine Studie zur Rezeption der Handlungsorientierten Didaktik durch Englischlehrerinnen und -lehrer am Gymnasium.* Opladen: Leske+Budrich.

Schenk, B. (Hrsg.) (2005), *Bausteine einer Bildungsgangtheorie.* Wiesbaden: VS Verlag für Sozialwissenschaften.

Terhart, E. (2002). Fremde Schwestern. Zum Verhältnis von Allgemeiner Didaktik und empirischer Lehr-Lernforschung. In: *Zeitschrift für Pädagogische Psychologie.* Jg. 16, S. 77–86.

Terhart, E. (2021). Lehrerin/Lehrer: Der Beruf als Profession. In: *Lernende Schule.* Jg. 24, H. 94, S. 4–7.

Trautmann, M. (Hrsg.) (2004). *Entwicklungsaufgaben im Bildungsgang.* Wiesbaden: VS Verlag für Sozialwissenschaften.

Weniger, E. (1952). *Didaktik als Bildungslehre. Teil I: Theorie der Bildungsinhalte und des Lehrplans*. Weinheim: Beltz.
Wittek, D. (2013). *Heterogenität als Handlungsproblem*. Opladen: Barbara Budrich.
Ziegler, C. (2009). *Partizipation der Schüler im naturwissenschaftlichen Fachunterricht*. Opladen: Barbara Budrich.

TEIL II:
CHINESISCHUNTERRICHT und SCHÜLERAUSTAUSCH mit XI'AN

Yun Dörr,
mit einem Beitrag von Guo Ying

„Reise in den Westen":
Zum Chinesischunterricht ab Klasse 1

Abbildung 1: „Reise in den Westen" (Abbildung von Sophia-Linda Chen)

Vorweg: *Im Titel dieses Beitrags wird eines der berühmtesten Bücher der chinesischen Literatur zitiert: „Die Reise in den Westen", die der Affenkönig zusammen mit dem Meister-Mönch, dem Sandmönch und dem Eber unternehmen – ein im 16. Jahrhundert aufgezeichneter Roman, den fast alle chinesischen Jugendliche und auch die Schüler:innen der Modernen Schule Hamburg (MSH) kennen.[1]*

---

1 Der Affenkönig Sun Wukong, der Meister-Mönch Tang Seng auf dem Drachenpferd, der Eber Zhu Bajie und der Sandmönch Sha Seng begeben sich auf die Reise in den Westen, um die Urschriften Buddhas zu suchen. Gezeichnet wurde das Bild von der neun Jahre alten Sophia-Linda Chen. Ihr chinesischer Name: 陈琳舒 (Chen Linshu). Der Vorname 琳舒 symbolisiert die besten Wünsche der Eltern: sanft wie Jade, großherzig, aufgeschlossen und immer fröhlich. Linshus Eltern kommen aus China. Linshu war im Alter von drei Jahren meine Schülerin an der Chinesischen Sonntagsschule Hamburg. Ich habe sie gebeten, das Bild für unser Buch zu zeichnen. Sie hat

Chinesisch wird an der MSH von der 1. bis zur 9. Klasse als Pflichtfach für alle Schüler:innen unterrichtet. Ab der 10. Klasse können sie entscheiden, ob sie die Abiturprüfung neben Englisch in Chinesisch oder in einer anderen Fremdsprache ablegen wollen. Der vorliegende Beitrag berichtet über das Chinesischkonzept der Modernen Schule Hamburg und seine praktische Umsetzung. Es ist die Grundlage sowohl für den chinesischen Sprachunterricht als auch für den an der MSH praktizierten Kulturaustausch zwischen Ost und West.

Seit 2013 gibt es einen intensiven Austausch zwischen unserer Partnerschule in Xi'an und der MSH. Der Austausch umfasst nicht nur die Schülerschaft. Auch die Lehrer:innen untereinander halten einen regen Kontakt. Die MSH-Schüler:innen der Jahrgangsstufe 10 machen seit 2016 jährlich eine „Reise nach Osten". Dabei stehen die Sprachförderung sowie der kulturelle Austausch im Vordergrund. Erstmalig fand im Jahr 2018 ein Gegenbesuch der Partnerschule aus Xi'an statt, der – abgesehen von der Unterbrechung durch die Corona-Pandemie – beständig weitergeführt wird.

1. Einleitung: Allgemeine Anforderungen und Zielsetzungen des Unterrichts

Das Fach Chinesisch wird an der MSH von chinesischen Muttersprachler:innen unterrichtet. Im Jahr 2022 waren es 6 Lehrerinnen. Der Unterricht ist von der ersten Klasse an kompetenzorientiert, kommunikativ und themenzentriert angelegt.

Propädeutik: Im Vergleich zu den großen europäischen Sprachen handelt es sich um eine völlig andere Sprache. Deshalb muss es für Lernende aus dem westlichen Kulturraum zunächst eine Phase der Vorbereitung bzw. Propädeutik geben. So werden am Anfang der Grundschule und auch zu Beginn des Gymnasiums den Schüler:innen ohne Chinesisch-Vorkenntnisse als erstes die Vorläuferfähigkeiten für die chinesische Sprache vermittelt. Unter anderem sind dies die Strichführungen der einzelnen Schriftzeichen, die Grundregeln der Strichreihenfolge und die aufgrund der unterschiedlichen Tonhöhen sehr komplexen Ausspracheregeln. Das gibt es in der deutschen Sprache nicht! Deshalb muss es mit Vorrang geübt werden.

Wenn die ersten Sprachkompetenzen aufgebaut sind, werden besonders geeignete Module des Fachunterrichts von den chinesischen Lehrer:innen auf Chinesisch, also immersiv unterrichtet. So wird ab der zweiten Klasse ein Teil des Kunstunterrichts auf Chinesisch erteilt. Im Laufe der Schuljahre werden zunehmend auch Fächer wie Musik, Sport und Teile der chinesischen Geschichte auf Chinesisch unterrichtet.

---

sofort angefangen, Ideen zu sammeln, indem sie mehrmals den Zeichentrickfilm „Die Reise in den Westen" angeschaut hat. Die Mutter sagte mir danach, dass Linshu den ganzen Tag leidenschaftlich, konzentriert und auch mit sehr viel Spaß gemalt hat. Sie wollte meine Aufgabe unbedingt gut, schnell und mit Selbstdisziplin erledigen. Die drei Schriftzeichen links heißen übersetzt: „Reise in den Westen".

Individualisierung: Es wird darauf geachtet, dass jede Schülerin/jeder Schüler genügend Zeit erhält, um alle Lehrinhalte gründlich zu lernen. Individuelle Forderung und Förderung liegen deshalb an erster Stelle. Dafür arbeiten, soweit es die Personaldecke zulässt, jeweils zwei Lehrer:innen im Unterricht zusammen, auch um die Erfahrungen mit dem Immersionsunterricht zu sammeln. Für die fortgeschrittenen Schüler:innen wurden von den Kolleg:innen der MSH zusätzliche Lehr- und Lernmaterialien entwickelt. Die Schüler:innen werden vorab in verschiedene Lerngruppen aufgeteilt, um durch innere Differenzierung ihren unterschiedlichen Voraussetzungen mithilfe gezielter Lernmethoden und Lernmaterialien gerecht werden zu können. Der Unterricht wird somit für alle effektiv gestaltet. Dabei ist fest eingeplant, dass die verschiedenen Lerngruppen ihre Lernerfahrungen regelmäßig miteinander austauschen und so voneinander lernen.

Immersiver Unterricht: Nach ein bis zwei Jahren des zweisprachigen propädeutischen Chinesischunterrichts wird der ganze Unterricht in ausgewählten Fächern ausschließlich auf Chinesisch durchgeführt. Die Schüler:innen tauchen dabei in die Sprache ein, erschließen sich die Sprache selbst aus dem Zusammenhang, in dem sie gebraucht wird, genauso wie jedes chinesische Kind seine Muttersprache erlernt. Gelernt wird ganz natürlich und spielend in Form von Gesten, durch Zeigen und Vormachen sowie im Grundschulbereich insbesondere durch viele chinesische Kinderspiele. Weitere Beispiele für diese Art der Unterrichtsgestaltung sind die chinesische Schulgymnastik, Scherenschnitte, Kneten von Figuren, Papier falten und anderes. Da fast jeder Arbeitsschritt vorgemacht wird, fällt den Kindern das Verstehen nicht schwer. Die Schüler:innen erwerben so Sprachgefühl und gewöhnen sich an die chinesische Aussprache.

Alltagswelt der Kinder: Die Bedeutung der chinesischen Sprache und Kultur für die Zukunft der Kinder und die besonderen Anforderungen an Geduld und Fleiß für das Erlernen der chinesischen Sprache lassen es als sinnvoll erscheinen, schon früh mit der Integration des Chinesischen in die Alltagswelt der Kinder zu beginnen. Sie sollen so leichter und vor allem mit Freude Schritt für Schritt und kontinuierlich das Chinesische erlernen und auch benutzen können. Es werden bewusst passende Situationen für Alltagsgespräche ausgewählt.

Immersionsprinzip: Die Sprache, die die Kinder im Alltag gebrauchen, lernen sie an der MSH zu großen Teilen „unbemerkt", wie es dem Immersionsprinzip entspricht. Das Unterrichtskonzept der „Immersion", das zuerst in den USA und Kanada entwickelt worden ist und heutzutage immer populärer wird (vgl. Buff-Scherrer 2012), hat sich in der MSH als erfolgreich erwiesen. Janet H. Murray, eine amerikanische Professorin für digitale Medien, definiert Immersion wie folgt:

> *"The experience of being transported to an elaborately simulated place is pleasurable in itself, regardless of the fantasy content. Immersion is a me-*

taphorical term derived from the physical experience of being submerged in water. We seek the same feeling from a psychologically immersive experience that we do from a plunge in the ocean or swimming pool: the sensation of being surrounded by a completely other reality, as different as water is from air, that takes over all of our attention, our whole perceptual apparatus." (Murray 1997, p. 98)

Das lateinische Wort „immersio" bedeutet „Eintauchen". Der Begriff des Immersionsunterrichts kann von dieser ursprünglichen Wortbedeutung her erklärt werden. Sprach- und Erziehungswissenschaftler:innen haben den Immersionsunterricht als „Sprachbad im Unterricht" bezeichnet. Im Immersionsunterricht werden deshalb die Schüler:innen in eine Lernsituation gebracht, in der sie in ein fremdsprachiges Umfeld versetzt werden. Der Erwerb der fremden Sprache folgt dabei den Prinzipien des Muttersprachwerbs. Dafür werden parallel klassische Unterrichtsmaterialien und moderne Medien wie das Smartboard eingesetzt. Viele zum Smartboard Programm passende Anschauungsmaterialien müssen allerdings von uns Lehrer:innen selbst entwickelt werden, weil es nirgendwo sonst in Deutschland chinesischen Fremdsprachenunterricht ab Klasse 1 gibt.

Lernerfolge: Die Erfahrungen in der Unterrichtspraxis zeigen, dass viele der Kinder nach einigen Monaten akzentfrei Chinesisch nachsprechen und selbstständig Wörter oder sogar einfache Sätze sprechen können. Manchmal integrieren sie ganz bewusst in einen deutschen Satz die gelernten chinesischen Wörter. Zu beobachten ist ebenfalls, dass sich die Kinder in Situationen, die schon einmal im Unterricht vorgekommen sind, ganz auf Chinesisch äußern. Dabei wird konstatiert, dass sich die Kinder für die Sprache begeistern und viel Spaß beim Lernen und bei den sonstigen chinesischen Veranstaltungen wie dem chinesischen Neujahrsfest, bei Projekten, beim Sprach- und Kulturwettbewerb und weiteren kulturellen Aktivitäten haben.

2. Kurze Einführung in die chinesische Sprache

Diese Einführung besteht aus drei Teilen. Zunächst wird die chinesische Schrift vorgestellt. Dann wird auf die Aussprache und die Lautverbindungen eingegangen. Der kurze dritte Teil skizziert die Besonderheiten der chinesischen Grammatik.

2.1 Die Schrift

Die alte chinesische Bilderschrift (象形字) ist zum Teil aus Symbolen entstanden, die aus der Beobachtung des Menschen, der Natur und Gegenständen der täglichen Arbeit abgeleitet wurden (vgl. auch Beitrag 1, S. 23 f.). Aus dieser ursprünglichen Bilderschrift resultierten später die einfachen symbolischen Zeichen, wie z.B.:

shàng	zhōng		xià	kǒu	tián	shān
上 (oben),	中 (in der Mitte),		下 (unten),	口 (Mund),	田 (Feld),	山 (Berg),

mù	yǔ	sǎn	shǒu	rì	yuè
目 (Auge),	雨 (Regen),	伞 (Schirm),	手 (Hand),	日 (Sonne),	月 (Mond),

rén　　　　mù　　　　wǎng
人 (Mensch), 木 (Holz), 网 (Netz).

Die meisten chinesischen Schriftzeichen sind zusammengesetzt, z.B.:

bú　zhèng　wāi
不 + 正 = 歪 (nicht + gerade = schief),

bù　hǎo　nāo
不 + 好 = 孬 (nicht + gut = schlecht),

rén　rén　tǔ　zuò
人 + 人 + 土 = 坐 (2 Menschen auf Boden = sitzen),

rì　yuè　míng
日 + 月 = 明 (Sonne + Mond = hell),

mù　mù　lín
木 + 木 = 林 (2 Bäume = Wald),

shǒu　mù　kàn
手 + 目 = 看 (Hand über Augen = sehen, gucken).

Ein zusammengesetztes Schriftzeichen besteht aus einem oder mehreren einfachen Zeichen und einem sogenannten Radikal („Wurzelzeichen"), von denen es in der chinesischen Sprache circa 200 gibt. Aus dem Wurzelzeichen kann man in vielen Fällen schließen, in welche Kategorie das zusammengesetzte Schriftzeichen gehört. Ein Wurzelzeichen ist also der Sinnträger eines Schriftzeichens.

„Reise in den Westen": Zum Chinesischunterricht ab Klasse 1

> **Ein erstes Beispiel:** Das Wurzelzeichen 木 (Baum, Holz), daraus abgeleitet sind:
>
> lín　　　　　sēn
> 林 (Wald), 　森 (eine Fülle von Bäumen).
>
> Zeichen, die mit Bäumen zu tun haben, oder Zeichen für Gegenstände, die ursprünglich aus Holz hergestellt wurden, haben gleichfalls das Wurzelzeichen 木, z.B.:
>
> zhuō　　　　yǐ　　　　　guì　　　　　chuáng
> 桌 (der Tisch), 椅 (der Stuhl), 柜 (der Schrank), 床 (das Bett).
>
> Es gibt circa 500 Schriftzeichen mit dem Wurzelzeichen 木.
>
> **Ein zweites Beispiel:** Das Schriftzeichen 泪 (die Träne) hat das Wasser-Symbol 氵als Wurzelzeichen, genauso steht es jeweils links bei den folgenden Schriftzeichen:
>
> hé　　　　　jiāng　　　　　hú　　　　　hǎi
> 河 (der Fluss), 江 (großer Fluss), 湖 (der See), 海 (das Meer),
>
> yáng　　　　yóu yǒng　　　　hàn
> 洋 (der Ozean), 游 泳 (schwimmen), 汗 (der Schweiß).
>
> Es gibt insgesamt circa 600 Schriftzeichen mit dem Wurzelzeichen 氵 (Wasser).
>
> **Und ein drittes Beispiel:** Das Zeichen yǔ 雨 (der Regen) ermöglicht als Wurzelzeichen die folgenden zusammengesetzten Zeichen:
>
> léi　　　　　xuě　　　　　wù　　　　　báo
> 雷 (Donner), 雪 (Schnee), 雾 (Nebel), 雹 (Hagel),
>
> shuāng　　　lù　　　　　lín
> 霜　　(Reif), 露 (Tau), 霖 (heftiger Dauerregen, ersehnter starker Regen).

Bedeutungswandel: Leider gilt heute diese logische und einfache Regel für die Bildung der zusammengesetzten Zeichen nicht mehr in jedem Fall. Im Laufe der Entwicklung der Sprache haben viele Zeichen ihre ursprüngliche Bedeutung verloren und sich weiterentwickelt. Auch dazu ein Beispiel:

Das Zeichen 霍 (huò) hat ebenfalls im oberen Feld als gering verändertes Wurzelzeichen das Zeichen yǔ 雨 für „Regen", hat aber im modernen Chinesisch mit Niederschlägen gar nichts mehr zu tun. Es hat heute die Bedeutung von „plötzlich" bzw. „rasch" oder es ist ein Familienname. Das Zeichen bedeutete ursprünglich so viel wie: „Viele Vögel fliegen zusammen mühsam und kräftig im Regen mit Geräusch." Das Zeichen symbolisiert also dieses „Geräusch". Insofern ist der Bedeutungswandel zu „rasch" halbwegs einleuchtend.

Die folgenden Schriftzeichen zeigen, wie sich das Zeichen in vielen Jahrhunderten entwickelt und dabei die Bedeutung verändert hat. Zuerst das ursprüngliche Zeichen (neu gezeichnet[2]) und dann in der ältesten überlieferten Version

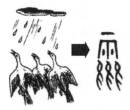

Durch die Kombination von „Regen" mit 3 „Vögeln" entstand dann das zusammengesetzte Zeichen:

Später waren es nur noch 2 Vögel:

Es gab weitere Schreibarten während der Entwicklung des Zeichens, wie z.B.:

---

2 Bildquellen: http://qiyuan.chaziwang.com/etymology-15022.html (Datum des Zugriffs 15.10.2022)

Irgendwann fliegt dann unter dem Symbol für Regen nur noch 1 Vogel, und daneben steht noch ein Mensch. So entsteht das Zeichen für huò, wie wir es heute schreiben: 霍

Quadrate: Die chinesischen Schriftzeichen sind immer quadratisch. Beim Drucken von Texten werden alle Zeichen in ungefähr quadratisch gedachte Kästchen gebracht und in gleicher Größe geschrieben. Eine unterschiedliche Laufweite der Zeichen gibt es nicht. Im Schreibunterricht in den chinesischen Grundschulen, wie auch an der MSH üben die Kinder mit Bleistift in Schreibheften oder Blättern mit quadratischen Schreibfeldern.

Striche und Strichreihenfolgen: Mit etwa 29 geraden oder gebogenen und unterschiedlich gerichteten Strichen können wir alle chinesischen Schriftzeichen bauen. Wir schreiben die Striche immer in einer genau festgelegten Reihenfolge. Das Beispiel zeigt, wie man das oben schon eingeführte Zeichen für Regen 雨 (yǔ) der Reihenfolge nach schreibt[3]:

Auf Seite 104 wird erläutert, wie die korrekte Strichreihenfolge im Unterricht eingeübt wird.

Wortschatz: Es wird immer wieder gefragt, wie viele und welche Zeichen die Schüler:innen an der MSH bis zum Abschluss der Schulzeit lernen sollen. Für eine relativ junge Schule mit neuem Konzept lässt sich diese Anzahl auf Basis unserer bisher gemachten Erfahrungen individuell unterschiedlich realistisch festlegen. Da wir die Schüler:innen je nach ihrem individuellen Lerntempo einzeln fordern und fördern, hat es sich im Laufe der vergangenen Jahre in der Grundschule gezeigt, dass einige Kinder in der dritten Klasse schon mehr als 300 Zeichen bzw. circa 400 Wörter mit voller Lust und Begeisterung beherrschen, und zwar in allen vier Kompetenzbereichen (Hörverstehen, Sprechen, Lesen und Schreiben). Es gibt aber auch einige we-

---

3   Bildquelle: https://www.google.de/search?q=笔顺 (Datum des Zugriffs 15.10.2022)

nige Schüler:innen, die sich in der siebten bzw. achten Klasse immer noch mit circa 60 Grundzeichen mühsam abkämpfen.

Für die Abiturprüfung in der gymnasialen Oberstufe haben wir einen Elementarwortschatz von circa 800 Wörtern festgelegt. Es kommen noch bezüglich Abitur-Themen jeweils für eine Themenstellung circa 200 Wörter hinzu. 1500 bis 2000 Schriftzeichen entsprechen dem Leistungsstand der international eingesetzten chinesischen Standardprüfung HSK für die Stufen 3 bis 4. Mehr dazu in Abschnitt 4.

Ein Wortschatz von 2000 bis 3000 Schriftzeichen reicht aus, um in China im Alltag zurecht zu kommen. In den „Vorschriften über die Bekämpfung des Analphabetismus der VR China" (Ministry of Education 1993) wird für chinesische Muttersprachler:innen in China schon die Beherrschung von 1500 bis 2000 Schriftzeichen als ausreichend angegeben (vgl. Tong & Zhang 1993). Daran orientieren wir uns im Sprachcurriculum der MSH.

2.2 Aussprache und Lautverbindungen

Was die chinesische Sprache für Nicht-Chinesen zusätzlich schwierig macht, ist ihre Aussprache. Chinesisch ist eine tonale Sprache. Zu den Besonderheiten gehört, dass die Wortbedeutungen durch verschiedene Tonhöhenverläufe variieren können. Für Deutsche ist es sehr ungewöhnlich, dass durch vier verschiedene Tonhöhen unterschiedliche Bedeutungen und dann auch verschiedene Schriftzeichen entstehen. Außerdem gibt es Zeichen mit neutralem Ton, auch schwacher Ton genannt; dieses Zeichen erhält kein aufgesetztes Tonzeichen. Ein Beispiel für die fünffache Variation:

mā   má   mǎ   mà   ma
妈 (Mama), 麻 (Hanf), 马 (Pferd), 骂 (schimpfen), 吗 (Ja/Nein Fragepartikel).

Einfach im Vergleich zu indoeuropäischen Sprachen ist demgegenüber, dass jedes Schriftzeichen einer Silbe und damit auch einem Laut entspricht. Es gibt im Chinesischen 408 derartige Laute, die durch intensives Üben akzentfrei ausgesprochen werden können.

Die meisten Silben bestehen aus einem Konsonanten und einem darauffolgenden Vokal. z.B. m-ā. Es gibt Null-Konsonanten-Silben, z.B.: ā, āi, è. Es gibt auch Silben, die aus einem Konsonanten, einem Verbindungsvokal (wie i, u) und einem Stammvokal bestehen. z.B. h-u-ā, g-u-ō, t-u-ī, j-i-ā.

Pinyin: Im Jahr 1956 wurde vom chinesischen Staatsrat ein phonetisches Alphabet der chinesischen Sprache mit dem Namen „Hanyu Pinyin Fang'an" eingeführt, zumeist kurz nur „Pinyin" genannt. Es ist ein offiziell geltendes System, das die chinesischen Schriftzeichen auf der Grundlage ihrer Aussprache nach dem lateinischen Alphabet buchstabiert. In Chinesisch bedeutet Pinyin wörtlich „buchstabiere den Klang". Pinyin hat insgesamt 23 konsonantische Anlaute und 24 Auslaute bzw. Vokale. Die 23 Konsonanten sind:

| b p m f | d t n l | g k h | j q x | zh ch sh r | z c s | y w |

Die 24 Vokale bestehen aus 6 einfachen Vokalen und 18 zusammengesetzten Vokalen, die ähnlich wie die deutschen Doppelvokale (Diphthonge) ei, au auszusprechen sind.

Die 6 einfachen Vokale:

| a | o | e | i | u | ü |

Die 18 zusammengesetzten Vokale, manchmal mit -r, -n, -ng als Silbenende:

| ai ei ui | ao ou iu | ie üe er |
| an en in un ün | ang eng ing ong | |

Anders als in der deutschen Aussprache sind alle chinesischen zusammengesetzten Vokale nur „ein Vokal", sie werden auch zusammen als „eine Silbe" (ein Laut) ausgesprochen; z.B. wird tuī anders ausgesprochen als das deutsche „TUI". Im Chinesischen ist es eine Silbe und im Deutschen wird es zweisilbig „tu-i" ausgesprochen. Die berühmte chinesische Handymarke „Huá Wéi" wird oftmals unkorrekt mit dem deutschen Akzent als „hu-a-wei" ausgesprochen, nicht so wie man sie in China ausspricht.

Zum Glück gibt es auch einige Aussprache-Ähnlichkeiten, wie z.B. tāo (涛 die Woge). Es wird fast genauso wie das deutsche Wort „Tau" ausgesprochen, nur etwas kürzer.

Pinyin hilft beim Erkennen von Schriftzeichen. In China wird in den Schulbüchern für das Fach Chinesisch nur für neue fremde Schriftzeichen mit Pinyin auf die Aussprache hingewiesen. Aber in den meisten Lesebüchern für die kleinen Kinder wird bei allen Schriftzeichen die Pinyin-Umschrift hinzugesetzt.

Pinyin wird auch für die Wörterbuchbenutzung und das Eintippen von Schriftzeichen am Computer verwendet. Ein Beilspiel: Man kann „nǐ" (du) aussprechen und möchte wissen, wie das Zeichen geschrieben wird. Man schlägt dafür im Wörterbuch „nǐ" nach, wobei die Reihenfolge ähnlich wie im deutschen Wörterbuch ist. Unter den etwa 5 Zeichen mit der Aussprache „nǐ" findet man dann das Zeichen 你 mit der Bedeutung „du, Sie" und viele weitere Beispiele bzw. Anwendungen damit.

Es gibt viele Möglichkeiten, ein chinesisches Zeichen bzw. Wort am Computer einzutippen. Eine einfache Methode ist die mit Hilfe der Pinyin-Lautschrift. Man tippt z.B. „ni" oder „nihao" am Computer ein und wählt dann das passende Zeichen oder Wort unter allen Wörtern mit dieser Aussprache aus.

2.3 Die chinesische Grammatik

In der chinesischen Sprache gibt es keine Flexion, also weder Deklination der Substantive noch Konjugation der Verben. Die Wörter haben nur jeweils eine einzige Form. Es gibt auch nicht die Unterscheidung zwischen einem bestimmten und unbestimmten Artikel („der Weg" – „ein Weg"). Es gibt auch kein grammatikalisches Tempus. Vergangenheit, Gegenwart und Zukunft werden einfach durch Zeitangaben bzw. durch die Vergangenheitspartikel „le" (了) ausgedrückt. Eine einfache Darstellung der Tempusformen haben meine Schüler:innen selbst erstellt:

(1) Eine „neutrale" Ansage in der Gegenwart:

wǒ	qù	diànyǐngyuàn	
我	去	电 影 院 。	
Ich	gehe	Kino.	(wörtliche Übersetzung)
Ich	gehe	ins Kino.	(Übersetzung in korrektem Deutsch)

(2) Vergangenheit, angezeigt durch das Vergangenheitspartikel „le"(了):

wǒ	qù le	diànyǐngyuàn	
我	去 了	电 影 院 。	
Ich	gegangen	Kino.	(wörtliche Übersetzung)
Ich	bin	ins Kino gegangen.	(Übersetzung in korrektem Deutsch)

(3) Zukunft, mit Betonung auf „Morgen":

wǒ	míngtiān	qù	diànyǐngyuàn	
我	明 天	去	电 影 院 。	
Ich	Morgen	gehe	Kino.	(wörtliche Übersetzung)
Ich	gehe Morgen		ins Kino.	(Übersetzung in korrektem Deutsch).

Wenn es um die Grammatik geht, erscheint das Chinesische also relativ einfach. Besonders im Unterricht mit Anfänger:innen steht die Grammatik deshalb nicht im Vordergrund. Nach und nach integrieren wir die grundsätzlichen grammatischen Anwendungen mit passenden Beispielen in die gebrauchte Sprache hinein. Somit wird die Grammatik schrittweise in realen Sprechsituationen erklärt und für die korrekte Reproduktion der Sprache benutzt.

3. Eine Unterrichtsstunde in der Grundschule

Um anschaulich aufzuzeigen, wie das Fach Chinesisch an der Grundschule der MSH unterrichtet wird, folgt ein Beispiel für den typischen Ablauf einer Unterrichtsstunde. Wie im Abschnitt 1 schon erwähnt wurde, wird ab der Klasse 1 immersiver Unterricht praktiziert. Zu Anfang der Schulgründung waren regelmäßig zwei Lehrerinnen in der Klasse, die eine spricht nur Chinesisch, die andere spricht als Assistenzlehrerin bei Bedarf teilweise mit den Kindern Deutsch. Im Laufe der vergangenen Jahre ist der Immersionsunterricht an der MSH kontinuierlich weiterentwickelt worden. Um die Immersionsverfahren in der Grundschule auch mit nur einer Lehrerin/einem Lehrer realistisch zu gestalten, habe ich in der Grundschulklasse eine „unsichtbare Deutsch-Ecke" erfunden. Immer wenn ich „Deutsch" bei den einzelnen Situationen benötige, gehe ich zu dieser „Deutsch-Ecke". Damit erinnere ich mich selbst daran, dass wir möglichst viel Immersionsunterricht haben, und es signalisiert den Kindern, untereinander und mit mir auf Chinesisch zu kommunizieren. Wie sieht eine typische Stunde aus?

1. Schritt: Es wird zuerst ein Bild (von einem Tier, einem Gegenstand, einer Situation) mit den Schriftzeichen auf dem Smartboard oder mit einer *flash card* gezeigt.[4] Die Kinder nehmen das Bild, das Wort und die Zeichen gleichzeitig wahr, dabei lernen sie zu sprechen und sie gewöhnen sich allmählich an die Zeichen. Die Bedeutungen der Wörter werden von den Lehrer:innen *nicht* ins Deutsche übersetzt. Die Wörter und Bilder sind so ausgewählt und auf Wortgruppen verteilt, dass sie in einer oder mehreren Kindergeschichten wiederholt vorkommen.

Die Kinder schreiben dann unter Anleitung der Lehrerin einige einfache Grundzeichen. Sie basteln oder bemalen die Zeichen künstlerisch, um sich so die Zeichen besser zu merken. Aber das Schreiben der Schriftzeichen steht für die Grundschulkinder, wie oben erläutert, nicht an erster Stelle.

---

4 Die Arbeit mit *flash cards* ist im Muttersprachunterricht in China weit verbreitet.

2. Schritt: Kurze und motivierende Kindergeschichten werden am Smartboard gezeigt. *Ein Beispiel:* „Der Hase und das, was er gerne frisst." Jedes Bild auf den *flash cards* entspricht dabei einem Satz, den die Kinder an die Adresse des Spielzeughasen in meiner Hand sprechen.

Abbildung 2: Bildergeschichte zum Hasen (Foto Helga Volquards)

Ein zweites Beispiel: Die Kinder haben viele Tiernamen und das Word „Apfel" auf Chinesisch gelernt. Dann lernen sie einen einfachen Satz wie „Der kleine Affe isst einen Apfel."

Weitere Geschichten: „Die kleine Katze putzt die Zähne.", „Der große Bär trinkt Milch." und so weiter. Es kommen immer neue Wörter hinzu, und die Sätze werden komplizierter.

3. Schritt: Freies Sprechen. Die Kinder werden aufgefordert, selbständig einen Satz zu bilden und dazu ein Bild auf dem Smartboard zu malen. Beispiele dazu: „Die kleine Maus isst einen Apfel". „Ich trinke Milch und putze mir die Zähne". Das freie Sprechen macht den Kindern ganz viel Spaß, und sie kommen schnell mit dem Lernen voran.

4. Schritt: Wir suchen einen passenden Zeichentrickfilm für die Geschichte aus. Die Kinder versuchen dann, die gelernte Sprache im Film wieder zu erkennen und zu verstehen; sie sprechen die Sätze aus dem Film gleichzeitig nach. Sie wählen dann selbst eine Geschichte und die verschiedenen Rollen aus. Sie basteln Kopfschmuck bzw. Masken und spielen zusammen die Geschichte vor.

Abbildung 3: „Wir basteln Masken und erzählen eine Geschichte" (Foto Yun Dörr)

Genaues Zuhören und Nachsprechen: Genaues Zuhören und Nachsprechen sind die Voraussetzung dafür, Chinesisch korrekt auszusprechen. Es ist auch die Voraussetzung, um mit der Partnerin/dem Partner erfolgreich üben zu können. Sonst sprechen und üben die Kinder das, was die Deutschen gern als „Chinesisch" bezeichnen: ein Kauderwelsch, das keiner versteht, das sich aber fehlerhaft im Gedächtnis festsetzt.

Arbeit mit Kinderliedern und Kinderreimen: Wir lernen mit den kleinen Kindern in China und auch an der MSH viele Kindergedichte, Kinderlieder und Kinderreime, wie „Händchen Händchen klatschen, Öhrchen Öhrchen spitzen, Mündchen Mündchen schließen – wir hören zu". Dabei lernen die Kinder, genau zu beobachten, Körperteile, Tätigkeiten und Verhalten zu koordinieren. Sie bewegen sich und singen dabei. Es ist sehr beliebt und in China bei kleinen Kindern auch alltäglich.

Schreiben einfacher Schriftzeichen: Die Kinder lernen bei uns ab der 1. Klasse, einfache Schriftzeichen zu schreiben. Es ist nicht leicht, die korrekte Strichreihenfolge der einzelnen Striche beim Herstellen des Schriftzeichens einzuhalten. Deshalb werden genaue Vorgaben gemacht und es wird viel geübt. Nachdem die Kinder circa 60 bis 100 Zeichen strikt der Strichreihenfolge nach geschrieben und geübt haben, haben sie sich an die strenge Strichreihenfolge gewöhnt und können dann auch bald neue Zeichen selbständig mit der richtigen Strichreihenfolge schreiben. Dabei machen sie dann kaum Fehler mehr, weil die Schreibregeln strikt geübt und verinnerlicht worden sind. Wir können es nicht zulassen, dass die Kinder anfangs nach dem Muster einiger deutscher Schreibdidaktiken „frei schreiben", um dann nach wenigen Jahren das Ganze zu korrigieren. Eingeschliffene Gewohnheiten zu korrigieren, ist viel schwieriger als gleich das Richtige zu lernen!

Kalligraphie: In China wird von der ersten Klasse an regelmäßig das Kalligraphieren geübt. Das tun wir auch an der MSH, allerdings ist es bei uns kein eigenes Unterrichtsfach. Die Kinder üben zuerst auf einer Art Kalligraphie-Tuch (水写布shuǐ xiě bù), das wörtlich übersetzt „Wasserschreibtuch" heißt. Es ist ein spezieller Stoff mit aufgedruckten karierten Übungsfeldern. Dabei schreibt man auf dem Tuch mit Pinseln, die mit klarem Wasser getränkt werden. Weil mit Wasser gemalt wird, sind die gemalten Zeichen kurze Zeit gut zu sehen, trocknen dann aber schnell, so dass sie wieder verschwinden. Man kann dann erneut auf dem Kalligraphie-Tuch schreiben. Das Vorgehen ist sauber, kostengünstig, ökologisch vorteilhaft und für Anfänger:innen einfach zu nutzen.

Zu besonderen Anlässen wie dem chinesischen Neujahrsfest oder der Kulturwoche bieten wir den Kindern regelmäßig die Möglichkeit, mit echter Tinte auf wunderschönem Kalligraphiepapier zu schreiben. In Abbildung 4 haben sie zur Eröffnung des Jahres des Schafes das Zeichen für 羊 „Schaf" (yáng) gemalt und zeigen ihre Arbeiten der Lehrerin:

Abbildung 4: Malen des Zeichens „yáng" (Foto Helga Volquards)

Von den Kindern lernen! Die Kinder sind immer für Überraschungen gut, manchmal lernen wir als Lehrer:innen auch von den Kindern oder bekommen Anregungen von ihnen.

Beispiele:
– Die Kinder der 2. Klasse haben mir vorgeschlagen, im Kunstunterricht die chinesischen Striche für die Schriftzeichen zu basteln und die Zeichen daraus aufzubauen. Wir haben dann gemeinsam eine wunderschöne künstlerisch gestaltete Wand mit den chinesischen Zeichen hergestellt.

- Die Kinder haben bemerkt, dass das Zeichen 七 (sieben) die auf den Kopf gestellte 7 ist.
- Eine Situation in der Vorschule: Die Kinder sollen die zwei Zeichen für „Mama" ausmalen: 妈妈. Ein Junge malt nur

und sagt strahlend zu mir: „Guck mal, ich habe ‚Mam' gemalt!"
- Ein Junge aus der 1. Klasse hat mit seinem eigenen Namen eine Methode für die vier Töne entwickelt. Als ich in die Klasse komme, lesen alle Kinder zusammen im Chor lauthals vor:

Ālísǎndrò

In vielen Situationen haben die Kinder eigene Eselsbrücken erfunden, um sich etwas in Chinesisch besser merken zu können.

4. Curriculumentwicklung und Sprachprüfungen

Die MSH muss eine eigenständige Curriculumentwicklung zum chinesischen Sprachunterricht und zur interkulturellen Kommunikation vornehmen, weil es – wie eingangs gesagt – nirgendwo sonst in Deutschland Chinesisch ab Klasse 1 gibt. Dabei muss beachtet werden, dass die chinesische Tradition des Erlernens der Muttersprache und auch von Zweitsprachen in vielen Punkten von der deutschen Tradition abweicht. Viele verschiedene Faktoren spielen dabei eine Rolle. Es liegt vor allem an der Tausende Jahre alten Lehr-/Lernkultur Chinas und an den gigantisch hohen Schülerzahlen je Klasse, aber auch an den hochmotivierten Schüler:innen und den unterstützenden Eltern. Darüber hinaus spielt der starke Wettbewerb auf dem chinesischen Arbeitsmarkt eine Rolle.

Der wesentliche Unterschied zur deutschen Unterrichtspraxis besteht darin, dass in China viel Frontalunterricht (mit hoher Qualität) eingesetzt wird. Sobald eine Lehrperson den Raum betritt, fängt der Unterricht an und wird dann mit hohem Lerntempo durchgeführt. Partnerarbeit und Gruppenarbeit sind selten; vertiefende Übungen werden meistens im Nachmittagskurs oder zu Hause als Hausaufgaben durchgeführt. Dadurch spart man im Frontalunterricht Zeit, die genutzt wird, um Wissen und Kompetenzen effizient zu vermitteln. Als Chinesischlehrerin schätze ich die Lehrmethoden in China sehr. Jedoch würde ich die pädagogischen Gedanken, die in Deutschland vertreten werden, auch für die Schulen in China empfehlen. Wir sollten dem folgen, was Konfuzius als ersten Satz in der berühmten Spruchsammlung „Lun Yu"[5] gesagt hat:

> „Etwas lernen und sich immer wieder darin üben – schafft das nicht auch Befriedigung? Und wenn von fernher Gleichgesinnte kommen – ist das nicht auch ein Grund zur Freude?" (Konfuzius 1982, S. 5)

Die deutsche Form der Unterrichtsgestaltung einfach zu übernehmen, kann aber in China nicht funktionieren, ebenso wenig wie sich die Methoden, die ich in China gelernt und erlebt habe, ohne Modifikationen in der MSH durchsetzen lassen. Es muss also an der MSH etwas Neues geschaffen werden, das aber an die zwei Unterrichtskulturen anknüpft.

4.1 Das Curriculum für die Grundschule

In der Grundschule lernen die Kinder zuerst das Verstehen und das Sprechen der chinesischen Sprache. Die Schriftzeichen zu kennen, sie zu lesen und zu schreiben, steht demgegenüber, wie schon oben angemerkt, an zweiter Stelle. Im Laufe der Grundschulzeit müssen die Kinder ihre chinesischen Sprachkenntnisse nachweisen, wie sie im Lehrplan festgelegt sind. Zusätzlich sollen sie in der Lage sein, die von den Chinesischlehrer:innen der MSH ausgewählten ungefähr 200 alltagssprachlichen Ausdrücke und Satzbildungen zu nutzen, die sie für die Kommunikation im Unterricht benötigen: „Guten Tag", „Wie geht es dir?" „Ich habe meine Aufgabe fertig" usw.

Die Chinesischlehrer:innen sprechen mit den Schüler:innen im Unterricht und auch auf dem Schulhof Chinesisch. Die Schüler:innen bekommen dadurch zu jeder Zeit ein chinesisches Sprachumfeld und „tauchen ein" in die chinesische Sprache, so dass für sie partiell eine muttersprachenähnliche Lernumgebung geschaffen wird.

In der Grundschule wird viel auf Chinesisch gesungen. Die Kinder lesen zuerst den jeweiligen Text vor, bis sie ihn mit dem richtigen Ton sprechen können und den Text verstehen. Dann fangen sie mit dem Singen an. Viele Kinder sind fasziniert von den chinesischen Liedern. Durch ein Lied oder einen Reim können sie schnell und offensichtlich mühelos die schwierigen Vokabeln erlernen, zum Beispiel die Richtungswörter: oben, unten, links, rechts, vorne, hinten, in der Mitte. Die Kinder

---

5 Die „Gespräche" (Lun Yu) zählen zu den bekanntesten Schriften, die Konfuzius (vermutlich 551–479 v. Chr.) zugeordnet werden (siehe Konfuzius 1982). Was von ihm selbst und was von seinen Schülern kommt, ist dabei unklar. Zur komplizierten Quellenlage und für eine westliche Interpretation seiner Werke siehe Bauer (2001, S. 51–63) und Roetz (2006).

haben so ein Lied mit nur einem Satz und einer lustigen Melodie gesungen, dabei tanzen sie oder klatschen in die Hände. Mithilfe dieses spielerischen Lernens werden die Vokabeln gefestigt. Wie oben bereits ausgeführt, wurde die Erfahrung gemacht, dass die kleinen Kinder große Freude und viel Spaß beim Chinesischlernen haben. Nach ungefähr einem Jahr hat der Großteil der Kinder eine sehr gute und präzise Aussprache. Das Hörverständnis und der mündliche Ausdruck entwickeln sich ebenfalls sehr schnell. So wird eine sichere Basis für das Erlernen des systematischen und fortgeschrittenen Chinesischen im Gymnasium geschaffen.

4.2 Sprachprüfungen

Nach drei Jahren Grundschulzeit bereitet sich die Klasse 4 auf eine chinesische Sprachprüfung vor. Die infrage kommenden Prüfungen, z.B. der *Youth Chinese Test* (YCT) oder der *Hanyu Shuiping Kaoshi* (HSK), sind weltweit einheitlich gestaltet.

– Beim *Youth Chinese Test* handelt es sich um eine Standardprüfung für Grund- und Mittelstufenschüler:innen, deren erste Sprache nicht Chinesisch ist. Schriftliche und mündliche Kompetenzen werden dabei in separaten Prüfungen getestet. Schriftlich gibt es vier und mündlich zwei Kompetenzstufen. Beide Tests sind weltweit anerkannt. An der MSH haben wir uns nicht für den YCT-Test, sondern für die HSK-Prüfung entschieden, weil dies der Test ist, der auch an unserem Gymnasium eingesetzt wird.

– Der *Hanyu Shuiping Kaoshi* (汉语水平考试) ist ein standardisierter Sprachtest für Chinesisch als Fremdsprache zum Nachweis der chinesischen Sprachkenntnisse auf sechs Niveaustufen. Er ist international anerkannt und wird in China und weltweit an lizenzierten Testzentren durchgeführt. Die Bewertung der Prüfungsleistung erfolgt zentral in China. Die Prüfungsformen und die Niveaustufen werden im Blick auf sich verändernde internationale Lernsituationen regelmäßig aktualisiert. Die HSK-Prüfung ist vergleichbar mit anderen Fremdsprachenprüfungen, wie zum Beispiel dem *Test für Deutsch als Fremdsprache* (TestDaF) oder *Test of English as a Foreign Language* (TOEFL).

In der HSK-Prüfung werden die Kompetenzen der Schüler:innen in den vier Bereichen Lesen, Hörverstehen, Sprechen und Schreiben geprüft. Bei erfolgreich abgelegter Prüfung erhält die Teilnehmerin/der Teilnehmer ein HSK-Zertifikat, das zum Besuch einer chinesischen Schule oder zur Aufnahme eines Fachstudiums an einer Hochschule in China berechtigt. Die HSK-Prüfung ist auch als Nachweis von chinesischen Sprachkenntnissen im Berufsleben von zunehmender Bedeutung. In der Regel benötigt man dafür die HSK-Stufe 3 oder 4. So ist die HSK-Prüfung eher eine Prüfung für Mittelstufenschüler:innen eines deutschen Gymnasiums bzw. für

Erwachsene als für Kinder. Dies verdeutlicht, wie anspruchsvoll diese Prüfung für MSH-Grundschüler:innen ist. Gemäß schulinternem Curriculum der MSH sollen die Kinder in den ersten drei Grundschuljahren lernen, mehr als 300 chinesische Wörter, die sie hören, zu verstehen und die dazugehörigen komplizierten Alltagsausdrücke sicher zu beherrschen. Es sind doppelt so viele wie in der HSK-Stufe 1 verlangt wird. Bemerkenswert ist nicht nur der Umfang der zu beherrschenden Inhalte, sondern auch die anspruchsvolle Form dieser Standardprüfung. Die Prüfungen HSK 1 und HSK 2 dauern circa eine Stunde. Geprüft wird in den Kompetenzbereichen Hörverstehen und Leseverstehen. Die besondere Herausforderung ist dabei, dass einzelne Aufgaben in circa 45 Sekunden gehört bzw. gelesen, gelöst und auf den Antwortbogen übertragen werden müssen. Somit wird eine schnelle und sichere Reaktion bezüglich der Sprache abverlangt. Die HSK 3 und 4 dauern ungefähr anderthalb bis zwei Stunden. Dabei werden deutlich höhere Schreibkompetenzen abgeprüft.

Die ersten Prüfungen von MSH-Schüler:innen: Die Kinder haben in der 4. Klasse fleißig geübt und sich Schritt für Schritt auf die HSK-Prüfung vorbereitet. An dieser Vorbereitungszeit sind die Kinder gewachsen und haben viele wertvolle Erfahrungen gesammelt. Am Sonnabend, dem 18. April 2015, haben die Schüler:innen der vierten Grundschulklasse erstmals an der zentralen HSK-Prüfung in der Universität Hamburg teilgenommen. Seitdem legt jedes Jahr die vierte Klasse die HSK-Prüfung der Stufe 1 ab und die 6. und 7. Klasse die HSK-Prüfung der Stufe 2. In der zehnten Klasse haben die Schüler:innen dann die Möglichkeit, an der HSK-Prüfung Stufe 3 teilzunehmen. Und in der elften Klasse schaffen es einige Schüler:innen, die HSK Stufe 4 erfolgreich abzulegen. Nach Absprache mit dem Konfuzius Institut Hamburg und der zentralen Prüfungskommission in Beijing wird seit 2016 der HSK-Prüfungstermin extra für die MSH vereinbart und die Prüfungen finden in unserer Schule statt. Insgesamt haben die Schüler:innen der MSH dabei hervorragende Ergebnisse erreicht. Infolgedessen ist der Grundstein für ein weiteres erfolgreiches Lernen gelegt.

Zusammenfassend lässt sich feststellen, dass die Grundschüler:innen der MSH, wenn sie in das Gymnasium wechseln, bereits eine hervorragende Grundkenntnis der chinesischen Sprache und Kultur aufgebaut haben. Sie verfügen außerdem über ein gutes Sprachgefühl. Das Grundschul-Curriculum der MSH für das Fach Chinesisch entspricht so den Hamburger Anforderungen für eine Fremdsprache als Pflichtfach. Das ist bis jetzt in Deutschland einzigartig! Freiwillig kann der Chinesischunterricht dann nach der 10. Klasse bis zum Abitur fortgesetzt werden, um noch höhere Kompetenzstufen zu erreichen.

4.3 Curriculum und Prüfungen für das Gymnasium

Das Curriculum für das Gymnasium setzt voraus, dass die Schüler:innen in der Grundschule vier Jahre durchgängig Chinesisch gelernt haben. Es ist Schritt für Schritt von uns nach der Schulgründung entwickelt, praktisch erprobt und überprüft worden. Auch am Gymnasium wird der Unterricht in der Regel immersiv gestaltet, und das nicht nur im chinesischen Sprachunterricht, sondern auch in anderen ausgewählten Fächern und Lerneinheiten.

Da die MSH erst im Jahr 2010 gegründet worden ist und da am Gymnasium viele Quereinsteiger:innen sind, haben wir ein Übergangskonzept für jene Schüler:innen entwickelt, die nicht in Klasse 1 mit dem Chinesischunterricht angefangen haben. Es entspricht den allgemeinen Anforderungen der Konferenz der Kultusminister (KMK) für eine zweite Fremdsprache.

Unter Berücksichtigung der Empfehlungen des Fachverbands Chinesisch e.V. (siehe Abschnitt 5) zum Anforderungsniveau und zu den Kompetenzen für das Abitur im Fach Chinesisch, sowie mit Bezug auf die Rahmenpläne Chinesisch für die Bundesländer Berlin, Brandenburg, Mecklenburg-Vorpommern, Bremen und Bayern und unter Beachtung der einheitlichen Prüfungsanforderungen in der Abiturprüfung der KMK haben wir das Sprachlernkonzept für das Gymnasium mit konkreten Lehrmethoden und Lernmaterialien ausgearbeitet. Unser Konzept entspricht damit zugleich den Hamburger Bildungsplänen und Rahmenplänen.

Die für die Unterrichtskommunikation erforderlichen alltagssprachlichen Ausdrücke und Satzbildungen stimmen leider nicht mit den besonders einfachen chinesischen Schriftzeichen überein. Deshalb erfolgt die Vermittlung der Lehrinhalte am Gymnasium am Anfang anders als in der Grundschule. Während die Grundschulkinder mit dem Verstehen und dem Sprechen anfangen, fangen die Schüler:innen des Gymnasiums mit dem Lesen und dem Schreiben von Lauten und einfach geschriebenen Schriftzeichen an. Sie lernen also das Lesen und Schreiben sowie das Hörverstehen und Sprechen gleichzeitig. Die Gymnasialschüler:innen bekommen aber immer mit, was die Grundschulkinder lernen, weil deren Inhalte auch im Gymnasialunterricht kurz vorgestellt werden.

Die Schüler:innen nehmen seit 2019 mit unserem ersten Abiturjahrgang an der von der Hamburger Schulbehörde durchgeführten externen Abiturprüfung teil (siehe TEIL III, Beitrag 11). Sie haben bisher die Prüfungen im Fach Chinesisch mit durchschnittlich zwölf von 15 Punkten bestanden – ebenfalls ein großer Erfolg!

5. Der Gemeinsame Europäische Referenzrahmen (GER) und die Vorschläge des Fachverbands Chinesisch e.v. zur Unterrichtsgestaltung

Die Sprachvermittlung findet an der MSH im Sinne der kompetenzorientierten Sprachziele der Europäischen Kommission statt (Europarat 2001; vgl. Coste et al. 2001). Das heißt, dass die Sprache als Medium fungiert, mit dem Bedeutungen erschlossen, Konzepte erarbeitet und Inhalte kommuniziert werden können.

Ziel des chinesischen Sprachunterrichts ist es, schon in der Grundschule kommunikative Kompetenzen zu erwerben und am Ende das Niveau der in Abschnitt 4.2 beschriebenen, international anerkannten HSK-Prüfung zu erreichen. Dafür wird der Unterricht von Beginn an kompetenzorientiert angelegt.

Kompetenzbereiche: In der Grundschule bezieht er sich vorrangig auf die Kompetenzbereiche Hören, Sehen und Sprechen. Im Gymnasium kommt verstärkt der Kompetenzbereich Schreiben hinzu. Alle vier Bereiche sollen dort auf deutlich höherem Niveau entwickelt sein. Die Anforderungsstruktur der Kompetenzen umfasst für fortgeschrittene Schüler:innen die folgenden vier Bereiche:

- Sprachkompetenzen in den Bereichen Phonologie, Schriftzeichenerwerb, Lexik, Grammatik und Sprachbetrachtung
- kommunikative Kompetenzen in den Bereichen Hören, Sehen, Sprechen, Lesen und Schreiben
- interkulturellen Kompetenzen im Bereich soziokulturellen Orientierungswissens
- die Kompetenz für die Bewältigung interkultureller Kommunikationssituationen.

Kompetenzstufen: Es ist sinnvoll, diese Kompetenzbereiche gestuft zu denken. Dafür gibt es in der Fachliteratur viele Vorbilder. Ein Beispiel: Der Gemeinsame Europäische Referenzrahmen für Sprachen (Europarat 2001) wurde entwickelt, um Kompetenzerwartungen in der EU vergleichbar und übersichtlich zu machen. Es wird festgelegt, was Lernende auf einer bestimmten Niveaustufe beherrschen sollen.[6]

Eigenständige Formulierung der im Chinesischen erreichbaren Kompetenzniveaus: Der Fachverband Chinesisch e.V. lehnt es in seiner Erklärung aus dem Jahr 2010 auf Grund der Komplexität und Tiefe der chinesischen Sprache ab, einen direkten Vergleich der Stufen des HSK-Tests mit den Kompetenzstufen des Gemeinsamen Euro-

---

6 Die drei Stufen des GER sind: A (A1/A2): Elementare Sprachverwendung; B (B1/B2): Selbständige Sprachverwendung; C (C1/C2): Kompetente Sprachverwendung. Auf jeder Stufe gibt es zwei Unterstufen, z.B. auf Niveau C: C1= fortgeschrittenes Kompetenzniveau; C2= fast muttersprachliche Sprachbeherrschung.

päischen Referenzrahmens für Sprachen GER vorzunehmen, und beschreibt die aus seiner Sicht realistischen Einstufungen sprachlicher Leistungen unter Einbeziehung des erforderlichen Lernaufwands wie folgt:

> „Acht Thesen zur Etablierung des Schulfachs Chinesisch im Bildungssystem der Bundesrepublik Deutschland[7]
>
> *These 1:* Das Erlernen der chinesischen Sprache und Schrift kann nicht ohne den Erwerb umfangreicher, über den europäischen Kontext hinausweisender interkultureller Kompetenz sowie schrift- und sprachtypologischer Unterschiede betrachtet werden, so dass auch der Kompetenzzuwachs beim Erlernen der chinesischen Sprache im Vergleich zu europäischen Sprachen höher liegt bzw. anders als bei europäischen Sprachen definiert werden muss. Die Komplexität des Unterrichtsfachs Chinesisch erfordert daher zum Teil auch ein anderes Lernverhalten als beim Erwerb einer europäischen Sprache. Aufgrund dieser besonderen Gegebenheiten der „distanten" Fremdsprache Chinesisch ist es erforderlich, Kompetenzniveaus entsprechend sprachspezifisch neu zu formulieren.
>
> *These 2:* Kompetenzstufen hinsichtlich mündlicher Interaktion im Chinesischen sind denen des Europäischen Referenzrahmens weitestgehend vergleichbar. Zur Vermittlung und Überprüfung mündlicher Fertigkeiten in schriftlicher Form kann mit der lateinischen Umschrift Hanyu Pinyin gearbeitet werden, entsprechende Schriftzeichenkenntnisse sind dafür nicht zwingend erforderlich.
>
> *These 3:* Kompetenzstufen hinsichtlich Lesen und Schreiben sind hingegen frühestens ab Niveau B1 mit denen des Europäischen Referenzrahmens vergleichbar. Die Niveaustufen A1/A2 verlangen eine der Komplexität des chinesischen Schriftsystems angemessene Neuformulierung, die bisher nicht vorliegt.
>
> *These 4:* Beobachtungen der Kolleginnen und Kollegen an Schulen und Hochschulen bestätigen, dass dem Niveau B1 des GER vergleichbare Chinesischkenntnisse (mündlich UND schriftlich) nur erreichbar sind, wenn Chinesisch mindestens 5 Jahre an Schulen (mit mindestens 100 Stunden/Schuljahr) bzw. mindestens 4 Semester an Hochschulen (mit mindestens 150 Stunden/Semester) unterrichtet wird. Dies hängt sowohl mit der Tonalität der Sprache, der Fremdheit des Wortschatzes und der Komplexität des chinesischen Schriftsystems als auch mit der erforderlichen Arbeit am Allgemeinwissen der Schüler über China, seine Geschichte, Kultur und Gesellschaft zusammen, das, sofern es nicht zur Aufgabe der gesellschaftswissenschaftlichen Fächer geworden ist, ebenfalls unverzichtbarer Bestandteil des Chinesischunterrichts sein muss.

---

7 Abgedruckt mit freundlicher Genehmigung des Fachverbands (2022).

These 5: Der Fachverband Chinesisch hält den Erwerb schriftlicher Kompetenzen wie auch umfangreicher kulturspezifischer Kompetenzen für die Fremdsprache Chinesisch an Schulen für unverzichtbar. Bei der Formulierung von Lernzielen für den Chinesischunterricht ist jedoch in Einzelfällen abzuwägen, ob mündliche und schriftliche Kompetenzen gleichermaßen angestrebt werden sollten. So mag es angesichts des zur Verfügung stehenden Zeitrahmens sinnvoll erscheinen, im Fach Chinesisch als dritte/spät beginnende Fremdsprache primär mündliche A2-Kenntnisse anzustreben und nur Grundzüge der chinesischen Schrift zu behandeln, während im Fach Chinesisch als 2., spätestens in der 7. Klasse beginnende Fremdsprache auch schriftliche Kompetenzen auf Niveau B1 angestrebt werden können.

These 6: Das Erreichen von Lernzielen in einer distanten Fremdsprache wie dem Chinesischen ist daher nach Einzelkompetenzen zu differenzieren und erfordert aus den angegebenen Gründen deutlich mehr Zeit als bei europäischen Fremdsprachen. In Bezug auf die erforderliche Lernzeit kann als grobe Richtschnur die Regel gelten: In einem bestimmten Zeitraum erreichbare Lernziele für Chinesisch (und andere distante Fremdsprachen) liegen jeweils eine GER-Stufe tiefer als europäische Fremdsprachen (z.B. A2 statt B1).

These 7: Das Erlernen der Fremdsprache Chinesisch fördert in besonderer Weise die Auseinandersetzung mit der eigenen Identität, mit Wertesystemen und Weltanschauungen und befähigt wie kaum ein anderes Schulfach zum Perspektivenwechsel über Europas Grenzen hinaus. Die für das 21. Jahrhundert entscheidende interkulturelle Kompetenz und Selbstreflexion, die in der Beschäftigung mit China, seiner Kultur und seiner Sprache erreicht wird, stellen einen entscheidenden Mehrwert des Schulfachs Chinesisch dar.

These 8: Erfolgreicher Chinesischunterricht benötigt fachspezifisch ausgebildete Lehrer. Entsprechend fordert der Fachverband mit Nachdruck die notwendige Einrichtung regulärer Lehramtsstudiengänge für Chinesisch in den Bundesländern, die Chinesisch als reguläre Fremdsprache an den Schulen implementieren.

Auch wenn wir Chinesisch schon ab Klasse 1 anbieten, haben wir uns an diesen acht Thesen orientiert. Wir unterrichten also ebenfalls in allen Jahrgängen kompetenzorientiert und bewerten die erreichten Lernerfolge fachspezifisch.

6. Eintauchen in die Kultur Chinas

In der *Tübinger Erklärung 2022* des Fachverbands Chinesisch e.V. wird betont, dass „Chinakompetenz" in der Bundesrepublik Deutschland dringend ausgebaut werden muss. Dafür sind, so der Verband, „bundesweite (bildungs-)politische Aktivitäten in Richtung einer stärkeren Auseinandersetzung mit China" erforderlich (vgl. Stepan et al. 2018; Guder et al. 2021). Dieser Forderung schließen wir uns an.

6.1 Sprache und Kultur mit allen Sinnen lernen

China hat eine lange Geschichte und eine beeindruckende Kultur. Sie ist stark von der Bereitschaft zum lebenslangen Lernen geprägt. In den „Gesprächen" sagte Konfuzius vor zweieinhalbtausend Jahren:

> *„Unter dreien ist bestimmt einer, von dem ich lernen kann. Ich suche die guten Eigenschaften heraus und folge ihnen. Ich sehe zugleich die schlechten Eigenschaften, um es besser zu machen."* (Konfuzius 1982, S. 41)[8]

Konfuzius meinte damit, dass wir nie aufhören sollen, von anderen zu lernen. Diese Maxime haben die Chinesen stets im Umgang mit anderen Völkern zu befolgen versucht, und das nicht nur auf der persönlichen, sondern auch auf der staatlichen Ebene. Während ihrer ganzen Geschichte hat die chinesische Zivilisation durch Erlernen neuer Kulturelemente aus anderen Ländern große Bereicherung erfahren.[9] China hat auch einen eigenen Beitrag zum Fortschritt der Zivilisation geleistet, indem es seine kulturellen Errungenschaften an andere Länder weitergereicht hat. Im 21. Jahrhundert nimmt die Globalisierung der Wirtschaft immer mehr zu. Die Welt ist durch ein immer mächtiger werdendes Netzwerk aus Wissen und Information miteinander verbunden. Deshalb ist es wichtig, dass wir voneinander lernen und uns im weltweiten Austausch gemeinsam entwickeln.

---

8 Zum Einfluss der konfuzianistischen Lehr-Lerntradition auf das aktuelle chinesische Pädagogikverständnis siehe Peng et al. (2022).
9 Seit der Kaiser Wu aus der Han-Dynastie (206 v. Chr.–220 n. Chr.) im Jahre 138 v. Chr. China erstmals mit der Außenwelt in Berührung gebracht hat, haben die chinesischen Kaiser immer wieder „Botschafter" in die „westlichen Gebiete" entsandt, worunter Zentralasien bis ans Mittelmeer zu verstehen ist. Der erste dokumentierte Botschafter war der in China bis heute verehrte Zhang Qian, der im Jahr 139 n. Chr. Zentralasien bereiste, um Verbündete gegen die Xiongnu zu gewinnen. Drei weitere Namen: Ban Chao aus der Zeit der Han-Dynastie (206 v. Chr. bis 220 n. Chr.), Xuan Zang aus der Tang-Dynastie (618–907 n. Chr.) und Zheng He aus der Ming-Dynastie (1368–1644). Auch im 19. Jahrhundert, dem „Jahrhundert der Demütigung", das mit dem Opium-Krieg endete, verließen viele Chinesen das Land, um das entwickelte wissenschaftliche Denken und die Kultur des Westens zu studieren und nach China zu bringen.

Und genau in diesem Sinne sind die chinesischen Lehrer:innen der MSH nach Deutschland gekommen, um die Kultur und das Schulsystem in den beiden Ländern besser vergleichen zu können, miteinander zu kombinieren und voneinander zu lernen. Dazu gehört auch, dass die Schüler:innen der MSH in der 10. Klasse eine Sprach- und Kulturreise nach Osten machen. Sie besuchen unsere Partnerschule in Xi'an.

Interkulturell angelegter Sach-Fachunterricht: Selbstverständlich ist der Unterricht der MSH nicht nur sprachlich orientiert, sondern auch im Blick auf die Landes- und Kulturkunde interkulturell angelegt. Schon die Grundschüler:innen lernen viel über China und Deutschland kennen, etwa die Namen der Hauptstädte, die Flaggen, die chinesische Große Mauer und die Berliner Mauer, chinesische Feste und chinesisches Essen, die Kinderwelt und den Schulalltag in China und Deutschland und insgesamt das Alltagsleben. Das jeweilige Thema wird zuerst auf Chinesisch erzählt und bei Bedarf in den einzelnen Situationen auch ins Deutsche übersetzt. Die ausgewählten (neuen) Wörter werden wiederholt und nachgesprochen.

Schulische und außerschulische Kulturveranstaltungen: Die Kinder lernen nicht nur die Sprache, sie erhalten beim Spracherwerb zugleich Einblicke in die Kultur und Philosophie Chinas. Ihr Verständnis für die chinesische Denkweise soll so gestärkt werden. In besonderen Kulturprojekten und in gemeinsamen Aktivitäten sollen die interkulturellen Fähigkeiten der Schüler:innen im Hinblick auf asiatische Gesellschaften entwickelt werden. Das Verständnis für die Normen und Sichtweisen der asiatischen Kulturen und ihrer Menschen soll gestärkt werden. Es finden deshalb an unserer Schule regelmäßig Kulturveranstaltungen statt, wie zum Beispiel die „Woche der chinesischen Kultur" und „Woche des Konfuzianismus". Außerdem werden Chinas traditionelle Feste wie das Frühlingsfest, das Laternenfest, das Mondfest und das Drachenbootfest in den jeweiligen Klassen gefeiert, sodass die Schüler:innen die Sitten und Verhaltensweisen, aber auch die Philosophie und die Religionen Asiens kennenlernen.

6.2 Interkulturelle Kompetenz (Verfasserin: Guo Ying[10])

Viele Chines:innen sind stolz darauf, Teil der ältesten und erfolgreichsten Kultur der Welt zu sein. In der mehr als fünftausendjährigen Geschichte ist insbesondere der Einfluss der konfuzianischen Philosophie auf die chinesische Kultur bis heute stark im Alltag verwurzelt. Im letzten Jahrhundert hatte China nicht nur Herausforderungen wie die Kulturrevolution zu bestehen, es machte auch große Fortschritte in seiner sozialen und kulturellen Entwicklung, die immer auch durch die Übernahme

---

10 Guo Ying war bis 2021 Chinesischlehrerin an der MSH.

westlicher Technologien, Normen und Ideen gekennzeichnet war. Chinas historisches und kulturelles Erbe ist jedoch nie in Vergessenheit geraten. Das chinesische Volk und besonders die heutige chinesische Gesellschaft sind immer noch erheblich durch die Geschichte und die traditionelle kulturelle Identität geprägt.

Unterschiede der Mentalität und des Denkens: China fasziniert, interessiert und inspiriert die Europäer:innen seit Jahrhunderten. Es ist ein Land, dessen Sprache, Kultur, Philosophie und Gesellschaft vielfältig, bunt und horizonterweiternd sind. Aber es gibt viele Kulturunterschiede zwischen Deutschen und Chinesen und das Scheitern deutsch-chinesischer Wirtschaftsverhandlungen ist ein häufiges Phänomen: *„Viele Verträge wurden unterzeichnet, wenige führten zu einem erfolgreichen Chinaengagement"*, sagt Manuel Vermeer, Sinologe und Dozent für Marketing an der Fachhochschule Ludwigshafen. Seiner Ansicht nach sind dafür nicht nur unterschiedliche Interessenlagen oder vordergründige Verständigungsschwierigkeiten verantwortlich, sondern tiefgreifende Unterschiede der Mentalität und des Denkens. Einige Deutsche beklagen, es sei kompliziert und umständlich, mit der indirekten Art der Chinesen umzugehen. Man könne kaum die Meinung des chinesischen Gegenübers herausfinden, ohne jemanden zu beleidigen. Von chinesischer Seite wurde bedauert, dass die deutsche Direktheit manchmal an Unhöflichkeit grenze. Deutsche seien mitunter sehr ungeduldig, wenn die Meinungen ausgetauscht würden. Ein höfliches „Vielleicht" werde nicht akzeptiert, gegensätzliche Meinungen und sogar Konflikte würden gefördert.

Naturgegebene Hierarchie? Auch beim Unterrichten an der MSH beobachten wir Chinesischlehrer:innen, die alle aus China kommen, häufig die vielen Unterschiede zwischen China und Deutschland. In der chinesischen Gesellschaft erfährt jeder eine „naturgegebene Hierarchie". Autorität ist also bei uns positiv besetzt. Das gilt auch für die Schule. Im traditionellen chinesischen Unterricht ist die Lehrperson ein absolut gültiger Meister und ein Rollenvorbild. Die Kommunikation ist „hörerzentrierte Kommunikation". Das heißt, die Lehrer:innen reden die meiste Zeit und es gibt weniger Aufgabenstellungen, die zur Interaktion zwischen Lehrperson und Schüler:innen führen. Das ist in Deutschland anders.

„Das Gesicht wahren": In allen Situationen „das Gesicht wahren" zu müssen, gehört zu den operettenhaften Klischees, die man am häufigsten mit China in Verbindung bringt. Das chinesische Mittel sozialer Regulierung und Sanktion ist jedoch die Scham, die im Gegensatz zu der oft privaten Sünde immer etwas Öffentliches hat: Man schämt sich öffentlich vor anderen. Dies ist aber etwas, das man in China unter allen Umständen zu vermeiden sucht. Dies würde Gesichtsverlust bedeuten! Der Grundgedanke des Gesichtbewahrens lautet vielmehr: „Wie sehen mich die andern, wie wirke ich nach außen?" Dieser Gedankenkeim wird schon Kindern eingepflanzt, denen dann das „öffentliche" Schämen anerzogen wird.

Kritisieren – ein Tabu: In der Lehrer-Schüler Beziehung ist Kritik durch die Schülerin bzw. den Schüler ein Tabu. Konfuzius hat hierzu eine Spruchweisheit hinterlassen: „Sprich nicht über Fehler einer Person, die du respektierst!" Das gilt auch für den Beruf der Lehrerin/des Lehrers. Er ist in China stets hochgeschätzt, und Lehrer:innen erhalten vollumfänglichen Respekt von allen anderen. Spiegelbildlich kritisieren Lehrer:innen ihre Schüler:innen nicht in der Öffentlichkeit. Sie bieten vielmehr 1:1-Kontakte, Informationen und Hilfen an, anstatt zu kritisieren.

„**Reise in den Westen**": Jedes Schuljahr kaufen wir Bücher über die chinesische Kultur und lesen gemeinsam einen Abschnitt im Unterricht vor, z.B. aus einem der vier chinesischen Klassiker, dem Buch: 西游记 („Die Reise in den Westen"), aufgeschrieben von Wu Cheng'en im 16. Jahrhundert.[11] Dieser Roman wird an der MSH von der ersten Klasse an mit Zeichentrickfilmen und dann im Gymnasium bis zum Abitur anhand von zweisprachigen Büchern behandelt. Die Schüler:innen lernen aus dem Buch die Mythen der chinesischen Geschichte kennen, sie erfahren etwas über Buddhismus und Daoismus, über Dämonen und Götter. Sie lernen, dass der „Affenkönig" Sun Wukong, der Sandmönch Sha Seng und der Eber Zhu Bajie den Meister Tang Seng, einen buddhistischen Mönch der Tang-Dynastie, auf seiner Pilgerfahrt in den Westen beschützen, dass sie die vielen Dämonen besiegen und alle Schwierigkeiten überwinden. Der Roman kann uns zeigen, dass wir unsere Ziele besser erreichen, wenn wir vor Schwierigkeiten nicht zurückschrecken und nicht auf halber Strecke aufgeben.

Die Welt wächst zusammen und wird gefühlt immer kleiner. Menschen aus unterschiedlichen Kulturbereichen kommen in Kontakt miteinander. Diese interkulturellen Interaktionen sind nicht immer von gegenseitigem Verständnis geprägt, ganz im Gegenteil entstehen in und mit ihnen oft Schwierigkeiten und Konflikte. Um sich in diesen interkulturellen Situationen angemessen verhalten zu können und sie positiv zu gestalten, bedarf es interkultureller Kompetenz. Diese Fähigkeit kann, wie unsere Erfahrungen an der MSH zeigen, schon in jungen Jahren im Rahmen der direkten und indirekten Erziehung entwickelt und gefördert werden (vgl. Brohy & Bregy 1998).

6.3 Kulturelle Aktivitäten an der MSH

In den zwölf Jahren seit Gründung der MSH ist es gelungen, eine große Anzahl an Festen und Feiern im Schulalltag zu verankern. Die Schüler:innen lieben diese Veranstaltungen und sind mit Leib und Seele dabei. Und auch das Kollegium und die Eltern nehmen teil und freuen sich.

---

11 Eine ältere Übersetzung (Wu 2008) nennt als Hauptautor Wu Cheng'en (siehe Wu 2008). Eine moderne Übersetzung von Eva Lüdi Kong (2016) verzichtet auf die Nennung eines Hauptautors und betont, dass es um eine Zusammenstellung aus vielen verschiedenen Quellen geht.

Das chinesische Neujahrsfest feiern: Der Neujahrstag, dessen Termin nach dem traditionellen chinesischen Mondkalender berechnet wird, fällt immer auf einen Neumond zwischen dem 21. Januar und dem 21. Februar. So begann das Jahr des Wasser-Tigers am 1. Februar 2022 und endete am 21. Januar 2023. Das Neujahrsfest ist der wichtigste traditionelle chinesische Feiertag. Es wird 春节 (*„Frühlingsfest"*), 农历新年 (*„Bauernkalender-Neujahr"*) oder 过年 (*„Jahreswechsel"*) genannt. Jedes Jahr feiern die MSH-Schüler:innen und Lehrer:innen das Fest zusammen.

Abbildungen 5: „Fächertanz" und 6: „Feiern des Neujahrsfests" in der MSH (Fotos Iris Born)

Wir dekorieren die Klassenräume und den Schulhof mit Laternen und Neujahrsbildern. Die Schüler:innen schreiben Glückwünsche in Chinesisch, machen Scherenschnitte für das Neujahrsfest und kleben es an Fenster und Türen. Sie kochen chinesisches Essen und schauen manchmal die Neujahrsgala im chinesischen Fernsehen an. Von den verschiedenen Klassen werden chinesische Vorführungen wie Singen, Tanzen, Theater, Geschichtenerzählen und weitere Präsentationen durchgeführt. Es werden auch chinesische Kolleg:innen von anderen Schulen und Institutionen eingeladen, die ihrerseits chinesische Aufführungen, wie beispielsweise Tai-Chi und Kung Fu darbieten. Durch diese gemeinsamen Aktivitäten lernen die Schüler:innen die chinesischen Traditionen und Bräuche intuitiv und nachhaltig kennen.

Jiaozi: Es macht den Kindern sehr viel Spaß, das typische chinesische Neujahrsessen Jiaozi zu kochen. Das ist ein Teiggericht, vergleichbar der Maultasche, bei dem die Füllung aus Gemüse und Fleisch oder Garnelen besteht. Jiaozi werden gekocht oder gedämpft und mit speziellen Saucen gegessen. Das hat den Schüler:innen und Lehrer:innen immer super geschmeckt. Die Kinder fragen ständig: „Wann kochen wir wieder Jiaozi?"

Abbildung 7 und 8: Jiaozi kochen und essen (Fotos Iris Born)

Laternenfest: Zum Neujahrsfest gehört auch das Laternenfest. Es wird am letzten, dem Vollmondtag der Neujahrsfeierlichkeiten veranstaltet. Traditionell nehmen wir an den Veranstaltungen des Konfuzius Instituts Hamburg im Teehaus im Yu-Garten[12] teil, zum Lampion-Malwettbewerb basteln und bemalen unsere Schüler:innen Lampions, die gemeinsam mit denen anderer Schulen zur Beleuchtung des Festes beitragen.

Abbildung 9: Laternenfest im Hamburger Konfuzius-Institut (Foto Yun Dörr)

---

12 Das Teehaus des Hamburger Konfuzius-Instituts ist nach dem Vorbild des berühmten Teehauses im Yu-Garten in Shanghai erbaut.

CHINA TIME: Sie wird von der Hamburger Senatskanzlei organisiert und findet alle zwei Jahre statt. Auch unsere Schule nimmt regelmäßig daran teil. Für CHINA TIME 2018 hat die Moderne Schule Hamburg sowohl das Bühnenprogramm für die Standorte Gänsemarkt und Europapassage als auch für den Tag der offenen Tür angeboten. Darüber hat die Medienakademie Hamburg einen kurzen Film gestaltet, in dem man einen Eindruck von der Modernen Schule Hamburg im Gesamten bekommt. Die Schüler:innen aus den verschiedenen Klassen haben ein Kindertheater „Digitales Leben in China" unter Verwendung neuer Medien wie WeChat in China präsentiert. Die Präsentation wurde von den Schüler:innen auf Chinesisch, Englisch und Deutsch gehalten. Des Weiteren wurden chinesische Lieder und Tänze aufgeführt.

Abbildungen 10: CHINA TIME 2018 (Foto Yun Dörr)

Abschließend fanden eine Diskussionsrunde sowie weitere Gespräche und andere Aktivitäten wie z.B. die Brettspiele Xiangqi und Weiqi für die teilnehmenden Gäste statt.

6.4 Schulinterne, nationale und internationale Wettbewerbe

Die Schüler:innen der MSH nehmen regelmäßig an Chinesisch-Wettbewerben teil:

Schulinterne Sprach- und Kulturwettbewerbe: Sie finden jedes Jahr statt. Die Schüler:innen bereiten sich neben dem regulären Unterricht nach Lehrplan Schritt für Schritt auf diesen Wettbewerb vor. Auch wenn für viele die Wettbewerbssituation ungewohnt ist, haben die meisten viel Spaß dabei und erbringen hohe Leistungen. Eine Aufgabenstellung für die Grundschule ist z.B. „Tätigkeiten verstehen und ausführen". Dabei werden 100 Tätigkeitswörter in den Bereichen Hörverstehen, Sprechen und Ausführung getestet, indem die Kinder Alltagssituationen nachspielen. Ein Beispiel für das Gymnasium bestand darin, dass wir einen Wochenmarkt eingerichtet haben. Die Schüler:innen haben dann eine Einkaufsliste auf Chinesisch bekommen und mussten auf dem Wochenmarkt einkaufen. Von der Begrüßung bis zum Bezahlen wurden die Kommunikationskompetenzen in den Bereichen Lesen, Hören und Sprechen geprüft.

Für die Grundschüler:innen und für die Gymnasiast:innen werden jeweils ein 1. Preis, zwei 2. Preise und drei 3. Preise vergeben. Von Anfang an steht die Preisverleihung unter dem Motto: „Beim Wettbewerb geht es nicht nur ums Gewinnen, viel wichtiger ist: Vorbereiten, Mitmachen, Erfahrungen sammeln, Spaß haben und sein Bestes geben!" Alle Kinder sind immer gutgelaunt und begeistert bei der Preisverleihung dabei.

Abbildung 11: Preisträger:innen des schulinternen Wettbewerbs (Foto Yun Dörr)

Xiangqi- und Weiqi-Turnier: Sie gehören zu den traditionellen und hoch geachteten chinesischen Brettspielen. An der MSH sind dafür im regulären Stundenplan feste Zeiten vorgesehen. Ab 2023 wird an der MSH jährlich ein Weiqi-Wettbewerb durchgeführt. Damit sind sie ein fester Bestandteil unseres Kulturprogramms. Es geht nicht nur um eine Denksport-Disziplin, sondern auch um angemessene Umgangsformen, besonders in der Niederlage. Jedes Jahr findet ein Xiangqi- und ein Weiqi-Turnier an der MSH statt. Die Schüler:innen nehmen auch regelmäßig an den deutschlandweiten Wettbewerben teil. Bei einer in Hamburg veranstalteten Jugendweltmeisterschaft im Xiangqi haben zwei MSH-Schüler:innen den 3. und den 5. Platz in ihrer Altersgruppe erreicht. Wir sind so stolz auf sie!

Abbildung 12: Xiangqi- und Weiqi-Turnier im Konfuzius-Institut (Foto Uwe Frischmuth)

„Reise in den Westen": Im November 2019 haben die MSH-Schüler:innen an dem Synchronisierungswettbewerb „Die Reise in den Westen" teilgenommen. Die Schüler:innen aus Hamburger Schulen interpretieren den chinesischen Klassiker mit dem Affenkönig (s.o., S. 117). Eine MSH-Schülerin bekam den Preis für „Beste Aussprache".

Zweiter Platz im internationalen Wettbewerb „Chinese Bridge 2022": Der Chinesisch-Wettbewerb „Chinese Bridge" ist ein weltweiter Wettbewerb für chinesische Sprache und Kultur. Das Deutschland-Finale 2022 wurde vom Bildungsbüro der chinesischen Botschaft in Deutschland ausgerichtet und vom Konfuzius-Institut Düsseldorf organisiert.

© center for language education and cooperation, Bildungsministerium China

Die Schülerin Tiyama Saadat der Modernen Schule Hamburg hat am Online-Finale des Wettbewerbs am 11. Juni 2022 teilgenommen und den 2. Platz erreicht! Im Juli 2013 hat sie in der Abiturprüfung im Fach Chinesisch 15 Punkte erzielt. Herzlichen Glückwunsch!

6.5 Austauschprogramme mit unserer Partnerschule in Xi'an

Wer durch das „chinesische Tor" der MSH geht, kommt in einen Raum, in dem die Partnerschule der MSH, die Xi'an-Fremdsprachenschule, zu Hause ist. Man befindet sich dann in der alten Kaiserstadt und ältesten Hauptstadt des Reiches der Mitte. Weltweit bekannt ist Xi'an heute vor allem aufgrund der Ausgrabung der Terrakotta-Armee des Kaisers Qin Shihuangdi (259–210 v. Chr.), der als erster Kaiser Chinas gilt und aus dessen Name Qin wahrscheinlich das Wort China abgeleitet ist (vgl. Cao 2006).

Die Fremdsprachenschule von Xi'an wurde im Jahre 1963 als eine der ersten Fremdsprachenschulen Chinas gegründet. Seit März 2012 gibt es eine Schulpartnerschaft zwischen der MSH und der Fremdsprachenschule Xi'an. Mehr dazu im Beitrag 6 dieses TEILS II.

Die Schüler:innen der MSH skypen regelmäßig mit Schüler:innen unserer Partnerschule in Xi'an. Sie können hierbei bereits einfache Kommunikation auf Chinesisch führen. Jede Schülerin/jeder Schüler hat eine individuelle Partnerin/einen individuellen Partner an der Schule und kann parallel auch E-Mails austauschen. Die Schüler:innen erweitern beim kommunikativen Austausch nicht nur ihre Sprachkenntnisse, sie lernen auch eine Menge über das andere Land, die Kultur und das tägliche Leben dort. Zur Partnerschaft gehört natürlich auch, dass Schulleitung und die Fachlehrer (die Chinesischlehrer:innen der MSH und die Deutschlehrer:innen in Xi'an) mit den jeweiligen Kolleg:innen regelmäßig in Verbindung bleiben, um sich besser kennenzulernen und die Methoden des Lernens und Lehrens der jeweils anderen Sprache zu verbessern. In der nächsten Abbildung ein Brief des Schülers Zeng Haoting.[13] Er hat sich, wie bei vielen chinesischen Kindern und Jugendlichen üblich, einen europäischen Namen gegeben: Max.

---

13 Er studiert inzwischen an der Universität Bonn Volkswirtschaftslehre.

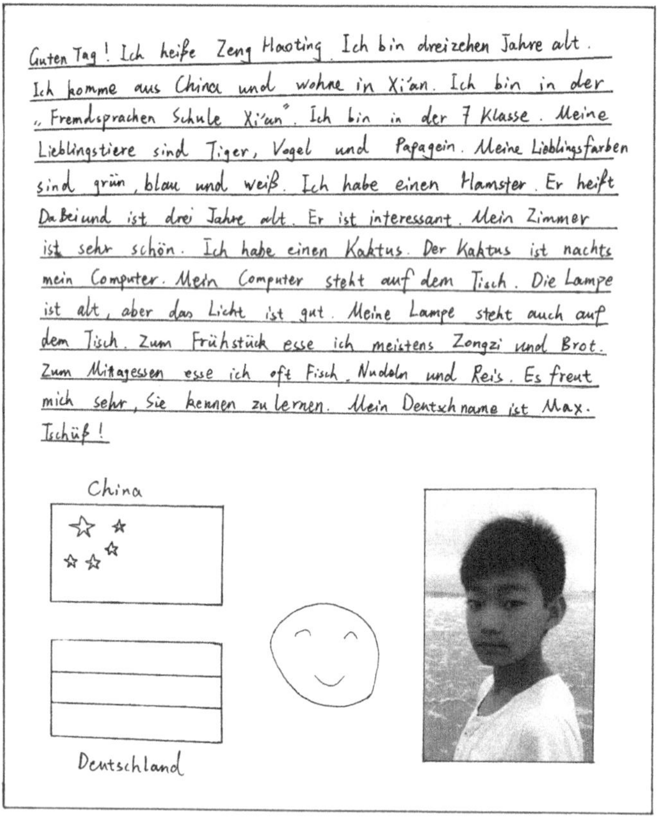

> Guten Tag! Ich heiße Zeng Haoting Ich bin dreizehen Jahre alt. Ich komme aus China und wohne in Xi'an. Ich bin in der "Fremdsprachen Schule Xi'an". Ich bin in der 7 Klasse. Meine Lieblingstiere sind Tiger, Vögel und Papageien. Meine Lieblingsfarben sind grün, blau und weiß. Ich habe einen Hamster. Er heißt DuBei und ist drei Jahre alt. Er ist interessant. Mein Zimmer ist sehr schön. Ich habe einen Kaktus. Der Kaktus ist nachts mein Computer. Mein Computer steht auf dem Tisch. Die Lampe ist alt, aber das Licht ist gut. Meine Lampe steht auch auf dem Tisch. Zum Frühstück esse ich meistens Zongzi und Brot. Zum Mittagessen esse ich oft Fisch, Nudeln und Reis. Es freut mich sehr, Sie kennen zu lernen. Mein Deutschname ist Max. Tschüß!

Abbildung 13: Zeng Haotings Brief an die MSH-Schüler:innen

„Reisen in den Osten": Höhepunkt der Schulpartnerschaft ist für die Gymnasiast:innen des 10. Jahrgangs der MSH ein mehrwöchiger Aufenthalt in Xi'an. Dort können sie ihren Lernpartner/ihre Lernpartnerin endlich persönlich kennenlernen, ihre Chinesischkenntnisse erweitern, vertiefen und die chinesische Kultur vor Ort erfahren. Die Reise nach China, die 2016 das erste Mal stattgefunden hat, ergänzt und erweitert maßgeblich die Anstrengungen der MSH zur Ausbildung der interkulturellen Kompetenz. Ab der 6. Klasse wird zusätzlich die Möglichkeit eines zweiwöchigen Aufenthaltes in China eingerichtet. In der 10. Klasse ist der Auslandsaufenthalt Pflicht. Das ist die Chance, vier bis sechs Wochen in China zu verbringen. Wem es dann sehr gut dort gefallen hat und wer „Heimweh nach China" entwickelt hat, kann sich für ein ganzes Schuljahr in Xi'an entscheiden. Weitere Details zur Schulpartnerschaft mit Xi'an werden in Beitrag 6 dieses TEILS II dargestellt.

Yun Dörr, mit einem Beitrag von Guo Ying

7. Ein Vergleich des Schulalltags in China und in Deutschland

Schon drei Jahre vor der Schulgründung im August 2010 hat Meinert Meyer (s.o., Beitrag 1) damit begonnen, die MSH erziehungswissenschaftlich zu begleiten. In seinem Gutachten hat er erläutert, warum es gut möglich ist, schon in Klasse 1 mit dem Chinesischunterricht zu beginnen.

Aufgrund der Besonderheit der chinesischen Sprache und der Einsetzung des immersiven Chinesischunterrichts von Anfang an, haben wir Aspekte des Qualitätsmanagements der Schulentwicklung genauer unter die Lupe genommen und bei der Umsetzung angepasst.

7.1 Der Chinesischunterricht der MSH und Meyers Merkmale guten Unterrichts

Als Grundlage der Qualitätsentwicklung der MSH gelten die „10 Merkmale guten Unterrichts" von Hilbert Meyer (2004). Sie werden hier in einer Neufassung abgedruckt, die in dem Buch „Unterrichtsmethoden" (Meyer & Junghans 2022) veröffentlich worden ist.[14]

Merkmale guten Unterrichts

„1. **Klare Strukturierung des Unterrichtsverlaufs** (äußere Seite: geschickte Klassenführung, Rollenklarheit, Absprache von Regeln, Ritualen und Freiräumen; innere Seite: Herstellung eines plausiblen methodischen Gangs)

2. **Hoher Anteil echter Lernzeit** (äußere Seite: gutes Zeitmanagement, Pünktlichkeit; Auslagerung von Organisationskram; Vermeidung bzw. Reduzierung der „Zeitkiller"; innere Seite: klare Aufgabenstellungen, Aufmerksamkeit, Lerneifer)

3. **Lernförderliches Klima** (äußere Seite: verlässlich eingehaltene Regeln und Rituale; respektvolle Sprache; innere Seite: Arbeitsbündnis, Glaubwürdigkeit der Lehrpersonen, Verantwortungsübernahme, Gerechtigkeit und Fürsorge)

4. **Inhaltliche Klarheit** (äußere Seite: Verständlichkeit der Aufgabenstellung, Verbindlichkeit der Ergebnissicherung; innere Seite: Passung von Inhaltsstruktur und Methodenwahl)

---

14 In der Neufassung (2022) ist die Unterscheidung von äußerer und innerer Seite der Unterrichtsführung bzw. von Oberflächen- und Tiefenstrukturen (siehe Beitrag 13) genauer herausgearbeitet. Das Merkmal 6 „Methodenvielfalt" ist neu formuliert, weil die Autoren sagen, dass kompetente Nutzung einiger weniger Methoden (Methodentiefe) wichtiger ist als Vielfalt.

> 5. **Sinnstiftendes Kommunizieren** (äußere Seite: Planungsbeteiligung, Schülerfeedback und Metaunterricht; innere Seite: nachvollziehbare Ziele, Vermittlung von Werten und Überzeugungen, Austausch auf Augenhöhe)
> 6. **Methodentiefe** (äußere Seite: Aufbau eines teils fächerspezifischen, teils fächerübergreifenden Methodenrepertoires; innere Seite: Entwicklung von Methodenkompetenz, Stärkung der Selbstwirksamkeitsüberzeugungen und der Selbstregulationsfähigkeit)
> 7. **Individuelles und gemeinsames Fördern** (äußere Seite: individuelle Analysen der Lernausgangslage, Bestimmung der nächsten Zone der Entwicklung, abgestimmte Förderpläne, besondere Förderung von Schüler:innen aus Risikogruppen und von Hochbegabten; innere Seite: Zuwendung, Freiräume, Geduld und Zeit)
> 8. **Intelligentes Üben** (äußere Seite: passgenaue Übungsaufträge und gezielte Hilfestellungen; innere Seite: Aufbau von Lernstrategien; Stärkung von Selbstwirksamkeitserwartungen)
> 9. **Transparente Leistungserwartungen** (äußere Seite: ein an den Curricula und Bildungsstandards orientiertes, dem Leistungsvermögen der Schüler*innen entsprechendes Lernangebot, formative, d.h. im Prozess gegebene Rückmeldungen zum Lernfortschritt; innere Seite: sinnstiftendes Kommunizieren über die Leistungserwartungen und -ergebnisse)
> 10. **Vorbereitete Umgebung** (äußere Seite: ausreichend Platz und brauchbares Lernwerkzeug (analog und digital); innere Seite: gute Ordnung und funktionale Einrichtung)
> 11. **Joker** (für weitere, insbesondere fachdidaktische Merkmale von Unterrichtsqualität)"
>
> (aus: Meyer & Junghans 2022, S. 212 f.)

Die Mehrzahl der Merkmale aus Meyers Katalog entspricht auch der chinesischen Didaktiktradition:

Merkmal 1: Auch in China hat die klare Strukturierung des Unterrichtsablaufs zentrale Bedeutung (vgl. Zheng et al. 2018). Jeder einzelne Unterrichtsschritt wird genau beachtet. Beim Einstieg sollen die Lehrer:innen einen Überblick über die Inhalte und den Verlauf der Stunde formulieren, und zwar in Chinesisch. Am Anfang scheinen die Formulierungen nicht immer klar und verständlich, wenn die Lehrer:innen nur verbale Arbeitsaufträge geben. Deshalb werden die Inhalte gleichzeitig am Smartboard kurz gezeigt, durch sichtbare Gegenstände oder fertig vorbereitete Arbeitsergebnisse erklärt. Der Einstieg dauert somit etwas länger. Dabei sind feste Regeln und eingeführte Rituale besonders wichtig. Die Kinder verstehen die Arbeitsanweisungen und die Aufgabenstellungen in Chinesisch im Laufe eines Schuljahres nach und nach. Ziel ist, dass am Ende eines Schuljahres alle verbalen Formulierungen der Lehrer:innen für die klare Strukturierung der Stunde verständlich sind.

Merkmale 2 und 3: Ein hoher Anteil echter Lernzeit ist für chinesische Lehrer:innen immer sehr wichtig. Wie in China üblich, sorgt die chinesische Lehrkraft auch an der MSH dafür, dass der Unterricht in der ersten Minute anfängt. Um „Disziplinstörungen" zu vermindern bzw. zu vermeiden, bemühen sich die Lehrer:innen, die Kinder im Unterricht zu begeistern und zu motivieren. Deshalb sind bei uns die Merkmale 2 und 3 eng miteinander verknüpft. Dabei haben wir das Lerntempo sehr hoch angesetzt, damit die Lernstoffe schnell wiederholt werden können und damit sie klar aufeinander aufgebaut sind, ohne dass die Kinder die Vorkenntnisse schon vergessen haben, bevor sie es beim weiteren Lernen benötigen. So kann gewährleistet werden, dass es den Kindern beim Lernen nicht langweilig wird.

Merkmal 4: Jede chinesische Lehrkraft an der MSH bemüht sich intensiv um dieses Merkmal guten Unterrichts, das auch in China größtes Gewicht hat. Dabei hilft es, die Lösung bestimmter Aufgaben konkret vor aller Augen vorzuführen. Und auch die digitalen Medien sind dabei hilfreich.

Merkmal 5: In der Bildungsgangdidaktik (Beitrag 3) hat Sinnkonstruktion eine überragende Bedeutung für jeden individuellen Bildungsgang. Im ZEHNERKATALOG ist das sinnstiftende Kommunizieren ein nahezu identisches Qualitätsmerkmal. An der MSH versuchen wir, die je individuellen Sinnstiftungen durch das ganzheitliche Bildungskonzept (mit Festen und Feiern, mit Metaunterricht und Feedback) zu unterstützen.

Merkmal 6: Die Nutzung einzelner Methoden wird immer wieder geübt. Die Lernphasen werden abwechslungsreich gestaltet, damit die Kinder der Lehrperson und den Lerninhalten konzentriert folgen können und zu entsprechenden Lernergebnissen kommen. Unterschiedliche Lerntempi werden dabei besonders berücksichtigt. Die Schüler:innen werden ermutigt und unterstützt.

Merkmal 7: Auch das individuelle Fördern hat im Chinesischunterricht der MSH großes Gewicht, auch wenn es in China weniger im Frontalunterricht, sondern in nachmittäglichen Phasen der individuellen Betreuung und durch selbst organisierte Nachhilfe realisiert wird. Die früh und umfassend eingesetzten digitalen Medien helfen bei der schulischen Individualisierung der Lernprozesse.

Merkmale 8 und 9: Auch diese beiden Merkmale sind in der chinesischen Unterrichtstradition fest verankert, wobei das Üben weniger als Aufgabe des Frontalunterrichts verstanden wird, sondern in das individuelle, auch häusliche Üben verlagert wird.

Weitere Merkmale: Die als „Joker" in Meyers Katalog gegebene Möglichkeit, in den schuleigenen Qualitätskatalog weitere, insbesondere fachdidaktische Qualitätskriterien aufzunehmen, haben wir für den Chinesischunterricht genutzt und in unserem Lehrerteam drei weitere fachdidaktische Merkmale bestimmt:

Merkmal 11: Immersivität des Sprach- und Fachunterrichts

Merkmal 12: Authentizität der Medien und Materialien

Merkmal 13: Orientierung des Unterrichts an interkultureller Kompetenz und enge Verknüpfung des Unterrichts mit der international ausgerichteten Schulkultur.

Zusammengefasst: Es gibt viele Gemeinsamkeiten, aber in der Gewichtung einzelner Merkmale deutliche Unterschiede zwischen der chinesischen und der deutschen Didaktiktradition, die im Schulkonzept und in der Praxis des Unterrichts an der MSH in Einklang miteinander gebracht werden.

7.2 Chinesischer Frontalunterricht und chinesische Arbeitspensen: Sind chinesische Schüler:innen unfreiwillige *workaholics*?

Als Chinesischlehrer:innen haben wir uns aufgrund unseres Unterrichts in China an den Frontalunterricht gewöhnt. Wir sind als Schüler:innen und als Studierende mit ihm aufgewachsen. Dem entspricht, dass sich der chinesische Unterricht seit jeher stark am Ziel der Wissensvermittlung orientiert.
Lehrerautorität: Die Lehrer:innen sind in China absolute Autoritätspersonen, denen die Schüler:innen von Beginn an mit vollem Respekt begegnen.
Klassengemeinschaft: Es ist anzumerken, dass die Klassengemeinschaft in China sehr stark ausgeprägt ist. Die meisten Klassenkameraden bleiben ein Leben lang Freunde. In China nennt man die Schulfreundschaft „die reinste Beziehung des Lebens".
Umgangsformen: Hier in der MSH höre ich manchmal von den Schüler:innen, dass die chinesischen Lehrer:innen viel strenger als die deutschen sind, z.B. weil sie

im Chinesischunterricht die Füße nicht auf dem Nachbarstuhl setzten dürfen, was wir aus „chinesischer Sicht" für unhöflich und respektlos halten. Vor mehr als dreißig Jahren habe ich meinen Schulabschluss in China gemacht. Bis heute besuche ich jedes Mal, wenn ich in China bin, meine damaligen Lehrer:innen und bedanke mich bei ihnen, genauso wie es alle anderen chinesischen „Schüler" tun. Viele besuchen ihre Lehrer:innen ihr ganzes Leben lang.

Spaß oder harte Arbeit? Es ist hier anzumerken, dass sich chinesische Kinder auch dann sehr gut konzentrieren können, wenn der Unterricht keinen Spaß macht.

Abbildungen 14 und 15: Ein altes Schriftzeichen für „Lernen" 学 und eine moderne Visualisierung[15]

Lerntempo: Chinesische Schüler:innen verstehen das „Lernen" wie das „Leben". Es besteht nicht nur aus Spaß, sondern auch aus harter Arbeit und der Übernahme von Verantwortung für den eigenen Lernfortschritt und den der ganzen Klasse. Solches Lernverhalten ist „typisch chinesisch". Deshalb ist es in China möglich, im Unterricht eine gemeinsame Lerngrundlage für alle Schüler:innen zu schaffen, die hilft, die wesentlichen Inhalte schnell, präzise und effizient zu vermitteln, einen hohen Anteil echter Zeit zu haben, oft vorkommende Fehler gemeinsam zu korrigieren und zügig zu den angestrebten Arbeitsergebnissen zu kommen. Man kann also sagen: Im Vergleich zum Unterricht an deutschen Schulen ähnelt der chinesische Unterricht eher einer Vorlesung an einer Universität.[16]

Zeitliche Belastung durch Schule und Unterricht: Sie ist für chinesische Schüler:innen von Beginn an sehr hoch. Der Unterricht fängt in der Regel um 7:30 Uhr an und endet meistens um 17:00 oder 18:00 Uhr. Mittags haben die Kinder etwa

---

15 aus: https://hanziyuan.net/#学 und https://www.gushiju.net/zidian/ (Zugriff am 15.10.2022)
16 Bei der Beurteilung der hohen Lehrerzentriertheit des chinesischen Unterrichts muss allerdings in Rechnung gestellt werden, dass die Lehrer:innen in China nur circa 15 Stunden (Fach-)Unterricht pro Woche geben, aber bis zu 35 Stunden Präsenzpflicht in der Schule haben, die u.a. für individuelles Fördern einzelner Schüler:innen mit besonderen Stärken oder mit Nachholbedarf genutzt wird.

2 Stunden Pause.[17] Auch an den Wochenenden muss zumeist noch viel gelernt werden.

Die „Ein-Meer-von-Aufgaben-Strategie": Die Kinder machen die reichlich gestellten Übungsaufgaben spätnachmittags in der schulischen Lernzeit und auch noch nach der Schule, oftmals bis tief in die Nacht. Wir nennen das die „Ein-Meer-von-Aufgaben-Strategie" – ein Begriff, den jede chinesische Schülerin/jeder Schüler kennt. Die Übungsaufgaben sind in China in viele verschiedene Kategorien eingestuft, u.a. geht es um festigende, wiederholende, übende, vertiefende, ergänzende, weiterführende und vorarbeitende Aufgaben. So werden die Lerninhalte durch die verschiedenen Aufgaben „aufgeräumt" und „verdaut". Auch die unterschiedlichen Lerntempi können durch das häusliche Lernen und Üben ausgeglichen werden, damit alle Schüler:innen im Unterricht der Lehrerin/dem Lehrer gemeinsam mit hohem Tempo folgen können.

Aufnahmeverfahren auf ein Gymnasium: Gerne möchte ich von einem Aufnahmeverfahren an ein Oberstufengymnasium (10. bis 12. Klasse)[18] berichten. Haowen ist ein 15-jähriges Mädchen. Es ist mit mir verwandt und hat mir bei meinem letzten Chinabesuch aktuelle Daten genannt. Sie freut sich drei Wochen vor dem neuen Schuljahr sehr, dass sie in die 10. Klasse aufgenommen worden ist. Sie erhält von ihrer neuen Schule eine umfangreiche Hausaufgabenliste, die bis zum Schulanfang zu erledigen ist, damit sie besser in der neuen Schulform starten kann. Ich bin von der langen Liste sehr beeindruckt! In 5 Minuten hat Haowen sie für alle neun Fächer durchgelesen. Auf meine Frage „Was machst du nun?" hat sie schon einen groben Lernplan im Kopf parat. Hier die Liste der Aufgaben, die Haowen gestellt bekommen hat:

Chinesisch:

1. Vielseitig Lesen: Acht Bücher und Zeitschriften werden vorgeschlagen. Mindestens sechs Kommentare sind dazu zu schreiben, jeder Text soll mindestens 600 Schriftzeichen haben.
2. Drei Fernsehen-Sendungen werden vorgeschlagen, vier Kommentare jeweils mit 600 Schriftzeichen sind zu schreiben.
3. Auswendiglernen einer großen Anzahl der Kapitel bzw. Kapitelteile, die in den Lehrbüchern der 7., 8. und 9. Klasse angefordert sind.

---

17 Insgesamt haben die chinesischen Schüler:innen bis zur 9. Klasse kaum mehr Unterricht als die deutschen, aber die aktive Lernzeit ist deutlich höher (Helmke 2022, S. 99).
18 In China gibt es bis zum Abschluss der 9. Klasse ein Gesamtschulsystem. Danach kann auf eine zur Hochschulaufnahmeprüfung (Gaokao) führende Oberstufe oder eine berufsbildende Schule gewechselt werden.

4. Jeden Tag drei Seiten Kalligraphie mit dem Füllfederhalter schreiben; für jede Seite sollen nicht weniger als 15 Minuten eingeplant werden.
5. Fünf Nachschlage-Werke werden vorgeschlagen. Also muss man sie kaufen und sich damit vertraut machen.

Englisch:

1. 10 englische Filme angucken; u.a. sind genannt: Forrest Gump, Gone with the wind, Sissi (1-3), Casablanca, Jane Eyre, Schindler's List, Three Idiots. Dazu sind fünf Inhaltsangaben mit jeweils 300 Zeichen zu schreiben.
2. Alle Basistexte aus den Englischbüchern der 7., 8. und 9. Klasse auswendig lernen.
3. Fünf englische Lieder selbst aussuchen und lernen. Fünf englische Witze erzählen.
4. Zwei der Lieblingsunis der Schülerin in Englisch vorstellen.
5. Ein neues Wörterbuch anschaffen, mit ihm 50 Wörter wie come, get, go, look, make, put, turn usw. nachschlagen; dazu Notizen machen und selbst Sätze damit bilden.

Mathematik, Chemie und Physik: Die Übungsmenge in China im Fach Mathe, Physik und Chemie ist immer gigantisch, was für die Schüler:innen in Deutschland nicht vorstellbar ist. Es würde zu weit führen, hier alle Aufgaben aufzulisten.

Mein erster Gedanke, der mir kommt, als Haowen mir dieses Arbeitspensum bei meinem Besuch in der Heimat mitteilt, lautet: Wie würden meine deutschen Schüler:innen wohl reagieren, wenn sie solch eine Aufgabenliste mitten in den Sommerferien gestellt bekämen? Und was würden die Eltern sagen? Meine Anmerkung dazu: In Deutschland wünschen die Eltern den Kindern immer „Viel Spaß!" und in China sagen die Eltern zu ihren Kindern stets „Sei fleißig!"

7.3 Grundsätze der Unterrichtsgestaltung in China und in Deutschland

Es gibt trotz der in Abschnitt 7.1 genannten Gemeinsamkeiten des Qualitätsverständnisses viele grundlegende Unterschiede zwischen der chinesischen und deutschen Unterrichtsgestaltung, die hier nur kurz skizziert werden.

Individuelles und gemeinsames Fördern: In Deutschland werden meistens die lernschwächeren Schüler:innen in der Schule individuell gefördert. In China dagegen werden fast immer die Stärksten von den Lehrer:innen extra gefördert. Die fünf Prozent der leistungsstärksten Schüler:innen haben nachmittags und an den Wochenenden extra Kurse, wodurch sie Spitzenleistungen erreichen können und in den verschiedenen Wettbewerben besser abschneiden.

Helfersystem: In den „Lernzeiten", die es auch an chinesischen Schulen gibt, können sich die Schüler:innen gegenseitig die Lerninhalte erklären. In einer Klasse sind meistens 50 bis zu 80 Schüler:innen. Dann ist es nicht schwierig, einen „Könner" zu finden. Dadurch werden auch die Sozialkompetenzen gestärkt.

Methodenwahl: In China dominiert, wie auf S. 128 angemerkt, der Frontalunterricht. Aufgrund des anderen Lehrer-Schüler-Verhältnisses und wegen der in Deutschland erwarteten stärkeren inneren Differenzierung achten die chinesischen Lehrer:innen der MSH besonders darauf, dass mehr Gruppenunterricht gemacht wird und dass sich Frontalunterricht, Gruppenunterricht, Partner- und Einzelarbeit gegenseitig ergänzen. So eignet sich für das Vokabellernen der Frontalunterricht oder die Einzelarbeit besser als andere Sozialformen, aber um das Erzählen einer chinesischen Geschichte vorzubereiten, macht den Kindern eine Partnerarbeit oder eine Gruppenarbeit mehr Spaß und es kommt zu guten Lernergebnissen. Inzwischen haben wir an der MSH gelernt, dass eine Kombination der verschiedenen Unterrichtsformen je nach Zielsetzung und Thema sinnvoll und erfolgreich sein kann.

Unterrichtsplanung: Für die Vorbereitung des Unterrichts machen wir einen Stundenverlaufsplan. Darin werden die Lernziele, die Stundeninhalte und die Unterrichtsphasen festgelegt und mit angemessenen Lehr-Lernmethoden, mit Medien, Sozial- und Aktionsformen kombiniert. Das wird in China ganz ähnlich wie in Deutschland gemacht. Besonders müssen wir aber in Deutschland – anders als in China – darauf achten, nicht nur die fachlichen Kompetenzen zu entwickeln. Auch die persönlichkeitsbezogenen, die sozialen und die methodischen Kompetenzen der Schüler:innen müssen hier in Deutschland im Unterricht berücksichtigt werden. Wir erinnern uns ständig an dieses Ziel und prüfen nach, ob in einer Stunde verschiedene Methoden und Sozialformen eingesetzt werden und ob die Ziele, die Lehrinhalte und die Methoden sich gegenseitig unterstützen.

8. Professionalisierung der Arbeit durch Fortbildung und interkulturellen Austausch

Als Chinesischlehrer:innen an der MSH wollen wir nach beiden Unterrichtskonzepten lehren und lernen, nach dem „chinesischen" und dem „deutschen". Dabei tauschen sich die chinesischen Lehrer:innen der MSH über ihre Unterrichtserfahrungen in unserer Fachgruppe, aber auch mit den Kolleg:innen aus anderen Schulen und Institutionen aus und informieren sich über neue Forschungsergebnisse in den fachlichen und didaktischen Entwicklungen.

Um uns beständig fortzubilden, haben wir engen Kontakt mit den schon genannten Institutionen aufgenommen: mit dem chinesischen Generalkonsulat in Hamburg und der Botschaft in Berlin, mit dem Fachverband Chinesisch e.V., mit dem Konfuzius-Institut Hamburg, mit der Universität Hamburg, mit der Hamburger China-Gesellschaft e.V., der Chinesischen Schule in Hamburg, mit anderen Hamburger Schulen, die einen Chinesisch-Zweig haben, und mit der Partnerschule in Xi'an. Neu angestellte Chinesischlehrer:innen der MSH machen zuerst eine kurze interne Fortbildung und absolvieren anschließend Probestunden, damit sie sich schnell und gut mit dem Schulsystem sowie den Qualitätsansprüchen vertraut machen können. Eine besondere Herausforderung besteht für uns darin, dass die Chinesischlehrer:innen der MSH – anders als an den deutschen Gymnasien mit chinesischem Sprachangebot – auch als Klassenlehrer:innen tätig sind und den Schulalltag aktiv mitgestalten, wie alle anderen Fachlehrer:innen dies auch tun.

Die chinesischen Lehrer:innen der MSH nehmen auch regelmäßig an verschiedenen Konferenzen und Fortbildungen teil, die vom Fachverband Chinesisch, dem chinesischen Bildungsministerium und der Botschaft der Volksrepublik China in Deutschland veranstaltet werden. Dadurch werden sie mit den neuesten Entwicklungen und Forschungsergebnissen in Bezug auf den Chinesischunterricht vertraut gemacht. Wir bedanken uns bei allen Beteiligten für diese großartige Gelegenheit, miteinander Unterrichtserfahrungen und -ideen austauschen zu können.

Mit Leidenschaft und Begeisterung für den Beruf und viel Zeit und Mühe, die wir investieren mussten, haben die Chinesischlehrer:innen der MSH das Chinesisch-Curriculum, die Rahmenpläne und konkreten Lehrpläne sowie Unterrichtsmethoden für die verschiedenen Klassen erstellt. Seit Gründung der Schule entwickelten und verbesserten sich auch die Unterrichtsmethoden der MSH im Fach Chinesisch. Die Schule ist bemüht, diese auch möglichst für das deutsche Schulsystem geeignet zu machen und als Unterrichtsmethoden zu etablieren. Die eingesetzten digitalen Medien für das Fach Chinesisch, wie z.B. das Programm auf der Plattform Smartboard Software, werden ebenfalls vielseitig benutzt.

Um die Qualität im Fach Chinesisch nachhaltig zu sichern, werden wir das Sprachenkonzept der MSH und die Curricula weiterhin vervollständigen, besonders für die Gymnasialklassen, die an den Lernstand der Grundschulklassen anknüpfen können. Das Konzept für die Muttersprachler:innen soll ebenfalls weiterentwickelt werden. Der interne und externe chinesische Sprach- und Kultur-Wettbewerb wird weiter aufgebaut. Die pädagogischen und fachlichen wissenschaftlichen Begleitungen des Chinesischunterrichts werden weiterhin gepflegt. Auch die Lehrerfortbildung wird fortgesetzt und ausgebaut.

9. Schlussbemerkung

Als junge Hamburger Privatschule wurden wir von Anfang an durch das Chinesische Generalkonsulat in Hamburg und auch die Chinesische Botschaft in Berlin unterstützt, sowohl bei der Bereitstellung von Lehrmaterialien als auch bei verschiedenen Chinesisch-Projekten, bei der Lehrerfortbildung und der Pflege der Beziehung zur Partnerschule in China. Der Schulleiter und alle Mitarbeiter:innen der MSH bedanken sich ganz herzlich für diese nachhaltige Unterstützung.

Bereits bei der Eröffnungsfeier der Modernen Schule Hamburg war der Konsul, Herr *Xing Weiping*, vom Hamburger Generalkonsulat der Volksrepublik China anwesend. Im November 2013 besuchte die Vize-Generalkonsulin Frau *Liu Zhiping* die MSH. Dabei hat sie einen Einblick in unsere tägliche Arbeit bekommen. Frau Liu hat der 4. Klasse beim Skypen mit den Partnerschüler:innen in Xi'an zugesehen und die 3. und 6. Klasse im regulären Unterricht besucht. Die Kinder haben das höchste Lob von Frau Liu bekommen. Sie bedankte sich für die großartigen Präsentationen und war erstaunt, dass tatsächlich alle deutschen Schüler:innen in der MSH innerhalb von zwei bis drei Jahren so viele chinesische Sprach- und Kulturkenntnisse erworben und so viel Freude und Spaß beim Lernen haben. Sie bedankte sich bei dem Chinesisch-Lehrerteam der MSH für die Arbeit, die China und Deutschland beim Sprach- und Kulturaustausch näherbringt.

Abbildung 16: Xiu Chunmin am Messepalast in Beijing (Foto Li Mian 2022)

Herr *Xiu Chunmin* war Konsul in der Bildungsabteilung der chinesischen Botschaft in Berlin und arbeitet heute in Beijing. Er hat die MSH mehrfach besucht und unterstützt uns nach seiner Berliner Amtszeit immer noch tatkräftig mit vielen Projekten. Er wünscht, wie er geschrieben hat, „der jungen, dynamischen, energievollen und hoffnungsvollen MSH mit 12 Jahren, die genauso jung und dynamisch wie Jugendliche in diesem Alter ist, alles Gute!"

Ich ziehe ein Fazit: Wir haben an der MSH in einem von allen gemeinsam getragenen Entwicklungsprozess viel erreicht. Und wir haben noch viel mehr vor!

Literaturnachweise

Bauer, W. (2001). *Geschichte der chinesischen Philosophie.* München: Beck.

Brohy, C. & Bregy, A.-L. (1998). Mehrsprachige und plurikulturelle Schulmodelle in der Schweiz oder: What's in a name? In: *Bulletin suisse de linguistique appliquée.* Vol. 67, pp. 85–99.

Buff-Scherrer, E. (2012). *Sprachenlernen durch Immersionsunterricht: Geschichtliche Entwicklung, Modelle und Umsetzung an Schweizer Schulen.* München: Grin Verlag.

Cao Y. (2006). *Macht im Tod. Die Terrakotta-Armee des Ersten Kaisers der Qin-Dynastie.* Xi'an: Xi-aner Verlag (in chinesischer Sprache).

Coste, J., North, B., Trim, D. (2001). *Gemeinsamer europäischer Referenzrahmen für Sprachen: Lehren, lernen, beurteilen.* Stuttgart: Klett Sprachen.

Europarat (Hrsg.) (2001). *Gemeinsamer Europäischer Referenzrahmen für Sprachen.* Berlin: Langenscheidt.

Fachverband Chinesisch (2008). *Empfehlungen des Fachverbands Chinesisch zum Anforderungsniveau für Abiturprüfungen im Fach Chinesisch als spät beginnende Fremdsprache in der gymnasialen Oberstufe.*

Fachverband Chinesisch (2010). *Erklärung des Fachverbands Chinesisch e.V. zur neuen Chinesischprüfung HSK.* Germersheim.

Fachverband Chinesisch (2012). *Acht Thesen zur Etablierung des Schulfachs Chinesisch im Bildungssystem der Bundesrepublik Deutschland.* https://www.fachverband chinesisch.de/fileadmin/user_upload/Der_Verband/Offizielle_Statements/FaCh_2012_Thesen_Schulfach_de.pdf

Fachverband Chinesisch (2022). *Tübinger Erklärung.* Germersheim.

Guder, A., You W., Frenzel, A. & Willems, A. S. (2021). *Macht mehr Chinesisch! Wirklichkeiten und Möglichkeiten des Schulfachs in Deutschland.* Berlin: Bildungsnetzwerk China.

Helmke, A. (2022). *Unterrichtsqualität und Professionalisierung.* (Neuauflage) Hannover: Klett Kallmeyer.

Konfuzius (1982). *Lun Yu (Gespräche).* Hrsg. und übersetzt von R. Moritz. Stuttgart: Reclam.

Kultusministerkonferenz (1998). *Einheitliche Prüfungsanforderungen in der Abiturprüfung Chinesisch.* (Beschluss der Kultusministerkonferenz vom 14.04.1998).

Kultusministerkonferenz (2012). *Bildungsstandards für die fortgeführte Fremdsprache für die Allgemeine Hochschulreife.* (Beschluss der Kultusministerkonferenz vom 18.10.2012).

Lüdi Kong, E. (Hrsg.) (2016). *Die Reise in den Westen.* Stuttgart: Reclam.

Meyer, H. (2004). *Was ist guter Unterricht?* Berlin: Cornelsen Scriptor.

Meyer, H. & Junghans, C. (2022). *Unterrichtsmethoden. Theorieband.* Berlin: Cornelsen.

Ministry of Education (1993). *Die Vorschriften über die Bekämpfung des Analphabetismus der VR China.* Beijing.

Murray, J. H. (1997). *Hamlet on a Holodeck: The Future of Narrative in Cyberspace.* New York: Free Press.

Peng Z., Gao Y., Peng T., Gu J. & Wu R. (2022). Schule in China. In: M. Harring, C. Rohlfs & M. Gläser-Zikuda (Hrsg.). *Handbuch Schulpädagogik.* (2. Aufl.) Bad Heilbrunn: Klinkhardt, S. 282–303.

Stepan, M., Frenzel, A., Ives, J. & Hoffmann, M. (2018). *China kennen. China können. Ausgangspunkte für den Ausbau von China-Kompetenz in Deutschland.* Berlin: Mercator Institute for Chinese Studies.

Tong L. &, Zhang Y. (1993). *Das Wörterbuch für die Bekämpfung des Analphabetismus der VR China.* She Hui Ke Xue Verlag China (in chinesischer Sprache).

Vermeer, M.: *Viele Verträge wurden unterzeichnet, wenige führten zu einem erfolgreichen Chinaengagement.* In: china.de.

Vogelsang, K. (2013). *Geschichte Chinas.* (5. überarb. Aufl.): Stuttgart: Reclam.

Wu Cheng'en (2008). *Die Pilgerfahrt nach dem Westen.* Übersetzt von J. Herzfeldt: Bibliothek der chinesischen Klassiker, Chinesisch-Deutsch. Hunan: Yuelu Erziehungsverlag.

Zheng, T., Wang, M. & Lin L. (2018). Charakteristika des Einsatzes von Unterrichtsmethoden in China und ihre Wirkung auf die Mathematikleistungen der Schülerinnen und Schüler. In: D. Benner, H. Meyer, Peng Z. & Li Z. (Hrsg.) (2018). *Beiträge zum chinesisch-deutschen Didaktik-Dialog.* Bad Heilbrunn: Klinkhardt, S. 134–145.

Tiyama Saadat

Mein Bildungsgang an der MSH

Abbildung 1: Tiyama Saadat (Foto Hilbert Meyer)

Vorbemerkung der Herausgeber:innen: Tiyama Saadat ist eine der ersten Schüler:innen, die ihr Abitur an der MSH abgelegt haben, zugleich ist sie eine der erfolgreichsten, was ihre guten HSK-Prüfungsergebnisse und ihr zweiter Platz im Deutschland-Finale des Wettbewerbs „Chinese Bridge" belegen. Sie liefert ein Beispiel für das, was Meinert Meyer im Beitrag 3 (TEIL I) für einen an der Bildungsgangdidaktik orientierten Unterricht gefordert hat: Tiyama hat gelernt, ihre Lernerfahrungen einschließlich der Lernrückschläge auf hohem Niveau zu reflektieren. Sie ist aktiv in der Sinnkonstruktion und legt einen klaren Schwerpunkt auf die Entwicklung ihrer Sprachkompetenzen. Sie setzt sich selbst Entwicklungsaufgaben und schließt dafür ein Arbeitsbündnis mit ihren Lehrer:innen.

Auf der Homepage der Modernen Schule Hamburg wird ihr Leitbild beschrieben: das Prinzip der Modernität, der Individuellen Förderung, des „Demokratisch Leben und Handeln lernen". Es wird geworben mit dem frühen Sprachunterricht in Chinesisch und Englisch, mit internationalen Beziehungen und mit dem hohen Niveau der Digitalisierung. Doch aus der Sicht der Schüler:innen ist es meist nicht so idyllisch und bunt, wie auf der Website angegeben. Der Weg, den die meisten Schüler:innen bis zum Abitur gehen müssen, ist – wie an jeder anderen Schule – gepflastert mit Rückschlägen, mit Lernentwicklungsgesprächen und hin und wieder auch mit Erfolgen. Was diese Schule für mich von den meisten anderen unterscheidet, sind nicht die Digitalisierung oder das trilinguale Prinzip, sondern die gegenseitige Akzeptanz, die Gleichheit und die Forderung und Förderung jeder einzelnen Schülerin/jedes Schülers.

1. Erste Eindrücke der chinesischen Kultur

Ich bin im Jahr 2005 in Hamburg geboren. Meine Eltern hatten von der MSH gehört und fanden das Konzept interessant. Im Jahr 2011 habe ich meinen ersten Probetag an der Schule gemacht. Die damalige 1. Klasse war verschmolzen mit der 2. Klasse, da es so wenige Schüler:innen gab. Und ich, mit meinen 5 Jahren, war mit Abstand die Jüngste unter allen! Trotzdem wurde ich herzlich empfangen, von den Schüler:innen und Lehrer:innen gleichermaßen an die Klasse und das Lernen herangeführt. Und es gibt ein Fach, dass mich am meisten begeistert hat: Chinesisch. Mich haben die Schriftzeichen fasziniert, aber auch die Art, wie das Fach unterrichtet wurde. Durch Zeichentrickfiguren, mit Liedern und Spielen wurde uns beigebracht, wie man Chinesisch spricht und wie die Zeichen geschrieben werden. Diese Art des Unterrichts zusammen mit meiner Faszination für Sprachen, hat meinen chinesischen Bildungsgang sehr beeinflusst.

Die chinesische Filmserie über den Affenkönig Sun Wukong[1], die auf dem Buch „Die Reise in den Westen" basiert (西游记), war ebenfalls der Anfang meiner Reise in die Welt der chinesischen Serien. Es ging in meiner 2. Klasse aber von Beginn an auch um das Verständnis der chinesischen Kultur. Wir haben Kinderlieder gesungen, die „Bruder Jakob" ähneln: Zwei Tiger (两只老虎, *liǎng zhī lǎohǔ*) oder auch ein Lied zum chinesischen Neujahrsfest (恭喜恭喜, *gōngxǐ gōngxǐ*). Was auch sehr besonders war, waren die Smartboards, die wir zum Chinesisch lernen benutzt haben. Durch bunte Farben und mit Regenbogenstiften wurde uns beigebracht, wie und auch in welcher Reihenfolge die Schriftzeichen geschrieben werden sollen. So konnte sich das kindliche Gehirn besser und schneller merken, wie die Zeichen zusammenhängen.

Die chinesische Kultur wurde uns sehr nahegebracht, sei es durch Serien, Lieder, Farben oder auch durch Kunst und Spiele. Die chinesischen Tierkreiszeichen sind vielen bekannt, sie gehören zur chinesischen Kultur wie unsere eigenen Sternzeichen. So haben wir in der dritten Klasse mithilfe einer Vorlage Masken gebastelt, welche jedes der Tiere im Tierkreiszeichen repräsentieren. Ich bin im Jahr des Hahns geboren und ich weiß noch ganz genau, dass ich meinen Hahn in meiner Lieblingsfarbe rot angemalt habe und die Maske stolz den ganzen Tag getragen habe. Diese ersten drei Jahre meiner Zeit an der MSH waren geprägt durch Spiel

---

1 In meiner Grundschulzeit hat mich das Titellied „houge" dieser Zeichentrickfilm-Serie sehr geprägt, weshalb ich den Namen 猴哥 (*hóu gē*) für Affenkönig noch in Erinnerung habe. So hat der Eber Zhu Bajie den Affenkönig genannt. Wörtlich übersetzt heißt es: der Großbruder des Affen.

und Spaß, nicht nur im Fach Chinesisch. Für das Fach Deutsch habe ich mich ebenfalls begeistert. Ich habe in der vierten Klasse kleine Geschichten von Fantasiewesen im Meer geschrieben oder Fabeln, die mehr schlecht als recht etwas lehren sollten. In der vierten Klasse wurde ein chinesischer Sprach- und Kulturwettbewerb organisiert. Dabei sollten alle Schüler:innen der Grundschule gewisse Tätigkeiten auf Chinesisch auswendig lernen, erkennen, aufrufen und vorführen können. Diese Tätigkeiten wurden uns mithilfe von Karteikarten, Bildern und auch wieder Videos und Gesang beigebracht. Ich erreichte bei diesem Wettbewerb den zweiten Platz und ich kann mich aber nicht erinnern, viel auswendig gelernt zu haben. Denn das Meiste hat sich schon bei diesem spielerischen Lernen eingeprägt.

Im Jahr 2015 waren meine Familie und ich in China, wo wir in Beijing, Shanghai, Nanjing, aber auch in Xi'an waren. In Xi'an hat die MSH eine Partnerschule, an der mein Bruder und ich drei Tage verbracht haben. Wir wurden dort sehr herzlich aufgenommen und sehr bestaunt. Denn es kommt nicht gerade oft vor, dass „Touristen" aus Deutschland die chinesische Sprache verstehen und sprechen können. Denn schon im jungen Alter habe ich gelernt auf Chinesisch zu fragen, wie viel etwas kostet oder wie viel Uhr ist es. Diese ganzen Alltagsgespräche habe ich immer noch in Erinnerung, auch weil viele davon mir mit Liedern beigebracht wurden. Da meine damalige Geigenlehrerin zugleich Chinesischlehrerin an der Schule war, habe ich nicht nur im Unterricht Chinesisch gelernt. Das Lied 歌唱祖国 (gēchàng zǔguó) habe ich in der vierten Klasse gelernt und kann es noch immer auswendig. Besonders gefallen hat mir das Lied zum chinesischen Neujahrsfest 恭喜恭喜 (gōngxǐ gōngxǐ), das ich in der elften Klasse immer noch auswendig konnte und vor mich hin gesungen habe.

Rückblickend waren meine Grundschuljahre definitiv die Grundbausteine meiner späteren Erfolge im Chinesischen, aber auch in anderen Fächern. Weil ich gelernt habe, mir komplexe Schriftzeichen zu merken, konnte ich Zusammenhänge in anderen Fächern auch schnell erkennen und sie mir einprägen.

2. Übergang von Spiel und Spaß zu Heft und Buch

Gegen Ende meiner Grundschulzeit in der vierten Klasse sind wir von Spiel und Spaß zur Arbeit mit Lehrbüchern übergegangen, was trotzdem nicht weniger Spaß gemacht hat. Auch gehörte nun zum Chinesischunterricht das Theater. Meine Klasse und ich haben ein Theaterstück vor der ganzen Schule aufgeführt. Ich war eine Lehrerin und habe den Schüler:innen verschiedene Süßigkeiten und Gegenstände weggenommen, die nicht in das Klassenzimmer gehörten, und habe ihnen dann auch erklärt, wieso. Natürlich alles auf Chinesisch. Von meiner Chinareise im Jahr 2015 habe ich auch noch ein traditionelles chinesisches Kleid mitgebracht, welches ich bei diesem Theaterstück getragen habe:

Abbildung 2: „Ich spiele eine Lehrerin" (Bildarchiv Saadat)

Der krönende Abschluss meiner Grundschulzeit war die erfolgreiche Absolvierung der Chinesischprüfung HSK 1.² Meine Klasse und ich waren die ersten an unserer Schule, die diese Prüfung absolviert haben. Alle Schüler:innen haben einen chinesischen Namen von Frau Dörr bekommen, und mein chinesischer Name 唐嫣梦 (*táng yān mèng*) steht stolz auf meinem HSK-Zertifikat. 唐 ist ein typischer chinesischen Familienname, der Vorname 嫣梦 bedeutet schöner, anmutiger Traum. Ich bin immer noch stolz darauf, weshalb ich nicht gezögert habe, mich zwei Jahre später zu der zweiten Stufe der Prüfung anzumelden.

Ich habe eine starke Affinität zu Sprachen. Meine Eltern sind gebürtige Iraner, ich war in einem dreisprachigen Kindergarten (Englisch, Deutsch, Spanisch) und lerne nun in der Schule noch Chinesisch. Deshalb ist meine Liebe für Sprachen wohl begründet. Damals mochte ich Chinesisch auch deshalb sehr, da es für mich so schön geklungen hat. Für jemanden, der viersprachig aufgewachsen ist, ist das Interesse an Sprachen kein Wunder. Die verschiedenen Töne haben mich schon immer fasziniert.

Was mich heute an Sprachen generell so fasziniert, sind die Unterschiede jeder einzelnen Sprache. Die Menschen auf der ganzen Welt sprechen so viele verschiedene Sprachen, jeder kann unterschiedlich kommunizieren und was in der einen Sprache ein Fluch ist, ist in einer anderen ein Zeichen der Freundschaft. Zum Beispiel das deutsche Wort "Gift" und das englisch Wort „gift". Und gewisse Wörter oder Gesten kann man gar nicht übersetzen. So ist jede Kultur und jede Sprache auf eigene Art und Weise besonders.

---

2 Es geht um die *Hanyu Shuiping Kaoshi*-Prüfung (汉语水平考试), ein Sprachtest für Chinesisch als Fremdsprache auf sechs Niveaustufen, der im Beitrag 4, Seite 108f., dargestellt wird.

Was mir beim Chinesischlernen zu Hause sehr viel Spaß gemacht hat, ist das Lesen von Kinderbüchern. Mein Bruder und ich haben eine kleine Sammlung von chinesischen Kinderbüchern zu Hause und ich war sehr ambitioniert, diese lesen zu können. Immer wenn ich ein neues Wort und sein Schriftzeichen in der Schule gelernt hatte, habe ich mir eines der Bücher genommen und angefangen zu lesen. Meistens tauchte dieses neue Wort in den Büchern auf und ich habe mich dann sehr gefreut, ein weiteres Zeichen wiederzuerkennen. Dies ging weiter und weiter, bis ich im Alter von 14 Jahren die Bücher vollständig lesen konnte. Das bedeutet, ich habe mich auch zu Hause mit dem Chinesisch lernen befasst, einfach nur, weil es mir Spaß gebracht hat.

Als die Schule dann 2018 im Auftrag der Hamburger Senatskanzlei das Programm der CHINA TIME organisiert hat, war ich direkt daran beteiligt. Wir haben ein Theaterstück in der Hamburger Europapassage aufgeführt – ich wieder in dem traditionellen chinesischen Kleid von 2015. Das Thema war die neue Mediennutzung in China, eine App namens „WeChat", die das Bezahlen, Telefonieren und Kommunizieren miteinander verbindet. So war ich die ersten sieben Jahre meiner Schulzeit kulturell und auch intellektuell stark durch das Eintauchen in die chinesische Sprache und Kultur geprägt.

Ebenfalls im Jahr 2018 war meine damalige 10. Klasse an dem Austauschprogramm für den Besuch der Fremdsprachenschule aus Xi'an beteiligt. Meine Familie hatte sich bereit erklärt, zwei der Lehrerinnen aus Xi'an aufzunehmen, somit waren mein Bruder und ich schon zum zweiten Mal ein Teil des Austausches. Die beiden Lehrerinnen und ich haben oft versucht, uns auf Chinesisch zu unterhalten, was damals mehr schlecht als recht funktioniert hat. Ich bin oft in das Englische oder in das Deutsche gewechselt, habe aber dennoch viel mehr verstanden, als ich vorher vermutet hatte. Dann wurde bei uns zu Hause auch chinesisch gekocht und wir haben zusammen Teigtaschen 饺子 (jiǎozi) gemacht.

Später habe ich oft versucht, sie alleine zu kochen, es schmeckte aber nie so gut wie das Original. Auch in der Schule haben wir oft chinesisch gekocht, besonders wenn das Neujahr nahte, dann gab es z.B. Jiaozi. Das waren auch die schönsten Zeiten in der Schule. Man hat den ganzen Tag gekocht und gelacht und zum Schluss gab es leckeres Essen. Je älter ich wurde, desto weniger Chancen hatte ich, wieder Jiaozi zu machen, denn der Schulalltag holt einen dann doch ein. In Hamburg fand 2018 auch das Japanische Kirschblütenfest statt, welches wir auch mit den beiden Lehrerinnen besucht haben. Bis 21:00 Uhr haben wir das Fest bewundert, die ganzen Farben und zum Schluss das Feuerwerk und die Parade.

Doch das Jahr 2018, mein achtes Schuljahr, war auch von Anforderungen an meine Deutschkenntnisse geprägt. Die Schule hat mich für ein deutsches Begabtenförderungsprogramm nominiert, und ich habe am sogenannten KreSch-Kurs teilgenommen. KreSch ist die Abkürzung für „Kreatives Schreiben". Es ist ein Kurs für begabte und hochbegabte Schüler:innen der Klassenstufen 5–10. Meine Klassenlehrer:innen haben mich damals empfohlen und ich habe mich dann im Herbst 2018 angemeldet. Der Kurs fand im Landesinstitut für Lehrerbildung und Schulentwicklung statt. Dort habe ich zwei Wochen lang mit acht anderen Jugendlichen Gedichte geschrieben, Geschichten erdacht und meine Fantasie von meinem Stift leiten lassen.

Anfang 2019 war ich mit meiner Klasse in den USA, in unserer Partnerschule in Vermont. Das war ebenfalls einer der schönsten Momente meiner Schulzeit, denn wir hatten nicht nur die Möglichkeit, den Schnee zu bewundern und mit unseren Gastfamilien die Gegend zu erkunden. Es war auch ein sehr kulturell orientiertes Erlebnis. Ich habe am Japanischunterricht teilgenommen und musste wieder feststellen, dass Chinesisch definitiv mein Favorit ist. Viele Menschen denken, dass sich die verschiedenen asiatischen Sprachen stark ähneln, doch wer sich mehr damit beschäftigt, erkennt, dass es gewaltige Unterschiede gibt. Nicht nur in den Schriftzeichen, sondern auch in der Betonung und in der Kultur. Für mich klingt Chinesisch weitaus angenehmer als Japanisch oder Koreanisch. Doch die Reise in die USA markierte nicht nur meinen ersten Schüler:innenaustausch, sondern auch meinen letzten. Denn 2020 kam der Corona-Virus nach Hamburg.

3. Die Pandemie

Im März 2020 waren meine Familie und ich über die Skiferien in Österreich, als mich die Nachricht erreichte, dass nach den Ferien die Schulen geschlossen sein würden. Als schulliebende Person war ich sehr erschrocken, denn einen vollständigen Unterrichtsausfall hatte es an der MSH noch nie gegeben. Als normale Schülerin war ich aber auch erleichtert, denn wer freut sich nicht über verlängerte Ferien. Umso überraschter war ich, als die Schule mir am ersten Schultag erklärte, dass der Unterricht über die Plattform *Microsoft®Teams* stattfinden würde. So kam es dazu, dass die neunte und zehnte Klasse zu zwei „Prüfungsjahren" in meinem Leben wurden.

Ich habe von vielen Gleichaltrigen gehört, dass die beiden Jahre im Onlineunterricht die schlimmsten in ihrer Schulzeit waren, geprägt von Isolation, wenig Unterricht und noch weniger Prüfungsvorbereitung. Doch für mich war es genau so, als ginge ich tatsächlich zur Schule. Gleich nach dem Märzferien 2020 hat die Schule für mich angefangen, der einzige Unterschied war, dass ich von meinem Schreibtisch aus Unterricht gemacht habe. Die Prüfungsvorbereitung lief nach dem Lehrplan und die Lehrer:innen haben uns immer eine Aufgabe über *Microsoft®Teams* geschickt, mit einer Deadline. Also alles wie gehabt. Da wir eine kleine Klasse waren, elf Schüler:innen, wurde die Plattform auch nicht überlastet. Für den

Sportunterricht mussten wir einen Nachweis vorlegen, dass wir uns in irgendeiner Art und Weise bewegt haben.

Was die Isolation angeht, haben wir Mädchen die ganze Zeit Kontakt gehalten, haben uns angerufen und ausgetauscht. Deshalb bin ich immer sehr dankbar für diese kleine Schule gewesen. Ich war noch nie in einer Klasse, in der bis zu 30 Schüler:innen sind, wo jeder anonym ist und die Angehörigkeit zu einer Kleingruppe innerhalb der Klasse den Schulalltag bestimmt. In der MSH kennt jeder jeden. Als Zwölftklässlerin kenne ich die Erstklässler und auch die Vorschüler:innen und nehme sie als Menschen wahr und nicht als Zugehörige einer sozialen Gruppe. An anderen Schulen, wo in einem Jahrgang mehrere Klassen gebildet werden und wo jede der Klassen nur für sich ist, hätte ich mich nicht so entfalten können wie hier. Natürlich bleibt in solch einer kleinen, behüteten Blase nichts verborgen. Wenn etwas in der Grundschule passiert ist, weiß die gesamte Schule davon. Wenn man zu einer sehr kleinen Schule geht, ist man als Mensch nicht vorbereitet auf beispielsweise die Menge an Menschen in einem Vorlesungssaal. Doch für den Bildungsgang jedes einzelnen ist es wichtig, als Person wahrgenommen zu werden und eine individuelle Forderung und Förderung zu erhalten. In einem großen Schulsystem wäre das nicht möglich, man bliebe anonym.

Auch die Schulkleidung ist sehr förderlich für die individuelle Entfaltung der Schülerin/des Schülers, denn das Aussehen bestimmt das Denken der Menschen. Kleidung kann zur Ablehnung, aber auch zur Annahme, zu Mobbing oder Akzeptanz und zur Übernahme eines sozialen Status in einem zu jungen Alter führen. Wichtig ist, die soziale Ausgrenzung von Schüler:innen zu vermeiden. Dies ist durch die Schulkleidung beinahe verhindert worden. Es gibt auch weniger Dramen, wie ich in den letzten Jahren immer öfter festgestellt habe. In anderen Schulen gibt es Peergroups, beliebte und weniger beliebte. Und dazu kommt der wachsende Trend bei den Mädchen, perfekt aussehen zu wollen, einen Freund haben zu müssen oder in einen Jungen verliebt zu sein. Das ist etwas, was ich bis heute nicht nachvollziehen kann. Die Schule ist kein Ort für Schwärmereien aufgrund von sozialem Massenzwang. Es darf auch kein Ort sein, an dem der soziale Druck so stark ist, dass es immer schwieriger wird, Selbstbewusstsein zu entwickeln. Es ist ein Ort der Bildung und der Entfaltung der Persönlichkeit!

Das Jahr 2020 war für mich ein ganz neuer Weg, ein ganz anderes Schuljahr. Während des Onlineunterrichts ist mir sehr bewusst geworden, wie praktisch die kleinen Klassen für meine Bildung sind. Die Aufgaben wurden schneller zurückgegeben, es gab regelmäßige Online-Sitzungen für den Unterricht und auch die Prüfungsvorbereitung konnte Online stattfinden. Meinen ersten allgemeinen Schulabschluss (MSA) unter Corona-Bedingungen zu schreiben, war eine ganz besondere Erfahrung. Wir durften zwar jeweils ein Thema in den Prüfungsfächern abwählen, doch durch die gute Vorbereitung war das für mich eher eine Hilfe als eine Notwendigkeit.

Insgesamt hat mir der Onlineunterricht sehr gefallen. Ich konnte meine Pausen im Warmen verbringen, mit meinen Freunden telefonieren oder Hausaufgaben machen. Doch das Gefühl, zu einem Ort zu gehen und dort konzentriert zu lernen, hat mir gefehlt. Mein Haus ist mein *safe place*. Es ist der Ort, an den ich mich zurückziehen kann, mich auch weiterbilden und mich vor allem auf den nächsten Schultag vorbereiten kann. Doch auch die Schuleinrichtung war mein zu Hause. Das zu trennen war am Anfang sehr schwer für mich, doch nicht unangenehm. Ich bin mir auch bewusst, dass ich sehr viel Glück habe. Ich hatte die Möglichkeit, mein Zimmer in ein Klassenzimmer umzuwandeln. Viele andere Schüler:innen hatten diese Gelegenheit nicht.

Im Schuljahr 2020/21 – ich war in der 10. Klasse – ging es mal in den Präsenzunterricht, mal in den Onlineunterricht. Der Großteil des Schuljahres war aber wieder online. Doch was dieses Schuljahr besonders für mich gemacht hat, war die Absolvierung der Chinesischprüfung HSK 3, an der ich trotz Onlineunterricht teilgenommen habe. Natürlich hat bei uns an der Schule der Onlineunterricht sehr gut funktioniert, sodass ich kaum Lernlücken hatte. Trotzdem war diese Art des Unterrichts sehr neu für mich, also habe ich versucht – was die HSK-Prüfungsvorbereitung anging – so viel es ging selbstständig zu machen. Zu meinem Vorteil hatte ich Einzelunterricht bei Frau Dörr, da ich als einzige aus meiner Oberstufenklasse Chinesisch gewählt hatte. Ab der 10. Klasse können die Schüler:innen der MSH zwischen Chinesisch und Spanisch wählen. Viele sind damals zu Spanisch gewechselt, weil im Abitur entweder Chinesisch oder Spanisch mündlich abgelegt wird. Für die ganzen Quereinsteiger war es immer schwer, die Chinesische Sprache in so einer Tiefe zu verstehen, wie ich es verstanden habe. Somit war die Entscheidung, Spanisch zu wählen der kleinere der beiden Berge. Ich habe natürlich Chinesisch gewählt. Zwar finde ich Spanisch auch sehr schön als Sprache und würde es gerne vertieft lernen. Aber zum einen war ich sehr viel weiter in der chinesischen Sprache als in der spanischen und wollte auch Chinesisch als Prüfungsfach im Abitur nehmen, zum anderen spricht mein Vater fließend Spanisch und kann es mir beibringen. So hatte ich auch online Einzelunterricht in Chinesisch, was es mir sehr einfach gemacht hat, mich auf die HSK-Prüfung vorzubereiten. Für die Vokabellisten, die ich zugeschickt bekommen habe, habe ich Karteikarten erstellt und somit auch bis zur Prüfung mit allem, was mir zugeschickt wurde, gelernt. So habe ich auch meinen mittleren Schulabschluss unter Corona-Bedingungen abgeschlossen. Nach zwei Jahren Onlineunterricht ging es dann in die Oberstufe – jetzt endlich wieder in Präsenz.

4. Die Oberstufe

Anders als an anderen Schulen, können wir an der MSH keine Profile wählen. Wir werden in acht verschiedenen Fächern geprüft. So sind meine schriftlichen Abiturfächer Deutsch, Mathe, Englisch und Geschichte gewesen und meine mündlichen Prüfungsfächer Biologie, Geographie, Kunst und Chinesisch. In der 11. Klasse habe ich mit der damaligen 12. Klasse gemeinsam Chinesischunterricht gehabt, was für mich eine neue Erfahrung war. Zum einen war ich nicht mehr länger alleine, zum anderen hatte ich mich im früheren Unterricht größtenteils schriftlich im Chinesischen ausgedrückt. Das aktive Reden über ein bestimmtes fachliches Thema war völlig neu für mich. Doch ich habe genauso schnell Begeisterung dafür entwickelt wie zu Beginn der Grundschule.

Ich habe gelernt, über ein so banales Thema wie die Mülltrennung in China zu diskutieren, es zu analysieren und zu vergleichen. Ich habe mich mit dem Umweltbewusstsein und mit dem digitalen Fortschritt in China beschäftigt und so auch im Alter einer Heranwachsenden mit der chinesischen Kultur auseinandergesetzt. Ich war schon als Grundschülerin in China und nun stellte ich mich als Jugendliche der chinesischen Kultur und machte mir die aktuelle politische Situation bewusst. Diese aktive Auseinandersetzung bedeutet mir sehr viel, denn aufgrund der Covid-Pandemie ist die Chinareise in der 10. Klasse entfallen und in der Oberstufe ist wenig Zeit für eine solche Klassenreise, abgesehen davon, dass ich die einzige gewesen bin, die Chinesisch weitergeführt hat. Diesem Ausfall der Reise trauere ich bis heute hinterher, denn die kindlichen Erinnerungen mit neuen, frischen Erfahrungen zu verknüpfen, wäre ein außergewöhnliches Erlebnis gewesen.

Meine erste mündliche Simulationsprüfung in Chinesisch fand Dezember 2021 an der MSH statt. Es war eine Achterbahn der Emotionen. Ich habe bisher nur schriftliche Prüfungen abgelegt und auch wenn ich in der elften Klasse mich gut ausdrücken konnte, erreicht eine mündliche Prüfung ein anderes Niveau. Ich hatte Glück und durfte den Text einen Tag im Voraus lesen und bearbeiten. Zu Hause habe ich dann diszipliniert einen 30-minütigen Timer gestellt, damit ich nicht den vorgegebenen Zeitrahmen aus den Augen verliere. Am Morgen der Prüfung war ich sehr nervös und hatte darüber hinaus Angst, meinen eigenen Anforderungen nicht gerecht zu werden. Doch während ich gesprochen habe, habe ich mehr und mehr verstanden und konnte die Zusammenhänge besser erklären. Das hat mein Herz zwar nicht beruhigt, aber ich habe meine erste mündliche Klausur in der Oberstufe erfolgreich hinter mich bringen können. Die Vorbereitung war das Wichtigste. Ich konnte mich noch an den gelesenen Text erinnern und konnte mein Wissen so anwenden. Da ich gemeinsam mit der damaligen 12. Klasse Unterricht hatte, da sich aber dieser Jahrgang auf das schriftliche Abitur vorbereiten musste, gab es wieder einen kleinen Zeitraum, in dem ich alleine Chinesischunterricht hatte. Deshalb hatten Frau Dörr und ich etwas Zeit für individuelle Betreuung.

Frau Dörr hat mir vorgeschlagen, mich bei einem Internationalen Chinesisch Wettbewerb mit Namen *Chinese Bridge* anzumelden.

Abbildung 3: Chinese Bridge (© center for language education and cooperation, Bildungsministerium China)

Ich hatte keine Ahnung, worauf ich mich eingelassen hatte. Die Bewerbung sollte über ein Video erfolgen, in dem die Schüler:innen zeigen, was sie sich von der chinesischen Kultur angeeignet haben. Ich habe mir gedacht, da ich viele Lieder von der Grundschule noch in Erinnerung habe, könnte ich singen. Auch wenn meine Singstimme nicht toll ist, wusste ich, dass ich den Text zumindest kann. So habe ich das Lied „歌唱祖国" (*gēchàng zǔguó*) gesungen, eine Art Ode an China. Ich hätte nicht gedacht, dass ich so zum Deutschland Finale kommen würde. Doch ich habe es geschafft.

Im Juni 2022 haben sich die Finalisten per Zoom getroffen. Wir mussten uns auf Chinesisch vorstellen. Anschließend folgte eine Art Fragerunde, in der die Teilnehmenden beweisen sollten, dass sie auch spontan auf Chinesisch antworten können. Man muss auch sagen, dass ich beinahe als Letzte an der Reihe war und somit erstmal zuhören musste, was mich sehr verunsichert hat. Ich hatte schon den Gedanken: „Es war schön, dabei gewesen zu sein." Zumal ich mich bei diesem Wettbewerb ganz spontan angemeldet hatte.

Frau Dörr sagte mir hinterher, dass ich sehr offen und fröhlich gewesen bin und auf die Rückfragen sehr gut geantwortet habe. Ich selber habe das nicht bemerkt, ich war zu sehr konzentriert und zu sehr fokussiert auf mein Herzrasen. Ich habe mir am Tag darauf das Video angeschaut, welches meine Mutter aufgenommen hat. Es hat mich sehr überrascht zu sehen, wie locker ich mich gezeigt habe, und es hat mich noch einmal darin bestätigt, wie sehr ich beim Chinesisch sprechen aufblühe.

Als mir gesagt wurde, dass ich deutschlandweit den zweiten Platz erreicht hatte, konnte ich es nicht glauben! Ich habe geweint und war sprachlos. Das war einer der besten Erfolge in meiner Schulkarriere. Ich frage mich, wie das gekommen ist. Ungefähr zwischen der zehnten und der elften Klasse habe ich angefangen, chinesische Serien zu schauen, da ich schon aus der Grundschule die Erfahrung hatte, dass man mit Hilfe von Filmen und Serien Sprache und Kultur besser verstehen kann. Es ist eine ganz andere Erfahrung, als amerikanische Filme oder Serien zu schauen, die mehrere Staffeln haben. Chinesische Serien haben meistens nur eine Staffel, aber mit circa 50 Folgen. Besonders die Serien während der Kaiserzeit haben es mir angetan. Ich mochte die alten, schönen Kleider und die wunderschönen Frisuren des alten China. Doch am meisten gefallen hat mir die Tatsache, dass in diesen Serien die Frauen alles machen. Zwar im Hintergrund und meistens aus Eifersucht, aber es sind die Frauen, die den Soldaten befehlen, jemanden zu vergiften oder die versuchen, den Kaiser zu manipulieren. Familie spielt in diesen Serien eine große Rolle, ebenso wie Loyalität und natürlich auch Romantik. Chinesische Serien verbinden meine Freizeit mit der Faszination der Sprache, weshalb ich diese Serien den amerikanischen vorziehe. Dadurch hat sich nicht nur mein Verständnis für die chinesische Sprache und Kultur verbessert, sondern es macht mir gleichzeitig auch sehr viel Spaß.

Wenn ich auf die 12 Jahre Chinesischunterricht zurückblicke, stechen die letzten drei bis vier Jahre heraus. Warum? Weil der Unterricht meistens individuell auf mich zugeschnitten wurde. In der Zeit, wo ich Einzelunterricht hatte, haben Frau Dörr und ich uns unterschiedlichen Zielen gewidmet, sei es die Vorbereitung auf die HSK 3 und die HSK 4 Prüfungen, das kulturelle Lernen oder die Vorbereitung auf den Wettbewerb *Chinese Bridge*. Ich denke, es war genau diese Art von Unterricht, die mich so weit gebracht hat. Die Tatsache, dass anstelle der hochgestellten Autorität des Lehrers meine Lehrerin die Rolle einer Mentorin für meinen individuellen Lernprozess eingenommen hat, ist nicht nur angenehmer für den Unterricht und die Lernatmosphäre, sondern erweitert auch die Möglichkeiten, eine Sprache und eine Kultur zu entdecken und zu verstehen.

Abschließend stellt sich die Frage, was ich mit meinen Sprachkenntnissen in der Zukunft machen kann. Ich könnte Sinologie studieren. Dies wäre auch meine Zukunft, wenn mich Medizin nicht so viel mehr faszinieren würde. Es ist mein Traum, Medizin zu studieren und auch dabei kann mir Chinesisch viel helfen. Die chinesische Sprache wird in Zukunft noch mehr an Bedeutung gewinnen, sodass mir meine Sprachkenntnisse in Zukunft bestimmt Vorteile bringen können. Das, was meine Schulzeit interessant gemacht hat, sind die vielen sprachlichen und kulturellen Eindrücke. Diese Eindrücke werden mein Leben prägen, da bin ich mir sicher.

唐嫣梦　Tiyabaa　Hamburg, 08.02.2023

ANHANG: Auszug aus der Presseerklärung der MSH vom Juni 2022

MSH-Schülerin belegt 2. Platz im Wettbewerb „Chinese Bridge 2022" in Deutschland

汉堡新时代学校学生获得2022"汉语桥"世界中学生中文比赛德国赛区第2名

Acht Juroren haben nach dem aufregenden zweistündigen Finale die Preisträger bestimmt. Tiyama hat den 2. Platz erreicht! Herzlichen Glückwunsch!

在激动人心的两小时决赛之后，八位评委选出了获胜者。Tiyama获得了第二名！衷心祝贺她！

Der Chinesisch-Wettbewerb *Chinese Bridge* ist ein weltweiter Wettbewerb für chinesische Sprache und Kultur. Das Finale wurde vom Bildungsbüro der chinesischen Botschaft in Deutschland ausgerichtet und vom Konfuzius-Institut Düsseldorf mitorganisiert. Der globale Wettbewerb wird vom Chinesisch-Fremdsprachenaustausch- und Kooperationszentrum des chinesischen Bildungsministeriums veranstaltet. Den 1. Platz hat ein Schüler aus Düsseldorf bekommen. Die ersten beiden Preisträger:innen aus Deutschland fahren üblicherweise nach Peking; dies fällt leider aufgrund der Corona-Maßnahmen in diesem Jahr aus.

Im Finale hat Tiyama sich mit dem Thema „Beeindruckende und interessante Geschichten beim Chinesischlernen" auseinandergesetzt. Sie hat sich selbst vorgestellt, mit Freude und Begeisterung von ihren Erfahrungen im Chinesischunterricht erzählt und berichtet, warum die chinesische Sprache und Kultur für sie so interessant ist. Sie hat ausführlich über die chinesische Klassikliteratur „Die Reise in den Westen", über viele chinesische Lieder, chinesisches Theater und Fernsehserien, Pekingoper, traditionelle chinesische Kleidung gesprochen und auch ihre eigene Reise nach Beijing, Shanghai und Xi'an beschrieben. Nach ihrer Präsentation kam eine Fragerunde. Die acht Juroren haben diverse Fragen gestellt und Tiyama hat alle Fragen spontan, locker und mit Humor beantwortet. Ihre gesamte Präsentation war sehr stimmungsvoll und schön mitzuerleben. Zum Abschluss hat Tiyama auf Bitte der Jury noch ein chinesisches Lied vorgetragen.

"汉语桥"世界中学生中文比赛是一项全球性中文赛事，也是最具权威性的全球中文赛事之一。此次全球大赛由中国教育部中外语言交流合作中心主办。德国赛区的决赛由中国驻德国大使馆教育处主办，杜塞尔多夫孔子学院协办。杜塞尔多夫的一名学生获得了第一名。按照以往的惯例，德国的前两名获胜者会去北京参加全球决赛；但是很遗憾，今年因为疫情原因取消了北京之旅。

在决赛中，Tiyama以"学习中文时印象深刻和有趣的故事"为题做了演讲。她作了自我介绍后，又愉快而热情地讲述了自己在中文课上的经历，并告诉大家她为什么对中国语言和文化如此感兴趣。她还为大家介绍了她所了解的关于中国经典文学《西游记》的故事、多首中文歌曲、中国戏剧和电视剧、京剧以及中国传统服饰，还讲述了自己的北京、上海和西安之旅。在她的介绍之后，是一个问答环节。八位评委提出了各种问题，Tiyama 轻松自如、幽默风趣地回答了所有的问题。她的整场表现从容大方，热情洋溢，给大家留下了深刻的印象。 最后，应评委的要求,Tiyama还演唱了一首中文歌曲。

Yun Dörr

Schüleraustausch mit der Fremdsprachenschule in Xi'an

Abbildung 1: Besuch der Fremdsprachenschule Xi'an an der MSH
(Foto Helga Volquards, 29. Mai 2018)

1. Kontaktaufnahme mit der Fremdsprachenschule in Xi'an

Im Juli 2011, ein Jahr nach der Eröffnung der Modernen Schule Hamburg, reiste ich nach China und besuchte die Xi'an Fremdsprachenschule, um Möglichkeiten für eine Schulpartnerschaft auszuloten. Xi'an ist die älteste chinesische Kaiserstadt, gut 1000 km westlich von Shanghai am Jangtse, dem Gelben Fluss, gelegen.[1] Weltweit bekannt ist Xi'an heute vor allem aufgrund der Ausgrabungen der Terrakotta-Armee des Kaisers Qin Shihuangdi (259–210 v. Chr.), der als erster Kaiser Chinas gilt und aus dessen Name Qin wahrscheinlich das Wort China abgeleitet ist (vgl. Cao 2006).

An der Schule habe ich den Unterricht besucht und ausführlich mit dem Schulleiter, Herrn Zhang Huaibin, und den Lehrer:innen über eine mögliche Kooperation

---

1 Die Stadt hat 8 Millionen Einwohner, im Großraum Xi'an sind es 13 Millionen. Die Stadt ist Hauptstadt der Provinz Shaanxi. Sie war der Ausgangspunkt der Seidenstraße, wobei dieser Begriff nicht chinesischen Ursprungs ist, sondern von dem deutschen Geografen Ferdinand von Richthofen im 19. Jahrhundert geprägt wurde.

mit der MSH gesprochen. Nach weiteren detaillierten Online-Gesprächen zwischen den beiden Schulen wurde im März 2012 die offizielle Vereinbarung für die Zusammenarbeit und für den gegenseitigen Besuch zwischen den beiden Schulen von den Schulleitern unterschrieben. Der Vertrag wurde in deutscher und in chinesischer Sprache verfasst.

Um einen ersten Eindruck von dem bisher fremden Land China und der Partnerschule in Xi'an zu gewinnen und um die erste Chinareise der 10. Klasse vorzubereiten, reisten der MSH-Schulleiter Axel Beyer und drei MSH-Lehrer:innen im Jahr 2015 nach Xi'an. Wir wurden an der Schule herzlich in Empfang genommen.

Abbildung 2: Schulgebäude und Hof der Xi'an Fremdsprachenschule
(Fototeam der Fremdsprachenschule)

Bei dem ersten Besuch haben wir die chinesischen Lehrer:innen, die wir vorher nur auf dem Bildschirm gesehen hatten, persönlich kennengelernt und mit ihnen unsere Erfahrungen ausgetauscht. Das war sehr schön! Axel Beyer und ich haben auch selbst Unterrichtsstunden gegeben. Neben dem Chinesisch-, Englisch- und Deutschunterricht haben wir auch den Unterricht in Naturwissenschaften besucht und mit den Schüler:innen und Lehrer:innen darüber gesprochen. Wir waren vom Ablauf dieser Unterrichtsstunden begeistert. Der aus deutscher Sicht gigantisch große Schulhof, alle Klassenräume mit interaktiven Tafeln und das Schülerwohnheim wurden bewundert.

Wir waren sehr erstaunt, dass dreitausend Schüler:innen nach dem Klingelton innerhalb von wenigen Minuten sich ordentlich auf dem Schulhof versammelten und gemeinsam ihre Pausengymnastik machten (Abbildung 3).

Abbildung 3: Pausengymnastik auf dem Schulhof (Foto Yun Dörr)

In den darauffolgenden Tagen haben wir die Stadt Xi'an, ihre Kultur und Geschichte näher kennengelernt. Die Gastgeber hatten ein abwechslungsreiches kulturelles Programm organisiert. Die Sehenswürdigkeiten der Stadt haben uns sehr beeindruckt: die Terrakotta-Armee des Kaisers Qin Shihuangdi, die gut erhaltene alte Stadtmauer, der historische Glocken- und Trommelturm (gebaut um 1380 n. Chr.) und die kleine und große Wildgans-Pagode. Ebenfalls auf dem Programm standen das historische Museum der Provinz Shaanxi, das Islamische Viertel mit einem Moschee-Besuch und ein Ausflug in das berühmte Li-Shan-Gebirge, wo die alte und die moderne Geschichte Chinas zusammentreffen. Zwischen den einzelnen Stationen des Sightseeing-Programms gab es viele Möglichkeiten, verschiedene Märkte zu besuchen und chinesische Köstlichkeiten zu genießen. Alles brachte Xi'an und Hamburg noch ein Stück näher zusammen.

Zum Abschluss des Besuchs hat uns der Schulleiter Zhang Huaibin zu einem feierlichen Essen eingeladen. Dabei wurden von beiden Seiten Gastgeschenke ausgetauscht. Dies gehört zu der üblichen chinesischen Zeremonie für eine Freundschaft. Wir haben die unten abgebildete Kalligraphie als Gastgeschenk bekommen. Es ist ein berühmtes Gedicht des Poeten Wang Bo aus der Tang-Dynastie (618–907 n. Chr.) und beschreibt die Freundschaft:

海内 (hǎi nèi) innerhalb der vier Meere, überall im Lande.
存　 (cún) existieren, leben. (Es gibt).
知己 (zhī jǐ) Vertraute, Herzensfreunde, gute Freunde, Seelenverwandte.
天涯 (tiān yá) das Ende der Welt, weite Ferne
若　 (ruò) (genauso) wie, als ob
比邻 (bǐ lín) (unmittelbarer) Nachbar.

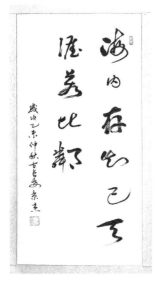

Abbildung 4: „Freundschaft" von Wang Bo (Kalligrafie: Jing Jie)

Man kann das Gedicht wörtlich übersetzen. Dann heißt es: „Überall im Lande leben Freunde. Ein Seelenverwandter am Ende der Welt kann genauso nah sein wie ein Nachbar." Oder man übersetzt sinngemäß: „Auch wenn Freunde weit voneinander entfernt leben, bleiben sie sich im Herzen nahe."

Die Bildrolle hängt seither bei uns in Hamburg im Büro des Schulleiters zur Begrüßung aller Gäste der Schule und aller neuen Eltern, die aus allen Ländern der Welt nach Hamburg kommen. Die Hamburger Delegation überreichte ein Buddelschiff. Während des Essens wurde konkret über die künftige Zusammenarbeit gesprochen.

Seit diesem Besuch 2015 sprechen die MSH-Schüler:innen regelmäßig mit den Partnerschüler:innen in Xi'an, zunächst per Skype, später auch per WeChat oder Zoom. Und auch die Lehrer:innen der beiden Schulen tauschen sich über aktuelle Themen und geeignete Unterrichtsmethoden aus. Die Freundschaft wird stets gepflegt.

Abbildung 5: Zhang Huaibin und Axel Beyer mit Buddelschiff (Foto Sibylle Hummel 2015)

2. Bericht aus Xi'an über den Lehrerbesuch im Jahr 2015 und Antwortbrief

Wir drucken diesen Bericht in chinesischer Sprache, um einen Eindruck von der Schönheit dieses Schriftsystems zu geben und um einen Impuls zu setzen, Chinesisch zu lernen.

Xi'an, 28.10.2015

我校成功接待德国友好学校-汉堡新时代学校来访

德国汉堡新时代学校（Moderne Schule Hamburg）自2012年与我校结为友好学校以来，两校曾多次组织师生开展视频连线教学、友好互访等交流活动。此次，为了进一步增进两校间的友谊，加强两校间的合作，2015年10月14日至10月18日，德国汉堡新时代学校校长Axel Beyer一行四人来我校参观访问，受到我校的热情接待。期间，德方参观了我校校园、观摩了外语课堂，并与我校德语师生进行了深入交流。

10月14日，德方校长一行来到我校中学德语课堂，他们对我校德语学生流利的德语表达能力、大方的言谈举止表示赞许，对我校的外语特色、教学理念表示赞赏。课堂上，学生发言积极踊跃，课堂活动丰富多彩，气氛活跃，教学以讲故事的方式贯穿所有的知识点，这些都让德方来访老师赞叹不已，表示这节课让他们感到收获颇多，给他们提供了很多在德国讲中文课的新思路。接着，德方校长一行来到和德方学生进行视频连线的初二德语班，与孩子们进行了亲切友好的交谈。汉堡新时代学校校长Axel Beyer特别提到，希望两校师生交流不断增进，双方老师在先进的教学法、教学思路方面能有更多的切磋。

此外，Axel Beyer校长还与我校校长张怀斌及国际合作与交流办公室主任云雅峰进行深入交流，他希望德方学校与我校进行长期形式多样的交流活动，在现有合作基础上，增加师生互访的机会。张校长和云主任表示，我校非常愿意与德方开展交流活动并进一步安排学生交换、教师互访等交流活动，也希望两校交流活动不断增多，交流水平不断提高。

来访期间，德方老师还参观了秦始皇兵马俑博物馆、华清池、清真寺和大雁塔，了解西安当地文化和历史。此次我校成功接待汉堡新时代学校来访对促进两校进一步合作奠定了良好的基础，也为今后两校开展更深层次、更高水平、更宽领域的交流活动打下坚实基础。

Nach der Rückkehr in Hamburg haben wir einen Dankesbrief an die Partnerschule geschickt:

2015年11月12日感谢信：
尊敬的校领导、各位老师，您们好！

  我们回到汉堡已经一周了，又开始了学校的日常工作。五天的拜访情形仍然历历在目，在西安的所见所闻让我们每天都有新的感受。贵校管理有序，老师们爱岗敬业，学生们刻苦努力，特别是学校现代化的教学理念和授课方法，都给我们留下了深刻的印象，值得我们借鉴和学习。再次对校领导们这么周全细致的安排及热情款待表示由衷的感谢！并对全体德语老师再次表示衷心的感谢！老师们精湛而耐心的教学、丰富多彩的教法和他们的敬业精神，让我们看到了在遥远的中国，在西安，在我们的友好学校，有这么一支纯朴善良的教师队伍在尽心尽力地教授德语。我们在钦佩之余也确实被深深地感动了。

  特别值得欣慰的是，双方校领导此次愉快的会谈达成了一系列的合作意向。我们的中文老师会进一步和贵校的德语老师们磋商具体事宜，以便加强我们双方学校学生及教师的合作与互访。我们会进一步强化学生们之间的网络对话及邮件联系。我们十年级的学生能有机会明年十月份去贵校参观学习，对此我们表示衷心的感谢！我们也非常欢迎贵校的学生在合适的时候来我们学校做客。

  最后真诚地邀请各位校领导和老师们来汉堡这个港口城市一游。
祝您们身体健康，万事如意！祝贵校蒸蒸日上，越办越好！
  致礼！

Axel Beyer und Yun Dörr

3. Klassenfahrten der 10. Klassen nach China (2016–2019)

Seit 2016 besuchen MSH-Schüler:innen der 10. Klasse und ihre Lehrer:innen jedes Jahr unsere Partnerschule in Xi'an. Die Teilnahme an dieser Exkursion ist Pflicht. Ziel der Klassenfahrten ist neben der Erweiterung der Sprachkompetenz vor allem die Auseinandersetzung mit der Kultur, den Sitten und der Geschichte Chinas sowie mit der grundsätzlich anderen Denkweise und Philosophie. Die Schüler:innen können in Xi'an die in Hamburg erworbenen Sprachkenntnisse direkt in Sachsituationen und bei der Erörterung wichtiger Themen anwenden. Sie erweitern dabei nicht nur die Sprachkompetenzen, sie bekommen zugleich Einblicke in die Kultur und den Alltag Chinas. Es geht darum, in die Kultur Chinas einzutauchen und Chinakompetenz zu erwerben, so wie es der deutsche Fachverband Chinesisch e.V. (2022) fordert.

Die Schüler:innen leben bei chinesischen Gastfamilien, besuchen zusammen mit den Kindern der chinesischen Gasteltern die Schule und nehmen am Unterricht teil. So können sie das alltägliche Leben in China kennenlernen.

Abbildung 6: Gruppenfoto auf dem Schulhof in Xi'an (Foto Dang Xiaoxiang)

An jedem Montagmorgen gibt es in Xi'an eine feierliche Zeremonie, bei der die Nationalflagge gehisst und die Nationalhymne gesungen wird. Es war für unsere Schüler:innen ein beeindruckendes und besonderes Erlebnis. Ein wichtiger Unterrichtsbaustein der MSH ist der wöchentliche Klassenrat, ein Element unseres Schulprofils „Demokratisches Leben und Handeln lernen". In Xi'an gibt es eine vergleichbare Einrichtung, die Unterrichtsstunde „Klassensitzung". Die Schüler:innen beider Schulen führen dann jedes Jahr sowohl in Xi'an wie in Hamburg eine Klassenratssitzung durch, um sich über ihre Positionen und Erfahrungen auszutauschen. Auch am deutlich anderen Sportunterricht nehmen die „Hamburger Jungs" teil:

Abbildung 7: Aufwärmübung vor einer Kampfsportübung in Xi'an (Foto Guo Ying 2019)

Mit großem Interesse haben die Hamburger Schüler:innen am Kalligraphieunterricht teilgenommen, Scherenschnitte hergestellt und das Spielen auf chinesischen Musikinstrumenten ausprobiert.

 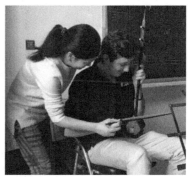

Abbildung 8: „Kalligraphieunterricht"; Abbildung 9: „Spielen auf der Erhu-Spießgeige" (Fotos Guo Ying)

Abbildung 10: „Scherenschnitte" (Foto Guo Ying)

Gemeinsam haben die Hamburger Schüler:innen ein Turnier mit den chinesischen Brettspielen Weiqi und Xiangqi durchgeführt. Dies bringt die Freundschaft noch näher zusammen.

Selbstverständlich werden auch die Stadt und die nähere Umgebung angeschaut. Dabei konnten die Schüler:innen die verschiedenen Sehenswürdigkeiten wie die Terrakotta-Armee und den Glocken- und Trommelturm in eigener Initiative kennenlernen.

Abbildung 11: „Terrakotta-Armee-Museum im Regen" (Foto Li Yuqi 2017) und
Abb. 12: „Glockenturm" (Foto Li Yuqi 2019)

Die Schüler:innen haben am Wochenende auch die Möglichkeit, mit den Gastfamilien einen Ausflug zu machen, in die Natur zu gehen, verschiedene Märkte zu besuchen und die chinesischen Köstlichkeiten zu probieren.

Zum Abschluss des Schulbesuchs lädt der Schulleiter unserer Partnerschule stets zu einem feierlichen Essen ein, bei dem die chinesischen und die deutschen Schüler:innen sich gemeinsam präsentieren können. Sie tauschen als ein gegenseitiges Dankeschön die jährlichen Gastgeschenke aus.

Luoyang: Nach dem Aufenthalt in Xi'an geht es per Hochgeschwindigkeitszug weiter in die Stadt Luoyang in der Provinz Henan, 300 km östlich von Xi'an gelegen und ebenfalls eine der vier historischen Kaiserstädte Chinas. In Luoyang übernachten die Schüler:innen in einer Kung-Fu-Schule, besuchen den Shaolin-Tempel und sehen eine Kung-Fu-Aufführung. Sie tauchen in die „Buddhismus-Welt" ein, besichtigen die Longmen-Grotten und machen einen Ausflug in das Songshan-Gebirge.

Abbildung 13: Stadtspaziergang (Foto Zhu Shan 2017)

Beijing: Danach geht es für ein paar Tage nach Beijing. Neben dem prächtigen Sommerpalast, der fulminanten Verbotenen Stadt, dem Kohlehügel (auch Hügel der Langlebigkeit genannt) und dem unfassbar vielfältigen Künstlerviertel ist das Beeindruckendste die nur wenige Kilometer von Beijing entfernte Chinesische Mauer, die von unseren Schüler:innen und Lehrer:innen immer wieder bewundert wird.

Zusammenfassend ist die Reise durch das Reich der Mitte für unsere Schüler:innen eine interessante, aufschlussreiche und prägende Zeit, in der sie intensiv am Unterricht der Partnerschule teilnehmen und neben beeindruckenden Sehenswürdigkeiten und geschichtsträchtigen Städten die kulturellen Unterschiede zwischen Europa und China kennen und anerkennen lernen. Wir freuen uns sehr und können immer wieder erfahren, dass die meisten persönlichen Freundschaften und Kontakte zwischen den Schüler:innen beider Schulen auch nach der Chinareise anhalten. Dabei hilft natürlich WeChat.

4. Besuch der Schüler:innen aus Xi'an in Hamburg 2018

Von Freitag, dem 25. Mai 2018, bis Samstag, dem 02. Juni 2018, haben fünf Schülerinnen und zwei Lehrerinnen aus der Fremdsprachenschule in Xi'an die MSH in Hamburg besucht. Im November 2019 war die Lehrerin Frau Liu Fang aus Xi'an für einen Monat an der MSH zu Besuch. Sie hat hospitiert und unterrichtet.

Abbildung 14: Empfangsfoto in der MSH (Foto Claudia Engelhard)

Für die Besuchswoche haben wir ein umfangreiches Programm erstellt. Ein wichtiger Bestandteil des Besuchs war die Beteiligung am Unterricht in verschiedenen Klassenstufen und die Teilnahme an einer Klassenratssitzung. Gemeinsam mit den chinesischen Gastschüler:innen hat unsere 10. Klasse ein Projekt zum Thema „Alte und Neue Seidenstraße" bezüglich Geschichte, Geografie, Politik, Chinesisch, Musik und Kunst durchgeführt. Mit einer umfassenden Präsentation haben die Schüler:innen das Projekt erfolgreich beendet.

Von den Gästen aus Xi'an haben wir ein schönes Geschenk bekommen. Es ist eine auf Xuan-Papier gemalte Kalligraphie mit unserem Schulnamen „Moderne Schule Hamburg. Die Übersetzung besteht aus folgenden 7 Schriftzeichen:

汉堡新时代学校

Die Kalligraphie wurde von einem berühmten Kalligraphen aus der Provinz Shaanxi gezeichnet:

Abbildung 15: Schülerinnen mit Gastgeschenk (Foto Claudia Engelhard)

Die Gäste aus Xi'an haben auch unsere schöne Hafenstadt Hamburg besichtigt, unter anderem die Elbphilharmonie, das Rathaus, das Chile-Haus, die Speicherstadt, Planten un Blomen und den Altonaer Balkon. Das typische Hamburger Essen „Labskaus" durfte auch nicht fehlen. Es wurde auf dem Museumsschiff „Rickmer Rickmers" an den Landungsbrücken eingenommen.

Beim abschließenden Segeln mit unseren gastgebenden Schüler:innen und beim gemeinsamen Essen mit den Gastfamilien haben wir über die künftige Zusammenarbeit gesprochen und die Freundschaft zwischen beiden Schulen weiter vertieft.

Abbildung 16: Segeln an der Alster (Foto Yun Dörr)

Chinesisch-Deutscher Didaktik Dialog: Zeitgleich zum Besuch unserer Gastschülerinnen aus Xi'an hat eine von Hilbert Meyer und Ren Ping geleitete chinesisch-deutsche Delegation aus 25 Professor:innen und Doktorand:innen die MSH im Rahmen der vierten Konferenz zum „Chinesisch-Deutschen Didaktik-Dialog" an der Universität Kiel besucht, darunter Professoren der führenden chinesischen Universitäten für Erziehungswissenschaften aus Beijing, Shanghai, Wuhan, Hefei und Wuhu. Wir haben uns gefreut, dass alle Gäste, die teilweise das erste Mal in Deutschland waren, sich sehr erfreut über unsere Schule und ihren Besuch in Hamburg geäußert haben.

5. Online-Dialog und gemeinsames Projekt während der Corona-Zeit

Während der Corona Pandemie wurden die gegenseitigen Besuche leider unterbrochen. Die beiden Schulen haben die Freundschaft aber intensiv *online* weiter gepflegt. Online-Gespräche werden wörtlich aus dem Chinesischen mit „über den Wolken sprechen" übersetzt. Das sind die ersten vier Schriftzeichen. Die nächsten vier können Sie, liebe Leserin/lieber Leser, auch selbst herausbekommen:

yún duān duì huà   hànbǎo xī ān

云 端 对 话   汉堡 - 西安

Die Schulleitungen, die Lehrer:innen und Schüler:innen haben Grußvideos gedreht, die auf YouTube (Kanal Moderne Schule Hamburg) eingestellt wurden und sich gegenseitig die Kraft und den Mut gegeben, diese schwierige Zeit durchzuhalten. E-Mails und Briefe wurden regelmäßig ausgetauscht.

Abbildungen 17 bis 19: Schüler-Grußbotschaften aus Hamburg und Xi'an

Im Jahr 2022 nahmen die beiden Schulen zusammen an einem digitalen Projekt teil: „Stadterkundung: Komm und sieh die Stadt mit meinen Augen – ein urbanes Abenteuer". Es ist gemeinsam von der deutschen Kultusministerkonferenz, vom Goethe-Institut und vom Bildungsnetzwerk China organisiert. So fand ein sehr schöner Online-Besuch virtuell statt.

6. Eltern- und Schülerberichte zum deutsch-chinesischen Abenteuer

Wir haben die deutschen Schüler:innen gefragt, wie sie die Reise nach Xi'an erlebt haben. Und wir haben Eltern gebeten, ihre Erfahrungen als Gasteltern der chinesischen Schüler:innen aufzuschreiben. Hier drei ausgewählte Berichte.

(1) Anthony von Bergen, MSH-Schüler der Klasse 10

„China machte auf mich vorerst einen sehr angsteinflößenden Eindruck, als ich im Hochhaus, fast im obersten 33. Stockwerk, bei meiner Gastfamilie hauste und aus dem Fenster blickte. Ich habe im Oktober 2016 mit meiner Klasse viele Dinge erlebt, viele Dinge ausprobiert und habe versucht, mich der chinesischen Kultur anzupassen und meiner Kreativität freien Lauf zu lassen, was im Nachhinein ein sehr besonderes und erleuchtendes Gefühl war, denn ich habe gelernt, mit einzigartigen Situationen und Konfrontationen umzugehen, denen man nur in China begegnet.

Diese zweiwöchige Klassenreise hat mich sehr dazu inspiriert, weiterhin Chinesisch zu lernen und irgendwann noch einmal dorthin zu reisen und weiterhin Leute zu treffen, die genauso aufgeschlossen und freundlich sind, wie es die Personen waren, die ich dort getroffen und kennengelernt habe. Man darf aber auch nicht ausklammern, dass eine Reise nach China für jemanden, der dort noch nie gewesen ist, kein Zuckerschlecken ist. Ich bin äußerst dankbar dafür, dass mir diese Reise von der MSH ermöglicht wurde."

(2) Leo Rößler, MSH-Schüler der Klasse 10

„Ich dachte immer: China ist einödig, langweilig und wie Deutschland. Ich glaube jeder aus unserer Gruppe hatte auch ein kleines bisschen Angst, als das Treffen mit unseren Gastgebern kurz bevorstand. Als wir dann die einzelnen Schüler kennenlernten, verflogen die Ängste schnell. Auch die Familien nahmen uns sehr freundlich auf.

Ich dachte, die Chinesen essen das, was wir in Deutschland im China-Restaurant bekommen. Meine Gastfamilie kam aus Süd-China und ich habe deshalb südchinesische Gerichte zum Essen bekommen. Die Essensvielfalt in China hat mich sehr beeindruckt, denn es gibt so ein großes Spektrum von Gerichten und kultureller Vielfalt. Das Highlight unserer Reise waren die verschiedenen Spezialitäten, die wir probieren durften. Im Ganzen war diese Reise sehr aufregend und ich würde sie sofort wieder machen. Ich bin sehr dankbar, dass ich an dieser Reise teilnehmen konnte."

(3) Claudia Engelhard, Mutter einer MSH-Schülerin und Gastgeberin
„Und am Ende ging alles ganz schnell: Nach langer Planung und mehreren Anläufen kündigte sich Anfang April 2018 endlich eine Delegation aus der Partnerschule in Xi'an an, die zum Gegenbesuch an die MSH kommen sollte. Zwischen der Bekanntgabe und der tatsächlichen Anreise lagen kaum zwei Wochen. Schnell waren sechs Familien gefunden, die die fünf Schülerinnen und zwei Lehrerinnen aufnehmen wollten. Doch auf was für ein Abenteuer hatten wir uns eingelassen, fremde Menschen aus einer komplett anderen Kultur aufzunehmen, von denen wir nur die Namen hatten, die wir jedoch nicht einmal aussprechen konnten? Wie sollten wir mit den Jugendlichen kommunizieren, wenn sie weder Englisch noch Deutsch können? Was sollen wir tun, wenn sie unser deutsches Essen komplett ablehnen oder vom Heimweh geplagt werden? Geben wir zur Begrüßung die Hand oder verneigt man sich nach chinesischer Art? Selbst am Flughafen noch Fragen über Fragen …

Die Spannung stieg mit jeder Minute und plötzlich war es so weit. Vor uns stand eine Gruppe von fünf jungen Damen mit ihren zwei Begleiterinnen, die uns nach über 30-stündiger Reisezeit gut gelaunt und ausgeruht gegenüberstanden. Wir wurden nach deutscher Tradition per Handschlag und auf Deutsch begrüßt. Alle Mädchen hatten sich deutsche Namen zugelegt, eine der beiden Lehrerinnen sprach perfekt Deutsch, die andere fließend Englisch.

‚Mara', unser Gastkind, nutzte den Weg vom Flughafen nach Hause, um zaghaft erste Fragen zu stellen. Schnell stellte sich heraus, dass sie nicht nur fließend Englisch, sondern auch fließend Deutsch sprach, obwohl sie die Sprache erst seit zwei Jahren lernte. Aber elf Wochenstunden in einer Fremdsprache, dazu noch jede Menge Hausaufgaben, das schafft anscheinend schon Einiges.

Zum ersten Abendessen sollte es ganz traditionell ‚Kartoffelsalat mit Würstchen' geben. Wir wunderten uns über die unsicheren Blicke am Tisch. Andere Länder, anderes Essen, das sollte auch den Chinesen bekannt sein! Schnell merkten auch wir, dass es nicht an dem servierten Essen lag, was unser Gastkind so verunsicherte. Sie hatte noch nie ein Messer in der Hand gehabt und entsprechend auch noch nie mit Messer und Gabel gegessen! Mit etwas Übung klappte es recht schnell und erfreulicherweise blieben uns größere Verletzungen erspart. Voller Eifer wurde der Koffer ausgepackt und wir staunten über die zahlreichen Souvenirs, die uns als Gastgeschenke überreicht wurden. Der Koffer muss danach halb leer gewesen sein.

Am nächsten Morgen dann die nächste Überraschung: Wer noch nie ein Messer in der Hand hatte, hat auch noch nie ein Brötchen aufgeschnitten! Doch mit etwas

Erklärung und unserer Hilfestellung hatte unser Gast auch diese deutsche Tradition schnell gelernt, ebenso einige Tage später ein gekochtes Frühstücksei gekonnt zu köpfen. Wobei uns dabei schnell bewusst wurde, was wir Deutsche doch für eigentümliche Gewohnheiten haben, mit denen wir im Ausland sicherlich den einen oder anderen erstaunten Blick ernten.

Dass wir unseren Gästen einen bleibenden Eindruck von Hamburg vermitteln wollten, war klar. Eine Sightseeing-Tour gehört ebenso zu Hamburg wie eine Hafenrundfahrt. Doch sehr schnell stellte sich heraus, dass nicht die Hamburger Sehenswürdigkeiten ein Highlight werden sollten, ganz im Gegenteil! Die größte Freude, die wir unseren chinesischen Gästen bereiten konnten, war extrem einfach umzusetzen: nichts tun! Nicht lernen müssen,

Abbildung 20: Mara (Foto Claudia Engelhard)

keine Termine haben, nicht unter Aufsicht stehen, einfach nur im Park ‚chillen', auf Spielplätzen ausgelassen herumtoben, Spaß haben. Bei der ‚obligatorischen' Fahrt mit der Hamburger Hafenfähre entpuppte sich die kurze Pause am Elbstrand als absolutes Highlight: Unser dreizehnjähriges Gastkind stand zum ersten Mal in seinem Leben mit den Füßen in einem Gewässer! Die kurze Strandpause wurde zur puren Lebensfreude und zu einem unvergesslichen Erlebnis, das in unzähligen Fotos dokumentiert werden musste. Der Besuch eines 2-stündigen Hockeytrainings wurde von unserem Gastkind mit einem Schmunzeln kommentiert: Der Trainer beauftragte eine Trainingsteilnehmerin kniend 20 Liegestütze zu absolvieren. Für unser Gastkind Mara ist es ein tägliches Ritual, vor Schulbeginn mindestens 50 Liegestütze zu machen, einen Hürdenlauf in einer extrem knappen Zeitvorgabe zu absolvieren, ein vorgegebenes Pensum an Sprüngen zu erreichen … Sobald sie aber die Strecke, Höhe oder Weite in der vorgegebenen Zeit erreicht hat, wird das Ziel sofort höhergesteckt, um irgendwann ein Niveau zu erreichen, mit dem sie zur Abschlussprüfung überhaupt erst zugelassen wird. Um aber eine gute Note zu erhalten, muss sie sich dann noch mehr anstrengen.

Mit ‚typisch deutschen' Familienspielen wie z.B. Mensch-ärgere-dich-nicht konnten wir unser Gastkind ebenfalls begeistern. Die Abende fanden jedoch ein recht schnelles Ende: Der Lehrer hatte aus China per WeChat Hausaufgaben geschickt, die täglich abgearbeitet werden mussten. 600 Schriftzeichen sollten möglichst schnell in ein Heft übertragen werden. Daran arbeitete unser Gastkind – ohne sich zu beklagen – jeden Abend mindestens noch eine Stunde, während wir schon längst den Tag für uns abgeschlossen hatten.

Insbesondere die Disziplin, aber auch die Offenheit unserer Gastschülerinnen hat alle Familien sehr beeindruckt. Mehrfach wurde uns vor Augen geführt, dass zwischen dem persönlichen Empfinden und den Aussagen nach außen ein großer Spielraum sein kann. Beeindruckt hat uns jedoch die ganz klare hierarchische Stellung, die auch darüber bestimmt, dass selbst wohlwollende Hilfsangebote der Gastgeber ausgeschlagen werden ‚müssen', auch wenn sie von erheblichem Nutzen für die ganze Gruppe gewesen wären.

Leider ging die Woche viel zu schnell vorbei. Der Besuch der chinesischen Delegation war eine Bereicherung für alle Beteiligten. Und es gibt noch so unendlich viel, was wir voneinander lernen können. Wir freuen uns darauf, wenn auch im nächsten Jahr wieder eine chinesische Delegation ihren Weg nach Hamburg finden darf."

Yun Dörr: Das Lehrer:innenkollegium der MSH bedankt sich mit Nachdruck bei den Hamburger Gastfamilien für den feierlichen Empfang der Xi'an-Delegation am Flughafen sowie in der Schule, für die Betreuung während der Woche bis hin zu der emotionalen Verabschiedung. Vielen herzlichen Dank für das große Engagement unserer Gastmamas, Gastpapas und unserer Schüler:innen! Sie haben den Gästen mit einem tollen, sorgfältig vorbereiteten Familienprogramm Fröhlichkeit, Gastfreundlichkeit, Hilfsbereitschaft und Aufgeschlossenheit präsentiert. Sie sind großartig!

7. Fazit

Der Schüleraustausch mit Xi'an ist ein zentrales Element des pädagogischen Konzepts der MSH. Er ist sehr erfolgreich gestartet, auch wenn er durch die Corona-Pandemie unterbrochen wurde. Im Jahr 2023 soll der Austausch fortgesetzt und dann hoffentlich genauso intensiv weitergeführt werden. Die Schüler:innen haben sich in Xi'an erfolgreich auf Chinesisch, Englisch und unter Zuhilfenahme von Händen und Füßen verständigt. Sie haben ihren Horizont stärker als bei jeder anderen Reise erweitert. Das dürfte umgekehrt auch für die jungen Chines:innen und ihre Lehrer:innen gelten, die uns in Hamburg besucht haben.

Lesehinweise

Fachverband Chinesisch e.V. (2022). *Tübinger Erklärung*. Germersheim.
Frenzel, A. & Stepan, M. (2019). *Der weite Weg nach China. Herausforderungen und Potentiale des deutsch-chinesischen Schüler- und Jugendaustauschs*. Berlin: Mercator Institute for Chinese Studies.

TEIL III:
BAUSTEINE GANZHEITLICHER BILDUNGSARBEIT

Sarah-Fay Koesling

„Demokratisch Leben und Handeln lernen" in der Grundschule der Modernen Schule Hamburg

> „Give the pupils something to do, not something to learn, and the doing of such a nature as to demand thinking: learning naturally results." (John Dewey 1916)

Die Moderne Schule Hamburg (MSH) hat es sich zur Aufgabe gemacht, dem pädagogischen Ansatz „Demokratisch Leben und Handeln lernen" des amerikanischen Erziehungsphilosophen und Reformpädagogen John Dewey (1859–1952) zu folgen. Es ist eines der grundlegenden Prinzipien unserer Unterrichtsarbeit. Ziel ist, die Schüler:innen zwischen Freiheit und Verantwortungsübernahme zu selbstbewussten, zuversichtlichen und offenen Menschen zu erziehen, die sich in den immer komplexer werdenden gesellschaftlichen Strukturen zurechtfinden. So ist es an dieser Schule insbesondere die Aufgabe der Klassenlehrer:innen, den Unterricht demokratieförderlich zu planen und durchzuführen.

Abbildung 1: „Schülerinnen vierten Klasse und Praktikantin" (Foto Yun Dörr)

Im Folgenden wird dargestellt, wie die Schüler:innen einer von mir geführten Grundschulklasse der MSH im Laufe von vier Schuljahren durch das „Demokratisch Leben und Handeln lernen" gewachsen und gereift sind. Dafür wird die Selbstwahrnehmung der Schüler:innen dokumentiert und interpretiert, aber auch auf die Fremdwahrnehmung durch Eltern und Lehrende eingegangen. Wichtige Projekte, Aktivitäten und Abläufe der Klassengemeinschaft, die das demokratische Leben und Handeln der Schüler:innen gefördert haben, werden exemplarisch dargestellt. Insgesamt geht es darum deutlich zu machen, was die wesentlichen Bausteine einer ganzheitlichen Bildungsarbeit sind.

1. John Deweys Erziehungsphilosophie

Abbildung 2: John Dewey (Karsten Friedrichs-Tuchenhagen © Cornelsen)

Um den an der MSH praktizierten Ansatz „Demokratisch Leben und Handeln lernen" angemessen darstellen zu können, muss unser Verständnis des Begriffs „Demokratie" geklärt und sein Zusammenhang mit Erziehung und Unterricht erläutert werden. John Dewey begründet zu Beginn des 20. Jahrhunderts in seinem Klassiker „Democracy and Education" (1916/1993) die Ansicht, dass Lernen nicht durch die direkte Übertragung von Glaubenssätzen und Wissen stattfindet, sondern durch die soziale Umwelt ausgelöst wird, in die es eingebettet ist (Dewey 1993, S. 42). Der Ansatz ist ein dynamisches Konzept, das sich durch seine Nutzung schrittweise weiterentwickelt und immer wieder flexibel an die schulischen Gegebenheiten und außerschulischen Möglichkeiten angepasst werden muss.

Laut Dewey ist Demokratie im schulischen Kontext nicht nur als Belehrung über eine Regierungsform zu verstehen, dessen Ziele und Inhalte theoretisch zu vermitteln sind. Ebenso wenig trifft die Vorstellung den Kern der Idee, dass in einer demokratischen Schule möglichst alle Individualinteressen befolgt werden und dass jede Entscheidung in einem demokratischen Prozess, zum Beispiel einem Abstimmungsverfahren, herbeigeführt wird. Vielmehr geht es darum, eine Gemeinschaft zu schaffen, in der die Handlungen und Erfahrungen aller Schüler:innen und Lehrer:innen durch Kommunikation transparent gemacht werden und zum Gemeinwohl beitragen. Durch die innere Haltung der Lehrkräfte können die Schüler:innen motiviert werden, ihr Handeln und Lernen an die Werte und Normen der Schulgemeinschaft anzupassen, um sie auf diese Weise zu stärken und später zur Weiterentwicklung der ganzen Gesellschaft zu nutzen. Die in Gesprächen zusammengetragenen und gemeinsam reflektierten Erfahrungen und Ideen der Schüler:innen sollen ermöglichen, dass gemeinsam optimale Lösungen, zum Beispiel bei der Bewältigung von

Problemen oder der Lösung von Konflikten, gefunden werden. Dabei wird, so wie es die Bildungsgangdidaktik (Beitrag 3 aus TEIL I) fordert, die Individualität jeder einzelnen Schülerin/jedes Schülers ernstgenommen und in ihrer Unterschiedlichkeit, aber auch in ihrem Entwicklungspotenzial gewürdigt.

Die Kommunikation über die unterschiedlichen Sichtweisen und Interessen trägt zum Wohle der Gemeinschaft bei, indem Denkanstöße gegeben und neue Sichtweisen zugelassen werden. Hierbei ist es Aufgabe der Lehrkraft, Türen zu öffnen, statt Schranken zu setzen, und auch solche Ideen zuzulassen, die den eigenen Erfahrungswerten widersprechen oder diese übersteigen. Auch die Lehrkräfte verstehen sich in dieser Klassengemeinschaft als Lernende, die zwar führen müssen, aber nicht genau wissen können, was das Ergebnis des gemeinsamen Arbeitsprozesses sein wird. Das heißt, dass sich die Lehrer:innen hier nicht als Autoritäten verstehen, die die Schüler:innen zum Gehorsam bis hin zur Unterwürfigkeit erziehen. Vielmehr sollen sie freie Räume erhalten, in denen sie die Möglichkeit haben, sich handelnd zu erproben, gute Entscheidungen zu treffen und gemeinsame Interessen auszubauen. Dafür muss die Lehrkraft einen klar definierten Raum schaffen, in dem die Schüler:innen interagieren und kooperieren können. Dazu sind didaktisch-methodische Fantasie, die Einführung fest etablierter Verfahren und der Einsatz geeigneter Instrumente erforderlich, die in den nächsten Abschnitten skizziert werden. Darüber hinaus muss der Austausch mit den Schüler:innen durch gemeinsam verfolgte Werte absichert werden.

Diese Öffnung des Raumes führt dazu, dass jeder Einzelne sich durch Reflexion weiterentwickelt und so sein Potenzial für sich selbst, aber auch im Hinblick auf die Klassen- und Schulgemeinschaft und die Gesellschaft insgesamt entfalten kann. Eben dies ist gemeint, wenn Dewey im Eingangszitat sagt, dass das, was die Schüler:innen tun sollen, sie „zum Denken herausfordern" müsse. Der Dewey zugeschriebene, aber nicht wörtlich von ihm stammende Satz „learning by doing" meint also kein bewusstloses Tun, sondern harte Reflexionsarbeit (Meyer 2017). Dem dienen Diskussionen, in und mit denen die Schüler:innen lernen, ihre Ideen und Ansichten vorzubringen und die eigene Position zu verteidigen, aber auch einzusehen, dass die eigenen Vorschläge nicht immer umgesetzt werden können, und zu akzeptieren, dass andere Vorschläge von der Mehrheit für besser gehalten werden. Schule müsse, so Dewey, eine Form der Erziehung schaffen, „die in den einzelnen ein persönliches Interesse an sozialen Beziehungen und am Einfluss der Gruppen weckt und diejenigen geistigen Gewöhnungen schafft, die soziale Umgestaltungen sichern, ohne Unordnung herbeizuführen." (Dewey 1993, S. 136)

Die Auseinandersetzung mit aktuellen gesellschaftlich relevanten Themen spielt in Deweys Erziehungsphilosophie eine wichtige Rolle, weil sie einen Beitrag dazu leisten kann, Lernende zu mündigen Mitgliedern der Gesellschaft zu machen. Durch die Auseinandersetzung mit Aktuellem ist es möglich, sich weiterzuentwickeln, ohne jemals einen Endpunkt zu erreichen. Dabei sollte der gesellschaftliche Wandel als gegeben angenommen werden, statt ihn zu verurteilen. Der Wandel muss aber analysiert werden, so dass daran im Unterricht gelernt werden kann. Diese Haltung gegenüber gesellschaftlichem Wandel ist laut Dewey auch übertragbar auf das Miteinander der Menschen in der Schule: In Gesprächen miteinander sollten Entwicklungen des Schulalltages und Veränderungen nicht beklagt, sondern zugelassen und durchdacht werden. Dafür müssen vorhandene Ressourcen, welche auch immer es zu einem bestimmten Zeitpunkt sind, genutzt werden, um allen Beteiligten Partizipation zu ermöglichen. Als Beispiel wäre hier das Thema „Inklusion" anzuführen. Statt sich über den Beschluss der KMK zu beklagen, sollte man, folgt man Dewey, diese Entscheidung annehmen und durchdenken, wie sie an der jeweiligen Schule unter Berücksichtigung der vorhandenen räumlichen und personellen Ressourcen umzusetzen ist. Dabei können Schüler:innen und Lehrer:innen, aber auch Eltern an Entscheidungsprozessen beteiligt werden.

Der Kölner Erziehungswissenschaftler und Dewey-Fachmann Stefan Neubert (2006, S. 221) fasst dessen Erziehungsphilosophie wie folgt zusammen:

> *„Den Lernenden soll die Möglichkeit gegeben werden, durch eigene Erfahrungen und Handlungen sowie durch Partizipation und Teilhabe an gemeinsam mit anderen durchgeführten Aktivitäten und Projekten zu einer umfassend selbsttätigen und selbstbestimmten Entwicklung ihres Lernens zu gelangen. Demokratische Selbstbestimmungs-, Mitbestimmungs- und Solidaritätsfähigkeit beginnen für Dewey im Kleinen, sie sind eine Frage konkreter Handlungen, Teilnahmen und Beobachtungen von Lernenden im alltäglichen Miteinander."*

Eben dies versuchen wir an der MSH durch viele kleine und große didaktische und methodische Maßnahmen zu verwirklichen, orientieren uns aber nicht ausschließlich an den Werken Deweys, sondern stützen und ergänzen seine Erziehungsphilosophie mit aktuellen Positionen und praktischen Erfahrungen zum Demokratie-Lernen in der Tradition von Dewey (vgl. Reich, ohne Jahr; Thurn & Tillmann 2011; Edelstein et al. 2019).

2. Beziehung vor Erziehung – Die Lehrer-Schüler-Beziehung an der MSH

Laut Dewey ist „experience", also die selbst gemachte Erfahrung, einer der ausschlaggebenden Faktoren für erfolgreiches Lernen (siehe S. 81). Sie umfasst alle Lebensbereiche. Dabei lernen die Schüler:innen sowohl aus positiven als auch aus negativen Erfahrungen. Allerdings ist der Lerneffekt ein unterschiedlicher: Positive

Erfahrungen wie Lob, Erfolg, Wertschätzung, Anerkennung und Aufmerksamkeit werden ganz anders erlebt als Tadel, Misserfolg, Hilflosigkeit, Angst und Unterdrückung (vgl. Rheinberg & Vollmeyer 2018). Aus all diesen Erfahrungen können und sollen die Schüler:innen lernen. Dabei ist immer zu bedenken, dass Erfahrungen, die die zwischenmenschlichen Beziehungen betreffen, alle anderen Erfahrungen überformen. In der Hattie-Studie (2013, S. 141 f.) kam heraus, dass die Lehrer-Schüler-Beziehung einer der wichtigsten Einflussfaktoren für den Lernerfolg ist. Vor allem hat sie einen entscheidenden Einfluss auf das Selbstwertgefühl eines Kindes. Das gilt auch in der Schule. Deshalb steht der Aufbau konstruktiver und respektvoller Beziehungen zwischen Lehrer:innen und Schüler:innen an der MSH im Vordergrund. So lernen die Schüler:innen vom ersten Schultag an, dass Lehrer:innen Vertrauenspersonen sind, die ihnen mit Rat und Tat zur Seite stehen, sie in ihrer Individualität anerkennen und auch durch Misserfolge begleiten.

Eine wesentliche Voraussetzung dafür ist, dass alle Lehrkräfte und Pädagog:innen ihren Arbeitsplatz in der Schule haben und von Beginn des Schultages an bis zum Ende im Haus anwesend sind. Ihre Türen stehen den Schüler:innen buchstäblich jederzeit offen. So bewegen sie sich schnell selbstbewusst durch das Schulgebäude und lernen, dass ihre Anliegen gehört und ernstgenommen werden. Hilfreich ist dabei insbesondere für zurückhaltende, schüchterne Schüler:innen, dass die MSH keine anonyme große Institution ist. Die Arbeitsplätze der Lehrer:innen befinden sich in Kleingruppenbüros, was es den Schüler:innen ermöglicht, in privatem Rahmen mit ihnen zu sprechen. Dies bereitet die Schüler:innen darauf vor, in höheren Klassen ihre Meinung vor der Klasse zu vertreten, Ideen zu äußern und gegebenenfalls auch die Äußerungen der Lehrer:innen in Frage zu stellen. Die Schüler:innen lernen so, mit ihrem Anliegen die Person zu adressieren, die das Anliegen betrifft, bzw. sich Unterstützung bei der Klassenlehrerin/dem Klassenlehrer zu holen, wenn sie Hilfe benötigen. So erwerben sie in kleinen Schritten immer mehr Handlungsfähigkeit, ohne befürchten zu müssen, beschämt zu werden.

Eine Befragung der Schüler:innen: Die generellen Aussagen werden durch die Ergebnisse einer von mir durchgeführten Schülerbefragung in meiner 4. Klasse bestätigt. Der Fragebogen ist in ANLAGE 2 (S. 197–201) abgedruckt. Sämtliche Schüler:innen erklären, dass es für sie wichtig ist, dass die Lehrer:innen immer ansprechbar sind (Frage 1). Dies wird noch dadurch unterstützt, dass die Klassen im Team von zwei Lehrpersonen geleitet werden. Die Schüler:innen erleben dies als besonders beziehungsförderlich, da sie im Idealfall zwei Vertrauenspersonen haben, von denen zumindest eine immer erreichbar ist. Dadurch, dass diese als Klassenlehrer:innen Unterricht in mehreren Fächern geben, verbringen sie mehr Zeit in ihrer Klasse, teilweise auch gemeinsam. Diese gemeinsame Zeit wird unter anderem dazu genutzt, mit einzelnen Schüler:innen Gespräche zu führen, Konflikte zu lösen, aber auch, um entstandene Defizite und Lernhürden vertiefend zu bearbeiten.

80 Prozent der Schüler:innen geben an, sich mit allen oder fast allen Sorgen an ihre Lehrer:innen wenden und sich Hilfe holen zu können (Frage 2). 94 Prozent der Schüler:innen sind der Auffassung, dass sie nun, wo sie in der 4. Klasse angekommen sind, seltener die Lehrer:innen an deren Arbeitsplatz aufsuchen müssen, als zu Beginn ihrer Schulzeit. Mehrfach genannte Gründe dafür sind, dass sie mittlerweile viele Probleme ohne die Klassenlehrerin/den Klassenlehrer lösen können (Frage 21). Auch gut 40 Prozent der Eltern kommen zu dem Schluss, dass die besondere Lehrer-Schüler-Beziehung an der MSH die Entwicklung ihres Kindes positiv beeinflusst hat. Auch hier gibt ein überwiegender Teil der Eltern an, dass die Erreichbarkeit der Lehrer:innen ein wichtiger Faktor ist. In den Augen der Eltern hat dieser Aspekt deutlichen Einfluss auf die Steigerung des Selbstbewusstseins und die Konfliktfähigkeit ihrer Kinder.

3. Selbstwirksamkeitserfahrungen – Grenzen von Belohnungs- und Bestrafungssystemen

Ein wesentlicher Aspekt, der es den Schüler:innen der MSH erleichtert, ihr Potenzial zu entfalten, ist der, dass die Lehrer:innen weder mit einem Belohnungs- noch mit einem Bestrafungssystem arbeiten. Hier besteht ein deutlicher Unterschied zum chinesischen Schulsystem. An anderen Schulen kann man beobachten, dass es zumeist dieselben Schüler:innen sind, die eine Belohnung erhalten, und fast immer dieselben, die getadelt oder bestraft werden. Kurzfristig können solche Praktiken durchaus einen disziplinierenden Einfluss auf einzelne Schüler:innen und ganze Lerngruppen haben. Das langfristige Ziel, nämlich die Stärkung der intrinsischen Motivation für selbstbestimmtes Lernen, wird aber nur selten oder nie erreicht, zumal nur ein Bruchteil der Grundschüler:innen auf extrinsische Belohnungssysteme angewiesen ist. Die meisten von ihnen sind neugierig, voller Tatendrang und begierig zu lernen. Es kommt hinzu, dass solche Praktiken als manipulierend eingestuft werden müssen. Manipulierendes Verhalten schädigt aber die zwischenmenschlichen Beziehungen nachhaltig, zumal sich die Schüler:innen – besonders im Grundschulalter – häufig größte Mühe geben, von ihren Bezugspersonen gemocht und gelobt zu werden. Ein Belohnungs- oder Bestrafungssystem einzusetzen, kann zwar kurzfristig dazu führen, dass die Schüler:innen bessere Leistungen erbringen, fleißig für Tests lernen und es den Erwachsenen recht zu machen versuchen. Gleichzeitig aber schränken sie damit ihre eigenen Bedürfnisse ein und das möglicherweise so weitgehend, dass sie beginnen, die Schule zu hassen (Kohn 1999, p. 142). Des Weiteren bleiben solche Praktiken häufig oberflächlich, da nur ganz bestimmte Verhaltensmuster gelobt oder getadelt werden. Aber um zu einem wirklichen Verständnis von Lernstärken, Lernhindernissen oder Verhaltensabweichungen zu kommen, müssen die Beteiligten in einen Austausch gehen und sich über Bedürfnisse und Ziele sowie Handlungsmöglichkeiten und Methoden austauschen. Erst dann können diese Bedürfnisse erfüllt und Ziele erreicht werden, die dazu beitragen, die Schüler:innen zu selbsttätigen und selbstbewussten Menschen zu machen.

In der schon genannten Befragung gibt unter den Viertklässlern meiner Klasse nur ein einziges Kind an, durch Belohnungen motiviert zu werden. Zwei Drittel der Schüler:innen geben an, dass sie keine Belohnungen zur Motivation benötigen. Ein gutes Drittel erkennt sogar, dass Belohnungen manipulativ sein können. Die meisten Schüler:innen geben an, dass es sie motiviert, etwas zum Unterricht beizutragen und dafür Anerkennung zu erhalten. Besonders hervorgehoben werden hier von den Schüler:innen aufrichtiges Lob durch Eltern, Mitschüler:innen und Lehrer:innen. Aber auch positive Rückmeldungen bei Tests und Klassenarbeiten seien, so die Schüler:innen, ein wichtiger Motivationsfaktor. 15 Prozent geben an, dass die Androhung von Strafen sie motivieren würde, etwas zu tun oder zu lassen, aber 50 Prozent der Schüler:innen schließen dies als Motivation aus.

Die Befragungsergebnisse zeigen, dass der Ansatz, die Schüler:innen Selbstwirksamkeit erleben und sich als wichtigen Teil der Gemeinschaft erfahren zu können, richtig ist und realisiert werden kann. Das kann durch viele empirische Befunde abgesichert werden (zusammenfassend: Köller & Möller 2018). Selbstwirksamkeit wird gestärkt, wenn die Schüler:innen in die Verantwortung genommen und von ihren Lehrer:innen und Mitschüler:innen darin unterstützt werden. Statt also Schüler:innen für das Zappeln oder Reinreden zu bestrafen, werden die Regeln für ein gedeihliches Miteinander immer wieder besprochen und das individuelle Verhalten reflektiert. Durch tägliches Feedback von Mitschüler:innen und Lehrkräften erfahren die Schüler:innen so, welches Verhalten zum Erfolg führt. Zugleich werden sie durch konkrete Arbeitsaufträge und Projekte in die Verantwortung genommen, etwas zur Gemeinschaft beizutragen.

4. Selbstreguliertes Arbeiten in Lernzeiten

Die Lernzeiten spielen im Unterrichtskonzept der MSH, wie in den im ANHANG von Beitrag 1 (TEIL I) abgedruckten Stundentafeln zu sehen ist, sowohl in quantitativer als auch in qualitativer Hinsicht von Klasse 1 an eine wichtige Rolle. Sie dienen dazu, die im Lese-, Schreib- und Mathelehrgang und im Sprach- und Fachunterricht eingeführten Lerninhalte in Einzel- und hin und wieder auch in Tandemarbeit zu üben und zu vertiefen (vgl. Standop 2013). Dafür sind ansprechend formulierte kognitiv aktivierende Aufgabenstellungen erforderlich. Lernzeiten können darüber hinaus genutzt werden, um neue Lerninhalte mit geeigneten Unterrichtsmedien eigenständig anzueignen. Im Chinesischunterricht der Grundschule spielen sie erst ab Ende der dritten Klasse eine Rolle, wenn die Schüler:innen damit beginnen, sich das Vokabular für die HSK-Prüfung (S. 108) anzueignen.

Die Lernzeiten funktionieren nicht von selbst. Klare Regelabsprachen und intensive Vorbereitungen im Klassenunterricht sind ebenso unverzichtbar wie die gezielte Vermittlung didaktischer Kompetenzen zum selbstregulierten Arbeiten. Ein klares Arbeitsbündnis im Sinne eines didaktisch-sozialen Vertrags (Meyer & Junghans 2021, S. 58 f.) zwischen der Lehrerin, jeder einzelnen Schülerin/jedem Schüler und der ganzen Klasse muss hinzukommen, damit effektiv gelernt werden kann.

Wenn die Kinder in das erste Schuljahr starten, sind sie bereits in der Lage, selbstständig zu lernen und zu üben. Bis dahin betrifft das aber vor allem Lerninhalte, die den Kindern Spaß machen, und Lernsituationen, die sich für die Kinder natürlich anfühlen. In der ersten Klasse stehen sie plötzlich vor der Herausforderung, sich mit einem Lerngegenstand zu beschäftigen, der oft weniger spaßig und unter Umständen sogar herausfordernd ist. Manchmal wird er auch als langweilig empfunden. Um effektives Arbeiten zu ermöglichen, sind verschiedene Maßnahmen erforderlich:

- Die Lernzeiten werden immer von einer der beiden Klassenlehrer:innen betreut und nicht, wie an vielen anderen Schulen, durch weiteres pädagogisches Personal. So ist eine vertraute Schüler-Lehrer-Beziehung sichergestellt.
- Es erfolgt eine enge Absprache zwischen den Fach- und Klassenlehrer:innen, um sicherzustellen, dass beide Parteien, Schüler:innen und Klassenlehrer:innen, wissen, was die Klasse in den Lernzeiten zu tun hat.
- Den Schüler:innen wird von den Fachlehrer:innen klar kommuniziert, was sie in der Lernzeit zu tun haben. Das ist wichtig, um zu vermeiden, dass die Schüler:innen behaupten, bereits alles erledigt zu haben.

Hinzu kommen mediale Hilfen (Whiteboard, digitales Klassenbuch) und methodische Ergänzungen (Lernspiele und Lernbox), die sich bei der Einführung der Lernzeiten an unserer Schule bewährt haben:

Post-Its: Bei den jüngsten Schüler:innen in der ersten und zweiten Jahrgangsstufe markieren die Fachlehrer:innen mit Post-Its, von den Kindern „Klebezettel" genannt, auf welcher Seite im Heft oder auf welchem Arbeitsblatt die Kinder noch Aufgaben zu bearbeiten haben. Dies hat zugleich den Vorteil, dass alle bereits erfolgreich beendeten Aufgaben von der Lehrperson schon während der Unterrichtszeit kontrolliert werden können. Besonders in den niedrigen Klassen, wo Aufgaben noch weniger komplex sind und nicht alle Schüler:innen lesen können, ist dieses Vorgehen erfolgreich. Zu beobachten ist dabei häufig, dass die Schüler:innen motiviert sind, möglichst keine „Klebezettel" in ihren Heften zu haben und sogar freiwillig Aufgaben weiter zu Hause beenden. Das Entfernen der Post-Its wird von vielen Schüler:innen als Erfolgserlebnis empfunden. Es ist förderlich für die Motivation.

Whiteboard für die Aufgabendokumentation: Bei den Schüler:innen der dritten und vierten Jahrgangsstufe werden die in der Lernzeit zu bearbeitenden Aufgaben zumeist schon im Fachunterricht auf dem Whiteboard festgehalten. So können die Schüler:innen beim Wechsel in die Lernzeiten sehen, welche Aufgaben sie bis wann erledigt haben sollen, und die Lehrer:innen können ihnen gegebenenfalls bei der Priorisierung helfen und mit ihnen die Fragen klären: Welche Aufgabe geht am schnellsten? Welche Aufgabe ist am dringlichsten? Bei welcher Aufgabe benötigst du am meisten Hilfe?

Digitales Klassenbuch: Ab der fünften Jahrgangsstufe werden die Hausaufgaben, die es in der Grundschule der MSH noch nicht gibt, in das digitale Klassenbuch eingetragen, auf das jede Schülerin/jeder Schüler Zugriff hat. Dort können bearbeitete Aufgaben von diesen auch eingereicht und von den Lehrer:innen direkt durchgesehen und bewertet werden. So wird die Selbstständigkeit der Schüler:innen nach und nach, je nach Alter, ausgeweitet und die Eigenverantwortung gefördert.

Lernspiele: In jeder Schulklasse gibt es Schüler:innen, die ihre Aufgaben bereits im Unterricht erledigen oder mit den Hausaufgaben schnell fertig sind. Diese sollen die Lernzeiten dennoch nutzen, um zu lernen, zu üben oder Gelerntes zu festigen. In der Grundschule stellen die Klassenlehrer:innen häufig Lernspiele zur Verfügung. Das können Brettspiele sein, wie Schach oder Weiqi oder weitere, welche die Alphabetisierung oder das mathematisch-logische Denken fördern. Außerdem erhält jedes Kind Zusatzmaterialien in den Fächern Deutsch, Mathematik und später Englisch, die auf die individuellen Fähigkeiten und den aktuellen Lernstand des Einzelnen zugeschnitten sind. Dies können z.B. Lernhefte verschiedener Verlage sein.

Lernbox: Vom dritten Jahrgang bis zu den höchsten Klassen des Gymnasiums findet sich in jedem Klassenraum eine sogenannte „Lernbox". Sie besteht aus einem Hängeregister mit den Schüler:innennamen, in welchem die Fachlehrer:innen zusätzliche Übungs- und Vertiefungsmaterialien für die einzelnen Schüler:innen hinterlegen können. Seit zwei Jahren werden solche Übungen am Gymnasium auch digital verteilt, z.B. über das digitale Klassenbuch oder andere Apps und Online-Plattformen, die den Schüler:innen aus dem Fachunterricht bekannt sind.

Die Arbeit mit dem Lernzeitenmodell hat im Vergleich zur traditionellen Hausaufgabenpraxis eine Reihe von Vorteilen:

- Die Regeln und Verfahren der Lernzeitarbeit können schnell und einfach ritualisiert und dann auch routiniert ausgeführt werden.
- Die Lehrer:innen können die Arbeitszeit der Klasse nutzen, um ihre Schüler:innen zu beobachten. Sie können sofort erkennen, wer die Aufgaben allein bewältigt, wer nachfragen muss (was ausdrücklich erwünscht ist) und wer kaum oder gar nicht vorankommt. Erledigen die Schüler:innen ihre Aufgaben zu Hause,

ist der Eigenanteil im Vergleich zu den Hilfestellungen der Eltern schwer auszumachen.
- Die in der Lernzeit gemachten Beobachtungen des Schülerverhaltens können als Grundlage für die Kommunikation mit den Eltern genutzt werden.
- Die Lernzeiten helfen, Zeit- und Leistungsdruck aus dem Fachunterricht herauszunehmen. Die Schüler:innen wissen ja: Auch wenn ich in der Deutschstunde nicht fertig werde, habe ich am Ende des Tages noch Zeit, an dieser Aufgabe weiterzuarbeiten.
- Die Arbeit mit Lernzeiten sorgt dafür, dass Scham, z.B. für langsameres Arbeiten, und Demotivation durch Lernschwierigkeiten bei den Schüler:innen gering bleiben oder gar nicht erst eintreten.
- Ein weiterer nicht unerheblicher Vorteil besteht darin, dass Lernzeiten in der Schule den Schüler:innen freie Nachmittage und Wochenenden ermöglichen, wo sie sich ausruhen oder Hobbys nachgehen können.
- Wenn Schüler:innen zu Hause weiterarbeiten, so tun sie dies freiwillig. Die freiwillige Arbeit zu Hause wird bei vielen Schüler:innen langfristig zur Gewohnheit, so dass der Sprung in der 5. Klasse, in der es plötzlich verpflichtende Hausaufgaben gibt, für viele nicht mehr allzu groß ist.

Dass die Lernzeiten gut und wichtig sind, ist besonders an den Schüler:innen zu erkennen, die als Quereinsteiger:innen an die MSH wechseln. Während Schüler:innen, die die MSH schon lange besuchen, häufig gute selbständige Lerner sind, müssen sich neue Schüler:innen diese Fähigkeit erst aneignen. Obwohl sich in der Regel alle darüber freuen, dass es an der Grundschule keine und am Gymnasium der MSH entsprechend weniger Hausaufgaben als an anderen Gymnasien gibt, ist es nicht selbstverständlich, dass die Lernzeiten von diesen Schüler:innen sofort effektiv genutzt werden können. Dies ist für die Quereinsteiger:innen ein Lernprozess, bei dem sie von den Mitschüler:innen unterstützt werden.

5. Klarschiff und Schutzengelprinzip als Bausteine des Service-Learning

Anne Seifert & Franziska Nagy (2014) bringen die Erziehungsphilosophie Deweys in engen Zusammenhang zu dem, was sie als *Service-Learning* bezeichnen. Demokratiekompetenz sei demnach zu verstehen als „komplexes Zusammenspiel aus Einstellungen, Fähigkeiten und Fertigkeiten." Selbstständiges Denken und Handeln, (Frustrations-)Toleranz und Empathie gehören genauso dazu wie Solidaritätserfahrung, Verantwortungsübernahme und Gemeinsinn.

Service Learning: Der Begriff beschreibt eine Lernform, in der Schüler:innen lernen, zunächst Verantwortung für einzelne Andere und später für die Gesellschaft insgesamt zu übernehmen. Während die Schüler:innen der Oberstufe der MSH *Service-Learning* als eigenes Schulfach haben, werden die Grundschüler:innen durch kleinere Projekte an die Verantwortungsübernahme herangeführt. Wichtig ist dabei, wie Seifert und Nagy schreiben, das *Service Learning* fest im Schulalltag zu verankern und mit dem Unterricht zu verbinden. So können „die Erfahrungen, die Schüler/innen beim Engagement für Andere machen, im Unterricht aufgegriffen, reflektiert und mit Unterrichtsinhalten verknüpft werden." (Seifert & Nagy 2014, S. 24) Die Autorinnen beschreiben, dass diese Form des Lernens nachweislich die soziale Kompetenz, die Kommunikationsfähigkeit und die Selbstwirksamkeitserfahrungen der Schüler:innen steigert. Auch werde das Verantwortungsbewusstsein der Schüler:innen gestärkt. Die Autorinnen führen darüber hinaus Studien an, die belegen, dass Schüler:innen, die solche Lernformen an ihrer Schule erfahren haben, auch langfristig gesellschaftspolitisch engagierter seien als ihre Kontrollgruppe (Seifert & Nagy 2014, S. 26 ff.).

In der Grundschule der MSH werden die Schüler:innen, wie bereits erwähnt, dazu ermutigt, sich für andere zu engagieren. Wesentliche, aber nicht die einzigen Bausteine sind dabei die Klarschiff-Stunden und das Schutzengelprinzip.

Abbildung 3: „Klar Schiff", gezeichnet von Asia Salvini aus Klasse 4

Klarschiff-Stunden: In diesen im Stundenplan verankerten Stunden lernen die Schüler:innen Verantwortung für ihre Lernumgebung zu übernehmen. Hierbei konzentrieren sie sich zunächst auf die Organisation ihres eigenen Arbeitsplatzes, indem sie ihren Tisch, ihr Regal mit den darin befindlichen Materialien sowie ihren Spind in Ordnung halten und die Lernmaterialien sortieren. Im Anschluss daran gehen sie einer gemeinsam vereinbarten Aufgabe nach, wie dem Pflanzendienst, dem Mülldienst, dem Staubsaugerdienst usw. Es gibt auch einen Tischdienst, der sich an der Vorbereitung des gemeinsamen Mittagessens beteiligt, den Tisch deckt und nach dem Mittagessen abdeckt und den Tisch wieder reinigt. Den Schüler:innen wird so früh bewusst, dass das leichtfertige, oftmals auch absichtliche Verschmutzen des Klassenraumes oder der Mensa zur Folge hat, dass sie nicht sofort wieder an die Arbeit gehen können, sondern erst einmal die Unordnung oder den Schmutz beseitigen müssen.

Hin und wieder angesetzte Reflexionsrunden geben den Schüler:innen die Möglichkeit, über den Zustand ihres Klassenraumes zu diskutieren und geeignete Maßnahmen zu besprechen, um ihn sauber zu halten. So lernen sie schnell, sich ihrer Handlungen einschließlich ihrer Konsequenzen bewusst zu werden: „Wenn ich meinen Tisch bemale, muss mein Mitschüler, der nichts damit zu tun hat, oder ich selbst das saubermachen." Sie lernen, ihre Frustrationstoleranz zu stärken: „Ich habe viel Arbeit damit, den Boden zu saugen, weil ein Mitschüler mit matschigen Straßenschuhen durch die Klasse gelaufen ist." Sie lernen, den Gemeinsinn zu stärken: „Wenn ich meine Aufgabe erledigt habe, biete ich einem Mitschüler Hilfe an, damit es schneller geht." Hier übernehmen die Schüler:innen einen Service für sich selbst und das eigene Wohlbefinden, aber auch für die Mitschüler:innen, also die Klassengemeinschaft. Die Schüler:innen finden diese Stunden, obwohl sie Aufräumen nicht unbedingt als Lieblingsbeschäftigung ansehen, sinnvoll, da es so in ihrer Hand liegt, den Klassenraum sauber und ordentlich zu halten. Die Auswirkung einer ordentlichen und strukturierten Lernumgebung ist den Schüler:innen bewusst. Knapp zwei Drittel geben an, dass sie im Alltag mehr Rücksicht auf ihren Klassenraum nehmen, um sich und andere in den Klarschiff-Stunden zu entlasten.

Schutzengelprinzip: Laut Seifert & Nagy (2014) ist es wichtig für die Förderung der eigenen Demokratiekompetenz, hin und wieder Verantwortung ausschließlich für andere zu übernehmen. Deshalb haben wir das *Schutzengelprinzip* im Schulalltag der MSH verankert. Bei diesem Prinzip geht es darum, dass jede Schülerin/jeder Schüler Verantwortung für das Wohlbefinden einer Mitschülerin/eines Mitschülers übernimmt, und zwar von der Vorschule bis hin zur 12. Klasse. Schüler:innen sollen einander helfen bzw. Hilfe für ihre Mitschüler:innen holen, wenn diese benötigt wird, unabhängig davon, in welchem Verhältnis sie zueinander stehen. Dadurch werden Konflikte auf dem Schulhof verringert und der einzelne erfährt, wie er seine Fähigkeiten konkret einsetzen kann, um anderen etwas Gutes zu tun. Zwei Drittel der Viertklässler geben an, dass sie selbst schon als Schutzengel aufgetreten sind, drei Viertel sagen, dass ihnen in der Schule schon von einem anderen geholfen wurde.

Die Schüler:innen der 4. Klasse äußerten, dass sie u.a. deshalb gern als Schutzengel fungieren, weil sie gern helfen, weil sie andere beschützen und unterstützen möchten und weil sie es nicht schön finden, wenn jemand geärgert wird (Fragebogen, Frage 11). Die „Belohnung" für die Viertklässler bestand also darin, in der Klasse und von den Lehrpersonen Anerkennung zu bekommen, die eigene Selbstwirksamkeit zu erfahren und einen wichtigen Beitrag zum friedlichen Miteinander zu leisten.

Abbildung 4: „Schutzengel", gezeichnet von Mathilda Kuhn aus Klasse 4

Das Prinzip „Demokratisch Leben und Handeln lernen" ist, wie eingangs gesagt, ein dynamisches Konzept, in dem das individuelle und gemeinsame Lernen an die schulischen Gegebenheiten und gesellschaftlichen Möglichkeiten flexibel angepasst wird.

Ein Beispiel: Als im Schuljahr 2021/2022 Schüler:innen eingeschult wurden, die aufgrund der Corona-Pandemie Kindergärten und Vorschulen nur unregelmäßig besuchen konnten, kam es aufgrund wenig ausgereifter Sozialkompetenzen zu vermehrten Konflikten auf dem Schulhof. Die Viertklässler boten sich an, verbindlich für einzelne Erstklässler die Rolle als Schutzengel zu übernehmen. Dabei konzentrierten sie sich ausschließlich auf diejenigen, die häufig Konflikte provozierten. Die Idee der Schüler:innen dahinter war, die Erstklässler von Streitigkeiten fernzuhalten, ihnen bei Langeweile Beschäftigungsmöglichkeiten aufzuzeigen und ihnen Handlungsmöglichkeiten zu geben, wenn sie doch von Wut überwältigt wurden. Die Erstklässler hatten so eine Vertrauensperson, die auf ihrer Seite stand und sie von Ärger fernhielt.

6. Gewaltfreie Kommunikation im Schulalltag

Mit Beginn der ersten Klasse wurden die Schüler:innen mit dem Ansatz der Gewaltfreien Kommunikation nach Marshall B. Rosenberg (2001) vertraut gemacht. Der Autor entwickelte seinen Ansatz als Reaktion auf verletzende und beleidigende Worte in seinem eigenen Alltag. Ihm fiel auf, dass es notwendig ist, aufmerksam zuzuhören und sich empathisch auf das Gegenüber einzulassen, um dessen Ansichten und Handlungen wirklich zu begreifen. Dies ist im Umgang mit Kindern im Allgemeinen, aber besonders im schulischen Kontext von Bedeutung, da die Kinder lernen sollen, sich ehrlich und klar auszudrücken, ohne andere mit ihren Worten zu erniedrigen oder zu verletzen. Im schulischen Kontext gibt es derart viele Anlässe zum Kommunizieren, dass Kommunikation wohl der wichtigste Bestandteil einer gut funktionierenden Schule ist. Sie ist Instrument bei der Vermittlung von Lerninhalten, beim Feedback und der Bewertung von Schülerleistungen und eben auch bei der Lösung von Konflikten. Kommunizieren kann aber gleichzeitig auch zum Auslöser von Konflikten und Missverständnissen werden. Hier setzt Rosenbergs Ansatz an.

Da die unverzichtbare Grundlage der Gewaltfreien Kommunikation kein methodisches Wissen, sondern eine von allen Beteiligten anzueignende Haltung ist, kann sie nicht einfach den Schüler:innen „beigebracht" werden. Vielmehr sind Lehrer:innen erforderlich, die bereit sind, ihre eigene Kommunikationsweise zu hinterfragen, an dieser zu arbeiten und die Schüler:innen in dem Prozess zu begleiten, in dem diese lernen können, welche Vorteile gewaltfreie Kommunikation mit sich bringt. Deshalb bilden sich die Lehrer:innen der MSH regelmäßig in diesem Ansatz fort.

Die Gewaltfreie Kommunikation besteht aus fünf aufeinander aufbauenden Schritten, welche die Schüler:innen im Laufe der Zeit verinnerlichen:

1) möglichst wertfreies Beobachten
2) Schildern der eigenen Gefühle
3) Äußern der Bedürfnisse
4) Formulierung einer Bitte
5) Klärung der Situation.

Außerdem ist die „konstante positive Unterstellung" ein wichtiger Faktor, um mit Empathie kommunizieren zu können. Die „konstante positive Unterstellung" beschreibt die Tatsache, dass jedes Verhalten nur eine Strategie ist, sich sein eigenes Bedürfnis zu erfüllen und sich in erster Linie nicht gegen das Gegenüber richtet.

Giraffensprache: Die Schüler:innen lernen direkt nach der Einschulung die Gewaltfreie Kommunikation als Giraffensprache kennen. Das Gegenteil ist die

Wolfsprache; sie ist geprägt von Beschuldigungen, Manipulation und Forderungen. Daher arbeiten wir daran, die Giraffensprache zur Alltagssprache der Schule zu machen. Sie findet sich in allen Gesprächssituationen wieder. Dies gilt insbesondere für den Morgen- und Abschlusskreis, für Einzelgespräche zwischen Lehrer:innen und Schüler:innen, in Unterrichtsgesprächen, im Klassenrat und beim Lösen von Konflikten zwischen Schüler:innen. Insofern ist die Giraffensprache eine wichtige Grundlage für eine gute Lehrer-Schüler-Beziehung.

Konfliktlösungen: Ein typisches Konfliktgespräch zwischen Erstklässlern, in dem die Kinder, begleitet durch die Lehrperson, ihre Anliegen gewaltfrei vortragen, sieht wie folgt aus:

Tom hat Linas Glitzerstift, ohne sie zu fragen, aus ihrem Stiftekörbchen genommen. Die Lehrerin beobachtet, dass Lina Tom haut und geht dazwischen. Tom weint.

Lehrerin:	Tom, magst du mir einmal berichten, was passiert ist?
Tom:	Lina hat mich gehauen. (*Beobachtung*)
Lehrerin:	Das hat bestimmt wehgetan und dich geärgert, oder? (*Gefühle*)
Tom:	Ja.
Lehrerin:	Warum hat Lina das wohl gemacht? (*Frage nach Linas Bedürfnis*)
Tom:	Weil ich ihren Stift ausgeliehen habe.
Lehrerin:	Das hat Lina nicht gefallen? Lina, warum hast du Tom gehauen?
Lina:	Weil er hat meinen Stift weggenommen.
Lehrerin:	Das wolltest du nicht?
Lina:	Hm-hm.
Lehrerin:	Was hast du gefühlt, als er den Stift weggenommen hat? (*Frage nach Gefühlen*)
Lina:	Wütend.
Lehrerin:	Was hättest du dir von Tom gewünscht? (*Frage nach Bedürfnis*)
Lina:	Dass er mich fragt, ob er den haben darf. (*Bedürfnis*)
Lehrerin:	Tom, verstehst du das?
Tom:	Ja.
Lehrerin:	Wie ging es dir, als Lina dich gehauen hat? (*Frage nach Gefühlen*)
Tom:	Das hat wehgetan (*Beobachtung*).
Lehrerin:	Was hättest du dir gewünscht? (*Frage nach Bedürfnis*)
Tom:	Dass sie stopp sagt und mich nicht haut.
Lehrerin:	Vielleicht, dass sie gesagt hätte: Gib mir bitte den Stift zurück?

Tom:	Hm-hm.
Lehrerin:	Lina, verstehst du das?
Lina:	Ja.
Lehrerin:	Lina, sag Tom bitte einmal, was du dir von ihm wünschst, wenn er das nächste Mal deinen Stift benutzen möchte! (*Bedürfnis*)
Lina:	Das nächste Mal frag mich bitte, ob ich ihn dir geben möchte! (*Formulierung der Bitte*)
Tom:	Okay.
Lehrerin:	Tom, sag bitte Lina einmal, was du dir das nächste Mal von ihr wünschst.
Tom:	Ich wünsche mir, dass du nicht gleich haust, sondern erstmal Stopp sagst. (*Bedürfnis*)
Lehrerin:	Könnt ihr euch darauf einigen?
Beide:	Ja.
Lehrerin:	Ist die Situation für euch beide geklärt?
Beide:	Ja.

Auslöser des Konflikts war ein Verhalten, welches das jeweils andere Kind verletzt hat. Dabei ist es nicht relevant, wer angefangen hat oder wer den vermeintlich größeren Fehler begangen hat.

Ein großer Vorteil dieser Form der Konfliktlösung besteht darin, dass beide Konfliktpartner:innen gleichermaßen zu Wort kommen und keiner von der Lehrperson für die Handlungen verurteilt wird. Ein zweiter Vorteil besteht darin, dass diese Form der Konfliktlösung nur wenig Zeit – zumeist nur wenige Minuten – benötigt. Statt die beiden Kinder für die Unterrichtsstörung und das Fehlverhalten zu bestrafen, erhalten sie die Möglichkeit zu lernen, wie sie zukünftig zum Wohlbefinden des anderen beitragen können. Sie lernen zugleich, für ihre eigenen Bedürfnisse einzutreten, ohne sie über die des anderen zu stellen.

Wenn Kinder anhaltend erfahren, dass und wie mit Konflikten im Ansatz der Gewaltfreien Kommunikation umgegangen wird, übernimmt die Mehrzahl von ihnen recht bald diese Form der Gesprächsführung. Es gelingt ihnen so, innerhalb weniger Jahre Konflikte selbstständig zu klären und deeskalierend zu kommunizieren. Sowohl die Eltern als auch die Schüler:innen der vierten Klasse geben an, dass die Kinder große Fortschritte im Umgang mit Konflikten gemacht haben. Dies wird auch durch die Lernentwicklungsberichte deutlich, in denen diese Kompetenz bewertet wird.[1] Ein Großteil der Klasse benötigt gar keine Hilfe durch die Lehrperson mehr, um mit Konfliktsituationen umzugehen. Bemerkenswert ist aber, dass die Schüler:innen, die diese Hilfe nach wie vor benötigen, dies reflektieren können und angeben, dass sie zu häufig die Wolfsprache benutzen und dadurch Konflikte auslösen bzw. eskalieren lassen.

Morgenkreis: Auch der tägliche Morgen- und der Abschlusskreis (s.u.) werden durch die Haltung der Gewaltfreien Kommunikation getragen. Auch sind beide Gesprächssituationen ein wichtiges Instrument zur Reflexion und Selbstkundgabe, zur Partizipation sowie zur Auseinandersetzung mit den eigenen Gefühlen. Im Morgenkreis können die Stimmungen der einzelnen Schüler:innen gehört werden, zugleich erhält die Lehrperson einen Einblick in die grundsätzliche Haltung der Schüler:innen. Ein Beispiel:

- Eine Schülerin hat mehrfach im Morgenkreis geäußert, dass sie traurig ist. Das ist ein Hinweis, dem die Lehrperson nachgehen muss. Sie hat ein beratendes Gespräch mit den Eltern geführt. Gemeinsam mit der Klasse wurde besprochen, was jede und jeder einzelne tun kann, damit dieses Kind häufiger sagt, dass es glücklich ist. Wieder konnten die Schüler:innen so erfahren, wie es sich anfühlt, etwas zum Wohl anderer beizutragen und die Bedürfnisse anderer zu respektieren. Gleichzeitig hat das betroffene Kind ein Gefühl des Angenommenseins erlebt.

Auf das Äußern der Gefühle im Morgenkreis wird unmittelbar durch die Lehrperson (später auch durch Mitschüler:innen) eingegangen, indem gefragt wird, warum jemand traurig, aufgeregt, glücklich oder verwirrt ist. Darüber hinaus werden im Morgen- oder Abschlusskreis tagesaktuelle Themen besprochen. Vom Datum, über den Stundenplan und Vertretungsstunden bis hin zu Aktuellem aus den Nachrichten, kann alles thematisiert werden. Durch die Gesprächsführung wird der Blick erst zur einzelnen Schülerin/zum Schüler, dann in die Klasse und schließlich in die Welt gelenkt. Den Schüler:innen wird so die Möglichkeit eröffnet, sich sukzessiv sowohl als Individuum, als auch als Teil der Klassen- und Schulgemeinschaft und schließlich der Gesellschaft zu betrachten. Durch das Besprechen der Nachrichten stellen die Schüler:innen einen Bezug zu sich selbst her. Auch hier wird wieder den grundlegenden Prinzipien der Gewaltfreien Kommunikation gefolgt und über Beobachtungen, Gefühle und Bedürfnisse (die eigenen und die der anderen) gesprochen.

75 Prozent der Schüler:innen beschreiben den Morgenkreis als wichtig für das Miteinander in der Schule (Fragebogen, Frage 15). Besonders wichtig sind den

---

[1] An der MSH gibt es von der 1. bis zur 8. Klasse keine Ziffernzeugnisse, sondern Lernentwicklungsberichte, in denen das Sozialverhalten eine wichtige Rolle spielt.

Schüler:innen dabei zwei Aspekte: Einerseits kommunizieren sie hier ihre eigenen Gefühle und Befindlichkeiten, andererseits hören sie hier auch, wie es ihren Mitschüler:innen geht, und sie erfahren so, worauf sie an diesem Tag bei anderen Rücksicht nehmen müssen. Nahezu allen befragten Schüler:innen meiner Klasse ist es sehr wichtig zu erfahren, was ihre Mitschüler:innen im Morgen- und im Abschlusskreis äußern. Auch den regelmäßigen Austausch über die Nachrichten erachten die Schüler:innen als wichtig. Dies begründen sie unter anderem damit, dass sie dadurch lernen, „was außerhalb der Schule passiert".

Abschlusskreis: Er ist vielleicht das wichtigste Instrument um sicherzustellen, dass jede Schülerin/jeder Schüler die Schule so verlässt, dass er am nächsten Tag gern wiederkommt. Hier reflektieren die Schüler:innen mit der Lehrerin/dem Lehrer den Tag. Sie rekapitulieren, was sie gelernt haben und welche offenen Fragen es noch gibt. Sie haben die Möglichkeit, Dinge anzusprechen, die ihnen Bauchschmerzen bereiten oder auf die sie sich besonders freuen. Hierbei werden alle Äußerungen gleich ernst genommen und es wird entsprechend auf diese eingegangen.

Beide Gesprächssituationen, der Morgen- wie der Abschlusskreis, sind geprägt von einer Dynamik, die die Lehrer:innen zulassen müssen, damit sich die einzelnen Schüler:innen entfalten können. Sie selbst nehmen es zum Großteil so wahr, dass es ihren Mitschüler:innen wichtig ist, was sie zu sagen haben. Dies zeigt sich auch in der aktiven Mitarbeit im Klassenrat, der wichtigsten Unterrichtsstunde der Woche.

7. Der Klassenrat – Kein Kummerkasten, sondern Instrument der Partizipation und Mitgestaltung

Der möglichst wöchentlich stattfindende Klassenrat ist die Stunde, in der das Bemühen um den Aufbau demokratischer Strukturen an der MSH am anschaulichsten deutlich wird. Hier lernen die Schüler:innen bestimmte Rollen einzunehmen und Anliegen und Geschehnisse gleichberechtigt zu besprechen und zu diskutieren. Dabei geht es nicht darum, dass die Mehrheit Entscheidungen trifft, sondern darum, dass so entschieden wird, wie es für die Mehrheit tatsächlich am besten ist, immer die Minderheit im Blick habend.

In der ersten Klasse werden die Schüler:innen durch einen festen Ablauf an den Klassenrat herangeführt. Dieser besteht aus vier Schritten:

1) Positiver Beginn: Lobrunde
2) Was ist aus den Ergebnissen und Beschlüssen vom letzten Mal geworden?
3) Infos aus der Klassensprecherversammlung
4) Welche Anliegen gibt es? Welche Lösungen finden wir?

Die Schüler:innen haben die Möglichkeit, über die Woche ihre Anliegen auf Klassenratszettel zu schreiben und in eine Klassenratbox zu werfen, damit diese Anliegen dann im Klassenrat besprochen werden können. In der ersten Klasse zeichnen die Kinder ihre Anliegen häufig, was dazu führt, dass manche Anliegen von der Verfasserin/dem Verfasser selbst nicht mehr genau erinnert werden. Alle schriftlich eingereichten Anliegen werden von der Verfasserin/dem Verfasser vorgetragen. Wieder erfährt das Kind hier, wie es für seine Bedürfnisse einstehen und sich für diese einsetzen kann.

Dynamisches System: Am Klassenrat hat sich in den letzten vier Jahren besonders deutlich das gezeigt, was Dewey meinte, als er von der Demokratieerziehung als einem dynamischen System sprach, das man in der Schule nutzen solle: Der Klassenrat hat sich – aus sich heraus – in den letzten vier Jahren verändert:

- Während es sich zu Beginn der Grundschulzeit bei vielen Anliegen um Konflikte gedreht hat,
- besteht ein Großteil der Anliegen mittlerweile darin, gemeinsam nach Ideen zu suchen, um den Schul- und Klassenalltag angenehmer zu gestalten.

Die Anliegen reichen vom Wunsch nach der Einführung neuer Klassenämter über Vorschläge für Ausflüge bis hin zu Gestaltungswünschen, welche den Klassenraum und das Schulgebäude betreffen. Diese Veränderung wurde hauptsächlich durch das Nachahmen der Lehrkräfte bewirkt, die von Beginn an auch ihre eigenen Anliegen im Klassenrat vorgetragen haben:

- Während in der ersten Klasse noch zu jedem Anliegen ausführlich diskutiert wurde, weshalb sich ein Großteil der Diskussionen im Kreis drehte und teilweise nur wenige Anliegen gehört werden konnten,
- haben die Klassensprecher zu Beginn der dritten Klasse vorgeschlagen, dass die Anliegen fortan in „Ansagen" und „Drüber sprechen" geteilt werden sollten.

Die Kinder haben ihren Vorschlag erklärt und damit begründet, dass z.B. der Wunsch, dass man nicht beleidigt werden möchte, nicht diskutiert, sondern respektiert werden müsse. Dabei darf derjenige, der das Anliegen vorträgt, selbst entscheiden, ob er das Anliegen als Ansage formuliert oder Gesprächsbedarf sieht. Die Klasse zeigte sich damit einverstanden und so gewannen wir alle wertvolle Zeit, um uns auf diejenigen Anliegen zu konzentrieren, die ausführlicher Diskussion bedurften.

Lobrunde: Der Schritt 1 des Klassenrats, die Lobrunde, hat sich in den letzten vier Jahren ebenfalls verändert. Während in den ersten zwei Schuljahren besonders gute Freund:innen gelobt wurden, häufig mit der Begründung, dass sie gute

Freunde seien, bezogen sich die Schüler:innen ab der dritten Klasse vermehrt auf die ganze Klasse. Ein Großteil versucht insbesondere jene Schüler:innen zu loben, die häufiger Misserfolge erleben, z.B. weil sie Lern-, Sprach- oder Konzentrationsschwierigkeiten haben. Dabei achten in den ersten zwei Schuljahren die Lehrer:innen, später die Klassensprecher:innen darauf, dass die Schüler:innen einander direkt ansprechen. Ein Auszug aus einer typischen Lobrunde:

Tina: Marie, ich lobe dich, weil du dich heute in Mathe viel mehr konzentriert hast und viele Aufgaben geschafft hast.

Onur: Lisa, ich lobe dich, weil du gestern meinem Bruder geholfen hast, als er geblutet hat.

Tom: Ich lobe die ganze Klasse, weil sie vorhin im Sachunterricht leise und konzentriert gearbeitet hat.

Shona: Emma, ich lobe dich, weil du eine gute Freundin bist und mir bei Deutsch hilfst.

Kai: Ich lobe unsere Klassenlehrer, weil ihr euch immer neue Sachen überlegt, auch wenn ihr mal erkältet seid.

Simon: Ich lobe Finn, weil du gut im Fußball bist und auch gut vorgelesen hast bei Deutsch.

Im ANHANG 1 ist der FAHRPLAN für die Einführung eines Klassenrats abgedruckt – in Anlehnung an Eva & Hans-Joachim Blum (2006).

Klassensprecher:in: Eine weitere große Wandlung hat die Wahrnehmung der Klassensprecherrolle erfahren. Die Hauptaufgabe besteht darin, den Klassenrat zu leiten. Während in der ersten Klasse die Schüler:innen demjenigen ihre Stimme gegeben haben, der entweder ihr Freund ist oder sich gut benimmt, bzw. ein gutes Vorbild ist, wurden die Kandidat:innen von Jahr zu Jahr nach ganzheitlicheren Kriterien ausgewählt. So sind die aktuellen Klassensprecher:innen, nach Angaben der Befragten, deshalb gewählt worden, weil sie große Fortschritte in ihrer persönlichen Entwicklung gemacht haben, gute Vorbilder sind und gut Streitigkeiten klären können. Des Weiteren fällt auf, dass ich als Lehrerin von Jahr zu Jahr weniger in den Klassenratsstunden leitend tätig sein musste, sondern in der vierten Klasse weitgehend nur noch als eine Teilnehmende neben allen anderen dabei war. Sowohl die Protokollführung als auch Entscheidungen über Rollen, die Anzahl der zulässigen Meldungen sowie Ermahnungen und Durchsetzen von Konsequenzen liegen in den Händen der Klassensprecher:innen, ohne dass das von den Lehrer:innen hätte initiiert werden müssen. Die Klassensprecher:innen sind es auch, die eingeführt haben, dass am Ende des Klassenrates, sofern noch Zeit ist, über Anliegen gesprochen werden kann, welche es nicht in die Box geschafft haben. Dies widerspricht dem eigentlichen Vorgehen und bricht die ursprüngliche Struktur des Klassenrates auf, aber es ist aus der Gruppe gewachsen und alle akzeptieren es, sodass es keinen Grund gibt, in diese Veränderung des Vorgehens einzugreifen.

Im Klassenrat werden, wie schon beschrieben, auch Anliegen vorgetragen, die nicht den Klassen-, sondern den Schulalltag betreffen. Teilweise betreffen die Anliegen einzelne Schüler:innen einer anderen Klasse oder aber eine gesamte andere Klasse, manchmal sogar die gesamte Schule. Dann kann das Problem nicht im Klassenrat gelöst werden. Aber es können Ideen erarbeitet werden, wie dieses Anliegen dennoch gelöst werden kann. Ein Beispiel:

Timo:	Ganz oft, wenn wir zum Tischdienst gehen, ist der Tisch nicht richtig gewischt und wir müssen das dann machen, bevor wir den Tisch decken.
Klassensprecher:	Welche Lösungen gibt es für das Problem? Du kannst vier Kinder drannehmen.
Sonja:	Du kannst ja mal fragen, welche Klasse vor uns ist und dann zu den Klassenlehrern gehen. Vielleicht kannst du da zum Klassenrat gehen.
Tom:	Oder die Klassensprecher sagen das bei der Klassensprecherversammlung an.
Lisa:	Oder zwei Kinder gehen durch alle Klassen und machen eine Ansage, dass alle die Tische richtig wischen sollen.
Ryan:	Oder du findest heraus, welche Klasse als nächstes mit dem Schulkreis dran ist, und die sagen es dann an.
Klassensprecher:	Wofür entscheidest du dich?

Letztendlich liegt es nun an dem Schüler, der das Anliegen vorgebracht hat, sich für einen Weg zu entscheiden. Dabei ist im Laufe der Schuljahre zu beobachten, dass die Schüler:innen selbstbewusster darin werden, ihre eigenen Anliegen auch selbst zu klären. Während in der ersten und zweiten Klasse sich nur einzelne Schüler:innen getraut haben, selbst in einen anderen Klassenrat, vor allem älterer Klassen, zu gehen, ist es für einen Großteil der Viertklässler heute selbstverständlich, ihre Anliegen auch dort zu vertreten.

8. Kulturelle Vielfalt erfahrbar machen: Mehrsprachigkeit und Immersion im Grundschulalltag

Viele Grundschulklassen in Deutschlands Großstädten bilden die Gesellschaft des Stadtteils bzw. der Stadt, was den sozialen und kulturellen Hintergrund angeht, gut ab. Dies ist auch in den Klassen und in der Lehrerschaft der MSH der Fall. An ihr unterrichten Lehrer:innen aus über zehn Nationen von allen Kontinenten. Bei den Schüler:innen sind es noch weitaus mehr Nationen. Auch die soziale Herkunft der Schüler:innen weist eine große Spannbreite auf und reicht von Familien, die Sozialleistungen beziehen, bis hin zu Eltern, die als Vorstandsvorsitzende in großen internationalen Unternehmen arbeiten. Allen soll an der MSH ein Ort geboten werden, an dem sie sich, ihre Erfahrungen, Ideen und Ansichten gleichberechtigt einbringen und somit den eigenen Horizont und den der anderen erweitern und neue Blickwinkel eröffnen können. Neben besonderen Projekten wie dem *Tag der Kulturen*, an dem alle Schüler:innen, Eltern und Lehrer:innen etwas aus ihrem Herkunftsland mitbringen und präsentieren können, sowie der *Kulturwoche*, in der sich alle Schüler:innen jährlich in mehreren Fächern im Wechsel mit einer der Weltreligionen beschäftigen, wird besonderes Gewicht auf das Erlernen von *zwei Fremdsprachen* gelegt. So lernen alle Schüler:innen der MSH Englisch und Chinesisch ab der Vorschule, bzw. der ersten Klasse. Dies soll sie dazu befähigen, sich in einer globalen Welt zu behaupten und sprachlich ein Niveau zu erlangen, welches es ihnen ermöglicht, auch im Ausland erfolgreich zu studieren oder zu arbeiten.

Um dieses Ziel zu erreichen, sind an der MSH einige Voraussetzungen geschaffen worden:

- Die jeweilige Unterrichtssprache ist an die Sprachkompetenz der Lehrperson gebunden.
- Der Unterricht ist immersiv, d.h. die Kinder erlernen die neue Sprache durch Teilnahme am einsprachig geführten Unterricht.
- Die Sprachlehrer:innen sprechen auf muttersprachlichem Niveau.
- Der Sprachkontakt beginnt bereits in der 1. Klasse.
- Der Sprachkontakt umfasst mindestens 50 Prozent der Unterrichtszeit.
- Der Sprachkontakt erfolgt kontinuierlich über die gesamte Grundschulzeit.
- Der Sprachkontakt bezieht sich auf den ganzen Schulalltag, also auf den Unterricht, das Mittagessen, die Pausenaufsichten, Lernentwicklungsgespräche usw.

In der hier beschriebenen vierten Klasse ist die Muttersprache einer der zwei Lehrerinnen des Klassenlehrerteams Englisch. Seit der ersten Klasse haben diese Kinder deshalb den Sach-, Kunst- und Theaterunterricht auf Englisch erhalten; außerdem einige Lernzeiten und die Klarschiff-Stunden. Den Klassenrat und das Fach *Lernen*

lernen, welches an der MSH seit einigen Jahren eine Lernzeit ersetzt, begleiten beide Klassenlehrerinnen. Auch die Aufsicht beim Mittagessen teilen sich beide Lehrkräfte.

Das Erlernen der Sprache erfolgt, dem Anfangszitat Deweys folgend, dadurch, dass Schüler:innen ins Handeln kommen und nicht nur reproduzieren, was ihnen eine Lehrerin/ein Lehrer vorgesagt hat. So verstehen sie die Einsprachigkeit ihrer Lehrer:in unterbewusst als Aufforderung, deren Sprache zu verstehen und sie auch selbst zu sprechen. Der Wunsch nach Interaktion und danach, verstanden zu werden, führt dazu, dass die Schüler:innen sehr schnell sprachliche Mischformen (*code switching*) anwenden. Zum Ende der 3. Klasse war eine so deutliche Steigerung der Sprachkompetenzen zu beobachten, dass die Schüler:innen mit der englischsprachigen Lehrerin in den meisten Fällen auf Englisch interagierten. Besonders das *code switching* gelang den meisten Schüler:innen problemlos.

Eine weitere wichtige Beobachtung besteht darin, dass die Schüler:innen dieser vierten Klasse sehr aufgeschlossen auf neue Mitschüler:innen zugehen. Dies zeigt sich besonders, wenn diese Schüler:innen noch kein Deutsch können. Der ausgeprägte Wunsch, mit diesen dennoch zu kommunizieren und sie in den Alltag einzubeziehen, führt dazu, dass sie, sofern die neue Schülerin/der neue Schüler ein wenig Englisch kann, selbstverständlich ins Englische wechseln oder aber „mit Händen und Füßen" kommunizieren.

Ein Großteil der Eltern gibt an, dass sich die Kinder dieser vierten Klasse im Vergleich zu gleichaltrigen Kindern aus dem Sportverein oder aus der Nachbarschaft in ihrer sprachlichen Entwicklung deutlich über dem Durchschnitt befinden. Auch 70 Prozent der Schüler:innen selbst teilen diese Einschätzung. Zu einem solchen Urteil kommen sie, indem sie sich mit gleichaltrigen Verwandten oder Nachbarskindern vergleichen. Sie geben an, dass sie mittlerweile alle englischen Äußerungen verstehen. 55 Prozent der Schüler:innen sagen außerdem, dass sie problemlos von der deutschen zur englischen Sprache wechseln können, nur ein Kind sagt, dass es das gar nicht könne. Auch bestätigen alle Schüler:innen dieser Klasse die Beobachtung, dass sie durch die Mehrsprachigkeit befähigt sind, leichter mit Kindern ohne Deutschkenntnis in Kontakt zu treten.

9. Fazit

Die Grundschüler:innen der MSH haben ihre Schule in vier Jahren als einen Lebens- und Lernort erlebt, an dem sie verlässliche Beziehungen zu den Erwachsenen und zu anderen Kindern aufbauen konnten. Sie haben die Erwachsenen als Vertrauenspersonen erlebt, die für sie da sind und die auch Anforderungen an sie stellen. Sie haben Freundschaften zu Mitschüler:innen aufgebaut und gelernt, auch mit jenen zusammenzuarbeiten, die nicht auf „gleicher Wellenlänge" denken und handeln.

Jedes Kind ist von den Lehrer:innen täglich ermutigt worden, seine Fähigkeiten und Interessen bestmöglich einzubringen und weiterzuentwickeln. Sie haben von den Erwachsenen regelmäßig Rückmeldungen über ihr Lernen und ihr Verhalten sowie Hilfen zum Erreichen der nächsten Ziele bekommen. Sie haben das Klassenzimmer und die ganze Schule als vorbereitete Umgebung kennen und als gute Ordnung schätzen gelernt. Es gab einen Klassenrat und eine Klassensprecherin/einen Klassensprecher. Es gab Rechte und Pflichten für das gegenseitige Helfen. Es gab Regeln und Rituale für die Nutzung von Lernwerkzeugen, eine gute Ordnung für Medien und Materialien, die Pflicht, Ordnung zu halten und mit Möbeln und Materialien pfleglich umzugehen. Die Kinder konnten eigene Vorschläge für Unterrichtsinhalte und für die Unterrichtsgestaltung einbringen.

Dabei haben sie eine ganze Menge gelernt:

- Sie haben erfahren, dass es nicht nur Menschen unterschiedlichen Geschlechts, unterschiedlicher Hautfarbe und unterschiedlicher Muttersprache, sondern auch unterschiedlicher Herkunft, unterschiedlicher Religion und Weltanschauung und unterschiedlicher Interessen und Desinteressen, Lernstärken und Lernschwächen gibt.
- Sie haben gelernt, mit diesen Unterschieden in ihrer Klassengemeinschaft zu arbeiten und sie verantwortlich mit zu gestalten.
- Sie haben gelernt, sich verständlich auszudrücken und zur Sache zu reden. Sie können ihre Arbeitsergebnisse vortragen, erklären und ansprechend präsentieren. Sie haben verschiedene Textsorten und Formen des Schreibens kennen gelernt: Gedichte, Geschichten, Sachtexte, Briefe.
- Sie können sich in drei Sprachen – Deutsch, Chinesisch und Englisch – ausdrücken.
- Sie haben das Addieren und Subtrahieren, Multiplizieren und Dividieren gelernt.
- Jedes Kind konnte seine individuellen Stärken und Vorlieben herausfinden und vertiefen. Jedes hat Expertenwissen aufgebaut und ist darin bestärkt worden, sein Wissen und Können in die Arbeit der Klassengemeinschaft einzubringen.

Und insbesondere in den Kernkompetenzen der Demokratiebildung, nämlich in der Fähigkeit, eigene Bedürfnisse und Interessen einzubringen, über Konflikte zu sprechen und sie zu lösen und mit ganz unterschiedlichen Schüler:innen zu kooperieren, haben die Kinder im Lauf der vier Grundschuljahre große Fortschritte gemacht.

Literaturnachweise

Blum, E. & Blum, H.-J. (2006). *Der Klassenrat Ziele, Vorteile, Organisation*. Mühlheim an der Ruhr: Verlag an der Ruhr.

Dewey, J. (1916/1993). *Democracy and Education. An Introduction to the Philosophy of Education*. London: The Free Press Collier Macmillan Publishers. (Deutsch: Demokratie und Erziehung. (3. Aufl.) Braunschweig Westermann 1964; Neuausgabe Weinheim Beltz 1993).

Edelstein, W., Krappmann, L. & Student, S. (Hrsg.) (2019). *Kinderrechte in die Schule*. (3. Aufl.) Frankfurt/M.: Debus Pädagogik.

Hattie, J. (2013). *Lernen sichtbar machen*. Baltmannsweiler: Schneider Verlag Hohengehren.

Köller, O. & Möller, J. (2018). Selbstwirksamkeit. In: Rost, D. H. (Hrsg.). *Handwörterbuch Pädagogische Psychologie*. (4. Aufl.) Weinheim, S. 757–763.

Kohn, A. (1999). *Punished by Rewards*. Boston, Massachusetts: Houghton Mifflin.

Meyer, M. A. (2017). Subject Matter: Combining „Learning by Doing" with „Past Collective Experience". In: L. J. Waks & A. R. English (Eds.). *John Dewey's DEMOCRACY AND EDUCATION*. Cambridge: Cambridge University Press, pp. 124–136.

Neubert, S. (2006). John Dewey. In: Dollinger, B. (Hrsg.). *Klassiker der Pädagogik. Die Bildung der modernen Gesellschaft*. Wiesbaden: Springer, S. 642–724.

Reich, K.: Demokratie und Erziehung nach John Dewey aus praktisch-philosophischer und pädagogischer Sicht. (http://konstruktivismus.uni-koeln.de/reich_works/aufsatze/reich_52.pdf)

Rheinberg, F, & Vollmeyer, R. (2018). Paradoxe Effekte von Lob und Tadel. In: Rost, D. H. (Hrsg.). *Handwörterbuch Pädagogische Psychologie*. (4. Aufl.) Weinheim, S. 631–636.

Rosenberg, M. B. (2001). *Gewaltfreie Kommunikation. Eine Sprache des Lebens*. Paderborn: Junfermann.

Seifert, A. & Nagy, F. (2004). *Demokratische Bildung im Unterricht. Schulische Engagement-Projekte und ihr Beitrag zur Demokratiekompetenz*. Wiesbaden: Springer VS.

Standop, J. (2013). *Hausaufgaben in der Schule. Theorie, Forschung, didaktische Konsequenzen*. Bad Heilbrunn: Klinkhardt.

Thurn, S. & Tillmann, K.-J. (2011). *Laborschule – Schule der Zukunft*. Bad Heilbrunn: Klinkhardt.

"Demokratisch Leben und Handeln lernen" in der Grundschule der Modernen Schule Hamburg

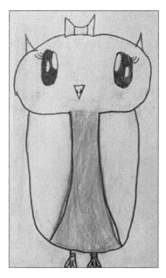

Eule der Weisheit", gezeichnet von der Grundschülerin Cattleya Kunze

ANHANG 1

Einführung des Klassenrats

(1) Anbahnen und Vorbereitung des Klassenrats[2]

Stuhlkreis als Ritual	In einem runden Kreis kann jeder jeden ansehen.
	Einen Kreis stellen üben (z.B. wer stellt wann wo seinen Stuhl hin?).
	Üben, sich schnell und ruhig zu setzen.
	Eventuell feste Sitzordnung vereinbaren.
Redegegenstand als Ritual	Auf einen Redegegenstand einigen.
	Lernen, dass nur die Person spricht, die den Redegegenstand (ein „Sprechstein", ein Ball) in den Händen hält – melden üben.
	Üben, den Redegegenstand weiter zu geben: Namen der Person nennen, vorsichtig weitergeben/werfen.
Positive Runde als Ritual	Unter Weitergabe des Redegenstands etwas Positives zu einem vorgegebenen Thema sagen.
Übungen zur Selbst- und Fremdwahrnehmung, zur Verbesserung der Konzentration, zum Reden und Zuhören	z.B. Üben, mit jemandem zu sprechen und nicht über jemanden.
	Themen nur besprechen, wenn alle Beteiligten des Themas anwesend sind.
Regeln	Auf Regeln für den Klassenrat einigen.
	Regeln formulieren und visualisieren (durch Piktogramme oder Bilder).
	Regeln einhalten üben.

---

2   In Anlehnung an Eva & Hans-Joachim Blum (2006).

(2) Einführung des Klassenrats mit allen Elementen (Klasse 2, optional)

Schriftliche Anmeldung der Anliegen	Eine Schülerin/einen Schüler bestimmen, die bzw. der einen Briefkasten für die Klasse bastelt. Bild malen oder Zettel schreiben für den Klassenratsbriefkasten.
Durchführung der Schritte des Klassenrats	In vereinfachter Form.
Protokollführung	durch die Lehrkraft.

(3) Vollständige Durchführung aller Teile des Klassenrats (Klasse 3 und 4, optional)

Protokollführung und andere Ämter	Ämter (z.B. Rednerlisten führen, Zeitwächter) können nach und nach an Schüler:innen abgegeben werden.
Klärungshilfe, Konfliktmoderation	Zunehmend mit Blick auf Konflikterhellung und Einfühlen in den Anderen.
Heranführen der Schüler an Leitungselemente	Eröffnen und Schließen der Sitzung, Anleiten der positiven Runde usw.
Planerische Fragen	Beteiligung der Schüler:innen an planerischen Fragen.
Weiterführung der Besprechung	Von Terminen und Diensten, wenn nötig.

ANHANG 2:

Fragebogen für eine Umfrage in der GS4 für Koesi (2022)

Bitte beurteile die einzelnen Aussagen:
0 = ich stimme überhaupt nicht zu
10 = ich stimme voll zu

1) Ich finde es gut, dass die Lehrer ihre Büros in der Schule haben.

0	1	2	3	4	5	6	7	8	9	10

2) Ich traue mich immer, meinen Lehrern von Sorgen zu erzählen und mir Hilfe zu holen.

0	1	2	3	4	5	6	7	8	9	10

3) Ich kann jetzt Konflikte besser gewaltfrei lösen, als ich das als Erstklässler konnte.

0	1	2	3	4	5	6	7	8	9	10

4) Ich benötige eine Belohnung, um motiviert zu sein.

0	1	2	3	4	5	6	7	8	9	10

5) Lob motiviert mich.

0	1	2	3	4	5	6	7	8	9	10

6) Die Androhung von Strafen motiviert mich.

0	1	2	3	4	5	6	7	8	9	10

7) Wähle aus und mache ein Kreuz: Was motiviert dich am meisten:

Lob im Klassenrat   O
Lob von Lehrern   O
Lob von Eltern   O   etwas anderes: _____
Gute Smileys   O   _____
Etwas zu lernen   O
Anerkennung   O
Strafen   O

8) Belohnungen sind Manipulation.

0	1	2	3	4	5	6	7	8	9	10

9) Ich war in meiner Schulzeit schon häufig Schutzengel.

0	1	2	3	4	5	6	7	8	9	10

10) Ich hatte in meiner Schulzeit schon häufig einen Schutzengel.

0	1	2	3	4	5	6	7	8	9	10

11) Ich bin gern Schutzengel für andere, weil _____
_____
_____.

12) Ich finde es gut, zwei Klassenlehrer zu haben, weil_____
_____
_____.

13) Ich beherrsche die Giraffensprache.

0	1	2	3	4	5	6	7	8	9	10

14) Darum benutze ich die Giraffensprache: _____
_____
_____.

15) Der Morgenkreis ist wichtig, weil _____
_____
_____.

16) Der Abschlusskreis ist wichtig, weil _____
_____
_____.

17) Logo-Nachrichten schauen und in der Schule besprechen, ist sinnvoll, weil
_____
_____
_____.

18) Ich weiß, dass ich Probleme in der Schule klären kann.

0	1	2	3	4	5	6	7	8	9	10

19) Ich kläre Probleme in der Schule, damit ich am nächsten Tag gern wiederkomme.

0	1	2	3	4	5	6	7	8	9	10

20) Mich interessiert, was meine Mitschüler im Morgen- und Abschlusskreis sagen.

0	1	2	3	4	5	6	7	8	9	10

21) Ich kann Konflikte ohne Hilfe von Lehrern klären.

0	1	2	3	4	5	6	7	8	9	10

22) Ich finde den Klassenrat wichtig.

0	1	2	3	4	5	6	7	8	9	10

23) An einem Klassensprecher ist mir wichtig, dass er/sie (Stichpunkte): __
_____
_____
_____.

24) Ich finde Klarschiff sinnvoll, weil _____
_____
_____
_____.

25) Weil ich weiß, dass wir in Klarschiff aufräumen müssen, achte ich bereits im Alltag auf Ordnung.

0	1	2	3	4	5	6	7	8	9	10

26) Ich finde es gut, dass wir manche Fächer auf Englisch haben.

0	1	2	3	4	5	6	7	8	9	10

27) Ich verstehe alles auf Englisch.

0	1	2	3	4	5	6	7	8	9	10

28) Ich kann besser Englisch als Viertklässler, die auf anderen Schulen sind.

0	1	2	3	4	5	6	7	8	9	10

29) Ich kann gut vom Deutschsprechen zum Englischsprechen wechseln.

0	1	2	3	4	5	6	7	8	9	10

30) Meine Sprachkenntnisse helfen mir, mit Kindern zu kommunizieren, die noch kein Deutsch können.

0	1	2	3	4	5	6	7	8	9	10

Matthias Kießner

Digitalisierung der Modernen Schule Hamburg

Abbildung 1: Matthias Kießner (Foto Julia Schinwald)

Für die Moderne Schule Hamburg war eine moderne digitale Ausstattung vom ersten Tag an nicht nur wegen ihres Namens wichtig. Die digitale Infrastruktur der Schule ist Schritt für Schritt ausgebaut worden. Der Beitrag beschreibt, warum dies geboten war, welche Anstrengungen unternommen wurden, welche erwarteten und unerwarteten Herausforderungen dabei zu meistern waren, wie dies den Unterricht bereichert hat und wohin die Reise in Zukunft gehen könnte.

1. Der Beginn: Digitale Ausstattung im Jahr 2011

Bei Beginn des regulären Unterrichts an der MSH verfügte jeder Klassenraum über ein Smartboard und jeder neu hinzukommende Klassenraum wurde ebenfalls damit ausgestattet. Diese interaktiven Whiteboards mit Touchfunktion waren damals *state of the art*. Darüber hinaus hatte von Anfang an jede Lehrperson einen eigenen Arbeitsplatz mit PC oder Laptop und auch die Smartboards in den Klassenräumen waren mit PCs ausgestattet. Dazu gehört bis heute eine gewisse Infrastruktur mit Breitbandinternet, Netzwerkverkabelung in alle Büros und Klassen. Jeder Lehrerarbeitsplatz war mit einem Telefonanschluss ausgestattet und jede Mitarbeiterin/

jeder Mitarbeiter hatte eine Schul-Email-Adresse. Letzteres ist heute kaum mehr erwähnenswert, da es zu einer Minimalausstattung eines Lehrerarbeitsplatzes gehört. Dennoch bildete es damals einen deutlichen Unterschied zu Arbeitsplätzen an vielen anderen Schulen.

Die digitale Ausstattung einer Schule soll die Lehrer:innen bei der Planung, Durchführung und Auswertung von qualitativ hochwertigem Unterricht unterstützen. Die Schüler:innen sollen durch interaktiv aufbereitete Unterrichtsmaterialien besser angesprochen und dann auch in ihren individuellen Lernprozessen unterstützt werden. Dies entspricht der an der MSH zugrunde gelegten Bildungsgangdidaktik (siehe Beitrag 3 in TEIL I). Ein noch weitergehender Ausbau der digitalen Infrastruktur der Schule war im Jahr 2011 nicht erforderlich. Da die Schüler:innen während der Unterrichtszeit zu Gunsten der besseren Aufmerksamkeit gänzlich auf ihre Handys verzichten mussten, waren auch kein WLAN oder ähnliches in den Klassenräumen erforderlich. Lehrer:innen hatten ohnehin in jedem Raum Zugang zum Schulnetzwerk und zum Internet. Für die Schüler:innen stand ein voll ausgestatteter Computerraum zur Verfügung.

Aufgrund dieser günstigen Startbedingungen konnte sich die digitale Infrastruktur der MSH in den letzten zwölf Jahren gut entwickeln. Dabei hat sich die Schule bemüht, nicht nur auf wichtige gesellschaftliche und technologische Veränderungen zu reagieren, sondern neue Entwicklungen frühzeitig zu erkennen und dann proaktiv zu handeln. Darauf werden wir am Ende dieses Beitrags nochmals genauer eingehen.

Die digitale Grundausstattung hob die MSH zu dieser Zeit nicht nur von anderen Schulen ab, sie stärkte auch das Verhältnis zwischen Schüler:innen, Eltern und Lehrer:innen. So sind E-Mails noch heute das primäre Kommunikationsmittel zwischen Eltern und Lehrer:innen. Die Eltern können sich so jederzeit an Lehrer:innen wenden. Schnelle Kontaktaufnahme ist wichtig, weil es oftmals um umgehend zu klärende Fragen geht. Aus heutiger Sicht mag E-Mailing veraltet erscheinen. Es wäre auch ein Leichtes, dieses Kommunikationsmittel durch Chats zu ersetzen. Die Gründe, beim E-Mailing zu bleiben, überwiegen aber noch. In der Kommunikation mit den Schüler:innen verwenden wir jedoch Chatprogramme, da dies die primäre Kommunikationsform der Schüler:innen untereinander ist und von ihnen auch für die Kommunikation mit den Lehrer:innen bevorzugt wird.

2. Überraschende Unterrichtserfahrungen

Als ich 2016 als Lehrer an der MSH zu arbeiten begann, hatte ich gleich zu Beginn mehrere positive, aber auch einige negative Erlebnisse mit den Digitalkompetenzen der Schüler:innen gemacht, die meine Tätigkeit an der Schule stark geprägt und, wie es sich herausstellte, auch meinen Einsatz für die Weiterentwicklung der digitalen Infrastruktur der MSH gesteuert haben.

Das erste Erlebnis fand im Unterricht einer 9. Klasse statt. Die Schüler:innen sollten für den Englischunterricht einen Lebenslauf und ein Bewerbungsschreiben verfassen. Das Vorwissen der Schüler:innen war mir zu diesem Zeitpunkt noch unbekannt. Es war aber davon auszugehen, dass es sehr heterogen war. Ein Teil der Schüler:innen durfte vom Elternhaus aus nicht einmal mit digitalen Medien in Kontakt kommen und keinen Zugang zu PCs oder ähnlichem haben. Andere Schüler:innen wiederum bekamen jedes Jahr das neueste *MacBook Pro*. Dazu gab es einige Schüler:innen, die sich privat stark mit der Digitalisierung auseinander setzten. Die Hobbys dieses Teils der Schüler:innen reichten vom Herstellen eigener Designs über *YouTube*-Nutzung (aktiv wie passiv), Programmieren von Apps und Spielen bis hin zum Hacking.

Die unterrichtlichen Arbeitsergebnisse der Schüler:innen waren heterogen und formal in vielen Fällen unzureichend: WordArt und viele unterschiedliche Schriftarten wurden verwendet, Schriftgrößen im Bewerbungsbrief variierten von 18 Punkt an aufwärts, aber viele technische Möglichkeiten wurden nicht genutzt. Inhaltlich war die Mehrzahl der Ergebnisse jedoch gut, denn das war es, was ein Englischlehrer beeinflussen sollte und auch konnte. Noch machte sich bei mir keine Panik breit. Mangelhafte Texte wurden korrigiert und der Verbesserungsbedarf rückgemeldet. Die Schüler:innen erhielten Textvorlagen mit Erklärungen, was in einem Lebenslauf oder Bewerbungsschreiben einzuhalten ist – ein geringer Aufwand, wenn Schüler:innen nach zwei Stunden Textverarbeitung schon eigene Briefe schreiben können. Die Mehrzahl der Arbeitsergebnisse wurde nach diesen Hilfestellungen auch gleich um einiges besser. Andere Entwürfe mussten aber nochmals überarbeitet werden. An dieser Stelle trat ein frustrierter Schüler, der seinen Brief nochmals überarbeiten sollte, an mich heran und der folgende Dialog spielte sich ab:

Schüler:	Muss ich das nochmals verbessern? Das ist so viel Arbeit.
Lehrer:	Komm, du nimmst einfach deinen Brief und änderst alle Stellen, die ich korrigiert habe.
Schüler:	Dann muss ich das aber nochmal schreiben.
Lehrer:	Ach, du öffnest einfach deinen Brief und nimmst die paar Änderungen vor.
Schüler:	Wie mache ich das?
Lehrer:	Du hast das doch gespeichert …?
Schüler:	Was? Das kann man speichern?

Ich war verblüfft. Es handelte sich nämlich gerade um einen der Schüler, die immer das aktuellste *MacBook* besaßen. Also ging ich mit den Schüler:innen im Plenum ins Gespräch und erkannte, dass kaum jemand seine Daten abgespeichert hatte, weil sie das schlicht noch nicht gelernt hatten. Auch hatten sie die Briefe überwiegend am Handy geschrieben, weil sie darauf besser tippen konnten. Überrascht und alarmiert, kontaktierte ich die Schulleitung und bekam mehr oder weniger freie Hand, diese und weitere digitale Kompetenzdefizite der Schüler:innen so schnell wie möglich zu beheben.

3. Laptopwagen und Laptopklassen

Im Schuljahr 2016/17 wurde an der MSH ein Laptopwagen angeschafft. Diese Anschaffung war schon länger geplant gewesen, kam aber für unsere Bemühungen gerade zur rechten Zeit. Zur selben Zeit haben wir im Kollegium mit mehreren Qualifizierungsmaßnahmen begonnen. Diese waren wegen der Neuanschaffung des Laptopwagens ohnehin notwendig.

Schon im ersten Schuljahr haben alle Lehrer:innen den Laptopwagen regelmäßig eingesetzt. Und im darauffolgenden Schuljahr war er das ganze Schuljahr über permanent ausgebucht. Neue flexible Absprachen unter den Lehrer:innen haben es trotzdem ermöglicht, dass fast immer auf digitale Medien zurückgegriffen werden konnte. An vielen Schulen lief es vor zehn Jahren anders. Zwei Beispiele:

- Was muss man tun, damit die Digitalisierung einer Schule nicht gegen die Wand fährt? Ein erster Erfahrungsbericht aus einer anderen Schule: Sie hatte gleich zwei Laptopwagen gespendet bekommen. Die Schulleitung hatte dafür jedoch keinen Verantwortlichen bestimmen können, da keine personellen Ressourcen zur Verfügung standen. So wurde die Spende freudig begrüßt, beide Laptopwagen endeten aber recht bald im Keller und wurden fünf Jahre lang nicht benutzt.
- Ein zweiter Erfahrungsbericht aus einer anderen Schule: Ein Kollege, um die 60 Jahre alt, sollte noch ein letztes Mal eine 5. Klasse als Klassenlehrer übernehmen. Im August, drei Tage vor Schulbeginn, kam der Schulleiter mit einem *iPad* auf ihn zu. Der Schulleiter hatte entschieden, dass die 5. Klasse zu Testzwecken zu einer *iPad*-Klasse wird. Der sehr engagierte Kollege beschäftigte sich schnell mit dem Thema. Er besuchte Fortbildungen und Workshops, um sich den Umgang schnellstmöglich anzueignen. Auch alle Schulbücher waren in dieser Klasse auf dem *iPad* gespeichert. Klassische Schulbücher erhielten die Schüler:innen nicht. Weitere Kolleg:innen, die in der Klasse unterrichteten, beschäftigten sich unterschiedlich intensiv mit dem Thema. Rasch verflog die anfängliche Euphorie der Schüler:innen und Eltern und Frustration machte sich breit. Im Kollegium gab es ebenfalls zu Beginn kaum euphorische Reaktionen. Von Anfang an

überwog die Sorge ob der Umsetzung. Der Kampf wurde verloren. Trotz allen Einsatzes einzelner Kolleg:innen erhielten die Schüler:innen im Oktober klassische Schulbücher in gedruckter Form. Die *iPads* wurden dann immer seltener verwendet, bis sie im 2. Halbjahr fast ganz liegen gelassen wurden.

Rückblickend kann man sagen: Es ist es besser, wenn Lehrer:innen darüber streiten, wer wann den Laptopwagen haben kann, als dass diese teure Anschaffung sinnlos im Keller herumsteht. Und die Laptop-Story lehrt: Ohne intensive Lehrerfortbildung kann die Digitalisierung nicht gelingen!

4. Gelingensbedingungen

Beide im vorhergehenden Abschnitt skizzierten „Horrorszenarien" wollten wir an der MSH unbedingt vermeiden, was uns tatsächlich auch gelungen ist und bis heute gut gelingt. Die Gelingensbedingungen werden nun in der Reihenfolge der Wichtigkeit angeführt:

— *Alle Mitarbeiter:innen müssen von Beginn an mit im Boot sitzen!*

Immer wieder hört man von Erfahrungen aus Schulen und aus der Wirtschaft, dass neue Umsetzungen, besonders in der Digitalisierung, oft an Einzelnen, nicht nur älteren lernunwilligen Kolleg:innen scheitern. Daher haben wir, bevor wir mit der Digitalisierung der Schule begonnen haben, das Kollegium mit einbezogen. Wir haben mitten im 2. Halbjahr mit einer verpflichtenden Serie von Fortbildungssitzungen begonnen. Es gab sie jeden Donnerstag am Ende des Unterrichtstages. Nachdem die Grundlagen abgearbeitet waren und alle mit im selben Boot saßen, wurde die Fortbildungsserie auf freiwilliger Basis fortgeführt. Die Beteiligung blieb dabei fast ungebrochen hoch. Vor allem blieb niemand der Fortbildung fern, der sich mit dem Thema schwer tat oder es nicht mochte. Natürlich waren die digitalen Kompetenzen im Kollegium immer noch heterogen, aber jede Kollegin und jeder Kollege hatte ein gewisses Handwerkszeug, um in Zukunft nicht nur als Lehrperson in den Augen der Schüler:innen bestehen zu können, sondern auch die Qualität des Unterrichts zu steigern.

— *Die Auswahl der Lernplattform ist entscheidend!*

Die Schule muss sich eine einheitliche Plattform aussuchen. Den Nachteil von vielen unterschiedlichen Systemen in einer Schule müssen wir nicht näher erörtern. Es gibt viele kommerzielle Plattformangebote und es kommen laufend neue Plattformen dazu. Der wichtigste Punkt dabei ist, dass die Plattform in der Praxis maximal gut funktioniert. Systeme, die in den Kinderschuhen stecken, verursachen mehr Frustration als Lösungen. Im Jahr 2016 war die Auswahl noch stark eingeschränkt und bestand fast nur aus dem Angebot amerikanischer Großkonzerne. Die Kritik an diesen Systemen ist uns bekannt. Es macht aber keinen Sinn, ein ethisch und moralisch vertretbareres System auszusuchen, das dann im Schulalltag nicht funktioniert. Die MSH hat die Lernplattform von *Microsoft Office 365* gewählt. Für uns sind die Vorteile klar:

- Die Plattform funktioniert (meistens) sehr gut und mittlerweile auf allen Geräten.
- Es gibt einen sehr gut funktionierenden Support.
- Die gespeicherten Lernprogramme bieten einen echten Mehrwert für einen lebendigen Unterricht und die Sicherung des Lernerfolgs.
- Die Schüler:innen erlernen den Umgang mit einem System, das viele von ihnen voraussichtlich auch in ihrer späteren Berufsarbeit nutzen werden.
- Es gibt einen weltweiten regen Austausch von Lehrer:innen über didaktische Möglichkeiten der Nutzung des Tools.
- Es gibt eine Vielzahl an Online-Fortbildungen, was vor allem die Einarbeitung von neuen Kolleg:innen stark vereinfacht.

Wenn wir über Lernplattformen sprechen, müssen wir auch den Datenschutz ansprechen. Grundsätzlich ist es unter Voraussetzungen möglich, die meisten Plattformen konform zur Europäischen Datenschutz-Grundverordnung (DSGVO) anzubieten. Das heißt, dass die Server möglichst in der EU stehen sollten, für das Bildungswesen am besten in Deutschland. Einverständniserklärungen der Eltern und Verschlüsselung von Schüler:innendaten sind ebenfalls notwendig. Die rechtlichen Voraussetzungen sollten an jeder Schule aus der einschlägigen Fachliteratur und aus den Vorgaben der Landesschulbehörden entnommen werden.

Was man insgesamt empfehlen kann, ist ein richtiges Maß an Gelassenheit. Fast jede Plattform steht zwischenzeitlich in der Kritik. Aber klar ist, dass alle Plattformen DSGVO-konform sein müssen. Die Motivation dafür zu sorgen, ist schon aus rein wirtschaftlichen Gründen bei allen Firmen groß.

- *Erstes Ausprobieren und Anwenden müssen zügig erfolgen!*

Die angesprochenen Entwicklungen der digitalen Infrastruktur fanden alle innerhalb eines Schuljahres statt. Es ist aber nicht klug, allzu enge Fristen (etwa: „Wir setzen das im zweiten Halbjahr um!") vorzusehen. Wichtig ist, dass das neu Angeschaffte und Erlernte direkt und schnell im alltäglichen Unterrichtsbetrieb umgesetzt wird. Dabei gilt, dass nicht nur die Schüler:innen, sondern auch die Kolleg:innen aus Fehlern lernen dürfen.

Wenn Innovationen für alle zum selben Termin umgesetzt werden sollen, führt dies oftmals zu großen Problemen. Es ist klüger, Neuerungen stufenweise einzuführen. So hatten einzelne Klassen der MSH früher und intensiver Kontakt mit bestimmten digitalen Medien als andere. Das war aber an unserer Schule gar kein Problem. Es hatte den zusätzlichen Vorteil, in mehreren Jahrgängen zeitgleich beginnen zu können. Wenn man digitale Neuerungen immer erst im untersten Jahrgang beginnt, um sie dann streng nach Plan hochzuführen, sind die Entwicklungen oftmals zu langsam. Wenn man z.B. im Jahr 2016 eine 1:1-Ausstattung der Klassenräume jeweils im ersten Jahrgang einführen würde, wäre die Maßnahme erst im Jahr 2024 für alle Klassen abgeschlossen – und das wäre viel zu spät. Die schnelle Umsetzung in mehreren Jahrgangsstufen erfordert aber zum einen eine ordentliche Vorplanung, zum anderen eine professionelle und praxisnahe Fortbildung.

— *Geschickter Umgang mit Euphorie und Frustration!*

Die Schüler:innen haben sich an unserer Schule zumeist von Anfang an über jede Unterrichtsstunde mit digitalen Medien gefreut. Demgegenüber waren diese ersten Stunden für die Lehrer:innen sehr anstrengend, oftmals auch nervenaufreibend und frustrierend. Warum? Sobald vor der einzelnen Schülerin bzw. dem Schüler ein Monitor auf dem Tisch steht, sind die Außenwelt und das, was die Tischnachbar:innen machen, weitgehend ausgeblendet. Das kann zur Folge haben, dass man als Lehrperson bei 20 Schüler:innen und entsprechend euphorischem Agieren manche Information über das Medium zwanzig Mal wiederholen muss. Einfache Funktionen einer Tastatur wie das @-Symbol oder die Leertaste sind oftmals unbekannt. Auch das Erfordernis, zum Anmelden den eigenen Namen richtig zu schreiben, stößt bei jüngeren Schüler:innen oft auf Unverständnis. Eine klassische URL in ein Adressfeld eintragen zu lassen, kann ich bis zur 12. Klasse nicht empfehlen. Hier kommt es immer zu einer gewissen Fehlerquote, die von den Schüler:innen mit Unverständnis wahrgenommen wird. Der Grund, dass sich eine Website nicht öffnet, kann ja, so vermuten sie, nur am schlechten, weil billigen Schulgerät liegen. Als Lehrperson wird man so bei digitalen Neuerungen schnell „auf den Boden der Tatsachen geholt". Aus Euphorie wird dann auf Lehrer:innenseite Frustration und man empfindet vor allem die ersten Stunden mit Computereinsatz als sehr anstrengend.

Im Kollegium schlägt sich dieser Umschlag von Euphorie in Frustration differenziert nieder und variiert von einem tiefen Durchatmen „Es funktioniert!" zu einem erleichterten „Na endlich!" oder aber von einem panischen „Oh, mein Gott!" bis zu der entsetzten Feststellung „Das lerne ich niemals!" Alle diese Kolleg:innen sind ernst zu nehmen. Durch ständiges Üben, liebevollen Support und motivierende Schaustunden gelingt es dann zumeist, auch Kolleg:innen mit Vorbehalt dort abzuholen, wo sie stehen, und sie für die Weiterarbeit zu gewinnen.

Es ist hilfreich, wenn sich alle Verantwortlichen von Beginn an darüber im Klaren sind, dass auf anfängliche Euphorie regelmäßig Phasen der Frustration folgen, die aber überwunden werden können. Jeder, der schon mal mit einem PC gearbeitet hat, weiß, dass nicht immer alles so funktioniert, wie man sich das vorstellt. Es gibt einfach zu viele Gründe, warum der Unterricht nicht so abläuft wie geplant, wenn digitale Medien involviert sind: Kein Internetempfang, zu langsames Internet, nicht geladene Laptops oder sogar zu starke Sonneneinstrahlung sind nur wenige von vielen Fehlerfaktoren. Aber bei didaktisch durchdachtem Einsatz werden das Tablet oder der Laptop früher oder später vom Spielzeug zum kompetent genutzten Arbeitsgerät der Schüler:innen. Auch das kann bei einigen von ihnen für ein gewisses Maß an Frustration sorgen. Und dann kann es schon mal vorkommen, dass ein Schüler ausschließlich in den Mathestunden sein Tablet „rein zufällig" zu Hause vergessen hat, obwohl es auf magische Art und Weise in der Stunde davor noch da war.

Für den Aufbau der digitalen Infrastruktur ist es empfehlenswert, zu Beginn auf einer etwas gebremsten Welle der Euphorie zu surfen. So wird auch die Frustration danach etwas abgeschwächt. Die Frustrationsphase sollte nicht allzu lange andauern, um bald in eine normale Arbeitsphase übergehen zu können.

Nun hatten wir also im Schuljahr 2016/17 den Laptopwagen und eine Lernplattform eingeführt. Die meisten Schüler:innen hatten ihre Accounts und je nach Lehrperson und Klasse wurde mehr oder weniger intensiv mit digitalen Medien gearbeitet. Nun war es an der Zeit, das Digitalkonzept der MSH zu erarbeiten.

5. Bausteine des Digitalkonzepts

Was braucht eine Schule an Ausstattung und Infrastruktur, um für die digitale Zukunft gerüstet zu sein? An der MSH haben wir bereits in jeder Klasse eine interaktive Tafel. Die in die Jahre gekommenen Smartboards mit Beamer wurden durch moderne Displays mit Touchfunktion ersetzt. Ebenso haben wir in allen Klassenräumen eine Netzwerkinfrastruktur mit einem starken Server installiert.

Aufgrund von Mitteln aus dem 2018 von der Bundesregierung finanzierten *DigitalPakt Schule* (siehe Abschnitt 8) konnte der Breitbandausbau vorangetrieben und in Sicherheitsvorkehrungen und WLAN in jedem Klassenzimmer investiert werden:

— *Sicherheit:* Als Schule sind wir den Kindern gegenüber verpflichtet, auf ihre Sicherheit zu achten, sie vor unangebrachten Inhalten im Internet zu schützen und sie, so gut es geht, daran zu hindern, selbst unangemessene Inhalte ins Internet zu stellen. Das Schutzbedürfnis unterscheidet sich allerdings von der 1. bis zur 12. Klasse erheblich. Deshalb ist eine gute Firewall in Verbindung mit dem Schüler:innen-WLAN ein wesentlicher Baustein.

— *Schülergeräte:* Wenn Schüler:innen mit ihren Geräten vernünftig und effizient lernen sollen, ist die Fähigkeit, händisch zu schreiben, unerlässlich. Deshalb brauchten wir ein Gerät mit Stift. Ebenso wie der Stift ist auch eine leicht zu bedienende Tastatur notwendig, da das schnelle und sichere Verfassen von Texten nicht nur Teil der Schulkultur ist, sondern auch in der zukünftigen Lebens- und Berufswelt der Schüler:innen eine Notwendigkeit darstellt. Das optimale Unterrichtsgerät ist nach unseren Erfahrungen ein Tablet mit Stift, das zu einem Laptop umfunktioniert werden kann. Es sollte stabil, am besten auch stoß- und wasserfest sein.

– Wir haben uns an der MSH bewusst für *Windows*-Geräte entschieden. Diese bringen einen erheblichen Vorteil im Blick auf ihre Kompatibilität. Vor allem beim Programmieren müssen hier kaum Abstriche gemacht werden. Ein Nachteil bestand 2016 darin, dass es bei der Nutzung von Lern-Apps, die auf anderen Plattformen angeboten wurden, Probleme gab. Jedoch werden auch in dieser Frage Verbindungen zu anderen App Stores in Kürze verfügbar sein.

– *Digitale Lehr- und Lernmittel*: Es gibt interaktive Lehrbücher mit integrierten Medien wie Videos und Hörbeispielen und kleinen Lern-Apps, die an der MSH flächendeckend eingesetzt werden. Ein digitales Lehrmittel, welches ein Schulbuch mit Arbeitsbüchern vollständig ersetzt, gibt es aber noch nicht, wobei aktuelle Entwicklungen der Verlage und von Lernplattformen Grund zur Hoffnung geben. Ein Lehrmittel in PDF-Form bringt jedoch bereits kleine Entlastungen für die Schüler:innen. Auch das Schleppen immer schwerer gewordener Tornister wird ihnen dadurch erspart.

Auszeichnung: Die Online-Lernplattform *sofatutor* hat im Jahr 2020 die MSH als *Innovative Schule 2020* ausgezeichnet. In dem Wettbewerb wurden die zehn innovativsten Ideen für hybriden Unterricht gesucht. Teilgenommen haben Schulen aus Deutschland und Österreich. Die Auszeichnung hat den Vorteil, Lernsoftware von *sofatutor.de* kostenlos für unsere Schüler:innen nutzen zu können. In der Lernsoftware sind viele verschiedene Unterrichtsinhalte per Video aufbereitet und durch interaktive Übungen verknüpft. Eine Verbindung von interaktivem Schulbuch und Lernplattform zu einem echten digitalen Lehrmittel erlaubt es, Lehr- Lernprozesse für alle noch interessanter zu gestalten.

6. Ein neues Schulfach: *Modern Enterprise*

Unser Digitalkonzept beruht auf zwei Säulen, dem Lernen mit Medien und dem Lernen über Medien. Übergeordnetes Ziel ist dabei die Vermittlung von Medienmündigkeit. Das entspricht dem, was in der internationalen Diskussion als *digital literacy* oder als *21st century skills* und im deutschsprachigen Raum als „4K" (Sterel et al. 2018) diskutiert wird: Kreativität – Kritisches Denken – Kollaboration – Kommunikation.

Um den Schüler:innen zu helfen, derart anspruchsvolle Kompetenzen zu erwerben, haben wir uns an der MSH ein neues Schulfach ausgedacht, das zugleich zum Unterrichtsprinzip in möglichst vielen Fächern wird: *Modern Enterprise* (ME). Der Begriff kann auf unterschiedliche Weise übersetzt werden: ein modernes Unternehmen oder eine moderne Unternehmung. Wenn man so möchte, kann man auch eine Reise in „Das unentdeckte Land" (als synonym für die Zukunft, *Star Trek VI*) darin sehen.

Lernen mit digitalen Medien: Die Schüler:innen sollen mit Hilfe digitaler Unterrichtsmedien besser lernen können. Lernapps, Lernspiele und auch Videos können dabei helfen. Das wird bereits in großem Stil an der MSH umgesetzt.

Ein erstes Beispiel, wie sich das Lernen durch die Nutzung digitaler Medien verändert, stammt aus meinem ersten Jahr an der MSH:

Sprachaufgaben im Englischunterricht

Ein erstes Beispiel, wie sich das Lernen durch die Nutzung digitaler Medien verändert, stammt aus meinem ersten Jahr an der MSH: Sprachaufgaben im Englischunterricht und Sprachüberprüfungen sind zeitaufwendig. Wenn Schüler:innen zum Beispiel einen Dialog mit einer Mindestlänge von 5 Minuten ausarbeiten und vortragen sollen, so dauert die Herstellung, Präsentation und Bewertung im herkömmlichen Unterricht beinahe eine Unterrichtswoche. Allein für das Vortragen im Klassenplenum sind bei Zweiergruppen theoretisch 50 Minuten erforderlich. Hinzu kommen Schüler:innen- und Lehrer:innenfeedback sowie kurze Bedenkzeiten für die Beurteilung. Die einzelne Schülerin/der einzelne Schüler arbeitet dabei aber oft nur wenige Minuten aktiv – die meiste Zeit wird zugehört. Durch die Nutzung digitaler Medien kann die Herstellung eines solchen Dialogs auch als Hausaufgabe gestellt, digital abgegeben und im digitalen oder hybriden Klassenzimmer präsentiert werden. Zudem sehen und hören die Schüler:innen sich selbst. Dann nimmt das Vortragen gar keine Unterrichtszeit mehr in Anspruch. Auch das Feedback kann digital erfolgen. So kann viel Zeit gespart werden, die dann für andere schüleraktive Lernaufgaben zur Verfügung steht.

Ein weiteres Beispiel – Lernsoftware über den Frosch: Den digitalen Frosch können wir im Klassenzimmer auf einem Tisch platzieren und auf verschiedenen Ebenen erforschen:

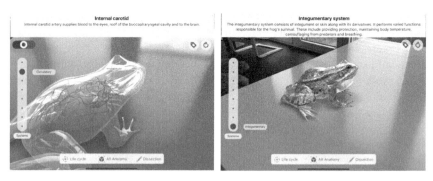

Abbildungen 2 und 3: Lernsoftware „Frosch" (Screenshot Matthias Kießner)[1]

Mit Finger oder digitalem Stift können wir den Frosch auch sezieren:

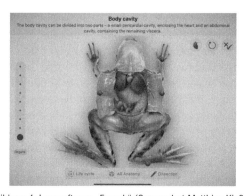

Abbildung 4: Lernsoftware „Frosch" (Screenshot Matthias Kießner)

Ein drittes Beispiel – Thema Wasserkreislauf: Dabei kann eine interaktive Landschaft im virtuellen Klassenzimmer platziert werden und unterschiedliche Ereignisse wie Regen oder Trockenheit können injiziert werden. Der Flusslauf kann ebenfalls manipuliert werden. So können Schüler beispielsweise den Einfluss von Staukraftwerken auf das Ökosystem und vieles andere mehr erforschen.

---

1 Froggipedia (der Frosch) Individual Learning Limited. (2021). Froggipedia (Version 3.0) [Mobile App] App Store. https://apps.apple.com/de/app/froggipedia/id1348306157 (Datenzugriff 12.12.2022)

Abbildung 5: „Wasserkreislauf" (Screenshot Matthias Kießner)[2]

Die Erfahrungen beim Einsatz digitaler Unterrichtsmedien sind an unserer Schule durchweg positiv. Die Schüler:innen sind zufrieden bis euphorisch. Und das Kollegium lernt immer mehr, das hohe didaktische Potenzial dieser Medien zu nutzen.

Lernen über digitale Medien: Alle sind sich einig, dass der reflektierende Umgang mit digitalen Medien immer wichtiger wird. Das ist oben als Medienmündigkeit bezeichnet worden. Dieses Ziel wird auch in der KMK-Empfehlung (2016) „Bildung in der digitalen Welt" vertreten. Dafür sind Kompetenzkataloge, aber auch viele neue Instrumente und Lerngelegenheiten entwickelt worden (vgl. Döbeli Honegger 2016; Brägger & Rolff 2021). Hier ist der klassische Informatikunterricht beheimatet. Auch der sozialverträgliche Umgang mit digitalen Medien im Privatbereich und die Suchtprävention können dort thematisiert werden. Das im Fach *Modern Enterprise* stattfindende Lernen mit und über digitale Medien verbindet sich dann synergiehaft mit fachlicher Bildung in den anderen Fächern und im fächerübergreifenden Unterricht.

In Zukunft werden Virtual Reality, Augmented Reality und Gamification noch mehr spannende Möglichkeiten zum Lernen bringen. Aber ebenso wichtig ist es, die Schüler:innen zur reflexiven Distanz gegenüber diesem attraktiven Medium anzuleiten: Was macht es mit einem Jugendlichen, wenn er jeden Tag 4, 5 oder 6 Stunden lang im Internet surft? Präventionsarbeit gegen Medienmissbrauch und Mediensucht gehören deshalb in jedes Digitalisierungskonzept (vgl. Bleckmann & Lankau 2019).

---

2 World Wildlife Fund, Inc. (2018). WWF Free Rivers (Version 1.3.1) [Mobile App] App Store. https://apps.apple.com/de/app/wwf-free-rivers/id1349935575 (Datenzugriff 12.12.2022)

7. Fächerübergreifender Unterricht

Der Erwerb von Kompetenzen mit und über digitale Medien ist nicht nur die Aufgabe des Faches Informatik bzw. an der MSH des Faches *Modern Enterprise* (ME). Vielmehr ist dies die Aufgabe aller Fächer, sowie aller Lehrer:innen. Dieses Verständnis hat sich vor allem in den Pandemiejahren an der MSH verfestigt und jede Mitarbeiterin/jeder Mitarbeiter der Schule hat es verinnerlicht. Fächerübergreifender Unterricht ist deshalb ein fester Bestandteil des MSH-Unterrichtskonzepts. Drei Beispiele:

Tippen mit 10-Fingern, kombiniert mit Textverarbeitung: Heute müssen Schüler:innen in fast allen Fächern Texte produzieren – und das tun sie immer mehr in digitaler Form. Schnelles und sicheres Tippen ist dafür essentiell. Dafür wird eine spielerische Website zum Lernen verwendet (Lernen *mit* digitalen Medien). Gleichzeitig finden die frisch erworbenen neuen Fähigkeiten z.B. im Deutsch- oder Englischunterricht Anwendung. Das Tippen wird dabei immer wieder geübt und angewendet. Am Ende eines Schuljahres haben so alle Schüler:innen die grundlegenden Fähigkeiten zum Tippen erworben, ohne dass dafür ein eigenes Fach eingerichtet werden muss. Gleichzeitig erlernen die Schüler:innen bei der Textproduktion die Grundlagen der Textverarbeitung, die dann im Laufe der Jahre immer mehr geschult und verbessert wird.

Die Schachnovelle: Das Buch „Schachnovelle" von Stefan Zweig war im Jahr 2022 Vorgabe der Hamburger Schulbehörde für den Mittleren Schulabschluss (MSA). Die Schüler:innen haben die Novelle im Deutschunterricht nach Kriterien der Literaturdidaktik erarbeitet. Im Fach *Modern Enterprise* haben sie dann eine Filmrezension in Form eines Podcasts hergestellt. Dabei haben sie zugleich das Bearbeiten, Manipulieren und Schneiden von Audioaufnahmen gelernt. Und im Fach Kunst ist dann ein digitales Podcast Cover erstellt worden.

Deutsche Grammatik – Legefilme: Schüler:innen erstellen in Zusammenarbeit mit dem Fach Deutsch und *Modern Enterprise* Legefilme zu Grammatikregeln. Hier erklären sie, veranschaulicht mit Hilfe der Legefilmtechnik, unterschiedliche Grammatikregeln. Sie planen ihre Arbeit, schreiben Filmskripte und bereiten die Bestandteile künstlerisch vor. Dann zeichnen sie die Filme auf und bearbeiten sie im Nachhinein digital und erwerben so grundlegende Kompetenzen des Filmschnitts.

Rahmenplan Digitalisierung: Fächerübergreifender Unterricht findet an der MSH täglich in allen Fächern in allen Klassen statt. Begleitet werden die Klassen und Fächer von einem nach einem intensiven Diskussionsprozess verabschiedeten *Rahmenplan*, der Bildungsansprüche formuliert und zugleich zeigt, wie sie in individuellen und gemeinsamen Lernaktivitäten angestrebt werden können. Es ist bemerkenswert, wie weit wir mit der Umsetzung des Rahmenplans in kurzer Zeit gekommen sind. Die Entwicklung in den nächsten Jahren könnte das, was wir uns heute ausmalen, noch übersteigen. Heute erwerben die Schüler:innen bis zur 10. Klasse digitale Kompetenzen, die über die Ansprüche der *Bildungspläne* der Stadt Hamburg hinausgehen. Der Informatiklehrplan der Schulbehörde wird zum größten Teil fächerübergreifend abgearbeitet. Im Fach ME werden die letzten Lücken geschlossen und neue Projekte entstehen wie zum Beispiel ein Chatbot mit künstlicher Intelligenz für interessierte Eltern.

Bereits heute haben die Schüler:innen der 8. Klasse beinahe die gleichen Kompetenzen erworben wie sie im Hamburger Bildungsplan für die Zehntklässler:innen vorgesehen sind.[3] sind. Zu erwarten ist, dass die Achtklässler:innen in wenigen Jahren wiederum von den noch jüngeren Schüler:innen übertroffen werden. Das kann aber nur dann erreicht werden, wenn alle Lehrer:innen ihre Rolle im digitalen Bildungskonzept sehen und aktiv wahrnehmen, was aber nach übereinstimmendem Urteil von Schulbesucher:innen, von Schulleitung und Expert:innen an der MSH der Fall ist.

8. Chinesisch lernen und digital gestützte Bildung

Wie in jedem anderen Unterrichtsfach auch, kann die Einbindung digitaler Geräte im Chinesischunterricht eine Unterstützung sein. Eine besondere Herausforderung dieses Unterrichts sind die limitierten Lehrbücher. Das beste Lehrbuch in der Beobachtungsstufe ist immer für englischsprachige Chinesischlerner:innen gedacht. Dieses wird mit unzähligen Kopien ergänzt. An der MSH werden mittlerweile die meisten Kopien digital ausgegeben. Das heißt, dass die Schüler:innen die Blätter ohne Ausdruck mit dem Stift am Tablet bearbeiten können. Die Lehrer:innen können diese ebenso einfach digital kontrollieren, korrigieren und Rückmeldung geben. Das ist nicht nur eine Möglichkeit, sondern hat sich als überaus vorteilhaft erwiesen.

Es können nun auch in Textverarbeitungsprogrammen Texte auf Chinesisch in *Pinyin* produziert werden, die dann in chinesische Schriftzeichen transformiert werden. Pinyin ist, vereinfacht gesagt, die Darstellung der chinesischen Sprache in lateinischen Buchstaben (siehe S. 99 f.). Auch für die Vorbereitung auf die *Hanyu Shuiping Kaoshi*-Prüfungen (S. 108 f.) sind digitale Lehrmittel ausgesprochen hilfreich. So gibt es mittlerweile zu jeder einzelnen HSK-Prüfung mehrere brauchbare Apps für alle Plattformen. Zusätzlich sprießen fast wöchentlich neue Apps zum Chinesischlernen in diversen Appstores. Den Spaß- und Suchtfaktor solcher Lernapps habe ich bereits selbst erfahren.

---

3 Dieses Urteil ergibt sich aus den regelmäßig an der MSH durchgeführten Leistungstests (siehe Beitrag 1, S. 36).

Es ist klar, dass China im Zeitalter der digital gestützten Globalisierung eine führende Rolle einnehmen wird. Der Blick der MSH in beide Richtungen, von Westen nach Osten und von Osten nach Westen, wird der Schule in Zukunft noch mehr Relevanz verleihen.

9. Fünf-Jahres-Plan der MSH und *DigitalPakt Schule*

Zwischen 2017 und 2022 hat sich an der MSH eine Menge bewegt. Im Jahr 2017 ist ein Fünf-Jahres-Plan zur Digitalisierung verabschiedet worden, der eine schrittweise, realistische Planung in Richtung auf eine 1:1-Ausstattung und darüber hinaus eine vollständige Umsetzung des Konzepts *Modern Enterprise* vorsieht. Die Ankündigung des *DigitalPakts Schule* kam da für uns genau zur richtigen Zeit und half uns, unsere Ziele frühzeitig auszuschärfen. Als 2019 klar war, dass wir uns um Fördermittel aus dem *DigitalPakt* bewerben wollten, waren wir gut auf die Antragstellung vorbereitet, weil wir genau wussten, was wir mit den beantragten Geldern machen wollten. So ist es nicht verwunderlich, dass die Moderne Schule Hamburg die erste Schule in Hamburg war, die einen Antrag auf Fördermittel stellte und dann auch die erste Schule, die sie bewilligt bekommen hat. Schon vor Abgabe des Antrags hatten wir Angebote der heimischen Wirtschaft eingeholt. Nach Eintreffen der Gelder standen wir ebenso wie unsere Lieferanten bereits in den Startlöchern. So konnten wir schnell in unsere Infrastruktur und Ausstattung investieren. Mit Hilfe unseres Lieferanten David schaffen wir sogar das Meisterstück, noch im Schuljahr 2019/20 mit einer 1:1-Ausstattung aller Jahrgänge zu beginnen.

Die Förderung durch den *DigitalPakt Schule* bestand in Hamburg aus vier Teilen. Der erste und zugleich größte Teil wurde für Infrastruktur wie WLAN und digitale Ausstattung zur Verfügung gestellt. Der zweite Teil ermöglichte die Anschaffung von schüler:innengebundenen Endgeräten. Der dritte Teil ist für die Organisation einer Schule zugleich der wichtigste Teil. Hier ging es um die Finanzierung von Personalaufwand und Fortbildungskosten. Die MSH bewies hier schon vor dem *DigitalPakt* einen gewissen Weitblick und investierte in personellen Aufwand seit Gründung der Schule. Im letzten, vierten Teil konnte die Schule weitere lehrer:innengebundene mobile Endgeräte anschaffen.

Dank des *DigitalPakts* konnten wir im ersten Halbjahr des Schuljahres 2019/20 alle Vorkehrungen für die Umsetzung des digitalen Unterrichtskonzeptes der Schule treffen. Für die Schüler:innen haben wir Tablets mit Tastatur und Digitizer (digitalem Stift) angeschafft. Diese wurden bereits geliefert. Jedoch gab es den günstigen Preis nur, weil die Tablets ohne Festplatten geliefert wurden. Sie mussten also noch bestellt, verbaut und mit einem Betriebssystem bespielt werden.

10. Digitalisierung und Corona-Pandemie

Im „historischen" März 2020 änderte sich nicht nur für die MSH Vieles. Vom einen auf den anderen Tag sollten alle Schulen – oftmals völlig unvorbereitet – digital gestützten Distanzunterricht geben. Für unsere Schule war das kein Problem, da wir bereits die ersten entscheidenden Schritte gegangen waren und auch die Schüler:innen an digitales Arbeiten gewohnt waren. Um nahtlos in einen vollständig digitalen Distanzunterricht übergehen zu können, fehlte uns nur noch ein kleiner Baustein: *Microsoft®Teams*.

Am 13.03.2020, einem Freitagabend, war auf Bundesebene entschieden worden, dass am Montag, dem 16.03.2020, der Präsenzunterricht einzustellen war. Die Schulleitung hat das ganze Wochenende über intensiv beraten und geplant. Wir haben beschlossen, am Montag keinen Unterricht anzubieten, sondern einen schulinternen Fortbildungstag durchzuführen. Wir haben den Tag genutzt, um *Microsoft®Teams* neu auf unserer Lernplattform einzuführen, was an einem Tag gut zu schaffen war. Die restliche Zeit haben wir dann verwandt, um uns im Kollegium über das neue Tool und seine Eignung für den Distanzunterricht auszutauschen. Geeignete Unterrichtseinheiten wurden ausgewählt und die Umsetzung im Distanzunterricht vorbereitet, Schüler:innenteams wurden gebildet und die Klassenlehrer:innen informierten die Schüler:innen online über die Vorgehensweise während des Schul-Shutdowns.

Am Dienstag, 17.3.2020, um 08:00 Uhr konnte so bereits ein gut vorbereiteter Distanzunterricht starten. Die größte Herausforderung lag hier darin, keine Schülerin und keinen Schüler zurückzulassen. Fachlehrer:innen haben die digitale Erreichbarkeit kontrolliert und direkt an die Klassenlehrer:innen zurückgemeldet. Diese haben bis spät abends Eltern- und Schüler:innengespräche geführt. Besonders „resistente" Eltern und Schüler:innen mussten mehrmals angerufen werden. Gefühlt hatten wir mehr als 90 Prozent der Schüler:innen von Anfang an mit dabei. Die restlichen Schüler:innen haben wir im Laufe der nächsten eineinhalb Wochen abgeholt. Aber verständlicherweise war die Umstellung nicht nur für die Schüler:innen, sondern auch für Lehrer:innen der MSH eine Herausforderung. Wie gut die Umstellung auf Distanzunterricht an der MSH geklappt hat, beschreibt Tiyama Saadat aus ihrer Schülerinnenperspektive auf S. 142–144.

Inhaltlich stand in allen Unterrichtsfächern in der ersten Woche das Thema Covid-19 im Mittelpunkt. Fächerübergreifend konnte den Schüler:innen so ein guter Einblick in medizinische, psychische und soziale Hintergründe und Konsequenzen der Pandemie vermittelt werden.

Der Arbeitsaufwand und die Leistung der Lehrer:innen der MSH in dieser Zeit waren erheblich. Unzählige unbezahlte Überstunden wurden zum Wohl der Schüler:innen geleistet. Dieser erhöhte Arbeitsaufwand ist, wenn auch nicht ganz so zeitraubend wie in den ersten Wochen der Pandemie, in den nächsten beiden Schuljahren fortgesetzt worden.

Wir als MSH haben uns bewusst dafür entschieden, den schon 2011 eingeführten Stundenplan in der Zeit der Schulschließung aufrecht zu erhalten. Die von vielen anderen Schulen getroffene Alternativlösung, den regulären Stundenplan aufzulösen und einen eigenen digitalen Unterrichtsalltag zu schaffen, machte für uns an der MSH wenig Sinn. Das liegt zum einen daran, dass die MSH als einzügige Schule zu klein ist, um alle Schüler:innen ganz neu zu gruppieren, zum anderen daran, dass schon vor der Pandemie die Rhythmisierung der Stundentafel eingeführt worden war, die sich aus dem Status als Ganztagsschule zwangsweise ergibt (siehe den ANHANG in Beitrag 1). So gab es schon vor dem Jahr 2020 tägliche Bewegungs- und Sportstunden, dazu jeden Tag „Lernzeiten" in der Tradition der Planarbeit und soziale Stundeneinheiten wie den Klassenrat. Die Beibehaltung der Klassenratsstunden erwies sich als wichtig, da die Schüler:innen so die Möglichkeit erhielten, sich im Plenum über alles, was sie bewegte, auszutauschen. Hauptfächer finden an der MSH ohnehin in den ersten Unterrichtsstunden statt. Dies beizubehalten, war auch während der Schulschließung sinnvoll.

Wir waren an der MSH von der gefundenen Lösung überzeugt und haben sie auch soweit evaluiert, dass wir sie im darauffolgenden Schuljahr 2020/21 noch einmal angewendet haben. Wir werden diese Lösung gegebenenfalls auch in Zukunft anwenden. Nicht ohne Grund sind wir wegen unseres Konzepts zur Digitalisierung des Unterrichts und wegen seiner professionellen Umsetzung in Pandemiezeiten als innovativste Schule Deutschlands ausgezeichnet worden (s.o.).

11. Wie geht es weiter?

Durch den *DigitalPakt Schule*, durch die Corona-Pandemie und vor allem durch die enorme Leistung der Mitarbeiter:innen der MSH konnte der Digitalisierungsplan weitgehend umgesetzt werden. Die Schüler:innen erwerben von Tag zu Tag mehr und mehr digitale Kompetenzen. Und von Schuljahr zu Schuljahr werden bestimmte Kompetenzniveaus schon in jüngeren Klassen als zuvor erworben (s.o.). Es ist noch nicht ganz abzusehen, wie sich der Unterricht mit der jetzigen 6. Klasse in vier Jahren gestalten wird. Klar ist aber, dass die Schüler:innen dann mit weit mehr digitalen Vorkenntnissen in die 7. Klasse kommen werden als die heutigen Neuntklässler:innen in die 10. Klasse.

Es ist wichtig, die digitale Ausstattung und Infrastruktur kontinuierlich weiter zu verbessern. Wir versuchen, am Ball zu bleiben und technologische Neuerungen und innovative Inhalte frühzeitig in den Unterricht einzubinden:

- Glasfaser, 5G und virtuelle PCs erweitern die Möglichkeiten der MSH-Familie.
- Künstliche Intelligenz, Big data und Internet 4.0 bezeichnen Entwicklungen, die wir als Schule weiter im Blick behalten werden.
- Digitale Lehrmittel, Virtual Reality, Augmented Reality und vielleicht auch das *Metaversum* werden Einfluss auf die Unterrichtsmethodik und das Lernen haben.
- Kompetenzen zur Onlinerecherche, zum Erkennen von Fakenews und zur freien Meinungsbildung sind weiter zu stärken.
- Hybrides Lernen wird auch dann, wenn die Corona-Pandemie zu Ende gegangen ist, an unserer Schule einen größeren Stellenwert als vor der Pandemie haben.
- Die Nutzung digitaler Medien und des Internets wird im Fremdsprachenunterricht (Chinesisch, Englisch, Spanisch) eine immer größere Rolle spielen.
- Die Studienstufe der MSH muss weiter ausgebaut werden. Dabei wird das Digitalkonzept eine wichtige Rolle spielen.
- Die Lernerfolge im Fach *Modern Enterprise* müssen evaluiert und das Fach auf dieser empirischen Basis weiterentwickelt werden.
- Sich im Beruf weiter zu qualifizieren, muss für alle Kolleg:innen zu einer Selbstverständlichkeit werden.

Die Pandemie hat gezeigt, wie beeinflussbar und manipulierbar eine Bevölkerung ohne *digital literacy* ist. Die Förderung der Medienmündigkeit der Schüler:innen wird deshalb an der MSH auch in Zukunft einen hohen Stellenwert haben. Wir wollen den Schüler:innen helfen, ihre Persönlichkeit so zu entwickeln, dass sie für ihr privates Glück und ihre Zukunft in der Arbeitswelt gut vorbereitet sind und dass sie gelernt haben, Konflikte demokratisch zu lösen. Statt nur auf die ökonomisch-technischen und sozialen Entwicklungen zu reagieren, bleiben wir proaktiv und gestalten unsere Schule so gut es geht selbst.

Literaturnachweise

Bleckmann, P. & Lankau, R. (Hrsg.) (2019). *Digitale Medien und Unterricht*. Weinheim: Beltz.

Brägger, G. & Rolff, H.-G. (Hrsg.) (2020). *Handbuch Lernen mit digitalen Medien*. Weinheim: Beltz.

Diethelm, I. (2016). Digitale Bildung für den stetigen Wandel. In: *Pädagogische Führung*, H. 4/2016.

Döbeli Honegger, B. (2016). *Mehr als 0 und 1. Schule in einer digitalisierten Welt*. Bern: hep Verlag.

Klee, W., Wampfler, P. & Krommer, A. (Hrsg.) (2021). *Hybrides Lernen.* Weinheim: Beltz.
KMK (2016). *Bildung in der digitalen Welt. Strategie der Kultusministerkonferenz.* Berlin: Sekretariat der Kultusministerkonferenz.
Sterel, S., Pfiffner, M. & Caduff, C. (2018). *Ausbilden nach 4K.* Bern: hep Verlag.

Franziska Trautmann

Digitale Medien im NaWi-Unterricht ab Klasse 5

Gegenstand dieses Beitrags ist ein seit mehreren Jahren an der MSH angebotener Kurs mit dem Titel „Forschen und Entdecken", in dem Schüler:innen ab Klasse 5 bei der Bearbeitung naturwissenschaftlich-technischer Fragestellungen in die Nutzung digitaler Medien eingeführt und zur Reflexion des Potenzials, aber auch der Gefahren dieser neuen Techniken angeleitet werden. Arnd Graf von Westarp, Informatikfachmann an der Universität Hamburg, arbeitet seit vielen Jahren mit mir zusammen. Er hat angeregt, dafür 3D-Drucker zu nutzen.

Der Kurs umfasst ein Schuljahr lang je zwei Stunden pro Woche. Die Aufgabenstellungen der in den Abschnitten 2 bis 6 skizzierten Module bauen jeweils auf dem in früheren Modulen aufgebauten Wissen auf. Die im Abschnitt 2 formulierten Aufgaben sollen den Schüler:innen die Gelegenheit geben, sich mit der 3-D-Technik vertraut zu machen. In weiteren Stunden wird der Umgang mit Programmiersoftware, mit Minirobotern und Drohnen eingeübt und erfahrbar gemacht.

Ziel ist die Stärkung der Medienmündigkeit. Da die digitalen Medien aus dem Leben der Kinder und Jugendlichen nicht mehr wegzudenken sind, ist es wichtig, dass wir ihnen früh das Handwerkszeug, eine Art Führerschein, dafür mitgeben. Es ist unsere Aufgabe, sie vor gewissen Tücken zu bewahren und sie zu wappnen, damit sie durch die Tiefen des Netzes sicher navigieren können. Auch für Mädchen bietet der Kurs mit seinen praktischen Anwendungen und fächerübergreifenden Anteilen Chancen, ihre Interessen an MINT-Fächern zu stärken.

1. Den technologischen Fortschritt erfahrbar machen und helfen, ihn zu reflektieren

Der technologische Fortschritt, vor allem im Bereich der Digitalisierung, hat in den letzten Jahrzehnten dafür gesorgt, dass fast jeder Mensch zu jeder Zeit und an fast jedem Ort Zugang zu mehr Geräten und Daten hat als je zuvor. Das Smartphone bietet eine Vielzahl von Funktionen und Anwendungen, für die man früher eine große Menge an Geräten gebraucht hätte. So ersetzt es Telefon, Kamera und Wetterstation. Es liefert Übersetzungen in zahlreiche Sprachen, es kann als Videospieler, Discman und Lesegerät (jeweils mit mehr Filmen, Musiktiteln und Büchern als man in einer Diskothek, Musikhandlung oder Bibliothek je finden konnte) genutzt werden. Zeitgleich ist das Finden von Daten und Anleitungen zu allen möglichen Themen, die Nachrichtenübermittlung in nie gekannter Aktualität, das Verfolgen von Blogs, der Austausch mit Freunden und Prominenten so niederschwellig möglich wie nie zuvor.

Neben diesem bloßen Konsumieren ist jeder Mensch auch in der Lage, die digitale Welt selber zu gestalten, sei es als Creator auf Plattformen wie YouTube oder TikTok, als aktiver Follower auf Twitter oder Facebook, als Autor auf Hobbyautor-Foren und Blogs oder als Unterstützer von Projekten via Crowdfunding-Plattformen.

Neue Technologien erlauben es, mit geringem Aufwand Geräte und Programme zu konstruieren und komplexe Anwendungen zu kontrollieren. Geräte und Materialien, die früher unerschwinglich teuer waren und nur von Profis gefertigt und genutzt werden konnten, können heute leicht mit 3D-Druckern selbst hergestellt werden (die Initialzündung: Gershenfeld 2007). Durch die Verwendung von preiswerten elektronischen Bauteilen wie Motoren, Sonden oder Miniprozessoren können komplexe und sich selbst steuernde Roboter gebaut und eingesetzt werden. Drohnen können selbstständig programmiert werden.

Diese Fülle an technischen Möglichkeiten fasziniert die Kinder und Jugendlichen, sie kann jedoch auch verunsichern. Und sie kann missbraucht werden: Unüberschaubar große Mengen an Daten können genutzt werden, um Menschen gezielt zu manipulieren. Unkenntnis des Gefahrenpotenzials kann für kriminelle Aktionen ausgenutzt werden. Entsprechend wichtig ist es, dass man nicht nur mit einzelnen Anwendungen umgehen und deren Möglichkeiten nutzen kann, sondern ein tiefes Verständnis für Digitalisierung und technische Zusammenhänge entwickelt.[1]

Da die Schüler:innen an der MSH bereits in der 5. Klasse Laptops erhalten, bieten sich viele Chancen, digitale Tools in den Unterricht einzubeziehen:

- Sie lernen mit zehn Fingern zu tippen, was ihnen ermöglicht, einige der für den Unterricht zu erstellenden Texte auf dem Laptop zu schreiben.
- Sie werden in die Software Power Point eingeführt und fertigen damit selbständig Referate an.
- Sie lernen kindgerechte Alternativen zu Google kennen und können so für ihre Schulprojekte eigenständig recherchieren.

Dies ist für alle Kinder und Jugendliche wichtig, weil sie eine „nicht-digitalisierte" Welt nicht mehr kennen gelernt haben und sich in der neuen globalisierten Welt zurechtfinden müssen. Entsprechend soll dieser Kurs den Sekundarstufenschü-

---

1 Im englischsprachigen Digitalisierungsdiskurs wird deshalb vom *deeper learning* gesprochen (vgl. Sliwka et al. 2022).

ler:innen einen altersgemäß einfachen und spielerischen Einstieg in den selbstbestimmten Umgang mit digitalen Medien ermöglichen, so dass erste Erfahrungen gewonnen, Kompetenzen erworben und Chancen erkannt, aber auch die Risiken reflektiert werden können. Hierbei hilft, so die von Carsten Graf von Westarp entwickelte Ausgangsthese, der Einsatz von Konstruktionssoftware und 3D-Druckern.[2] Die Tragweite dieser Technik wird nur verständlich, wenn die dafür erforderlichen Schritte, nämlich das Ausdenken, Konstruieren und Ausdrucken, verstanden worden sind. Dann erkennen die Jugendlichen, wie ein Design im Kopf entsteht, wie es mit Papier und Bleistift gezeichnet, und mit einem Programm am Rechner konstruiert werden kann. Dadurch werden die Übergänge zwischen Vorstellungen, realen und virtuellen Bildern nachvollziehbar. Schließlich kann der 3D-Drucker genutzt werden, um diese Vorstellungen und Bilder in reale, anzufassende und zu spürende Objekte zu überführen.

2. Modellieren mit Tinkercad und Verwendung anderer Online Datenbanken

Es gibt viele unterschiedliche Softwareprogramme, mit denen man Objekte dreidimensional modellieren kann. Einige Programme, zum Beispiel ZBrush, sind teuer in der Anschaffung. Andere Programme wie Blender sind zwar kostenlos, aber der Einstieg ist schwierig und langwierig und die Handhabung kompliziert. Tinkercad dagegen bietet einen guten Kompromiss. Einerseits ist die Software kostenfrei, andererseits ist die Vorgehensweise intuitiv, und die Schüler:innen erhalten schnell vorzeigbare Ergebnisse, was einen starken Motivationseffekt hat.

Da die Arbeit mit Tinkercad browsergestützt läuft, können die Schüler:innen ortsungebunden an ihren Kreationen arbeiten. Wenn sie in der Schule Aufgaben angefangen haben, können diese zu Hause weiterentwickelt und beendet werden. Die Zeit in der Schule kann dann genutzt werden, um aufgetretene Fragen zur weiteren Entwicklung des Modells zu besprechen. Ziel ist es, die entstandenen 3D-Modelle auf einem der drei schuleigenen 3D-Drucker auszudrucken. Die Schüler:innen sollen dabei lernen, dass sich alles, was sie sich vorstellen können, in reale Objekte umsetzen lässt.

Drei Schritte im Arbeitsprozess: Der erste von drei Schritten besteht darin, das im Kopf ausgedachte Modell mit Papier und Bleistift zu visualisieren. Den Schüler:innen soll dabei die Bedeutung von Abständen, Abmessungen und Dimensio-

---

2 Die Möglichkeiten des 3D-Drucks entwickeln sich rasant. Aber die Grundstrukturen dieser Technologie dürften sich in den nächsten Jahren nur wenig oder gar nicht ändern. Die Technik ist auch nicht wirklich neu. Sie lässt sich bis auf die Töpferkultur des Neolithikums zurückführen, bei der Gefäße aus Ton hergestellt wurden, indem Tonwülste spiralförmig Schicht für Schicht aufeinander aufgebracht, miteinander verbunden und dann gebrannt wurden.

nen klar werden. Im zweiten Schritt muss die Skizze in das Tinkercad-Programm übertragen werden. Dafür müssen die Schüler:innen verstehen, wie Tinkercad funktioniert. Es arbeitet im Grunde mit einer begrenzten Anzahl von Standardformen. Durch die Kombination, den Schnitt, die Drehung, die Spiegelung und die Skalierung der Formen entstehen so neue Objekte. Tinkercad bietet viele vorgefertigte Schablonen mit Kombinationsabfolgen an, jedoch verlieren diese nach meiner Erfahrung schnell den Reiz, sobald die Schüler:innen erkannt haben, dass sie auch eigene Objekte herstellen können. Im dritten Schritt werden die Objekte gedruckt. Der dritte Schritt ist deshalb von besonderer Bedeutung und auch für die Schüler:innen von größtem Interesse, weil dadurch die Objekte erfasst (angefasst) und gegebenenfalls auch ausprobiert werden können.

Abbildung 1 zeigt den ersten Versuch eines Schülers, einen Keksausstecher in Sternform zu entwerfen. Ein Keksausstecher ist ein Objekt, das die Kinder und Jugendlichen aus ihrer Umgebung bereits gut kennen, doch nun sind sie in die Lage versetzt, Ausstecher herzustellen, die ganz individuell sind. Nirgendwo wird es diesen Ausstecher in dieser Form zu kaufen geben und somit auch nicht die damit hergestellten Kekse. Zugegeben, diese Form ist noch recht einfach, doch darauf aufbauend können die Schüler:innen komplexere Objekte entwerfen und ausdrucken.

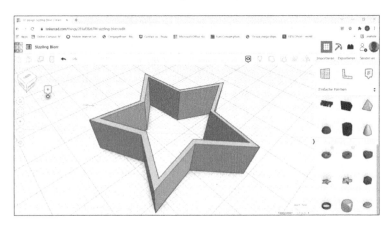

Abbildung 1: Eigener Screenshot aus der Arbeit mit Tinkercad

In höheren Klassen können die Schüler:innen mit anderen Programmen wie Openscad arbeiten. Der fundamentale Unterschied zwischen Tinkercad und Openscad ist, dass Tinkercad eine graphische Darstellung bietet, während bei Openscad das klassische Programmieren im Vordergrund steht. Dadurch wird es möglich, noch deutlich genauere und komplexere Objekte zu erstellen.

Thingiverse.com: Neben dem Designen von eigenen Objekten werden im Unterricht auch fertige Objekte aus Online-Datenbanken besprochen. Eine solche Plattform ist zum Beispiel Thingiverse.com. Die Schüler:innen sollen durch Vorbilder zu eigenen Kreationen inspiriert werden. Hierbei geht es gleichermaßen um Kunst als auch um das Design von praktischen Werkzeugen. Das Kreieren von Kunst durch den 3D-Drucker ist genauso Gegenstand des Unterrichts wie das Erkennen von Problemen, die durch 3D-gedruckte Objekte gelöst werden können.

Kommerzialisierung und Rechtsfragen: Sobald die ersten Objekte selbst entworfen und gedruckt worden sind, stellt sich eine weitere, wichtige Frage. Wem gehört das Objekt bzw. die Datei? Will die Schülerin/der Schüler die Datei der Gemeinschaft zur Verfügung stellen, oder möchte sie/er das Objekt und alle Rechte daran behalten? Beides ist natürlich völlig in Ordnung, aber der Prozess des Überlegens entwickelt das Verständnis der Schüler:innen weiter. Die Kommerzialisierung wird nicht von der Schule gefördert und den Schüler:innen auch nicht nahegelegt, aber an diesem Beispiel kann die „Natur" der digitalen Werte erklärt werden. Sollte eine Schülerin/ein Schüler ein pfiffiges Objekt erstellt haben und auf einer der zahlreichen Plattformen verkaufen, ist die Datei nicht mehr unter seiner Kontrolle. Der Käufer könnte diese Datei unbemerkt vervielfältigen (einfaches Kopieren), weiterverkaufen oder umsonst anderen Nutzern zur Verfügung stellen. Viele Fragen schließen sich an: Wie ist die Fremdnutzung zu überprüfen? Was könnte man dagegen tun, wenn der Kopierer in Deutschland, was, wenn er in Europa oder irgendwo auf der Welt lebt?

3. Programmieren mit Scratch

Scratch ist eine Opensource-Software, mit der man Spiele und anderes programmieren und so die Grundzüge des Programmierens leicht erlernen kann. Bei Scratch werden Blöcke (Entscheidungsketten) verwendet, die miteinander kombiniert werden können und dann nacheinander ablaufen. Wieder sehen die Schüler:innen die Ergebnisse sehr schnell auf ihrem Monitor und erhalten so ein direktes und unmittelbares Feedback.

Durch ein leichtes Anpassen der Umgebung oder der Akteure im Spiel können die Schüler:innen schnell zu individuellen Ergebnisse kommen und sie sich anschauen – was ihnen zumeist sehr viel Spaß macht.

Abbildung 2: Eigener Screenshot eines von einem Fünftklässler programmierten Spiels

Um das Lernen spielerisch zu halten, werden im Kurs Spiele programmiert. Im ersten Schritt müssen die Schüler:innen einen vorgegebenen Code kopieren, der zusammen besprochen und dann weiterentwickelt wird. Im zweiten Schritt haben die Schüler:innen die Möglichkeit, eigene Modifikationen am Code durchzuführen. Die Schüler:innen erleben auf diese Weise, was ein Algorithmus ist und „durchleben" jeden einzelnen Befehl. Dabei stellen sich die Fragen: Wie sieht das gewünschte Resultat aus? Was ist tatsächlich passiert, und worin liegt der Unterschied? Aufgrund der Blockstruktur sind Tippfehler ausgeschlossen, entsprechend liegen auftauchende Fehler also stets am logischen Aufbau des selbst entwickelten Programms. Gerade diese Fehlersuche und Behebung bereitet die Schüler:innen auf andere Module (z.B. Big Data, Drohnenflug) in diesem Kurs und im fächerübergreifenden Unterricht vor.

Abbildung 3: Programmierung eines Spiels durch eine Fünftklässlerin (Foto Franziska Trautmann)

Insgesamt ist es das Ziel, den Schüler:innen die Möglichkeit zu geben, eigene Ideen in Spiele umzusetzen und so ihre Kreativität zu entwickeln. Außerdem werden ihnen so die Basiselemente des Programmierens nähergebracht, z.B. *For*-Schleifen (die Möglichkeit, Anweisungen mit einer festgelegten Anzahl an Wiederholungen auszuführen) und *If*-Abfragen (die Möglichkeit, eine Bedingung für die Weiterführung des Programms zu formulieren).

4. Programmieren eines Edison-Roboters

Edison ist ein kleiner Roboter, der in vier verschiedenen Formen programmiert werden kann. Eine davon ist Edscratch, welches, wie der Name schon sagt, Edison mit einer Programmiersprache steuert, die auf Scratch basiert („Ed" und „Scratch"). Hier geht es im Unterricht um die Entwicklung von Planungs- und Programmierungskompetenzen und um vorausschauendes, logisches Denken. Zum Beispiel ergeben sich bei der Aufgabe, Edison durch einen Hindernisparcours zu steuern, verschiedene wichtige Fragen: Wie schnell beschleunigt Edison? Wie lange soll Edison fahren? Wie weit fährt Edison? In welchem Winkel soll Edison abbiegen? usw.

Doch Edison kann nicht nur aktiv gesteuert werden, sondern er kann auch auf die Umwelt reagieren. Durch Sensoren „merkt" Edison, wenn ein Hindernis genau vor ihm, links oder rechts von ihm ist. Außerdem kann Edison „hören" und reagiert z.B. auf Klatschen. Des Weiteren hat Edison lichtempfindliche Sensoren, die ihn in die Lage versetzen, z.B. auf Lichtquellen zuzufahren oder ihnen auszuweichen. Die Schüler:innen mögen Edison, weil er einfach niedlich ist. Das Wissen über Scratch und damit über das Programmieren können die Schüler:innen hier nutzen und weiterentwickeln. Wenn zwei Edisons in einem Raum sind, können sie miteinander kommunizieren. Die spannende Frage ist hierbei für mich nicht, was für die Edisons möglich ist, sondern vielmehr, was die Schüler:innen dadurch lernen und weiterentwickeln können. Die Möglichkeiten sind zahlreich und die Kreativität der Schüler:innen ist, so meine Erfahrung, immer deutlich größer als mein Wissen um die Programmierbarkeit von Edison.

5. Programmieren von Drohnen

Nachdem die Schüler:innen gelernt haben, mit Edison umzugehen, sollen sie an Drohnen herangeführt werden. Erneut geht es nicht darum, die Drohnen zu steuern oder mit ihnen komplizierte Manöver zu absolvieren, sondern um die Entwicklung der Fähigkeit, sie zu programmieren und dabei vorausschauend zu arbeiten. „Wir sind Piloten und keine Chaoten", ist das Motto dieses Teils des Kurses. Die Schüler:innen müssen sich im Voraus überlegen, wo sie starten, was sie vorhaben und wo sie wieder landen wollen. Ähnlich wie bei Scratch steht ihnen hierbei eine blockbasierte Programmiersprache zur Verfügung. Ziel ist es, Aufgaben zu erledigen. Wie programmiert man eine Drohne, die den Auftrag hat, zu einem gedachten Containerschiff (anderer Tisch im Klassenraum) zu fliegen, etwas von Bord zu holen und zurückzukommen? Es bietet sich an, auch die technischen Möglichkeiten des Drohneneinsatzes kritisch zu reflektieren – vom Medikamententransport über Freizeitsport bis zum militärischen Einsatz.

6. Big Data

Big Data ist ein Schlagwort, das seit einigen Jahren die Medien beherrscht. Doch was steckt hinter diesem Wort? Die Schüler:innen sollen lernen, welche verschiedenen Arten von Algorithmen es gibt und wofür diese angewendet werden können. Welche Ergebnisse werden gezeigt und wie geht man mit diesen um? Sehr häufig liefern Big Data-Algorithmen Lösungen für Aufgaben, die Menschen nicht mehr lösen können. Was bedeutet das? Die Schüler:innen sollen erkennen, was für Potenziale sich dadurch ergeben, aber auch lernen, kritisch mit den Ergebnissen umzugehen. In einem Beispiel, das ich im Unterricht eingebracht habe (aus: https://www.kaggle.com), werden echte Daten aus dem Hotelgewerbe analysiert:

> Der Decision tree-Algorithmus, der eine Form der Big Data-Analyse ist, will erkennen, welche Buchungen mutmaßlich storniert werden, bevor es tatsächlich zu einer Stornierung kommt. Hierfür wurden ungefähr 110.000 Buchungen der drei Jahre zwischen 2015 und 2018 in zwei Teile geteilt. Der erste Teil, der 70% der Datensätze umfasste, „trainierte" den Algorithmus. Es ging hierbei um das Erfassen der Häufigkeit einer Stornierung und das Ziel, auf dessen Basis Prognosen zu erstellen. Um die Qualität des Algorithmus´ zu testen, wurden die verbleibenden 30% der Daten dem Algorithmus zum Bewerten gegeben. Das Ergebnis war, dass der Algorithmus 40% der Stornierungen vorhersehen konnte. Das bedeutet, dass in diesem konkreten Fall das Hotel entweder die Zimmer überbuchen kann oder sich überlegen kann, wie man die potenziellen Stornierer von der Stornierung abhalten kann. Noch interessanter war die niedrige Fehlerquote. Der Algorithmus gab bei nur in 0,2% der Fälle an, dass es zu einer Stornierung kommen werde, obwohl es in Wirklichkeit zu keiner Stornierung kam.

Die Schüler:innen haben somit den Mehrwert erkannt, den der Algorithmus für die Betreiber des Hotels gebracht hat. Es war den Schüler:innen klar, dass die über 4 Millionen Daten zu unübersichtlich für einen Menschen waren, aber es fiel ihnen schwer zu akzeptieren, dass man nicht erkennen kann, warum diese Personen stornieren oder wie der Algorithmus diese Verbindungen gefunden hat.

7. Verknüpfung zu anderen Unterrichtsfächern und fächerübergreifender Unterricht

Die im NaWi-Unterricht gelernten und in den vorherigen Abschnitten beschriebenen digitalen Inhalte und Techniken helfen den Schüler:innen auch in anderen Fächern weiter. Für den Sprachunterricht bieten sich spannende Möglichkeiten:

- Die Lehrer:innen können Learning Apps für bestimmte Übungen, seien es Vokabel-, Grammatik-, Hörverstehens-, Lese-, oder Schreibaufgaben kreieren.
- Sie sehen den Fortschritt jeder Schülerin/jedes Schülers bei der Bearbeitung und merken so, welche Aufgaben wem noch Schwierigkeiten bereiten.
- Es gibt viele gute Erklärvideos mit dazu passenden Aufgaben oder auch Spiele, mit denen bestimmte Vokabeln oder auch die Grammatik geübt werden können, aber so, dass dabei aber auch der Spaß eine wichtige Rolle spielt.
- Es gibt die Möglichkeit, das Sprechen in einer Fremdsprache zu üben, indem man sich selbst aufnimmt und die Aufnahme der Lehrkraft zur Verfügung stellt.

- Selbst Comics online in der Fremdsprache zu erstellen, macht Schüler:innen viel Spaß und motiviert auch diejenigen, die sonst eher ablehnend auf die Aufgaben reagieren.
- Plattformen wie *Padlet* sind populär geworden, da man mit ihnen eine digitale Pinnwand schaffen kann, die den gesamten Kursinhalt wiedergibt und immer für die Schüler:innen abrufbar ist.
- Auch Tools wie der *Short Story Generator*, bei dem man bestimmte Fragen beantwortet, ein Genre auswählt und der Generator dann eine Short Story erstellt, sind beliebt.
- Ein tolles digitales Visualisierungstool ist der *Word Cloud Generator*, bei dem man einen Text wie zum Beispiel eine Rede eingeben kann und in der dann die häufigsten Wörter fett in einer Wolke angezeigt werden.
- Kochkünste können durch Blogs oder *TikTok* aufblühen.
- Für das Distanzlernen bieten sich auch projektbezogene Tools wie *Webquest* an.

Die Möglichkeiten, digitale Tools in den Sprachunterricht einzubauen, sind schier unbegrenzt. Gerade in Zeiten der Corona-Pandemie haben diese Möglichkeiten den Unterricht auf Distanz abwechslungsreich und interaktiv gemacht. Doch auch im Präsenzunterricht bietet eine Mischung aus analogen und digitalen Tools die Möglichkeit, Unterricht abwechslungsreicher und spannender zu gestalten.

Oberstufe: In der Oberstufe ist die Arbeit mit digitalen Tools in allen Fächern und Projekten eine Selbstverständlichkeit. Sie haben den Vorteil, dass den Schüler:innen die Unterrichtsinhalte der gesamten Oberstufenzeit zur Verfügung stehen und dass sie stets darauf Zugriff haben. So kann kein Arbeitszettel verloren gegangen und auch kein Buch abhandengekommen sein. Die Schüler:innen können auf alle Inhalte der vergangenen Jahre zurückgreifen, wenn sie sich auf ihr Abitur vorbereiten. Das bietet eine große Sicherheit und wird auch von den Schüler:innen sehr geschätzt.

Fächerübergreifender Unterricht: Die Schüler:innen verbinden selbst oftmals digitale Tools, die sie im NaWi-Unterricht erlernt haben, mit anderen Fächern und werden so zu Ko-Konstrukteuren des Unterrichts:

- *Geografie:* Drohnen mit Kameras werden benutzt, um kleine Filme zu erstellen, um beispielsweise im Geografieunterricht die naturräumlichen Voraussetzungen eines Gebietes zu analysieren. Eine an anderen Schulen eingesetzte Anwendung ist die GPS-gesteuerte Schnitzeljagd (Geocaching).
- *Sprachunterricht:* Die Schüler:innen können kleine animierte Clips in der jeweiligen Sprache des Schulfachs programmieren.
- *Musik:* Sie können digital komponieren oder Instrumente kennenlernen, die in ihrem Elternhaus in aller Regel nicht vorhanden sind. Sie können die Richtigkeit

der Tonlage ihrer gesungenen Lieder kontrollieren oder mit Schüler:innen aus anderen Ländern zusammen Lieder singen und aufnehmen.
- *Sport:* Sie können Sportarten mit Hilfe von Step by Step Erklärvideos erlernen und sich durch Sportvideos anspornen und inspirieren lassen.
- *Werken:* Handwerklich geschickte Schüler:innen können über DIY Videos gefördert werden.
- *Biologie; Politik:* Die Schüler:innen lernen, dass es ein wissenschaftliches Ziel ist, funktionierende menschliche Organe per 3D-Druck zu produzieren, um viele Menschen, die oft vergeblich auf einen Spender warten, zu retten. Diese Technologie schon in der 5. Klasse kennen zu lernen, macht diese Themen für sie viel lebensnäher. Auch im Politikunterricht begegnet einem dieses Thema, wenn man beispielsweise über die Idee einiger Politiker:innen über eine automatische Organspendeneinwilligung spricht, die man aktiv widerrufen müsste, anstatt wie bisher anders herum.
- *Wirtschaft/Technik:* Hier kann man auf die Wirtschaftlichkeit von 3D-Druck zu sprechen kommen. Auch disruptive Technologien wie Uber, Amazon, oder WhatsApp sind ein Thema im Wirtschaftsunterricht. Diese Unternehmen profitieren von der digitalen Welt und können so große Konzerne vom Markt verdrängen. Durch den NaWi-Unterricht lernen die Schüler:innen bereits ab der 5. Klasse schrittweise diese Technologien kennen und verstehen so besser, wie sie selbst die wirtschaftliche Entwicklung beeinflussen können.

Globale Herausforderungen wie der Klimawandel, die Bekämpfung von Armut und Hunger, lassen sich nur interdisziplinär lösen. Sie werden durch technisch und digital versierte Menschen gelöst, die verstanden haben, was interdisziplinäres Forschen und Arbeiten ist. Die Schüler:innen müssen deshalb möglichst früh die Vernetzung und die Zusammenhänge zwischen den Fachdisziplinen verstehen lernen. Naturwissenschaften spielen dabei eine wichtige Rolle.

8. Chancen und Risiken

Chancen und Risiken der Digitalisierung der Schule und des Unterrichts werden in der Fachliteratur (Döbeli Honegger 2016; Bleckmann & Lankau 2019; Brägger & Rolff 2021) ausführlich diskutiert. Aber eines ist klar: Wir können die digitale Welt, in der sich unsere Schüler:innen bewegen, nicht aus der Schule heraus halten, sondern müssen sie sinnvoll integrieren. Das hat die Corona-Pandemie, mit der die MSH besser als manche andere Schule klargekommen ist, deutlich gemacht. Wir sehen nun die Chancen der Digitalisierung deutlicher, ohne die Gefahren zu leugnen. Drei Handlungsfelder:

Recherchieren: Zu lernen, wie man recherchiert, welche Seiten gemieden werden sollten, welchen Quellen man vertrauen darf, was Fake News sind, wie personalisierte Werbung im Internet funktioniert, wie man jugendfreie Inhalte von nicht-jugendfreien trennen kann, warum es gefährlich ist, seine persönlichen Daten preiszugeben und vieles mehr, ist eine wichtige Voraussetzung für digitale Mündigkeit (Bleckmann & Lankau 2019). Die Schüler:innen lernen so bereits in der 5. Klasse, wie man mit dem Internet richtig umgeht. Auch die Gefahren des Internets lernen sie bereits in Ansätzen kennen. Der Wert von gut recherchierten Informationen wird ihnen zum ersten Mal bewusst. Wie leicht sich Unwahrheiten über das Internet an sehr viele Menschen streuen lassen, wie Manipulation und Propaganda funktionieren, wird mit ihnen besprochen. Dass man Ereignisse von verschiedenen Blickwinkeln betrachten kann und es nicht die „eine" Wahrheit gibt, ist ein wichtiger Schritt in ihrem Erkenntnisprozess.

Kooperieren: Die Möglichkeit, im *Flipped Classroom* ganz neue Kooperationsformen zu erproben, eröffnet Spielräume für selbstreguliertes Lernen in Einzel-, Tandem- und Gruppenarbeit (Klee et al. 2021). Diese Möglichkeiten werden auch an der MSH intensiv genutzt. Die Kommunikation mit den Schüler:innen während des Distanzunterrichts lief über Tools wie OneNote und Teams. Der Vorteil von Tools wie OneNote ist, dass jede Schülerin/jeder Schüler eine Seite hat, auf die sie bzw. er Hausaufgaben hochladen und die Lehrkraft sie direkt online korrigieren und Bemerkungen hinterlassen kann. Arbeitsblätter lassen sich dort hochladen; sie sind für die Schüler:innen so stets abrufbar. Das ist auch ein Vorteil bei Krankmeldungen. Über Tools wie *Microsoft®Teams*, *Padlet* und *OneNote* kann man kranken Schüler:innen problemlos Arbeitsaufträge und Materialien zur Verfügung stellen und ihnen direktes Feedback geben. So behalten sie den Anschluss, auch bei einer zweiwöchigen Corona-Quarantäne. Selbst Klassenarbeiten können sie über Teams problemlos mitschreiben.

Mit Partnerschulen zusammenarbeiten: Sogar eine Art digitaler Schüleraustausch kann digital funktionieren. Man kann mit einer Partnerschule zusammen ein Projekt machen, bei dem sich die Schüler:innen über Teams oder Zoom kennen lernen und Gruppen gebildet werden, die dann über *FaceTime* und Apps wie *WhatsApp*, *Signal* oder *Telegram* vernetzt sind und sich austauschen (siehe die Beispiele aus der Xi'an-Kooperation in Beitrag 6 im TEIL II). Dann kann jede Schülerin/jeder Schüler ihren/seinen Part für eine gemeinsam zu bearbeitende Aufgabe auf Video aufnehmen, die Teile von einer Schülerin/einem Schüler zusammen schneiden lassen und am Ende der ganzen Gruppe wieder über Zoom oder Teams präsentieren.

9. Herausforderungen

Schulentwicklung ist ein dynamischer Prozess. Deshalb müssen auch die Herausforderungen gesehen werden, die heute und in den nächsten Jahren zu bewältigen sind. Ich nenne drei Stichworte:

Neugier und Lernmotivation erhalten: Die Neugierde der Kinder und Jugendlichen zu erhalten und zu fördern, ist eine zentrale Aufgabe der Schule. Antworten zu geben ist es nicht! Wir können gar nicht mehr auf alle Fragen der Schüler:innen eine Antwort haben, dafür ist unsere Lebenswelt zu komplex geworden. Doch wenn wir die Schüler:innen ermuntern und ihnen als Lerncoach zur Seite stehen, um gemeinsam auf die Suche nach Antworten zu gehen, machen wir alles richtig. So wird es zur zentralen Aufgabe, die intrinsische Motivation der Schüler:innen während ihrer Schullaufbahn zu bewahren.

Die Lehrendenrolle neu definieren: Den Kindern und Jugendlichen zur Seite zu stehen, um ihre Kompetenz im Umgang mit der komplexen digitalen und analogen Welt Stück für Stück zu erweitern, ist die Aufgabe der Lehrkräfte. Wir begeben uns mit den Schüler:innen zusammen auf die spannende Reise auf der Suche nach befriedigenden Antworten auf die Fragen, die sie beschäftigen. Dabei kann die Reise auch ganz andere Wendungen nehmen als antizipiert. Doch die Offenheit dafür zu haben, ist die heute allen Lehrer:innen gestellte Herausforderung. Wir müssen den Schüler:innen mehr zutrauen und nicht denken, wir müssten ihnen alles erklären. Wir geben ihnen Impulse, Tools und Hilfestellungen. Wir ermutigen sie und stehen ihnen zur Seite. Oft genug geht der Spaß am Lernen in der Pubertät verloren. Das liegt oft daran, dass die Schule sich zu weit von der Lebenswelt der Kinder und Jugendlichen entfernt hat. Durch den oben beschriebenen NaWi-Unterricht und die Einbindung ihrer Lebenswelt, die eben oft digital ist, verlieren wir nicht den Anschluss zu ihnen. Dann macht man es ihnen auch leichter, den aus ihrer Sicht oftmals trockenen Pflichtstoff zu erlernen.

Mädchen stärken: Wenn man die Bedürfnisse der Mädchen übergeht und ihre Interessen nicht frühzeitig fördert, ist es oft zu spät. In der Pubertät fühlen sich vor allem Mädchen in den naturwissenschaftlichen Fächern abgehängt. Deswegen haben wir zu wenig weibliche Studienanfängerinnen und noch weniger Absolventinnen in diesen Fächern. Doch diese sind essenziell für unsere Zukunft. Wenn im Alter von zehn Jahren das naturwissenschaftliche Interesse geweckt worden ist und wenn die Schülerinnen Erfolgserlebnisse in den Fächern hatten und den Bezug zu ihrer Lebenswelt sehen, bleibt dieses Interesse meist ein Leben lang erhalten.

Fazit: Digitale Unterrichtsmedien sind nicht per se gut oder schlecht. Es kommt immer darauf an, wie man sie nutzt, um den Schüler:innen zu helfen, zu selbstbewussten und verantwortungsvollen Persönlichkeiten zu werden. Damit dies gelingt, müssen die Bedürfnisse und Interessen der Schüler:innen einbezogen werden. Sie bilden den Anfang jeder Forschungsreise. Und genau dafür bieten digitale Unterrichtsmedien didaktische und methodische Möglichkeiten, die auch an unserer Schule lange noch nicht ausgelotet sind. Entscheidend ist, die Schüler:innen zu Ko-Konstrukteuren der Unterrichtsentwicklung zu machen (Meyer 2015). Wenn die Schüler:innen selbst die Antworten auf die sie bewegenden Fragen durch praktisches Forschen heraus bekommen, bewahren sie den Spaß am Lernen und an der Schule. Und darauf kommt es an.

Literaturnachweise

Bleckmann, P. & Lankau, R. (2019). *Digitale Medien und Unterricht.* Weinheim: Beltz.

Brägger, G. & Rolff, H.-G. (Hrsg.) (2020). *Handbuch Lernen mit digitalen Medien.* Weinheim: Beltz.

Döbeli Honegger, B. (2016). *Mehr als 0 und 1. Schule in einer digitalisierten Welt.* Bern: hep Verlag.

Gershenfeld, N. (2007). *Fab: The coming revolution on your desktop – From personal computers to personal fabrication.* New York, NY.

Kerres, M. (2018). *Mediendidaktik. Konzeption und Entwicklung digitaler Lernangebote.* (5. Aufl.) Berlin: De Gruyter Oldenbourg.

Klee, W., Wampfler, P. & Krommer, A. (Hrsg.) (2021). *Hybrides Lernen.* Weinheim: Beltz.

Meyer, H. (2015). *Unterrichtsentwicklung.* Berlin: Cornelsen.

Sliwka, A., Klopsch, B. & Beigel, J. (2022). *Deeper Learning in der Schule. Pädagogik des digitalen Zeitalters.* Weinheim: Beltz.

https://www.kaggle.com/datasets/jessemostipak/hotel-booking-demand

Constanze Möricke

Nia – Innere und äußere Kraft durch Bewegung

Im Jahr 2011 habe ich bei der in Hamburg lebenden Schwedin Ann Christiansen Nia kennengelernt. An einem Sonntag im Mai 2014 konnte ich dann einen Nia Workshop bei Debbie Rosas, der Begründerin von Nia®, erleben. Drei Stunden gefüllt mit Bewegungen, toller Musik und purer Lebensfreude. Ich unterrichte dieses Bewegungskonzept seit vielen Jahren und bin seit 2011 an der Modernen Schule Hamburg Nia Lehrerin.

Was aber ist Nia?

Nia (*Neuromuscular Integrative Action*) ist ein ganzheitliches Bewegungskonzept, das 1983 in den USA von Debbie und Carlos Rosas das erste Mal präsentiert wurde und bis heute weiterentwickelt wird.[1] Es besteht aus unterschiedlichen Tanzformen (Modern Dance, Jazz Dance, Duncan Dance), asiatischen Kampfkünsten und Bewegungsformen (Tai Chi, Tae Kwon Do, Aikido, Yoga) sowie Körpertherapien (Feldenkrais, Alexandertechnik). Nia wird barfuß ausgeführt.

Im Unterschied zu herkömmlichen Fitnessprogrammen richtet sich der ganzheitliche Ansatz von Nia gleichermaßen auf physische, kognitive und emotionale Fähigkeiten, ohne leistungsorientiert zu sein. Im Vordergrund stehen die Freude an der Bewegung und die Stärkung des Körperbewusstseins. Das gesamte eigene Potenzial an Bewegung und Ausdrucksmöglichkeiten wird genutzt. Hiermit werden Kraft, Beweglichkeit, Balance und Entspannung gefördert, was die Entfaltung der eigenen Persönlichkeit unterstützt und sich positiv im Alltag auswirkt. Bei der Entwicklung von Nia wurden nicht einfach Techniken entliehen und gemixt wie in vielen anderen Fusion-Fitness-Konzepten. Vielmehr wurden Bewegungsformen auf ihre Essenz und ihre Effekte hin erforscht und daraus Prinzipien abgeleitet. Diese Prinzipien von Nia leiten die Technik und nicht umgekehrt.

Ann Christiansen wurde 1998 erste Nia Trainerin in Deutschland. Sie bietet seit 2003 in Hamburg die Ausbildung zur Nia Lehrerin/zum Nia Lehrer an. Die Inten-

---

[1] Die medizinischen und neurowissenschaftlichen Grundlagen werden in dem bisher nicht auf Deutsch erschienenen Buch „The Nia Technique" von Rosas & Rosas (2004) dargestellt.

sivausbildung folgt dem Modell der Kampfsportarten und besteht aus fünf Ausbildungsstufen, beginnend mit dem White Belt und endend mit dem Black Belt. Ich habe momentan den Blue Belt erreicht. Das Training hat mich von der ersten Stunde an begeistert. Die Verbindung von Bewegung und Musik, sowie die individuelle Ansprache und die Ausdrucksmöglichkeiten haben mich überzeugt.

Mein künstlerischer und beruflicher Werdegang

Schon seit meiner Kindheit hatte ich das Bedürfnis, mich mit Bewegungen auszudrücken. Gefördert wurde das durch intensiven Ballettunterricht. Zusätzlich wurde mir das Erlernen der Instrumente Klavier und Geige ermöglicht, so dass ich mit klassischer Musik aufgewachsen bin. Diese Möglichkeiten, bereits in der Kindheit meine Neigungen und Begabungen in den künstlerischen Bereichen ausüben zu können, haben mein Leben und meine berufliche Laufbahn bis heute geprägt. Meine umfangreiche Ausbildung an der Staatlichen Ballettschule Berlin habe ich mit dem Diplom der Staatlich geprüften Bühnentänzerin abgeschlossen.

Nach einem mehrjährigen Engagement im Ballettensemble der Staatsoper Unter den Linden, Berlin, das mir meine Erfahrungen als Bühnentänzerin einbrachte und mein Interesse am Musiktheater weckte, bot man mir einen Vertrag als Musicaldarstellerin an. Durch meine Tanzausbildung und meine musikalischen Vorkenntnisse fiel mir der Einstieg in das Musicalfach leicht. Zusätzlich habe ich mich in den anderen Sparten Gesang und Schauspiel privat ausbilden lassen und konnte meine Erfahrungen direkt in die Praxis umsetzen. Im Musicalbereich war ich für einige Jahre in vielen Musicalproduktionen tätig.

Mit der Geburt meiner Tochter 2006 veränderte sich meine Einstellung zum Leben und zu meinem Beruf. Die Arbeitszeiten einer Musicalproduktion ließen sich nicht optimal mit dem Familienleben vereinbaren. Die Einschränkungen der beruflichen Möglichkeiten und Freiheiten bestärkten mich aber auf der anderen Seite darin, neue berufliche Interessen und Wege zu suchen. So fand ich im Unterrichten von Nia die Möglichkeit, meine bisherigen beruflichen Erfahrungen in die Unterrichtsarbeit einfließen zu lassen, die Arbeitszeiten besser auf das Leben mit meiner Tochter abstimmen zu können und durch die Ausbildung zur Nia Lehrerin pädagogische Kompetenzen zu erwerben. Somit bin ich eine Quereinsteigerin in den schulischen Bereich.

Wie bin ich dazu gekommen, Nia an der MSH zu unterrichten?

Über das Nia Training von Ann Christiansen habe ich die Hamburger Künstlerin Annette Wimmer kennengelernt. Sie hat genau wie ich eine klassische Tanzausbildung erhalten, lange als Darstellerin im Musicalbereich gearbeitet und dann während der

Laufzeit des Musicals „Tarzan" von Walt Disney (inszeniert von der Stage Entertainment Deutschland GmbH) mit diesem Trainingsprogramm die jungen Darsteller des „Tarzan" ausgebildet. Bei solch einer Musicalproduktion müssen die jungen Darsteller innerhalb kürzester Zeit für die Bühne vorbereitet werden und Tanz, Bewegung, Schauspiel und Gesang erlernen und umsetzen. Durch die Miteinbeziehung von Nia konnte Annette Wimmer schnell Lernerfolge erzielen.

Schon im Jahr 2011 haben Annette Wimmer und ihre Kollegin Lea Zubak begonnen, Nia Stunden an der MSH zu unterrichten (siehe Seite 34). Annette gab die Stunden nach einiger Zeit auf, und ich bekam die Möglichkeit, ihre Stunden zu übernehmen.

Warum gerade ein Fitnessprogramm als Unterrichtsfach an einer Schule? Und wie ist es überhaupt dazu gekommen, dass Nia seit Beginn an der MSH unterrichtet wird?

Der Schulleiter Axel Beyer war bei Gründung der Schule auf der Suche nach einem alternativen Bewegungsprogramm, das zusätzlich neben dem normalen Sportunterricht angeboten werden sollte und sich von dem in den Waldorfschulen integrierten Unterrichtsfach der Eurythmie – eine reine Bewegungskunst - absetzen sollte. Er stellte sich eine lernunterstützende Bewegungsstunde vor, die für Kinder jedes Alters und jeder Konstitution geeignet und zu bewältigen ist. Da Axel Beyer selbst vorher Nia Trainingsstunden bei Ann Christiansen erhalten hatte und so auch selbst die Erfahrung gemacht hatte, wie sich dieses Training positiv auf den Körper auswirkt, hat er sie nach Möglichkeiten gefragt, das Training für Kinder an der MSH anbieten zu können. Sie empfahl als Lehrerin Lea Zubak, die als Nia Lehrerin und ausgebildete Tanzpädagogin schon Erfahrungen im Unterrichten mit Kindern gesammelt hatte. Nach ein paar Teststunden mit ihr wurden zwei feste Stunden in der Woche in den Schulstundenplan aufgenommen. Annette Wimmer kam als zweite Lehrkraft hinzu. Annette gab die Stunden nach einiger Zeit aus persönlichen Gründen auf, und ich bekam die Möglichkeit, ihre Stunden zu übernehmen.

Im ersten Jahr (2011) wurden alle Altersgruppen zusammengelegt und zweimal in der Woche Nia Stunden durchgeführt. Die Altersunterschiede waren aber zu groß, die Stunden verliefen sehr unruhig. Die Anzahl der Schüler:innen an der MSH aber wuchs, so dass ab dem Schuljahr 2012/13 die Nia Stunden jahrgangsweise abgehalten werden konnten. Inzwischen wird Nia Unterricht an der MSH von der ersten bis zur achten Klassenstufe angeboten.

Das entspricht dem von Axel Beyer an der MSH eingeführten Grundsatz, dass jede Schülerin/jeder Schüler sich einmal pro Tag bewegen sollte. So hat jede Klasse entweder Sport oder Nia Unterricht im regulären Stundenplan (siehe die Stundenpläne im ANHANG von Beitrag 1). Das ist bis heute so geblieben. Zweimal in der Woche haben die Schüler:innen Sport, dreimal in der Woche Nia. Ich persönlich halte das für ein sehr gutes Konzept.

Was ist der Inhalt einer Nia Stunde?

Die Nia Bewegungen sind so aufgebaut, dass sie von den Schüler:innen schnell umgesetzt werden können. Sie bestehen aus insgesamt 52 Bewegungen, die unterteilt sind in Bewegungen für die Basis und für die oberen Extremitäten.

– Bewegungen für die Basis beinhalten Stände, Schritte und Kicks:

Abbildung 1: „Basisbewegungen" (© Adelina Möricke)

– Bewegungen der oberen Extremitäten sind die Armbewegungen (Blocks, Punches, Strikes) und die Fingerbewegungen:

Abbildung 2: Armbewegungen (© Adelina Möricke)

Die Bewegungsabfolgen werden von der Musik begleitet und durch eingebaute Rhythmusübungen unterstützt. Sie werden mit Hilfe einer vorgegebenen oder von den Schüler:innen erarbeiteten Choreografie zu einer Präsentation verbunden.

Für die Nia Stunden sind einige Verhaltensgrundregeln erforderlich. Dazu gehört, den Unterricht in einer konzentrierten Stimmung und mit Ruhe im Kreis zu beginnen und die zugewiesenen Tanzplätze einzuhalten Diese Grundregeln werden von Beginn an eingeübt.

In den Choreografien wechseln sich weiche Bewegungen mit den kraftvollen Bewegungen aus dem Kampfsport ab, bei denen die Stimme unterstützend eingesetzt wird, was die Beziehung zum eigenen Körper verstärkt. So wird der Körper von Grund auf gestärkt, die Gelenke werden mobilisiert, die Muskulatur wird trainiert und die Koordination verbessert. Die Nia Bewegungen sind so entwickelt worden, dass sie den Körper nicht einseitig belasten, sondern ausgleichend und heilend für den Körper sind. Durch die ständige Gewichtsverlagerung in den Bewegungen für die Basis wird das Körpergewicht entlastet und die Gelenke werden geschont. Deswegen ist dieses Training auch für jedes Alter geeignet, jeder kann seinen persönlichen Trainingslevel bestimmen und der eigenen Konstitution anpassen. Mit Hilfe von Agilität, Mobilität, Flexibilität, Kraft und Stabilität aus den verschiedenen Bewegungsformen werden die individuellen Bewegungs- und Ausdrucksmöglichkeiten ausgeschöpft. Der Körper erhält ein ganzheitliches Training, das sich nicht nur physisch, sondern auch mental positiv auswirkt. Der Entfaltung der eigenen Persönlichkeit wird so Raum gegeben.

Nia für Erwachsene

Eine normale Nia Stunde für Erwachsene dauert sechzig Minuten. Dabei gehen vorgegebene Choreografien zu unterschiedlichen Musiken ineinander über. Die Stunde baut sich konditionell auf. Durch ein „Floorplay" – spielerische Übungen auf dem Boden – wird die Stunde abgerundet. Ein Freedance kann einen Teil der Stunde einnehmen, bei dem sich jede Teilnehmerin/jeder Teilnehmer auf ganz individuelle Weise ausdrücken kann.

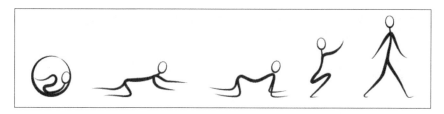

Abbildung 3: Five Stages (Quelle: Nianow.com/Nia-5-Stages)

Nia für Kinder

Bei der Arbeit mit jüngeren Kindern habe ich die Erfahrung gemacht, dass der Aufbau der Nia Stunden verändert werden muss, da die Fähigkeit, sich ausreichend lange zu konzentrieren und sich mit den Choreografien und Bewegungen über einen längeren Zeitraum auseinanderzusetzen, geringer ausgebildet ist als bei den Erwachsenen. So beginne ich die Nia Stunden mit den jüngeren Altersstufen zumeist mit einfachen Bewegungsspielen, damit die Kinder eine Wahrnehmung für den Raum und für ihre anderen Mitschüler:innen bekommen, sich aber auch gleich am Anfang frei bewegen können. Die Musik setze ich als zusätzliches Mittel ein, um die Sinne zu trainieren. Danach beginnt eine durch mich von vorn angeleitete Phase der Einübung von Nia Choreografien. Im Gegensatz zu den Bewegungen im Raum lernen hier die Kinder, sich auf einem Platz zu positionieren und diesen Platz und die Abstände zu den anderen über eine längere Zeit einzuhalten. Die Kinder folgen mir direkt und setzen die einzelnen Bewegungen über genaues Beobachten und Nachahmen um. Auch wenn die Schritte für alle Kinder gleich sind, lernen sie mit ihren persönlichen Möglichkeiten, sich mit den Bewegungen und Schritten auseinanderzusetzen.

Die meisten Erstklässler brauchen ungefähr ein Jahr, um sich während der Übungen im Raum zu orientieren und sich darin frei und sicher zu bewegen. Auch die Verhaltensgrundregeln zu lernen, braucht seine Zeit. In Formationen erlernen sie Grundschritte und Bewegungen für die Arme. Kleine Choreografien geben einen Reiz und ein Ziel. Dass die Stimme bei den Kampfsportbewegungen mit einbezogen wird, ist hilfreich und für diese Altersgruppe schon selbstverständlich. In der zweiten und dritten Klasse sind den Kindern die Bewegungen und Abläufe vertrauter. Dann können sie auch schon einige Choreografien tanzen. Sie lernen beim Kampfsport die Stimme bewusst mit der Bewegung zu koordinieren. Erste gemeinsam erarbeitete Choreografien können dann schon bei Veranstaltungen präsentiert werden.

Nia für Jugendliche

In den höheren Klassen (Klasse 5 bis 8) wird die Grundschularbeit fortgesetzt und vertieft. Die Schüler:innen erhalten ab und an die Möglichkeit, sich in kleineren Gruppen eine eigene Choreografie auszudenken. Einen Schwerpunkt lege ich auf das Trainieren des Taktgefühls durch entsprechende Rhythmusübungen. Ab fünfter Klasse werden sie auch mit dem *Music 8BC System* vertraut gemacht – eine speziell für das Nia Training entwickelte Musik-Analyse-Technik, mit der die Musik und die Choreografie aufgeschrieben werden und besser zu verstehen sind. Mit Konzentrations- oder Entspannungsspielen beende ich die Stunde.

Was ist das Lernpotenzial?

Ich beobachte schon über einen längeren Zeitraum, wie sich Nia auf das Körperbewusstsein und das Selbstvertrauen der Schüler:innen auswirkt. Anhand der Art und Weise, wie sie sich mit den Schritten und Bewegungen auseinandersetzen, kann ich sehen, wie weit sie in ihrer Entwicklung fortgeschritten sind.

Da sie sich nicht hinter einer Bewegung verstecken können, kommt in ihrem Verhalten ihre Persönlichkeit klar zum Vorschein. Auch Kinder mit Lerndefiziten oder mit sozial-emotionalem Förderbedarf können direkt einsteigen und die Bewegungen gut umsetzen. Eine Nia Stunde wirkt sich auch lernunterstützend auf die anderen Fächer aus. Die Konzentrationsfähigkeit wird gesteigert. Auffällig ist auch, dass es an der MSH nur wenige Schüler:innen gibt, die Übergewicht haben, was sicherlich auch auf die viele Bewegung und die tägliche Auseinandersetzung mit dem Körper zurückzuführen ist.

Abbildung 4: Eine Grundschülerin bei der Basis-Übung Cat Stance (Foto Constanze Möricke)

Einigen Kindern, die sich grundsätzlich nicht gut konzentrieren können, fällt es schwer, zwischen freien und vorgegebenen Bewegungen zu unterscheiden. Sie können mit den verschiedenen Reizen der Bewegung im Raum, dem Befolgen der Choreografie und dem Hören auf die Musik nicht gut umgehen. Bei diesen Kindern ist es meine Aufgabe, sie Schritt für Schritt an das Training heranzuführen und darauf zu achten, dass sie nicht überfordert werden. Wichtig ist für diese Kinder, die Abläufe der Stunde immer wieder in gleicher Form zu wiederholen, damit ihnen die Erwartungen deutlich werden.

Die vierten und fünften Klassen haben große Freude am eigenen Erfinden von Choreografien. Dafür benutzen sie ihnen schon bekannte Nia Bewegungen oder denken sich selbst neue aus. Ab der sechsten Klasse werden die vorgegebenen Nia Choreografien weiter entfaltet, aber auch eigene Choreografien entwickelt und eingebaut.

Abbildung 5: Freedance-Übung (Foto Constanze Möricke)

Präsentationen: Das Präsentieren von erarbeiteten Choreografien aus dem Nia Unterricht bei Festen, Einschulungen etc. ist für viele Kinder ein Highlight. Es ist ihnen eine große Freude zeigen zu können, was sie schon gelernt haben.

Abbildung 6: Bewegungsübung in Anlehnung an Tai Chi (Foto Constanze Möricke)

Bei diesen Präsentationen kann ich noch deutlicher sehen, wie sich ein Kind auch nach außen zeigt, da es sich hinter der Bewegung nicht verstecken kann und da sich die Entwicklung der Persönlichkeit noch mehr widerspiegelt. Und sie haben die Möglichkeit zu üben, mit einer Stresssituation wie dieser umzugehen. Die Jüngeren gehen zumeist mit großem Spaß und Eifer an diese Aufgabe. Für die Älteren ist es eine größere Überwindung. Aber genau das, nämlich auf ein konkretes Ziel hinzuarbeiten, können sie bei Nia Präsentationen lernen.

Beurteilungen: Als fester Bestandteil der Lernentwicklungsberichte werden halbjährlich auch für den Nia Unterricht Beurteilungen der sozialen und fachlichen

Kompetenzentwicklung der Schüler:innen erteilt. So können die Stärken der Schüler:innen benannt und noch besser gefördert, aber auch die Defizite erkannt und Maßnahmen zur Behebung vorgeschlagen werden.

Mit welchen Erwartungen kommen die Kinder in eine Nia Stunde?

Grundsätzlich kommen fast alle Kinder mit der Erwartung in die Stunde, sich auspowern zu können. Sie möchten sich austoben und sich endlich nach dem vielen Sitzen bewegen können. Außerdem wollen sie gerne viele Bewegungsspiele spielen und Choreografien erlernen und tanzen.

Was gefällt den Schüler:innen am Nia Unterricht und wann und wo entwickeln sie Widerstand?

Eine von mir in mehreren Jahrgängen durchgeführte Befragung hat ergeben, dass die Grundschüler:innen grundsätzlich großen Spaß am Nia Unterricht haben. Sie mögen die Spiele, sie schätzen, dass ihnen die Zeit gegeben wird, sich zu bewegen und dass sie sich – anders als beim Sportunterricht – zur Musik bewegen und verschiedene Choreografien erlernen können. Gerne führen sie bei Präsentationen erarbeitete Choreografien vor und denken sich auch gerne welche selbst aus. Einige mögen es auch, wenn ruhige Bewegungsabschnitte in der Stunde vorkommen. Außerdem sagen viele, dass sich bei ihnen die Konzentration verbessert hat. Sie können sich Schritte und Abläufe besser merken. Sie sind beweglicher geworden und sind auch in anderen Sportarten wie Fahrrad oder Roller fahren besser geworden. Sie sind motivierter, sich auch außerhalb des Unterrichts mehr zu bewegen. Viele trauen sich mehr zu und sind stärker geworden. Auch das Gefühl für den Rhythmus hat sich verbessert.

Im Schuljahr 2013/14 war bei der Befragung der Gymnasiast:innen herausgekommen, dass besonders ab der Klassenstufe 7 einige Schüler:innen mit den Nia Bewegungen nichts anzufangen wussten. Sie waren ihnen peinlich. Sie fanden sie lächerlich und sie sahen nicht den Sinn dieses Unterrichts ein. Aufgrund des großen Widerstandes war in diesem Jahrgang Nia Unterricht nicht mehr möglich.

Das hat sich jedoch im Schuljahr 2014/15 geändert. Die Gymnasiast:innen der neuen 7. Klasse ließen sich deutlich bereitwilliger auf das Nia Training ein. So konnte dieser Unterricht auch im nächsten Schuljahr für diesen Jahrgang weitergeführt werden. Auch wenn sich manche mit den Bewegungen nicht ganz wohl fühlten, haben sie sich damit auseinandergesetzt und ich konnte kontinuierlich Fortschritte beobachten. Unterschiede gab es jedoch immer noch in der Einstellung zum Fach zwischen den Jungen und Mädchen. Während die meisten Mädchen mit Motivation und Leistungsbereitschaft am Unterricht teilnahmen, weigerten sich einige Jungen oder trauten sich nicht, die Bewegungen auszuführen. Im Schuljahr 2018/19 war klar zu sehen, dass es für die Schüler:innen der Klassenstufe 7 nun selbstverständlich geworden war, sich über die Bewegung auszudrücken und sich auf den Nia Unterricht einzulassen. Auch Präsentationen meisterten sie routiniert. Diese Klasse war der erste Jahrgang, der durchgehend seit der ersten Klasse Nia Unterricht gehabt hatte.

Seitdem ist der Nia Unterricht durchgehend bis zur achten Klasse möglich, was sicherlich damit zu tun hat, dass viele Schüler:innen diesen Unterricht seit der ersten Klasse gewohnt sind. Auch gibt es keine Unterschiede mehr zwischen Jungen und Mädchen, was die Einstellung zum Fach betrifft. Das hat auch zur Folge, dass dann, wenn neue Schüler:innen dazukommen, sie mitgezogen werden, so dass auch für diese der Unterricht nach kurzer Zeit selbstverständlich wird.

Auch die Integration von Schüler:innen, die aus anderen Ländern zugezogen sind oder die deutsche Sprache noch nicht beherrschen, in den Unterricht geht gut, da der Nia Unterricht über den Körper und die Bewegungen vermittelt wird. Die meisten Schüler:innen aus anderen Kulturkreisen lassen sich auf den Nia Unterricht ein. Nur in wenigen Fällen habe ich Widerstand erfahren.

Was sind meine Erfahrungen mit den Schüler:innen?

Ich bin von meinem Beruf auf der Bühne gewohnt, schnell voranzugehen und habe den Anspruch, schnell Erfolge zu sehen. So musste ich mich bei den Erstklässlern in Geduld üben und ihnen und auch mir als Lehrerin die Zeit geben, sich mit dem Unterricht vertraut zu machen und sich zu finden. Viele können in dem Alter noch nicht ausreichend differenzieren, wann sie sich frei bewegen dürfen, wann die Bewegungen geführt sind und wie sie den Wechsel beeinflussen können. Das ist für mich bei der Arbeit mit den Erstklässlern sehr energieraubend. Ab der zweiten Klasse ist das Bewusstsein für die Bewegungsabläufe ausgereifter, so dass ich dann etwas schneller vorangehen kann. Die Kinder „schmeißen sich rein". Sie gehen unbedarft mit den Bewegungen um und trauen sich auch, sich über die Bewegung auszudrücken. Es wird für sie selbstverständlich.

Mit Einsetzen der Pubertät geht diese Selbstverständlichkeit bei vielen Schüler:innen verloren. Manche wachsen sehr schnell, aber ihre Bewegungsmöglichkeiten wachsen nicht mit. Entsprechend möchte ich die Jugendlichen dieses Alters darin unterstützen, ihre Bewegungen an ihre Möglichkeiten anzupassen und ihren Bewegungsradius behutsam zu erweitern. Der Rhythmus der Musik ist in dieser Altersstufe ein weiterer Antrieb und das Einhalten des Taktes wirkt wie ein Motor für die Bewegungen. Schüler:innen, die Nia Unterricht erst im Pubertätsalter kennengelernt haben, gehen nicht so unbedarft an das Training heran und ich stoße bei ihnen auf mehr Widerstand als bei jenen, die das Training im Grundschulalter kennengelernt haben. So ist mein Ziel, dass bei denen, die Nia schon vorher kannten, die Selbstverständlichkeit für die Bewegung erhalten bleibt und dass jene, die Nia erst später kennengelernt haben, behutsam und mit Spaß mit den Bewegungsabläufen vertraut gemacht werden, so dass sie sich damit auch wohl fühlen.

Für mich ist es eine große Herausforderung, die vielen verschiedenen Klassen und Altersgruppen bei Klassengrößen von bis zu achtundzwanzig Schüler:innen zu koordinieren. Bis zu sechs verschiedene Klassen unterrichte ich an einem Tag. Da jeder Tag, jede Klasse und jede Stunde im Blick auf die Energie der Schüler:innen und die Dynamik des Stundenablaufs immer unterschiedlich sind, fordert das von mir viel Flexibilität, um mich auf die immer wieder neuen Situationen einzulassen.

Wie lässt sich der Nia Unterricht in Pandemiezeiten umsetzen?

Mit Beginn der Corona Pandemie im Jahr 2020 kamen weitere Herausforderungen an die Gestaltung des Nia Unterrichts hinzu. Der Unterricht musste nach draußen verlagert werden, die Hygiene- und Abstandsregelungen mussten umgesetzt und eingehalten werden. Dadurch haben sich aber ganz neue Möglichkeiten für den Nia Unterricht entwickelt. Er fand in dieser Zeit draußen auf einem gegenüber der Schule liegenden Sportplatz eines Vereins statt. Weil es für alle Altersstufen selbstverständlich war, sich hin und wieder in der Öffentlichkeit zu präsentieren, war es auch kein Problem, sich auf dem Sportplatz zu bewegen und zu tanzen. Weil die Schüler:innen im Nia Unterricht zumeist feste Positionen einnehmen und weil sie schon vorher gelernt haben, Gefühl und Orientierung für den Raum zu bekommen und die Abstände beim Tanzen zu den anderen Schüler:innen einzuhalten, ließ sich die Abstandsregelung gut umsetzen. Mit einer mobilen Lautsprecherbox konnte auch die Musik draußen eingesetzt werden. Durch die regelmäßige Bewegung an der frischen Luft wurden die Ansteckungsmöglichkeiten verringert. Zugleich wurde die natürliche Immunabwehr gestärkt.

Abbildung 7: Nia in Pandemiezeiten (Foto Constanze Möricke)

Wenn viele erkrankte Kinder zu Hause bleiben müssen oder wenn der Präsenzunterricht ganz ausgesetzt ist, gibt es die Möglichkeit, in den Hybridunterricht zu wechseln und den Nia Unterricht für einen Teil der Schüler:innen online durchzuführen. Beim Hybridunterricht können sich die Schüler:innen von zu Hause einloggen, dem Nia Unterricht folgen und so ihre täglichen Bewegungseinheiten bekommen, die im ausschließlich digitalen Distanzunterricht zu kurz kommen. Auch mit dieser Form des Unterrichtens habe ich mit den Schüler:innen gute Erfahrungen machen können.

Was ist mein Interesse? Was motiviert mich? Was sind meine Ziele?

Meine größte Freude ist zu sehen, wie sich die Kinder und Jugendlichen entwickeln, und sie dabei begleiten zu können. Mein Wunsch ist, dass sie die Bewegung als ihren persönlichen Ausdruck erfahren und dabei ihre ganz eigene Persönlichkeit entwickeln. Dabei ist es wichtig, dass die Schüler:innen Freude daran haben, sich über Bewegung auszudrücken, dass sie ihre eigenen Stärken entwickeln und ihre Talente und Neigungen entdecken.

Mein Ziel ist es, dass die Schüler:innen, die aus dem Nia Training resultierenden positiven Effekte wie Ausgeglichenheit, gestärktes Selbstbewusstsein, Selbstvertrauen, körperliches Wohlbefinden, Disziplin und soziale Kompetenz in ihren Schulalltag mitnehmen und davon in anderen Unterrichtsstunden, aber auch in ihrem weiteren sozialen Umfeld und für die Zukunft profitieren.

An der Modernen Schule Hamburg entwickelt sich das Bewegungskonzept Nia sehr gut. Der Schulleiter Axel Beyer hat zur richtigen Zeit das richtige Gefühl gehabt, dass die Kinder und Jugendlichen in ihrer Entwicklung durch tägliche Bewegungsübungen optimal gefördert werden können. Ich habe auch noch kein anderes Training kennengelernt, das die Wahrnehmung so gut und differenziert schult und bei dem die Schüler:innen eine so ausgewogene Förderung in den Bereichen Motorik, Kreativität, Kondition und Gesundheit erhalten können. Sie erfahren nicht nur physischen, sondern auch mentalen Ausgleich. Diese Einheit macht dieses Training so einzigartig und so geeignet für ein Unterrichtsfach an einer Schule.

Fazit: Der Nia Unterricht liefert einen wichtigen Beitrag zum ganzheitlichen Bildungskonzept der MSH. Nia ist neben dem Chinesischunterricht ab Klasse 1 ein zweites Alleinstellungsmerkmal dieser Schule. Gäbe es NIA nicht, müsste es erfunden werden.

Literatur

Rosas, D. & Rosas, C. (2004). *The Nia Technique*. New York: Broadway Books.

Links

www.nianow.com
www.anniann.com

Matthias Kießner

Die Oberstufe der Modernen Schule Hamburg

1. Einleitung

Mit der ersten 11. Klasse der Modernen Schule Hamburg (MSH) im Jahr 2016 wurde auch ihre Oberstufe geboren. Ähnlich wie bei der Gründungsphase der Schule, kann man auch hier nicht einfach ein Gründungsdatum nennen. Es handelt sich vielmehr um ein Hineinwachsen. Dieser Vorgang wurde von vielen äußeren und inneren Faktoren beeinflusst.

Es ist das Ziel der Oberstufe der MSH, das von der Vorschule an gültige pädagogische Konzept, das im ersten Beitrag auf den Seiten 26–29 dargestellt ist, in der Studienstufe, also den letzten beiden Schuljahren, abzurunden und zu vervollständigen, so dass die Schüler:innen zuversichtlich in die Zukunft blicken und die Herausforderungen, die Berufsausbildung oder Universität mit sich bringen, meistern können. Dafür müssen die vier wichtigsten Bestandteile unseres Oberstufenkonzepts, nämlich Internationalität, Digitales, „Hamburg" und „demokratisch Leben und Handeln lernen" in dem Korsett, das durch die Hamburger Schulbehörde vorgegeben ist, zusammengebracht und auf einem für die Oberstufe angemessenen Niveau realisiert werden.

Die MSH kann als Schule in freier Trägerschaft in ihrem Entwicklungsprozess durchaus eigene Ziele setzen und verfolgen. Dabei kann der Aufbau der Oberstufe ganz naiv gedacht werden. Die Frage lautet einfach: „Wie bereiten wir unsere MSH-Schüler:innen am besten auf die Zukunft vor?" Die Antwort ist wie immer bei solchen Fragen komplex. Eine Überschneidung unserer eigenen Planung mit der Zielsetzung der allgemeinen deutschen Oberstufe (KMK 1995) ist dabei weder ausgeschlossen noch abwegig. Unsere Ziele müssen ja mit den Zielen und Vorgaben der Hamburger Schulbehörde an die Gestaltung der Oberstufe in Übereinstimmung gebracht werden. Bevor wir also den Exkurs in die MSH-eigene Oberstufe wagen, müssen wir uns den deutschen und hamburgischen Oberstufen-Zielen und Regularien widmen. An dieser Stelle kommt kein ausführlicher Exkurs in die Wissenschaftspropädeutik und die Berufsorientierung als den grundlegenden Prinzipien der Oberstufe (vgl. dazu Benner 2022 und Keuffer & Kublitz-Kramer 2008). Wir müssen jedoch die Fragen „Was wollen wir?" und „Was wird von uns gewollt?" stellen und konkret beantworten.

2. Aufbau und Zweck der Oberstufe in Deutschland

Die noch heute bestehende Grundstruktur der Oberstufe in Deutschland wurde von der Kultusministerkonferenz in der Oberstufenreform des Jahres 1972 festgelegt (KMK 1972). Auch wenn sich seitdem vieles geändert hat, ist das Grundziel logisch und deckt sich mit dem Ziel jedes Schulbesuchs und somit auch dem der MSH: die Vorbereitung auf die Universität und/oder das Berufsleben.

Die Oberstufe beinhaltet jeweils die letzten drei Schuljahre des Gymnasiums. In Hamburger Gymnasien, die dem G8-Modell folgen müssen, betrifft das somit die Jahrgangsstufen 10, 11 und 12. Diese drei Oberstufenjahre untergliedern sich in die einjährige Einführungsphase und die zweijährige Qualifikationsphase.

Das von der KMK vorgegebene Bildungsziel der Gymnasialen Oberstufe besteht aus drei Teilen: der Wissenschaftspropädeutik, der vertieften Allgemeinbildung und der Herstellung der Studierfähigkeit (KMK 1995). Wissenschaftspropädeutik in der Gymnasialen Oberstufe bedeutet im weitesten Sinne die Einführung in die Wissenschaft und in das wissenschaftliche Denken (Benner 2020). Was unter Allgemeinbildung und Studierfähigkeit zu verstehen ist, ist schwerer zu bestimmen. Es ist seit jeher Gegenstand der akademischen Diskussion, muss aber immer wieder aktualisiert und neu gedacht werden (vgl. Böttcher et al. 2019).

Die drei Bildungsziele sollen durch eine Kombination aus unterschiedlichen Fächern mit unterschiedlichen Anforderungsniveaus erreicht werden, was für die Allgemeinbildung durchaus schlüssig erscheint. Zur Stärkung der Wissenschaftspropädeutik wurde nach dem Wegfall der 1972 eingeführten Leistungskurse in den 90er Jahren die „besondere Lernleistung" ins Leben gerufen. Dafür steht das 1999 in Thüringen erfundene Seminarfach unterstützend zur Verfügung (vgl. Bosse 2014). Die Studierfähigkeit soll dann durch eine Kombination von Allgemeinbildung und Wissenschaftspropädeutik entstehen.

Mittlerweile hat sich die 1993 in Hamburg an der Max-Brauer-Schule erfundene Profiloberstufe durchgesetzt. Somit belegen die Schüler:innen nicht mehr einzelne nach persönlichen Interessen ausgewählte Kurse, sondern entscheiden sich für eine von der Schule festgelegte Fächerkombination. Diese Profile der Oberstufe sind mehr oder weniger weit definierten Themenstellungen zugeordnet, die für die einzelnen Schulen frei wählbar sind. Das Seminarfach und der in allen Profilen anzubietende projektorientierte und der fächerübergreifende Unterricht kommen hinzu. Diese Bausteine sollen die Schüler:innen besser auf das Studium und die Berufswelt vorbereiten.

Grundsätzlich ist die Einführung der Profiloberstufe aus Sicht der MSH und vor allem aus Sicht ihrer Schüler:innen eine zu begrüßende Weiterentwicklung der 1972 konzipierten Oberstufe. Sie ermöglicht uns, unser pädagogisches Konzept auch in der Oberstufe durch das Anbieten von Profilen fortzuführen, die auf die besondere Prägung der MSH zugeschnitten sind. Dadurch kann es der MSH gelingen, individuelle Schwerpunktsetzungen der Schüler:innen mit den von der KMK festgelegten Anforderungen an Standards gymnasialer Bildung (Bosse et al. 2013) in Balance zu bringen. Die aufsichtführende Instanz ist die Behörde für Schule und Berufsbildung (BSB) der Stadt Hamburg.

3. Aufbau der Oberstufe in Hamburg

Die Sekundarstufe II beginnt an Hamburger Gymnasien mit der Jahrgangsstufe 11, während die Oberstufe bereits in der 10. Jahrgangsstufe mit der Einführungsstufe beginnt. Die Jahrgangsstufen 11 und 12 werden als Studienstufe bezeichnet (BSB 2022).

Die Studienstufe in Hamburg

Die Studienstufe gliedert sich in vier Semester. In der Studienstufe sollen Schüler:innen zum selbständigen Lernen befähigt werden. Die in Abschnitt 2 bereits angesprochenen drei Zielsetzungen sollen durch eine Belegverpflichtung für die Kernfächer Deutsch, Mathematik sowie eine fortgeführte Fremdsprache erreicht werden. Der Einfachheit halber werden wir diese „fortgeführte Fremdsprache" in diesem Beitrag als Unterrichtsfach Englisch bezeichnen. Im Blick auf die Anzahl der an der MSH unterrichteten Stunden könnte theoretisch auch Chinesisch als fortgeführte Fremdsprache gewählt werden. Dies würde aber dem Stellenwert der englischen Sprache an der MSH und dem Blick in beide Richtungen, nach Osten und Westen, nicht gerecht werden. Aber natürlich kann Chinesisch Abiturfach sein!

Der Profilbereich

Ein Profilbereich besteht aus einem oder mehreren profil*gebenden* Fächern sowie aus einem oder mehreren profil*begleitenden* Fächern und/oder dem Seminarfach. Die Schüler:innen können keinen Profilbereich selbst zusammenstellen. Sie müssen ihn vor Eintritt in die Studienstufe wählen. Jeder Profilbereich hat einen thematischen Schwerpunkt, der im Titel angedeutet wird und den Unterricht in den Kernfächern ergänzt. An der MSH sind es zwei Profilbereiche: „International" und „Digital". In den Kernfächern wird im Anschluss an die früher übliche Unterscheidung von Grund- und Leistungskursen zwischen grundlegendem und erhöhtem Anforderungsbereich unterschieden.

Der Profilbereich ermöglicht eine vertiefte Fachorientierung und fachverbindendes Lernen. Die Schüler:innen wählen aus dem Angebot der Schule den Profilbereich, der ihren Neigungen, Interessen und Stärken am ehesten entspricht.

Eine weitere Belegverpflichtung besteht für die folgenden Aufgabenfelder:

1. sprachlich-literarisch-künstlerisches Aufgabenfeld,
2. gesellschaftswissenschaftliches Aufgabenfeld,
3. mathematisch-naturwissenschaftlich-technisches Aufgabenfeld,
4. Sport.

Die weitere Belegverpflichtung variiert je nachdem, welches Profil von den Schüler:innen gewählt worden ist.

Die Hamburger Schulbehörde (BSB) bietet für die Profilbildung der Oberstufe mehrere thematische Schwerpunkte an:

- Sprachlicher Schwerpunkt
- Naturwissenschaftlich-technischer Schwerpunkt
- Gesellschaftswissenschaftlicher Schwerpunkt
- Künstlerischer Schwerpunkt
- Sportlicher Schwerpunkt

Schulen dürfen aber auch einen Profilbereich mit einem selbst konzipierten Schwerpunkt anbieten. Dafür ist die Genehmigung der BSB erforderlich. Die MSH nutzt diese Möglichkeit.

Seminarfach

Zur Begleitung des Profilbereichs und zur Stärkung der Wissenschaftspropädeutik können Schulen ein Seminarfach mit durchschnittlich zwei Unterrichtsstunden pro Woche anbieten. Im Seminar sollen profilbezogene Themen vertiefend erarbeitet und wissenschaftspropädeutisches Arbeiten sowie die Präsentation von Ergebnissen eingeübt werden. Wird kein Seminar angeboten, werden die zwei Unterrichtsstunden und die Inhalte des Seminars auf ein oder mehrere Fächer des Profilbereichs verteilt.

Kernfächer im Profilbereich

Die Frage, was zu den Kernfächern zählt, stellt einen in der KMK ausgehandelten politischen Kompromiss dar. Auch Kernfächer können eines von dann mindestens zwei profilgebenden Fächern sein.

Besondere Lernleistung

Schüler:innen können eine besondere Lernleistung in einem Fach erbringen und in die Bewertung einfließen lassen. Zum Beispiel kann das ein Beitrag zu einem Wettbewerb, ein Bericht zu einem Projekt oder einem Praktikum sein.

Belegverpflichtungen

Im Folgenden werden die von der Stadt Hamburg geforderten, durch die KMK vorgegebenen Belegverpflichtungen konkret dargestellt. Sie stellen das auf Grundlage der Bildungspläne entwickelte und in der Einleitung angesprochene „Korsett" der Oberstufe dar. Zu belegen sind:

1) Kernfächer (alle drei):
   – Deutsch, Mathematik, Englisch
2) Gesellschaftswissenschaften (mindestens eines):
   – Geschichte oder Politik-Gesellschaft-Wirtschaft oder Geografie
3) Naturwissenschaften (mindestens eines):
   – Biologie oder Physik oder Chemie
4) Künste (mindestens eines):
   – Musik, Bildende Kunst, Theater
5) Religion oder Philosophie
6) Sport.

Die Belegverpflichtung in der zweiten Fremdsprache ist an der MSH durch den langjährigen Chinesischunterricht bereits vor Beginn der Oberstufe mehr als abgedeckt. Schüler:innen müssen somit keine zweite Fremdsprache wählen. Die meisten erkennen jedoch den Mehrwert von Chinesisch als Abiturfach und entscheiden sich dafür.

4. Der erste Schritt – externes Abitur

Das Abitur an einer neu gegründeten Privatschule wird nach den Vorgaben der „Externenprüfungsverordnung" der Stadt Hamburg durchgeführt. Kurz gesagt heißt das, dass die Schule die Schüler:innen auf ein von der Stadt Hamburg durchgeführtes Abitur vorbereitet. Die Prüfer:innen werden dafür von der Stadt gestellt; sie organisiert auch die Prüfungen. Und auch das Abiturzeugnis stellt die Stadt aus. Aus diesem Grund gibt es bei der Externenprüfung in der Wahl der Fächer und der Inhalte kaum Freiheiten. Für die bundesweit festgelegten Kernfächer macht das keinen Unterschied. Die Stärken, die in der MSH im Blick auf die Profilbildung schlummern, können jedoch noch nicht ausgespielt werden. Obwohl das externe Abitur für die Schüler:innen und auch für die Lehrer:innen der MSH von Vorteil sein kann, weil es Klarheit über die zu erfüllenden Ansprüche und Sicherheit im Blick auf die Durchführungsbedingungen schafft, bleibt eine staatliche Anerkennung des eigenen Abiturs für die MSH das vorrangige Ziel. Voraussetzung dafür ist die mehrfache erfolgreiche Durchführung des externen Abiturs. Ich vergleiche das gerne mit dem Tutorial eines Computerspiels, das man positiv durchspielen muss, um die richtig interessanten Level zu erreichen.

5. Der zweite und der dritte Schritt: Beteiligung der eigenen Lehrer:innen an der Prüfung und Abitur unter Aufsicht

Die MSH ist auf dem Weg zur staatlichen Anerkennung ihres Abiturs recht erfolgreich. Der zweite Schritt, nämlich die Beteiligung von MSH-Lehrer:innen an den externen Prüfungen, spiegelt diesen Fortschritt wider und lässt uns das eng geschnürte Korsett, um bei dieser Analogie zu bleiben, etwas lockern.

Im dritten Schritt werden die Prüfungen von der MSH unter Beobachtung durch die BSB der Stadt Hamburg durchgeführt. Die MSH stellt somit alle Prüfer selbst. Das ist seit 2022 der Fall. Auch inhaltlich erweitert das unsere Möglichkeiten, die Bildungspläne der Oberstufe selbst zu gestalten, statt wie bisher jene Fächer und Inhalte unterrichten zu müssen, die von der BSB vorgeben werden. All das gibt uns Lehrenden mehr Spielraum bei der Gestaltung des Lehrangebots und unseren Schüler:innen Sicherheit bei der Prüfungsvorbereitung. Sie werden in den Fächern und von den Lehrer:innen geprüft, die sei seit langem kennen.

6. Der vierte Schritt: Die selbst gestaltete Oberstufe

Nun sind wir bei der wirklich eigenständig konzipierten Oberstufe der MSH angelangt. Korrekterweise muss angemerkt werden, dass wir von der MSH-Studienstufe sprechen, wie sie durch die KMK-Vereinbarung (1995) vorgesehen und oben beschrieben worden ist. Die selbst gestaltete Studienstufe ermöglicht es uns, die besondere Prägung der pädagogischen Arbeit aus der Grundschule und der Sekundarstufe I in der Sekundarstufe II beizubehalten und den roten Faden der MSH fortzusetzen. So können wir die geforderten Bildungsziele für das Abitur, nämlich die Wissenschaftspropädeutik, Allgemeinbildung und Studierfähigkeit, besser erreichen als nach den Regularien der Externenprüfung.

Vier Säulen des Konzepts

Das didaktische Konzept der MSH-Oberstufe beruht auf vier Säulen, die wir mit griffig-knappem Namen ausgewiesen haben: International, Hamburg, Digital und Handlungsfähigkeit. Wir wollen diese Säulen kurz erläutern, um dann darauf einzugehen, wie sie im MSH-Konzept entfaltet und miteinander verknüpft werden.

International: Nur Englisch zu lehren und zu lernen, schafft noch keine internationale Schule! Dazu bedarf es weit mehr. Der Blick der Schüler:innen in Hamburg soll sich nicht nur in eine Richtung wenden. Er muss in die ganze Welt gelenkt werden. Durch den Blick auf den aufstrebenden Osten mit China als volkswirtschaftlicher Supermacht und durch den Blick nach Westen und zurück nach Europa ermöglichen wir den Schüler:innen mehr Perspektiven für die Zukunft. Eben deshalb werden Chinesisch und Englisch ab Klasse 1 unterrichtet – das bundesweite Alleinstellungsmerkmal der MSH.

Hamburg: Wir sind eine Schule in Hamburg für Hamburger und alle, die es werden wollen. Hamburg war schon immer eine weltoffene Handelsstadt. Der Erfolg der Hamburger:innen hängt von Handelsbeziehungen mit starken Partnern ab. Durch die von der MSH angebotenen Sprachen Englisch, Chinesisch und Spanisch lassen sich diese gut finden.

Digital: Die Zukunft und auch bereits die Gegenwart sind digital. Schüler:innen müssen besser darauf vorbereitet werden, damit sie Herausforderungen in Zukunft besser bewältigen können. Wirtschaftsmächte wie die USA kontrollieren momentan den westlichen Markt. China investiert unvorstellbar hohe Summen in den Ausbau eigener neuer Digitaltechnologien. Es bietet sich an, Digitales und Internationales zu verbinden.

Handlungsfähigkeit: Ein wichtiger Baustein des MSH-Konzepts ist das Ziel des demokratischen Lebens und Handelns. Im Beitrag 7 (TEIL III) wird beschrieben, welche Anstrengungen dafür schon in der Grundschule unternommen werden. Im demokratischen Miteinander der Gesellschaft sowie im Berufsleben zählt am Ende nur, ob die guten Absichten in angemessenes Handeln übertragen werden können.

Auf Basis dieser vier Säulen unseres schulpädagogischen Konzepts haben wir zwei Profile für die MSH-Studienstufe entwickelt:

- **International**
- **Digital**

Warum nicht vier Profile? Die zweite Säule „Hamburg" wäre als ein eigenständiger Profilbereich wenig sinnvoll. Als moderne und international vernetzte Stadt werden Hamburger Themenstellungen aber in beiden Profilen einen guten Platz finden. Die vierte Säule, das demokratisch orientierte Handeln, ist in einer Oberstufe ohnehin eine notwendige Querschnittsaufgabe. Sie muss in beiden Profilen eine starke Rolle einnehmen.

Wir können nun unter Beachtung der von der BSB vorgegebenen Belegpflichten die zwei MSH-Profile genauer beschreiben. (Das Profil „Digital" folgt im Abschnitt 9.)

7. Profil 1: „International"

Die Schüler:innen der MSH lernen von der Vorschule an Englisch und Chinesisch. Jedoch reicht es nicht aus, eine fremde Sprache flüssig zu sprechen. Interkulturelle Kompetenzen müssen hinzukommen. Ein ebenso wichtiger Bestandteil ist das Verständnis der eigenen Geschichte und der Geschichte der Zielkultur. Dazu kommen Kenntnisse über aktuelle wirtschaftliche, gesellschaftliche, demographische und politische Entwicklungen der jeweiligen Regionen und geopolitischen Mächte.

Was ist interkulturelle Kompetenz? Ich lade Sie ein zu einem Gedankenexperiment! Stellen wir uns vor, wir kommen zum ersten Mal nach England. Wir kennen weder die politische Regierungsform noch haben wir jemals etwas vom britischen Humor gehört. Um unser Beispiel noch schöner zu machen, versuchen wir uns vorzustellen, dass uns selbst Ironie und Sarkasmus fremd sind. Wie kämen wir wohl in England zurecht? Was würden wir über die Engländer denken und wer sind diese Briten eigentlich? Wir wären wohl überwiegend verwundert über königstreue Untertanen, die sich dennoch ganz gut in ihrem absolutistischen Gefüge entwickelt haben. Wir wären manchmal empört und brüskiert, wie Menschen gleichzeitig so höflich und beleidigend sein können. Zu Hause tauschen wir uns mit anderen aus, die ähnliche Erfahrungen gemacht haben, und kommen zu dem Schluss, dass die Engländer deshalb so sind, wie sie sind, weil sie zu lange Untertanen waren und dringend vom König befreit werden müssen. Oder wir kommen zu dem Schluss, dass sie es eigentlich nicht wert sind, diese schöne Insel am Rand des Kontinents zu bewohnen.

Jetzt stellen wir uns vor, dass wir die kulturellen Unterschiede der Zielländer zu unserem Heimatland genau kennen. Wir haben Kenntnis über die eigene Geschichte und kennen die Geschichte des Vereinigten Königreichs, wir kennen die Regierungsformen Chinas, Europas, Nordamerikas und weiterer Teile der Welt. Wir wissen um die politischen Gegebenheiten und verstehen, dass ein Land mit nur einer Partei nicht viel mehr oder viel weniger demokratisch sein kann als ein Land mit zwei oder mit ganz vielen Parteien. Wir haben ein fundiertes Wissen über die wirtschaftlichen Voraussetzungen und kulturellen Gemeinsamkeiten dieser Länder. Wir sprechen nicht nur die Sprache ihrer Bewohner, wir verstehen einander. Und weil es so schön ist, stellen Sie sich vor, Sie wären mit all diesem Rüstzeug ... z.B. die Außenministerin, der Außenminister Ihres Landes geworden. Nein, das geht nun wirklich zu weit!

Die Studienstufe der MSH ermöglicht unseren Schüler:innen, solche kühnen Vorstellungen nicht nur als Spinnerei wahrzunehmen, sondern die jugendlichen Träume vielleicht einmal in dieser oder jener Form Wirklichkeit werden zu lassen. Junge Erwachsene lernen bei uns genau das, was sie für ihre persönlich und beruflich befriedigende Entwicklung benötigen. Dem entspricht das folgende Profil:

Profilgebende Fächer:	Profilbegleitende Fächer:
Geschichte	**Politik, Gesellschaft, Wirtschaft,**
Chinesisch	**Geographie**
Kernfächer:	Belegverpflichtung:
Englisch	**Biologie, Philosophie,**
Deutsch	**Kunst, Sport**
Mathematik	

Über das Unterrichtsfach Chinesisch – auch über die anspruchsvollen Prüfungen – ist im TEIL II dieses Buchs bereits ausführlich berichtet worden. Auch Englisch wird von Beginn an immersiv unterrichtet. Der Umfang des Unterrichts in englischer Sprache ist so groß, dass die Hamburger Schulbehörde im Genehmigungserlass warnend darauf hingewiesen hat, dass er nicht mehr als 50 Prozent einnehmen darf (siehe S. 16).

Im Profil 1 lässt sich, wie von der KMK gefordert, wunderbar fächerverbindend lernen. Die Wissenschaftspropädeutik wird ebenso stark gefördert wie die Allgemeinbildung. Und auch hinter die Zielvorgabe der KMK „Vorbereitung auf Beruf und Universität" kann im Lehrangebot der MSH ein Haken gesetzt werden.

8. Die digitale Herausforderung

Die Zukunft ist digital. Die Gegenwart ist es bereits überwiegend. Mittlerweile haben auch alle Verantwortlichen im Bildungssystem erkannt, dass Schulen besser auf die digitale Herausforderung reagieren müssen. Aber was ist eine digital gut aufgestellte Schule? Welche Anforderungen werden an das Personal und welche an die Schüler:innen gestellt? Welche Anforderungen müssen sie heute erfüllen, um für ihre Berufsausbildung und/oder das Studium an der Universität gut vorbereitet zu sein? Viel wichtiger noch, welche Anforderungen müssen sie in acht Jahren erfüllen?

Wenn ich mir Gedanken mache, welche Anforderungen die Schüler:innen, die heute in der Vorschule sind, später einmal erfüllen müssen, dann wird schnell klar, dass es dafür die Lehrerin/den Lehrer, das Fach und den Lehrplan noch nicht gibt. Eine schlichte Anpassung an den aktuellen technologischen Entwicklungsstand wäre dabei der falsche Weg. Erforderlich ist, die Kompetenzen zu definieren, die die Schüler:innen erwerben müssen, um zukünftigen, heute noch nicht bekannten Herausforderungen erfolgreich begegnen zu können.

Das ist der größte Vorteil einer kleinen Privatschule: Wir sind in unserer Entwicklung etwas freier und beweglicher als das von den politischen Entscheidungsträgern regulierte öffentliche Schulsystem. Deshalb haben wir bereits bei der Schulgründung, also im Jahr 2010, mit der konsequenten Digitalisierung der MSH begonnen und treiben diese konsequent voran. Dafür haben wir ein eigenes Konzept digitaler Bildung entwickelt. Wir nennen es „Modern Enterprise" (siehe Seite 210–213). Es gilt für die Sekundarstufe I, ist aber auch die Grundlage für die Arbeit in der Studienstufe.

Um die in Abschnitt 6 dieses Beitrags genannten Anforderungen erfüllen zu können, ist selbstständiges und selbstgesteuertes Lernen der Schüler:innen unerlässlich. Laut Dorit Bosse (2022, S. 145) ist es zugleich die Voraussetzung für eine vertiefte Wissenschaftspropädeutik. Einen Lösungsansatz bietet dafür das P21-Konzept[1], das auf dem bereits 2002 entwickelten 4K-Modell[2] aufbaut.

4K-Kompetenzen (21st Century Skills)

Durch digitale Bildung bzw. digitales Lernen werden die 4K-Kompetenzen (Kreativität, Kritisches Denken, Kollaboration und Kommunikation) gefördert. Sie sind auch für das Lernen über digitale Medien unerlässlich. Gut, dass es hier offensichtlich eine wechselseitige Beziehung zwischen diesen Kompetenzen und dem digitalen Lernen gibt. Das verdeutlicht Abbildung 1 auf Seite 258.

---

1 Die *P21-Partnership for 21st Century Learning* definiert, wie Lehrende ihren Schüler:innen beim Aufbau von Schlüsselkompetenzen in Schlüsselfächern wie Englisch und Mathematik unterstützen können.
2 Eine ausführliche Darstellung des 4K-Modells: Sterel et al. (2018)

Die Oberstufe der Modernen Schule Hamburg

Abbildung 1: „Was die Leute von 4K halten" (Abbildung von Jöran Muuß-Merholz)[3]

Um dem Modell in der Schulpraxis gerecht werden zu können, kann man den Begriff „denken" jeweils durch „lernen" oder auch „arbeiten" ersetzen:

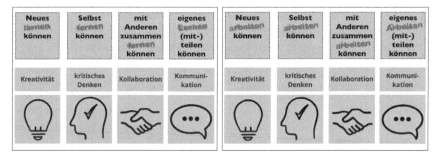

Abbildungen 2 und 3: Adaption (Abbildung von Matthias Kießner)

Aber was bedeutet das nun und wie kann man es in der Oberstufe umsetzen? Dazu muss man das Rad nicht neu erfinden! Kreativität, kritisches Denken, Kollaboration und Kommunikation wurden in gewissem Maße schon immer im Unterricht und im schulischen Zusammenleben vorausgesetzt und gefördert. Das heißt nicht, dass diese Kompetenzen ausschließlich durch die Schule gefördert werden. Außerschulisch schaffen es Schüler:innen auf bemerkenswerte Weise, sich diese Kompetenzen autodidaktisch anzueignen und sie einzusetzen: sei es bei der gemeinsamen Planung von Freizeitaktivitäten oder beim Umgehen von Aufgaben und Regeln. Im

---

3 Zeichnungen: Hannah Birr www.joeran.de

Unterricht können diese Kompetenzen im gemeinsamen Arbeiten an Projekten, im forschenden Lernen und beim Lösen von Problemen gefördert werden. Was sich im Informatikunterricht in der Zusammenarbeit mit anderen Fächern gut vereinbaren lässt!

9. Profil 2: „Digital" – mit Modern Enterprise als neuem Schulfach

Den zweiten an der MSH angebotenen Profilbereich haben wir kurz und knapp „Digital" genannt. Das wichtigste Standbein des Profils ist das an der MSH erfundene Fach *Modern Enterprise* (abgekürzt ME; siehe S. 210–212).

Bevor die Details des zweiten Profils bestimmt werden können, müssen wir ein Gedankenexperiment wagen und versuchen herauszufinden, welchen Lernstand Schüler:innen erreicht haben werden, die von der 5. Klasse an durchgehend nach dem Bildungskonzept Modern Enterprise unterrichtet worden sind.

- Wir beginnen in der 5. Klasse mit den ersten grundlegenden Schritten: mit der Einführung in den Umgang mit Computern und mit dem Erlernen des ordnungsgemäßen Gebrauchs im schulischen Kontext. Auf dieser Basis können und werden digitale Medien in verschiedenen Fächern vermehrt eingesetzt, was eine Stärkung der Digitalkompetenz der Schüler:innen zur Folge hat. ME ist noch kein selbstständiges Fach – es ist integriert in den naturwissenschaftlichen und den Kunstunterricht. Dabei arbeitet die MSH mit Wissenschaftlern und Experten aus Privatwirtschaft und Hochschule zusammen (siehe Beitrag 9). Die Schüler:innen erhalten Einblicke in die Nutzung von Big Data, sie lernen, selbst zu programmieren, und erhalten eine Einführung in den 3D-Druck und das damit verbundene dreidimensionale Denken.
- In der 6. Klasse werden die erworbenen Kompetenzen immer wieder eingesetzt und erweitert. Das eigene Gestalten von Texten und Präsentationen verbessert sich, zudem wird in den Umgang mit wissenschaftlichen Daten eingeführt und die Schüler:innen lernen diese auszuwerten und zu deuten. Im Kunstunterricht werden erste digitale Medien wie Bilder, Videos und Animationen erstellt und bearbeitet bzw. manipuliert.
- In der 7. Klasse finden die erworbenen Digitalkompetenzen in allen Fächern Anwendung.
- In der 8. Klasse wird das Unterrichtsfach „Modern Enterprise" als solches eingeführt. Zu diesem Zeitpunkt haben Schüler:innen bereits kleinere Programme und Spiele erschaffen. Sie haben Filme und Animationen erstellt sowie Bilder verändert. Das Erstellen von Texten, Präsentationen und Datenbanken ist für die Anwendung in allen Unterrichtsfächern geeignet. Die Schüler:innen können virtuelle dreidimensionale Gegenstände erdenken, digital darstellen und dru-

cken. Alle diese bereits erworbenen Fähigkeiten werden im Fach ME wiederholt und vertieft.
- In der 8. Klasse sind die Fächer Chemie und Physik Teil von ME. Da bereits Sicherheit im Umgang mit und der Auswertung von Daten besteht, können Schüler:innen vermehrt forschend tätig werden.
- In der 10. Klasse gibt es ME erneut als Fach. Zu diesem Zeitpunkt ist der Bildungsplan Informatik der BSB für die Sekundarstufe I mehr als abgearbeitet. Nun kann vermehrt an fächerübergreifenden Projekten gearbeitet werden. Diese Projekte sind an die Interessen der Schüler:innen geknüpft. Je nach Interesse und Projekt können Kompetenzen im Bereich der künstlichen Intelligenz, der Augmented Reality, des 3D-Drucks oder in der kreativen Gestaltung von digitalen Medien erworben werden. Kreativität, Kollaboration, Kommunikation und kritisches bzw. selbständiges Denken werden noch mehr gefördert!

Wenn unsere Schüler:innen am Ende der 10. Klasse ihre Profilwahl treffen, können sie dies gut überlegt tun, weil sie bereits viel Vorwissen und differenzierte Kompetenzen erworben haben. Das Profil 2 „Digital" setzt sich dann wie folgt zusammen:

Profilgebende Fächer:	Profilbegleitende Fächer:
Informatik (Modern Enterprise)	**Politik, Gesellschaft, Wirtschaft,**
Kunst	**Seminar**
Kernfächer:	Belegverpflichtung:
Englisch	**Biologie, Philosophie,**
Deutsch	**Kunst, Sport, Geschichte**
Mathematik	

Das Fach Kunst liefert dabei eine ideale Ergänzung und Horizonterweiterung des Informatikunterrichts.

Die „besondere Lernleistung" (siehe S. 252) soll den Schüler:innen ermöglichen, ihre persönlichen Interessen einzubringen. Dafür bietet sich Profil 2 besonders gut an, weil die Schüler:innen an selbst gewählten Projekten in erheblichem Umfang selbstreguliert arbeiten können.

10. Internationalität erleben – Diversität schätzen lernen!

Internationalität wird an der MSH täglich vorgelebt. Das beginnt schon in der Vorschule mit jeweils englisch- wie deutschsprachigen Erzieher:innen. Eine Vielzahl an chinesisch-, englisch- und spanischsprachigen Muttersprachler:innen ist an der MSH als Lehrerin/als Lehrer tätig. Im Laufe der Jahre haben sich dabei deutsche und internationale Lehrende die Waage gehalten. Geht man durch den Lehrerbereich der Schule, kommt es öfter vor, dass man vier unterschiedliche Sprachen gleichzeitig hört (wobei die Österreichisch sprechenden Kollegen noch nicht mitgezählt sind). Der Lehrerbereich ist jederzeit für Schüler:innen zugänglich und somit erlebbar.

Auch in der Schüler:innenschaft wird Internationalität gelebt. Die Schüler:innen kommen von allen Kontinenten der Erde. Sie sprechen Englisch, Spanisch, Farsi (Persisch), Arabisch, Türkisch und viele weitere Sprachen. Entgegen der teilweise in Hamburg verbreiteten Meinung, dass vor allem chinesische Kinder die Schule besuchen, haben wir nur vereinzelt Schüler:innen mit chinesischem Migrationshintergrund oder junge Chines:innen, deren Eltern in Hamburg Arbeit gefunden haben, aber irgendwann nach China zurückkehren.[4]

Englisch ist ein in der Schule nicht nur erlerntes, sondern auch praktiziertes alltägliches Kommunikationsmittel. Das alles ist nicht zufällig entstanden, sondern bewusst herbeigeführt und somit ein weiteres Plädoyer für das Anwählen des Profils „International".

Die 4K, also die Kritikbereitschaft, die Kollaboration, die Kommunikation und das kreative Lösen von Herausforderungen, sind täglicher Bestandteil des Zusammenlebens an unserer Schule. Dabei werden wir nicht müde, unser Handeln ständig zu reflektieren und zu hinterfragen. Der angemessene Umgang mit digitalen Medien wird an der MSH vorgelebt und für die Schüler:innen erfahrbar gemacht – ob es der sichere Umgang mit der interaktiven Tafel oder dem eigenen Gerät ist oder die Erstellung von spannendem und spaßigem Lernmaterial. Dabei gibt es, wie im Umgang mit digitalen Medien üblich, häufiger die Möglichkeit, seine eigenen Problemlösungsfähigkeiten unter Beweis zu stellen. Neue Projekte werden regelmäßig erarbeitet und digitale Neuerungen werden mit Freude rasch eingeführt, sofern sie einen Mehrwert darstellen oder zumindest vermuten lassen. Oder sie sind einfach nur cool. Schüler:innen werden somit ständig mit neuen Einsatzmöglichkeiten digitaler Geräte und neuer Software konfrontiert. Und sie lernen daran, dass der schnelle Wandel das konstitutive Merkmal der globalen Digitalisierungsprozesse ist.

All das hat dazu geführt, dass sich die Schule dahin entwickelt hat, wo sie heute steht. Besonders die erfolgreiche Lösung der Herausforderungen während der Covid-19-Pandemie wird uns von den Eltern zu Gute gehalten und bringt uns nach wie vor einen regen Zulauf neuer Schüler:innen ein. Doch brauchen sich die Schüler:innen und Eltern der MSH nicht damit zufrieden zu geben, dass wir die vielfältigen Probleme in der Vergangenheit gut gelöst haben. Sie dürfen darauf vertrauen,

---

4 Zur Zusammensetzung der Schüler:innenschaft und zu den Motiven der Eltern zur Wahl der MSH siehe Seite 64f.

dass wir alles unternehmen, um zukünftige Herausforderungen ebenfalls zu meistern – vielleicht sogar besser als die meisten anderen Schulen. Unsere gelebte Diversität und Lernwilligkeit helfen uns dabei.

Ein Fazit: Wir gehen mit gutem Gefühl in die Zukunft und hoffen, den Schüler:innen darin ein Vorbild zu sein. Wir werden unsere Oberstufe und die ganze Schule ständig weiterentwickeln und den Anforderungen der Zukunft anpassen, ohne unsere eigene Vision einer modernen Schule aus den Augen zu verlieren.

Literaturnachweise

Benner, D. (2020). *Umriss einer allgemeinen Wissenschaftsdidaktik.* Weinheim: Beltz.
Böttcher, W., Heinemann, U. & Priebe, B. (Hrsg.) (2019). *Allgemeinbildung im Diskurs.* Hannover: Klett Kallmeyer.
Bosse, D. (2014). Lerngelegenheit Seminarkurs – wissenschaftspropädeutisches Arbeiten zwischen Hochschulvorbereitung und Berufsorientierung. In: F. Eberle, B. Schneider-Taylor & D. Bosse (Hrsg.). *Abitur und Matura zwischen Hochschulvorbereitung und Berufsorientierung.* Wiesbaden: Springer VS, S. 85–102.
Bosse, D. (2022). Gymnasiale Oberstufe. In: M. Harring, C. Rohlfs, M. Gläser-Zikuda (Hrsg.). *Handbuch Schulpädagogik.* (2. Auflage) Münster: Waxmann, S. 143–153.
Bosse, D., Eberle, F. & Schneider-Taylor, B. (Hrsg.) (2013). *Standardisierung in der gymnasialen Oberstufe.* Wiesbaden: VS Verlag für Sozialwissenschaften.
BSB Hamburg (Hrsg.) (2017). *Ausbildungs- und Prüfungsordnung zum Erwerb der allgemeinen Hochschulreife (APO-AH).* https://www.hamburg.de/contentblob/11516866/32b882e3a4396669786a280da26736bd/data/ausbildungs-und-pruefungsordnung-zum-erwerb-der-allgemeinen-hochschulreife-stand-2017.pdf
BSB Hamburg (Hrsg.) (2022). *Die Studienstufe an allgemeinbildenden Schulen,* Behörde für Schule und Berufsbildung Hamburg. September 2022. https://www.hamburg.de/contentblob/1571932/0ec5ca578ef7ec422122c6888c196a92/data/br-studienstufe-an-allgemeinbildenden-schulen.pdf
Keuffer, J. & Kublitz-Kramer, M. (Hrsg.) (2008). *Was braucht die Oberstufe?* Weinheim: Beltz.
KMK (Kultusministerkonferenz) (1972). *Vereinbarung zur Neugestaltung der gymnasialen Oberstufe in der Sekundarstufe II.* Bonn.
KMK (1995). *Weiterentwicklung der Prinzipien der gymnasialen Oberstufe und des Abiturs.* Abschlussbericht der von der Kultusministerkonferenz eingesetzten Expertenkommission. Bonn.

Muuß-Mehrholz, J. (2017). *Die 4K-Skills: Was meint Kreativität, kritisches Denken, Kollaboration, Kommunikation?* https://www.joeran.de/die-4k-skills-was-meint-kreativitaet-kritisches-denken-kollaboration-kommunikation/

Sterel, S., Pfiffner, M. & Caduff, C. (2018). *Ausbilden nach 4K.* Bern: hep Verlag.

TEIL IV:
WOHIN GEHT DIE REISE?

Hilbert Meyer und Axel Beyer

Hilbert Meyer im Gespräch mit Axel Beyer: Der Entwicklungsgang der Modernen Schule Hamburg

Abbildung 1: Hilbert Meyer & Axel Beyer (Foto Helga Volquards)

Vorweg: Das Gespräch hat am 1. Dezember 2022 in der Modernen Schule Hamburg (MSH) stattgefunden. Ausgangspunkt und überschriftgebend ist die Überlegung, dass nicht nur der einzelne Schüler/die Schülerin einen Bildungsgang, sondern auch die Schule als Ganzes einen Entwicklungsgang hat, der im Sinne der in Beitrag 3 (TEIL I) beschriebenen Bildungsgangdidaktik durch reflektierte Erfahrung, aktive Sinnkonstruktion und die Formulierung gemeinsamer Entwicklungsziele gekennzeichnet ist. In dem Gespräch, das Meinert Meyer vor 10 Jahren mit Axel Beyer geführt hat (Beitrag 2), sind die Gründungsmotive, aber auch die Turbulenzen der Gründungsphase ausführlich beschrieben worden. Das braucht hier nur angetippt zu werden. Im Mittelpunkt steht der aktuelle Entwicklungsstand der MSH.

Rückblick auf die Gründungsphase

HM: Wie wagemutig war die Gründung der MSH aus heutiger Perspektive?

AB: Es gehörte schon ein gewisser Mut dazu. Aber ich habe bereits im ersten Interview mit deinem Bruder Meinert Meyer angemerkt, dass ich durch meine vorherige Arbeit als Geschäftsführer der *Deutschen Gesellschaft für Umwelterziehung* kampagnenerprobt war und wusste, dass nichts so umgesetzt wird, wie es geplant worden ist. Es war eine intensive, täglich fordernde, aber auch sehr befriedigende Arbeit. Ich komme jeden Tag gerne in diese Schule.

HM: Du bist jetzt 65 Jahre alt. Wie lange soll die Reise weitergehen?

AB: Im staatlichen Schulsystem würde ich jetzt zwangspensioniert. Es ist einer der Vorzüge einer Schule in freier Trägerschaft, dass ich noch ein paar Jahre weiter machen kann. Die MSH hat ein kompetentes fünfköpfiges Schulleitungsteam, das in großem gegenseitigem Respekt und mit Sympathie die MSH führt. Wir überstehen Mutter- und Elternzeit unserer jüngeren Leitungsmitglieder in frühzeitig vereinbarter Verantwortung und wir haben vor, gemeinsam unsere Schule erfolgreich weiterzuentwickeln. Die MSH ist so organisiert, dass sie jederzeit ohne mich weiterlaufen kann.

HM: Würdest du solch eine Schulgründung heute noch einmal wagen?

AB: Ja, solange die Gesundheit und das Alter dies zulassen! Zum einen wächst in Deutschland der Bedarf an kritischer Chinakompetenz von Jahr zu Jahr, zum anderen ist der Versuch, John Deweys Demokratiekonzept praktisch umzusetzen, noch wichtiger als vor 12 Jahren! Wenn der Populismus um sich greift und Verschwörungserzähler die Deutungshoheit erringen wollen, wird es immer wichtiger, auch in der Schule für den Erhalt der Demokratie zu kämpfen. Eigentlich brauchen wir in jeder größeren Stadt in Deutschland eine Schule mit China-Schwerpunkt und überall im Lande Schulen, die sich mit mehr Engagement für den Aufbau einer demokratischen Unterrichtskultur einsetzen!

HM: Wer hat sich den Namen „Moderne Schule Hamburg" ausgedacht? Es klingt ja so, als ob alle anderen Schulen in Hamburg unmodern sind. Hat sich schon mal jemand über Eure Namensgebung beklagt?

AB: Bei mir hat sich noch niemand mit einer solchen Kritik gemeldet. „Moderne Schule" war der Arbeitstitel, mit dem wir 2006 in die Diskussion eingestiegen sind. Ich wollte später mit allen aktiv Beteiligten einen originelleren Namen suchen. Aber dann sagten uns unsere Gesprächspartner: Das ist doch ein prima Name! Bleibt dabei!

HM: Wie ist heute das Verhältnis zur Schulaufsicht? Sind dort immer noch dieselben Schulaufsichtsbeamten tätig, gegen die du 2009 ein Verwaltungsrechtsverfahren eingeleitet hast?

AB: Nein, es sind heute neue Schulaufsichtsbeamte. Und das Verhältnis ist ausgeglichen und gut. Wir halten uns an die Spielregeln und die vielen Vorgaben, die für öffentliche wie für private Schulen gelten. Aber wir achten auch darauf, dass wir die Freiräume behalten, die erforderlich sind, um die Prinzipien zu realisieren, derentwegen wir die Schule gegründet haben: „Demokratisch Leben und Handeln lernen" im Sinne John Deweys, Individualisierung der Bildungsgänge im Sinne der Bildungsgangdidaktik, ganzheitliches Lernen und Leben, Chinesisch von Anfang an und konsequente Digitalisierung!

HM: Worauf bist du stolz?

AB: Das Wort „stolz" benutze ich in diesem Zusammenhang nicht! Mir ist wichtig, dass wir an unserer Schule auf allen Ebenen ein gutes Betriebsklima haben: in der kollegialen Schulleitung, im Kollegium, im Umgang mit den Schüler:innen und den Eltern. Ich denke, dass das gelungen ist. Daran arbeiten wir weiter.

Stationen im Entwicklungsgang

HM: Hans-Günter Rolff (2016) hat ein Drei-Wege-Modell der Schulentwicklung kreiert. Sein Credo: Wer Unterricht entwickeln will, muss mehr tun als den Unterricht zu entwickeln – Personal- und Organisationsentwicklung müssen hinzukommen. Diese drei Handlungsfelder in eine Balance zu bringen, sei Aufgabe der Schulleitung.

AB: Ja, ich bin täglich damit beschäftigt, Impulse in der Unterrichts-, Personal- und Organisationsentwicklung zu setzen und darauf zu achten, dass die Balance halbwegs eingehalten wird. Aber für meinen inneren Kompass ist das ein akademisch-abstraktes Modell. Ich versuche nicht, auf drei Wegen im Gleichschritt zu gehen, sondern denke in „Stationen" mit je anders gestrickten Herausforderungen:

2010:	Gründungsphase; Werbung von Schüler:innen; Start des Unterrichtsbetriebs; Einstellung ausreichenden Personals
2012/13:	Beginn staatlicher Förderung; deutliche Zunahme der Schüler:innenzahlen und Ausbau des Personals
2012:	Kooperationsvereinbarung mit der Fremdsprachenschule in Xi'an
2015:	Erste Schüler:innenexkursion nach Xi'an
2015:	Erste erfolgreiche Beteiligung der Grund- und Sekundarschüler:innen an den *Hanyu Shuiping Kaoshi* Prüfungen
2016:	Weiterer Anstieg der Schüler:innenzahlen
2018:	Gegenbesuch der Schüler:innen aus Xi'an

       2019:   Erster Schüler:innenaustausch mit der Thaddeus Stevens School in Lyndon, Vermont/inzwischen in East Burke, Vermont (USA).

       2019:   Erste Abiturprüfungen

       2020–22: Bewältigung der Corona-Pandemie.

    Die Liste geht weiter und sie macht deutlich: Der Weg ist lang, bis ein Haus fertig ist!

HM: Eines der Forschungsergebnisse der Bildungsgangforschung lautet: Individuelle Bildungsgänge sind selten gradlinig. Es gibt Umwege, Irrwege und Abbrüche, Verzweifeln und neues Durchstarten. Gilt das auch für den Entwicklungsgang einer Schule?

AB: Nein, ich denke, dass dieser Vergleich nicht passt, zumindest nicht im Blick auf die Entwicklung der MSH. In Teilbereichen hat es Umwege und hier und dort auch einen Abbruch und eine Neuorientierung gegeben. Aber die Gesamtentwicklung war eher kontinuierlich.

HM: Viele Schulen in freier Trägerschaft verstehen sich ausdrücklich als Gegenmodell zum vermeintlich oder tatsächlich verkrusteten öffentlichen Schulwesen. Gilt das auch für euch?

AB: Nein, wir sind keine Gegner des öffentlichen Schulsystems! Ich selbst habe fast zwanzig Jahre für das Bundesumwelt- und das Bundesbildungsministerium sowie alle Kultus- und Umweltministerien der sechzehn Bundesländer große internationale Projekte, bildungspolitische Tagungen und Schulauszeichnungen umgesetzt. Dass ich dann eine Privatschule gegründet habe, war mehr ein Zufall. Wir wollen mit öffentlichen Schulen kooperieren und tun das auch. Aber wir gehen von dem aus, was die Richterin Frau Dr. Rubbert im Jahr 2009 gesagt hat: „Die Qualitätsentwicklung des öffentlichen Schulsystems wird durch die Existenz von Schulen in freier Trägerschaft nicht behindert, sondern unterstützt." Wir können mit den kleinen und großen Erfolgen in der Unterrichtsentwicklung auf bisher wenig beackertem Terrain anderen Schulen Mut machen, den eigenen Weg zu gehen.

Finanzierung – Schüler:innenzahlen – Schulgeld

HM: Im Jahr 2010 hast du eine gemeinnützige GmbH gegründet und damit die Finanzierung der ersten drei Jahre abgesichert. Wie sieht es heute aus?

AB: Wir sind weiterhin eine gemeinnützige GmbH. Seit 2018 sind die Finanzierungssorgen behoben. Und Anfang 2022 war auch der im Jahr 2010 aufgenommene Einstiegskredit abgelöst. Nun ist unser Jahresetat ausgeglichen.

Das heißt nicht, dass wir jetzt große Sprünge machen können. Als Schulleiter einer Privatschule steht man immer wieder vor neuen Hürden. So stellte sich gerade heraus, dass wir 160.000 € in die Erneuerung der Kanalisation des Schulgeländes investieren müssen. Schulleiter einer öffentlichen Schule rufen dann beim Leiter ihres Schulamts an und überlassen ihm die Regelung. Ich kann das nicht und werde dann – ohne jede Aus- oder Fortbildung – zum Hygienefachmann, zum Finanzjongleur, Landschaftsplaner und Architekten. Eigentlich wollten wir das Geld für die Erneuerung des Schulhofs nutzen und endlich mehr Grün auf die Fläche bringen. Die Maßnahmen müssen nun gestreckt werden.

HM: Wie viele Schüler:innen habt Ihr heute?

AB: Es sind über 300 Schüler:innen, die von 40 Lehrpersonen unterrichtet werden. Nach der Zahl der aufgenommenen Schüler:innen wird dann auch der staatliche Zuschuss bezahlt. Damit sollen ungefähr 85 Prozent der tatsächlichen Kosten abgedeckt werden. Hinzukommt dann noch das Schulgeld, das die Eltern hinzugeben müssen.

HM: Wie hoch ist das Schulgeld?

AB: Je Schüler/Schülerin sind das 200 € monatlich – ein Betrag, den die Hamburger Bürgerschaft für alle Schulen in freier Trägerschaft festgelegt hat und der seit 2010 nicht erhöht worden ist. Die tatsächlichen Kosten, die jede Schülerin/jeder Schüler macht, sind mit dem staatlichen Zuschuss zum Schulgeld aber nicht abgedeckt. Das heißt, dass die Einrichtung von Schulen in freier Trägerschaft für die Stadt Hamburg kein Zuschussgeschäft ist, sondern dass es den Etat der Schulbehörde entlastet. Wir würden gern auf das Schulgeld verzichten und eine 100-Prozent-Förderung durch die Schulbehörde erhalten. Das wäre sozial gerecht. Privatschulen sind in Deutschland schlechter gestellt als Staatsschulen und nicht in ihrer Ausstattung mit Privatschulen in den USA, in Frankreich oder Großbritannien zu vergleichen.

Sprachenmix – Die MSH als internationale Schule

HM: Neue Studien, die Viorica Marian in ihrem Bestseller „The Power of Language. Multilingualism, Self and Society" (2023) zusammenfasst, belegen eindrucksvoll, dass mehrsprachiges Aufwachsen einen hohen Bildungswert hat. Es macht klüger, kreativer und offener für Neues. Würdest du, wenn du erneut eine Schule gründen wolltest, immer noch Chinesisch zum Pflichtfach machen?

AB: Selbstverständlich! Die aktuellen Irritationen im Verhältnis Chinas zu westlichen Nationen sind doch kein Grund, auf die Vermittlung von Chinakompetenz zu verzichten. Im Gegenteil, sie wird umso wichtiger! Es wäre aber falsch, nur auf den Chinesischunterricht zu achten. Der Englischunterricht ist für unsere Schule ebenso wichtig wie Chinesisch! Englisch lernen alle Schüler:innen ab Klasse 1. Spanisch kann ab Klasse 10 gewählt werden. Englisch sprechen alle Kolleg:innen, viele von ihnen auch im immersiven Fachunterricht, der bei uns nicht nur auf Englisch, sondern auch auf Chinesisch gegeben wird. Wir haben aktuell sieben chinesische Lehrerinnen, die alle in China studiert haben und nicht nur chinesischen Sprachunterricht geben, sondern immersiv in anderen Fächern unterrichten. Wir haben Schüler:innen aus 20 verschiedenen Nationen. Das ist heute nichts Ungewöhnliches. Wir haben aber auch Lehrer:innen aus 10 verschiedenen Nationen. Und das ist an den öffentlichen Schulen wegen der verkrusteten Einstellungsregeln immer noch selten. Wir haben Kooperationsvereinbarungen mit Schulen in China und den USA. Der Anspruch, eine internationale Schule zu sein, wird also wirklich täglich im Unterricht und auf dem Schulhof gelebt und eingelöst.

Chinakompetenz

HM: Du hast gerade von der „Chinakompetenz" gesprochen. Was ist das? Brauchen wir überhaupt solch einen modischen Begriff?

AB: Ich habe den Begriff nicht erfunden, aber er passt! Er zielt darauf, dass es nicht nur um Sprachkompetenzen geht, sondern um ganzheitliche interkulturelle Bildung.

HM: Auch der *Fachverband Chinesisch e.V.* hat in seiner „Tübinger Erklärung" von 2022 gefordert, mehr Chinakompetenz an deutschen Schulen zu vermitteln. Der Verband schreibt: „Gerade die Fähigkeit, auch kontroverse Chinabilder kritisch zu hinterfragen, stellt in unseren Augen den Kern einer angestrebten interkulturellen Kompetenz dar."

AB: Der Forderung des Fachverbands kann man nur zustimmen! Und ich merke an: Das, was dort für die Zukunft gefordert wird, ist bei uns seit zwölf Jahren Praxis! Wir zeigen, dass es nicht ausreicht, das Fach Chinesisch irgendwann in der Sekundarstufe mit zwei oder drei Stunden wöchentlich einzuführen. Interkulturelle Kompetenz kann nur wachsen, wenn das ganze Schulleben international orientiert ist und den Austausch der Kulturen unterstützt. Wie das gelingen kann, wird von Yun Dörr in TEIL II unseres Buchs beschrieben. Wieviel Spaß und persönlichen Gewinn es bringt, beschreibt Tiyama Saadat in ihrem Beitrag.

HM: Meinert Meyer hat im Jahr 2011 bei der Eröffnungsfeier der MSH den Bildungswert des Chinesischen gepriesen. Es biete durch die Fremdheit der sprachlichen Strukturen und die Andersartigkeit der chinesischen Kultur eine ganz andere Weltsicht – und eben dies sei, so Meinert, bildend. Kannst du das nach zwölf Jahren Schulbetrieb bestätigen?

AB: Ja. Und ich nenne noch einmal Tiyama Saadats Beitrag über ihren Bildungsweg an der MSH. Sie schreibt, dass sie von der Verschiedenheit der Sprachen fasziniert sei, und führt vor Augen, dass und wie sie die eigene Sprache an der chinesischen Sprache besser verstanden hat. Das hätte Wilhelm von Humboldt vor 200 Jahren ganz ähnlich formulieren können und als Bestätigung seiner Bildungstheorie betrachtet.

HM: Was ist unter dem vom *Fachverband Chinesisch* geforderten „kritischen Hinterfragen" jenseits der üblichen China-Schelte zu verstehen? Dazu habe ich im TEIL II dieses Buchs eher wenig gefunden.

AB: Es ist ja auch eine komplizierte Frage! Chinakompetenz hat für mich ein Mensch, der versucht, China mit den Augen einer Chinesin/eines Chinesen zu sehen und auf dieser Basis einen kritisch-konstruktiven Dialog zu führen, in dem die eigene Position nicht aufgegeben, sondern klug kommuniziert wird. Dafür ist Fachwissen, aber auch eine den Menschen zugewandte Haltung erforderlich.

Tiangxia oder „Alles unter dem Himmel"

HM: Du schätzt sehr Zhao Tingyang, einen einflussreichen zeitgenössischen Philosophen. Er lehrt an der Chinesischen Akademie der Sozialwissenschaften in Beijing und hat das gerade in deutscher Übersetzung erschienene Buch „Alles unter dem Himmel" (Zhao 2020) geschrieben. Was ist daran für Dich so interessant?

AB: Er entwickelt im Rückgriff auf die antike chinesische Philosophie eine Weltordnung, die nicht auf dem Nationalstaatenprinzip, auf Hegemonie einiger Weniger und der Durchsetzung weltweit gleicher ethischer Normen aufbaut, sondern auf Toleranz und Kooperation unterschiedlicher Systeme. Er hält die aktuelle, im Westen vertretene Weltordnungsidee für gescheitert und fordert eine „postimperialistische" Ordnung. Er schreibt: „Politik, die nach Feinden sucht, ist das Gegenteil von Politik, wahre Politik besteht darin, Feinde in Freunde umzuwandeln."

HM: Ich habe das Buch ebenfalls gelesen. Dein Zitat wird ja ausführlich erläutert. Der Autor schreibt: „Das Tianxia-System ist das System einer internalisierten

Welt, es unterscheidet sich grundsätzlich vom Dominierungssystem des Imperialismus. (…) Das Ziel des Tianxia-Systems ist die Minimierung der Weltkonflikte und die Maximierung der Kooperation." (Zhao 2020, S. 120)

AB: Im Chinesischen hat das Buch den Titel Tiangxia, ein schon 500 vor Chr. in der antiken Philosophie benutzter Begriff, notdürftig übersetzt mit „Alles unter dem Himmel". Zhao unterscheidet darin zwischen der idealen „himmlischen" und der realen „irdischen", machtpolitisch durchformten Weltordnung und analysiert, wie deren Verhältnis in verschiedenen Teilen der Erde bestimmt wird.

HM: Das Symbol für die himmlische Ordnung ist ja der Kreis, für die weltliche Ordnung das Quadrat. Die Kombination beider Symbole taucht überall in der chinesischen Kultur auf. So bestehen ältere und auch einige neuere Münzen aus einem Kreis, in dessen Mitte ein Quadrat ausgestanzt ist (Abb. 2). Auch das weltberühmte Shanghai Museum besteht aus einem quadratischen Unterbau mit aufgesetztem rundem Oberbau.

Abbildung 2: Münze (Foto Hilbert Meyer)

AB: Mich hat beeindruckt, wie umfassend sich der Autor mit westlichen Philosophen auseinandersetzt.

HM: Er geht ausführlich auf Immanuel Kants Aufsatz über den „Ewigen Frieden" (Kant 1795/1964) ein, ein Text, dessen pädagogische Relevanz mein Doktorvater Herwig Blankertz (1984) analysiert hat. Er vergleicht den als idealistisch kritisierten Ansatz Kants mit der Diskurstheorie der Wahrheit von Jürgen Habermas (1981) und kommt bei beiden zu dem kritischen Urteil, dass die Frage, wie zwischen Idealbild und realer Konfliktmoderation zu vermitteln sei, ungenügend geklärt ist. Aber die Klärung genau dieser Frage treibt den Autor Zhao um. Er kritisiert die aus seiner Sicht in der westlichen Welt vorherrschende Überbewertung des Individualitätsprinzips und betont die Verantwortung der Gemeinschaft. Es fehlt aber, wenn ich sein Werk richtig gelesen habe, eine Auseinandersetzung mit der europäischen Philosophie der Aufklärung und ihrem Mündigkeitspostulat. Und das ist, wie Meinert Meyer in TEIL I erläutert hat, bis heute eine vernünftige Grundlage einer Bildungstheorie für das 21. Jahrhundert.

AB: Dein Hinweis auf denkbare Reflexionsdefizite ist für mich kein Grund, Zhaos Weltordnungsmodell zu verwerfen. Die in den Zitaten deutlich werdende ethische Haltung des Philosophen ist für mich entscheidend. Tiangxia ist ein altes chinesisches Konzept, das derzeit in China und inzwischen auch in

Deutschland und Frankreich vielstimmig diskutiert wird. Es gibt also nicht nur Zhao Tingyangs Arbeiten, sondern eine Vielzahl von Versuchen weiterer Autor:innen, dieses alte Konzept in die heutige Zeit zu übertragen. Wichtig für uns als Schule in Hamburg ist, dass unsere Schüler:innen dieses völlig andere Verständnis einer Weltordnung einmal kennengelernt haben sollten. Welche Schlüsse sie daraus ziehen, müssen sie selbst entscheiden. Unsere Schüler:innen sind in Kenntnis des Tiangxia-Konzepts überhaupt erst in der Lage, eine kompetente Gesprächspartnerin/ein Gesprächspartner für einen gebildeten Chinesen zu werden. Wir können in der zwölfjährigen Schulzeit unseren Schüler:innen durch gelegentliche „Tiefenbohrungen" die fundamental unterschiedlichen Weltsichten in Asien und in der westlichen Welt nur beispielhaft aufzeigen. Das Tiangxia-Konzept erlaubt solche Tiefenbohrungen.

HM: Aber China ist doch der leibhaftige und der potenzielle Aggressor, der die Demokratiebewegung in Hongkong unterdrückt, der Taiwan militärisch bedroht und die Uiguren in Zwangslager steckt!

AB: Das muss in der Tat aufs Schärfste kritisiert werden. In Kenntnis der chinesischen Geschichte stellt sich allerdings manches von westlichen Politikern vorgetragene Urteil als interessengeleitete Verkürzung dar. Es ist für uns sehr schwer und nur mühselig zu durchschauen, was die tatsächlichen Abläufe politischer Entscheidungsprozesse in China sind. Unsere Schüler:innen lernen, sich dieser Mühsal zu stellen, genau hinzuschauen und erst danach ein eigenes Urteil abzugeben. Auch Zhao ist ja kein Sprachrohr der Regierung. Er zeigt, was die Geschichte bestimmt hat und auf welchem Fundament die chinesische Politik heute aufbaut. Es ist das über 2000 Jahre alte Bestreben, das Zusammenleben im seit jeher fragilen Vielvölkerstaat China klug und zum Vorteil möglichst vieler zu gestalten.

HM: Richtig! So sieht das auch der Hamburger Sinologe Kai Vogelsang. In seiner „Geschichte Chinas" (2013) hat er dieses Spannungsverhältnis von Einheit und Vielfalt zum Ausgangspunkt genommen und die immer wieder neuen Anstrengungen beschrieben, die Völker Chinas zusammenzuhalten.

AB: Die westliche Chinakritik ist plausibel. Aber sie reicht nicht aus, um eine konstruktive China-Politik zu entwickeln. Wir müssen akzeptieren, dass China eine Supermacht ist, in der Politik und Gesellschaft anders ticken als bei uns. Dass wir sonst in einer Sackgasse landen, hat die US-amerikanische Sinologin Jessica Chen Weiss (2022) herausgearbeitet.

HM: Und was folgt aus deinen Überlegungen für die MSH?

AB: Wenn man eine Schule leitet, die Chinakompetenz in einem weit gesteckten, ganz grundsätzlichen Verständnis vermitteln will, reicht es nicht aus, Sach- und Fachwissen über chinesische Grammatik und Semiotik, über Konfuzius und Laotse, Mao Zedong und Xi Yinping zu sammeln. Man muss auch die Philosophie und Ethik des Landes studieren und ihr Geschichtsbewusstsein verstehen. Man muss wissen, dass bis heute in China Regierungshandeln von der Bevölkerung mit einem großen Vertrauensvorschuss begleitet wird. Und genau dafür war für mich die Beschäftigung mit Zhao Tingyangs Buch hilfreich.

Demokratieförderung

HM: Ich komme zum zweiten Fundament der pädagogischen Konzeption der MSH, zum „Demokratisch Leben und Handeln lernen", das ihr im Anschluss an John Dewey als Eintauchen in eine respektvolle und partizipative Unterrichtskultur versteht. Im TEIL III unseres Buches schildert Sarah-Fay Koesling ausführlich, was die Schule unternimmt, um dieses Ziel umzusetzen.

AB: Demokratisches Leben und Handeln gehören zur DNA unserer Schule! Dafür sind viele kleine Bausteine entwickelt und erprobt werden, die unseren Schulalltag prägen.

HM: Auf Seite 28 sind sie aufgelistet.

AB: Ich greife nur ein Beispiel heraus, den Schlusskreis am Ende jedes Schultages. Er ist eigentlich noch wichtiger als der Morgenkreis. Kein Kind soll nach Hause gehen und das Gefühl haben, ungerecht behandelt oder übersehen worden zu sein. Ein am Schultag zwischen Schüler:innen entstandener Konflikt muss im Abschlusskreis beendet werden. Nur dann wird das Kind/der Jugendliche am nächsten Tag wieder gern in die Schule kommen. Deshalb endet der Schultag bei uns nicht mit einem Läuten der Schulklingel, sondern dann, wenn der Konflikt für alle Beteiligten beendet ist, d.h. alle Beteiligten sprechen so lange miteinander, bis dies alle sagen können. Es kann also sein, das der Unterricht fünfzehn oder zwanzig Minuten länger dauert. Vor Jahren hatte ich einen Vorfall im Gymnasium, bei dem die Schüler:innen statt um 16 Uhr erst um 17 Uhr nach Hause gehen konnten – solange hat es gedauert, bis der Konflikt geklärt war. Es lohnt sich immer diese Zeit zu investieren. Wir besprechen alle neu entstandenen Konflikte am Tagesende und zumeist wird auch eine Lösung gefunden. Alle wollen ja nach Hause, Lehrer:innen und auch die Schüler:innen. Im Ergebnis ist die MSH eine um demokratische Unterrichtskultur bemühte Schule ohne Gewalt – und das schätzen alle Lehrer:innen, Eltern und Schüler:innen sehr.

HM: Leider ist der empirische Forschungsstand in dieser Frage völlig unbefriedigend. In John Hatties bekannter Meta-Metaanalyse „Lernen sichtbar machen" (2013) findet sich keine einzige Aussage über die Effekte einer demokratischen Unterrichtskultur. Das darf man nicht dem Autor vorwerfen. – Er hat schlicht keine entsprechenden Einzelstudien für seine Metaanalysen gefunden.

AB: Wir orientieren unser Schulkonzept nicht an Forschungsdefiziten, sondern an begründeten Hypothesen!

HM: O.k., aber ich spekuliere ein wenig: Es könnte sein, dass der Aufbau einer demokratischen Unterrichtskultur den fachlichen Lernerfolg der Schüler:innen schmälert, weil dafür viel Zeit aufgebracht werden muss, die dann im Fachunterricht fehlt. Würdest du, wenn es über kurz oder lang entsprechende Forschungsergebnisse gibt, die Unterrichtszeit, die für die Einübung demokratischer Gepflogenheiten vorgehalten werden muss, gegebenenfalls ein wenig reduzieren?

AB: Nein! Das ist für mich eine inakzeptable Schlussfolgerung! Erstens kann und darf man grundlegende Prinzipien nicht aufgeben, nur weil es Forschungsdefizite gibt. Zum Zweiten bezweifle ich die Gültigkeit deiner Aussage. Kurzfristig kostet der Aufbau der demokratischen Unterrichtskultur Zeit und Kraft. Langfristig, da bin ich mir sicher, erhöht dies aber fachliche Lernerfolge, weil Fachkompetenz ohne ein lernförderliches Klima und sinnstiftendes Kommunizieren nicht erworben werden kann.

Zusammensetzung der Schüler:innenschaft 2023

HM: Für jede Grundschule gilt das auf S. 15 erläuterte, vom Grundgesetz vorgegebene Sonderungsverbot. In dem 2013 geführten Interview hast du erklärt, dass die Schüler:innenschaft der MSH bunt gemischt war, auch im Blick auf die soziale Herkunft, das Vermögen und den Bildungshintergrund der Eltern. Gilt das immer noch?

AB: Wir beachten selbstverständlich das Sonderungsverbot und wählen an keiner Stelle die Schüler:innen im Blick auf die Besitzverhältnisse der Eltern aus. Ungefähr 10 Prozent unserer Schüler:innen zahlen reduziertes oder gar kein Schulgeld. Wir haben auch Schüler:innen mit den Förderschwerpunkten Lernen und sozial-emotionale Entwicklung. 50 Prozent der Schüler:innen kommen aus der näheren Umgebung. Da selektieren wir in der Grundschule nicht. In der Sekundarstufe sind wir anfangs ein wenig naiv herangegangen und haben alle aufgenommen, die angefragt haben. Inzwischen schauen wir sehr viel genauer hin und machen ausführliche Beratungsgespräche: Wer keinen Spaß am Sprachenlernen hat, ist an unserer Schule nicht gut aufgehoben! Wir haben auch einige Vorgehensweisen aus der Anfangsphase abgestellt, insbesondere dann, wenn Quereinsteiger:innen in der 6. oder 7. Klasse zu uns kommen wollen, weil sie mit ihrer alten Schule unzufrieden sind. Dann schauen wir schon genau auf das Zeugnis! Denn es ist recht anspruchsvoll, erst in der 6. oder 7. Klasse in den Chinesischunterricht einzusteigen.

HM: Du hast 2013 angemerkt, dass es eine überschaubar kleine Zahl von Eltern gibt, die viel Geld hat, aber nicht mit dem Geld protzt. Ist das so geblieben?

AB: Ja, wir sind keine Reichenschule, auch keine Armenschule, sondern eine Schule für Eltern, die besonderen Wert auf eine zukunftsorientierte Bildung legen.

HM: Was passiert mit Grundschüler:innen, die ihr in der ersten Klasse aufgenommen habt, die aber mutmaßlich keine Chance haben, das Gymnasium zu schaffen?

AB: Schüler:innen, die die Grundschule ohne Gymnasialempfehlung beenden, können bei uns auch noch die 5. und 6. Klasse besuchen. Dann machen wir intensive Elternberatung und besprechen gemeinsam, was für diesen Schüler/diese Schülerin das Beste ist.

HM: Dem Vorgehen kann ich als Wissenschaftler nur zustimmen! Wir wissen seit Langem, dass die am Ende der 4. Klasse abgegebenen Prognosen über den mutmaßlichen Schulerfolg extrem ungenau sind.

Kollegiale Schulleitung und Fachkonferenzarbeit

HM: Die Schul- und Unterrichtsforschung ist sich in einem Punkt weltweit einig: Schul- und Unterrichtsentwicklung, die nur top down angestrengt wird und die nicht Bottom-up-Initiativen aufnimmt, scheitert! Nur dort, wo top down und bottom up in eine Balance gebracht werden, gelingt die Unterrichtsentwicklung. Wie macht Ihr das an der MSH?

AB: Einmal jede Woche, jeweils am Montagmorgen, haben wir die Sitzung der kollegialen Schulleitung: Dazu gehören die Leiterin der Grundschule, der Leiter des Gymnasiums, mein Stellvertreter, unsere Controllerin und ich. Es gibt eine klare Verteilung der Zuständigkeiten. Aber alle grundsätzlichen Fragen entscheiden wir gemeinsam. Bei Finanzentscheidungen habe ich das letzte Wort, schon weil manches keinen Aufschub erlaubt oder wenn es um Bagatellbeträge geht.

HM: Gibt es bei euch die im öffentlichen Schulsystem üblichen Fachkonferenzen?

AB: Wir haben ein Mischsystem. Jeden Mittwoch ist Teamsitzung für das Grundschulteam und für das Gymnasialteam. Regelmäßig, also alle vier, fünf Wochen tagen die Fachteams der Chinesisch-, Deutsch-, Mathematik-, Englischlehrer:innen.

HM: Aus der Forschung ist bekannt, dass Schulleiter:innen, die regelmäßig im Unterricht der Kolleg:innen hospitieren, einen starken Einfluss auf den Lernerfolg der Schüler:innen haben, während Schulleiter:innen, die sich nur um ein gutes Klima kümmern, zwar vom Kollegium und den Schüler:innen geschätzt werden, aber den Lernerfolg nur marginal beeinflussen. Wie gehst du vor?

AB: Ich selbst bin aus reinen Zeitgründen nur hin und wieder im Unterricht der Kolleg:innen, aber die anderen Mitglieder unseres Leitungsteams tun dies regelmäßig. Wir haben also als Schulleitungsteam einen guten Überblick.

Lehrergehälter – Personaleinstellungen

HM: Wie werden die Lehrer:innen bezahlt?

AB: Wenn eine Lehrperson neu eingestellt wird, erhält sie zunächst etwas weniger als das, als sie im öffentlichen Schulsystem bekommen würde. Aber wir sind eine leistungsorientierte Schule. Und das gilt auch für das Personal. Schon nach zwei, drei Jahren können Kolleg:innen bei uns mehr als im öffentlichen Schulsystem verdienen. Wir zahlen aber nicht nach Gehaltsstufen, sondern geben für Zusatzleistungen Gehaltszulagen. Die Entscheidung trifft das Leitungsteam. Ansonsten gelten die üblichen Angestelltenregelungen. Es gibt Beihilfe, Sozialversicherung und anderes mehr.

HM: Wie rekrutiert Ihr Euer Personal? Als Privatschule macht Ihr ja grundsätzlich das, was vor 30 Jahren mit großen Hoffnungen als „schulscharfe Personaleinstellung" eingeführt wurde.

AB: Wer Erstes und Zweites Staatsexamen gemacht hat, bewirbt sich bei uns und wird dann zum Bewerbungsgespräch geladen. Wenn wir sehen, dass der neue Mitarbeiter zu uns passt und gute Arbeit macht, sagen wir auch schon nach einem Jahr: „Sie können bei uns bleiben!" Bei Quereinsteigern kommt noch etwas hinzu. Sie erhalten nach zwei Jahren einen Besuch der Hamburger Schulaufsicht und müssen eine Prüfungsstunde geben und ein Prüfungsgespräch bestanden haben.

HM: Habt Ihr Schwierigkeiten, qualifiziertes Personal zu bekommen? Der Lehrer:innenmangel ist groß, die Konkurrenz entsprechend scharf.

AB: Nein, alle Stellen sind besetzt oder höchstens für kurze Zeit nach Weggang einer Kollegin/eines Kollegen frei.

Preise und Auszeichnungen

HM: Ihr habt in den 12 Jahren seit der Gründung der MSH eine Reihe von Preisen und Auszeichnungen gewonnen: Im Sprachwettbewerb Goal4Goal seid ihr „Beste Grundschule und beste 4. Klasse in Deutschland, Österreich und der Schweiz" geworden. Eure Schülerin Tiyama Saadat hat im Jahr 2022 den zweiten Platz im internationalen Wettbewerb Chinese Bridge erhalten. Die MSH wurde als „Innovativste Schule" Deutschlands für ihre erstklassige digitale Infrastruktur ausgezeichnet. Im SPIEGEL war zu lesen, dass Ihr die durch die Corona-Pandemie erforderliche Umstellung auf Distanzunterricht deutlich besser als die meisten anderen Schulen in Deutschland bewältigt habt. – Mein Glückwunsch! Ihr braucht Euch also nicht zu verstecken. Aber was macht das mit dem Kollegium?

AB: Wir freuen uns, weil es eine Bestätigung der geleisteten Arbeit ist.

HM: Wird man durch viel Anerkennung bequem und sagt sich: Das läuft schon?

AB: Dafür sehe ich an unserer Schule nicht die geringsten Belege! Man wird aus ganz anderen Gründen bequem und nachlässig: Überlastung, Kommunikationsprobleme, fehlende Anerkennung. Wir bemühen uns in der kollegialen Schulleitung, achtsam mit jeder einzelnen Kollegin/jedem Kollegen umzugehen. Nur dann wird sie bzw. er auch ihren/seinen Schüler:innen achtsam begegnen.

Schluss

HM: Du kennst vielleicht die folgende Übung aus der Lehrer:innenfortbildung: „Nenne einen oder zwei Sätze, von denen du möchtest, dass sie auf deiner Beerdigungsfeier über dich gesagt werden!"

AB: Es tut mir leid, aber ich habe noch keine Antwort auf Deine Frage!

Literaturnachweise

Blankertz, H. (1984). Kants Idee des ewigen Friedens. In: *Kants Idee des ewigen Friedens und andere Schriften.* Posthum hrsg. von Stefan Blankertz. Wetzlar: Büchse der Pandora, S. 13–24.

Fachverband Chinesisch (2022). *Tübinger Erklärung.* Germersheim.

Habermas, J. (1981). *Theorie des kommunikativen Handelns.* (Bd. I) Frankfurt/M.: Suhrkamp.

Hattie, J. (2013). *Lernen sichtbar machen.* Baltmannsweiler: Schneider Verlag Hohengehren.

Kant, I. (1795/1964). Zum ewigen Frieden. In: *Werke,* hrsg. von W. Weischedel. Bd. VI. Darmstadt: Wissenschaftliche Buchgesellschaft, S. 193–251.

Marian, V. (2023). *The Power of Language. Multilingualism, Self and Society.* London: Pelican Books

Rolff, H.-G. (2016). *Schulentwicklung kompakt.* (3. Aufl.) Weinheim: Beltz.

Vogelsang, K. (2013). *Geschichte Chinas.* Stuttgart: Reclam.

Weiss, J. C. (2022). Die China-Falle. US-Außenpolitik und die gefährliche Logik des Nullsummenwettbewerbs. In: *Foreign Affairs,* Nr. 10/11 – 2022, pp. 1–22 (deutsche Übersetzung).

Zhao T. (2020). *Alles unter dem Himmel. Vergangenheit und Zukunft der Weltordnung.* Berlin: Suhrkamp. (Die chinesische Ausgabe 天下的当代性：世界秩序的实践与想象 erschien 2016 im Verlag China CITIC Press.)

Hilbert Meyer & Ren Ping

Chinesisch-deutscher Didaktikdialog

Abbildung 1: Grundschulunterricht in Xi'an (Foto Guo Ying 2019)

Vorweg: *In diesem Beitrag wird gefragt, wie sich der didaktische Theorietransfer zwischen China und Deutschland darstellt und wie er in den internationalen Theoriediskurs zur Curriculumforschung eingebettet ist. Im Beitrag wird analysiert, was chinesische Wissenschaftler:innen vom deutschsprachigen Diskurs rezipieren und was sie auslassen, und umgekehrt, was deutschsprachige Wissenschaftler:innen vom chinesischen Diskurs zur Kenntnis nehmen und würdigen. Dies führt dazu, nationale Gemeinsamkeiten und Unterschiede der Didaktikdiskurse genauer erfassen zu können. Der Vergleich macht zugleich deutlich, wie chancenreich im Blick auf die Gemeinsamkeiten, aber auch wie wagemutig im Blick auf die Unterschiede der Versuch der Modernen Schule Hamburg ist, die chinesische und deutsche Unterrichtskultur auf der Ebene der Unterrichtspraxis miteinander zu verknüpfen.*

Unsere Erfahrungsgrundlage: Hilbert Meyer war von 2006 bis 2019 achtmal in der Volksrepublik China und hat bei jedem Besuch mehrere Universitäten und Schulen besucht. Er war auch in Xi'an, aber nur als Terrakotta-Tourist. Am häufigsten war er an der East China Normal University in Shanghai. In deren Auftrag hat er mehrere Doktorand:innen während ihrer Deutschland-Stipendien betreut. Insgesamt ergibt sich dadurch eine gewisse Shanghai-Lastigkeit der in diesem Beitrag rezipierten chinesischen Autor:innen.

Ren Ping hat in Wuhan studiert. Er ist Juniorprofessor an der Guangzhou University (früherer europäischer Name: Canton). Er ist an der Universität Hamburg mit einer von Meinert Meyer betreuten Dissertation mit dem Titel „The students have been spoilt previously – A Case Study on the Professionalization of Chinese Language Teachers in Hamburg" promoviert worden. Ein Teil der dafür erforderlichen empirischen Daten wurde an der MSH erhoben. Er hat sich in mehreren Aufsätzen gemeinsam mit Meinert Meyer, Hilbert Meyer und Carola Junghans mit der aktuellen deutschsprachen Didaktik beschäftigt.[1] Wir danken Lin Ling (Zhejiang), Peng Tao (Shanghai) und Dietrich Benner (Berlin) für Hinweise und Korrekturen.

1. Allgemeine Bildung neu denken

Die Grundbegriffe Didaktik und Allgemeinbildung und ihre 250 Jahre alte deutsche Theorietradition sind schon von Meinert Meyer im TEIL I dieses Buchs geklärt worden. Gebildet ist ein Mensch, der – mit Johann Gottfried Herder (1744–1803) – die Befähigung zum „aufrechten Gang" erworben hat. Übergeordnetes Ziel bildenden Unterrichts ist deshalb die Entwicklung der Persönlichkeit der Schüler:innen, die lernen sollen, kritisch zu urteilen und soziale Verantwortung zu übernehmen. Diese Zielstellung gilt bis heute. Aber die durch die Globalisierung und Digitalisierung der Welt ausgelöste Explosion des Wissens verändert unser Bildungsverständnis in wichtigen Teilaspekten:

- Faktenwissen verliert an Bedeutung – kompetente Nutzung des Wissens und Könnens wird wichtiger.
- Kritisches und kreatives Denken und die Fähigkeit, neu entstandene Probleme zu lösen, erhalten mehr Gewicht.
- Einzelkämpfertum zählt nicht mehr – Kooperationsfähigkeit und Teamkompetenzen sind gefragt.
- Lesekompetenz, Englischkenntnisse und *digital literacy* werden immer wichtiger.

So wird zur Hauptaufgabe von Bildung das Ziel, den Kindern und Jugendlichen Orientierung in der immer komplexer und unübersichtlicher werdenden Welt zu geben. Das erreichte Bildungsniveau ergibt sich dann nicht aus dem Umfang des angeeigneten Wissens und Könnens, sondern aus der Reflexion darüber, wie beides verantwortlich zu nutzen ist. Daraus folgt, dass die Begegnung mit der Welt auf allen Schulstufen und in allen Fächern so anzulegen ist, dass Wissenserwerb, selbst gemachte Erfahrungen und reflexive Verarbeitung einander durchdringen. Dafür muss in den Schulen und an außerschulischen Lernorten eine anregungsreiche Lernumgebung geschaffen werden, die es den Schüler:innen erlaubt, Kompetenz- und Autonomieerfahrungen zu machen, über die Erfahrungen nachzudenken und in einem dem Alter angemessenen Umfang soziale Verantwortung zu übernehmen. Es geht um das, was ich vor 40 Jahren als Handlungsorientierten Unterricht

---

1 Meyer, Meyer & Ren (2017); Ren & Meyer (2020); Meyer, Ren & Junghans (2022)

beschrieben und aktuell im Konzept Kompetenzorientierten Unterrichts (Meyer & Junghans 2021) weitergeführt habe.

Allgemeine Bildung neu zu denken, eine anregungsreiche Lernumgebung zu schaffen und sie um die interkulturelle Kommunikation mit China und anderen Nationen zu erweitern (siehe S. 114–117), ist eine Herausforderung, der sich die MSH mit aller Kraft stellt. Dadurch erhält ihre Entwicklungsarbeit über den konkreten Schulbetrieb in Hamburg hinaus Bedeutung für den ganzen deutschsprachigen Didaktikdiskurs.

2. Schwierigkeiten, „Didaktik" und „Bildung" zu übersetzen

Didaktik hieß früher im Chinesischen in wörtlicher Übersetzung „Unterrichtsmethodik" (*jiào xué fǎ*):

jiào   xué   fǎ
教   学   法

Das ist überraschend, weil im deutschsprachigen Raum die Methodik nur ein Teilgebiet der weiter gefassten Didaktik ist. Didaktik schließt für uns immer die Frage nach den Zielen und Inhalten ein. Das wird in der vor 100 Jahren vorgenommenen Übersetzung des Terminus Didaktik nicht deutlich, aber in der Sache gibt es keine Unterschiede. Heute kann man den chinesischen Begriff (*jiào xué lǐ lùn*) auch mit Unterrichtslehre, Unterrichtstheorie oder *theory of instruction* übersetzen:

jiào   xué   lǐ   lùn
教   学   理   论

Das deckt sich weitgehend mit der deutschen Verwendung des Didaktikbegriffs.

Nun zum zweiten Begriff, der Bildung. Es gibt eine Vielzahl von Übersetzungsmöglichkeiten:

教化（jiào huà），教养（jiào yǎng），教育（jiào yù），文化（wén huà），陶冶（táo yě）oder 培养（péi yǎng）.

Dabei wird Chines:innen das Verständnis von Bildung erleichtert, weil sie der Begriff an die konfuzianistische Tradition der Selbstkultivierung erinnert (s.u.).

Deutlich schwieriger als ins Chinesische ist es, den Bildungsbegriff ins Englische zu übersetzen. Es gibt schlicht keinen äquivalenten Ausdruck dafür. Also muss man, wie Pinar (2011) und Autio (2014), *Bildung* als deutsches Fremdwort in den englischsprachigen Diskurs einführen. Oder man kann, wie dies die in Berlin promovierte Engländerin Andrea English tut, Bildung mit *education as transformation*

(English 2013) übersetzen oder, wie es der finnische Schulpädagoge Michael Uljens tut, als *non-affirmative education* bezeichnen (Uljens 2023).

Und noch einmal komplizierter ist die angemessene Übersetzung des Wortes Didaktik ins Englische (vgl. Kansanen 2020). In englischsprachigen Ländern ist das Wort *didactics* im akademischen Diskurs praktisch unbekannt. Man spricht von *curriculum theory* oder *theory of instruction* oder *teaching and learning theory*. Es ist sicherlich kein Zufall, dass dann auch die Rezeption deutschsprachiger didaktischer Literatur in diesen Ländern sehr spärlich ausfällt. In frankophonen Ländern, in denen *didactique* für viele eher wie „schulmeisterlich" klingt, sieht es nur ein klein wenig besser aus (vgl. Hudson & Meyer 2011, S. 60). Offensichtlich ist eine geteilte Tradition didaktischen Denkens im Geber- und im Nehmerland eine wesentliche Voraussetzung für didaktischen Theorietransfer. Das ist in den skandinavischen Ländern, in China, Japan und Russland der Fall (vgl. Meyer & Meyer 2017).

Wachsende internationale Aufmerksamkeit: Trotz der Übersetzungsprobleme wird die deutsche Bildungstheorie international und auch im englischsprachigen Raum immer mehr zur Kenntnis genommen. Das ist daran abzulesen, dass sich nicht nur viele Chinesen wie Li Qilong (2003) und Peng Zhengmei (2011) aus Shanghai, Ding Bangping aus Beijing (Ding & Wang 2017) und Deng Zongyi aus Singapur (2018), sondern auch westliche Wissenschaftler wie Ian Westbury aus Großbritannien (Westbury et al. 2000), William F. Pinar (2011) aus den USA, Tero Autio (2014) aus Estland, Michael Uljens (2023) aus Finnland und Gert G. Biesta (2017) aus den Niederlanden in ihren Veröffentlichungen ausdrücklich auf die deutschsprachige Bildungstheorie und oft im gleichen Atemzug auf die deutschamerikanische Philosophin Hannah Arendt (1906–1975) berufen. Demgegenüber wird die deutschsprachige empirische Lehr-Lernforschung, die schon in John Hatties Metaanalyse „Lernen sichtbar machen" (2013) unsichtbar geblieben ist, auch in China nur wenig rezipiert.

3. Chinesische Didaktikmodelle

Das Nachdenken über das Lehren und Lernen hat in China eine zweieinhalb Tausend Jahre alte und überraschend gut dokumentierte Geschichte (Peng et al. 2022, S. 282). Es beeindruckt, dass der allererste Satz der berühmten „Gespräche" (*Lun Yu*) des Konfuzius lautet: *„Etwas lernen und sich immer wieder darin üben – schafft das nicht auch Befriedigung?"* (Konfuzius 1982, S. 5)

Eine Skizze der jüngeren Entwicklung der Didaktik seit Ende des Kaiserreichs[2] bringt der gerade genannte, früher in Singapur und nun in London lehrende Vergleichende Erziehungswissenschaftler Deng Zongyi (2018, S. 65 f.). Er untergliedert:

---

2 Ausrufung der chinesischen Republik durch Sun Yat-sen am 1. Januar 1912.

- Erste Phase: Übernahme des Herbartschen Didaktikverständnisses aus japanischen Quellen (1901–1919)
- Zweite Phase: Amerikanisierung (1919–1949)
- Dritte Phase: Sowjetisierung (1949–1969)
- Vierte Phase: Kulturrevolution (1966–1976)
- Fünfte Phase: Reformbemühungen und erneute Öffnung gegenüber dem Westen (1976–2000)
- Sechste Phase: Entwicklung eines eigenständigen Weges (ab 2000).

Das bei deutschen Leser:innen hin und wieder deutlich werdende Vorurteil, in China könne es wegen des Einparteiensystems auch nur *ein* für alle Lehrer:innen verbindliches Modell – also so etwas wie eine Staatsdidaktik – geben, ist falsch. Auch in China konkurrieren viele verschiedene, teils traditionelle, teils reformorientierte Modelle um die Gunst der politischen Führung und um die Akzeptanz in der Lehrer:innenschaft. Dabei ist der Einfluss von Johann Friedrich Herbart (1776–1831) und von John Dewey, der sich zwei Jahre lang (von 1919 bis 1921) zu Vorlesungen und Vorträgen in China aufhielt, bis heute kaum zu überschätzen, wobei Herbart nicht nur in China als der Konservative und Dewey als der Reformer gilt.[3]

Wir nennen vier repräsentative didaktische Modelle:

- Die traditionelle, am Dialektischen Materialismus orientierte Subjekt-Objekt-Didaktik von *Wang Cesan* (1985), die noch deutlich an der sowjetischen Didaktik orientiert ist und im Blick auf ihre wissenschaftstheoretischen Grundlagen eine gewisse Nähe zu Lothar Klingbergs dialektischer Didaktik (Klingberg 1990) hat;
- das in der Lehrer:innenbildung weit verbreitete und sehr praxisnahe, am „Lehrvorgang" ausgerichtete Sieben-Faktoren-Modell von *Li Bingde* (2000), in dem das Wechselspiel zwischen Lehrer:innen und Schüler:innen, Curriculum und Lehrmethode, Zielstellung, Feedback und Lernumgebung durchleuchtet wird;
- die Curriculare Didaktik von *Shi Liangfang* (1999), in der Ergebnisse der Curriculumforschung nach US-amerikanischem Vorbild mit chinesischen und internationalen Befunden der Lerntheorie verknüpft werden;
- und die reformorientierte „Life+Practice Educology" von *Ye Lan* (2015/2020).

---

3 In China kommt kein Lehramtsstudierender durch das Examen, ohne ein Kapitel über Herbart gelesen zu haben. Es findet sich im chinesischen Standardlehrwerk für Lehramtsstudierende „Theories of Curriculum and Instruction" von Zhang Hua (2000, S. 44-51); gleich danach ein Kapitel zu Dewey. Demgegenüber berufen sich deutsche Unterrichtsforscher:innen so gut wie nie auf Herbart und Dewey, was z.B. in den Veröffentlichungen von Klieme (2022) und Helmke (2022) zu studieren ist.

Die Modelle werden in der Oldenburger Dissertation von Ye Xuping (2017, S. 34–54) ausführlich dargestellt.

„**Verschimmelter Käse**"? Einen Höhepunkt der chinesischen Auseinandersetzung um das richtige didaktische Modell bildete der heftige Streit, den Wang Cesan von der Beijing Normal University und Zhong Qiqan von der East China Normal University in Shanghai über die staatliche Schulreform aus dem Jahr 2001 geführt haben (vgl. Fu 2018). Wang (2004) kritisierte die Reform, weil er eine Überbetonung schülerorientierten Lernens sah und einen Verlust an fachlich-inhaltlichem Lehren und Lernen befürchtete. Er verwies auf den deutschen PISA-Schock aus dem Jahr 2000 und warnte davor, das forschende Lernen zu sehr zu betonen. Im Anschluss an den sowjetischen Pädagogen Ivan Kairov (1953) fordert er in seinen Schriften (Wang 1985), die Subjektposition der Schüler:innen zu stärken und dabei das dialektische Verhältnis des Lehrens und Lernens zu beachten. Der Shanghaier Schulpädagoge Zhong Qiqan verteidigte die Reformen gegen Wangs Angriffe und verfasste eine polemische Stellungnahme mit dem Titel „Verschimmelter Käse" (Zhong 2004). Er argumentierte, dass Wang die Zeichen der Zeit nicht erkannt habe und noch ganz in der sowjetisch geprägten Didaktik befangen sei. Zhong und mit ihm die große Mehrzahl der uns vertrauten chinesischen Didaktiker:innen forderten einen schülerorientierten Unterricht, der das Selbstbewusstsein und die Kritikfähigkeit der Schüler:innen stärkt und so den gesellschaftlichen Anforderungen der Zeit besser gerecht wird. Ob sich die Gewichtungen in der innenpolitischen Großwetterlage Chinas in den letzten Jahren wieder ein wenig zugunsten von Wang Cesan verschoben haben, ist noch nicht klar zu beurteilen.

Ye Lan: Besonders interessant ist aus deutscher Perspektive das zuletzt genannte Didaktikmodell der Shanghaier Erziehungswissenschaftlerin *Ye Lan* (geb. 1941), das die im Jahr 2001 eingeleitete staatliche Schulreform in ganz China stark beeinflusst hat (ausführlich erläutert in Li & Li 2018). Sie hat fünf „Rückgaben" formuliert, die die von uns befragten chinesischen Lehramtsstudierenden allesamt kannten:

Abbildung 2: Ye Lan
(Foto Bildarchiv Hilbert Meyer)

> **Fünf Rückgaben**
> - Ye Lan empfiehlt den Lehrpersonen, „den Lernenden die *Lernzeit zurückzugeben*. Wenigstens ein Drittel der verfügbaren Zeit sollte für das selbsttätige Lernen der Schüler genutzt und schrittweise bis zu zwei Dritteln erweitert werden."
> - Sie empfiehlt, „den Lernenden den *Raum zurückzugeben*. Die Lernenden sollen sich im Blick auf unterschiedliche Lernbedürfnisse frei im Raum bewegen und orientieren können, statt an einem streng fixierten Platz zu verharren."
> - Sie empfiehlt, „den Schülern die *Werkzeuge zurückzugeben*. Diese Forderung bezieht sich nicht nur auf die Lernwerkzeuge, sondern auch auf die Erfassung der den Unterrichtsinhalten zugrunde liegenden Strukturen."
> - Sie empfiehlt, „den Lernenden das Recht, *Fragen zu stellen, zurückzugeben*."
> - Und sie empfiehlt, „den Lernenden das Recht auf die *Kontrolle des Lernerfolgs zurückzugeben*." (Aus: Li & Li 2018, S. 107).

Ye Lan betont, dass im chinesischen Didaktikdiskurs ein eigenständiger Weg gefunden werden muss, der in die internationalen Diskussionen eingebunden sein sollte, sich aber nicht in deren Schlepptau begeben darf (vgl. Benner & Ye 2011). Bei der schrittweisen Entfaltung ihrer Didaktik hat sie sich intensiv mit den Theorien von Herbart und Dewey auseinandergesetzt. Sie schreibt, dass es der falsche Weg sei, die von den beiden verkörperten Grundpositionen gegeneinander auszuspielen:

> „Wir sollten auf der Basis von Unterschieden und Gemeinsamkeiten und deren Ursachen die beiden didaktischen Theorien (*von Herbart und Dewey, HM/RP*) analysieren. Nach deren kritischem Durchdenken sollten wir die Bewältigung der Probleme und der Herausforderungen auf der Basis der gesellschaftlichen Erkenntnisse zur eigenen Aufgabe machen. Die Schwächen unserer Erkenntnisse und die tatsächlichen Probleme müssen dabei „entdeckt" bzw. beachtet werden. (…) So kann es gelingen, die oben genannten zwei didaktischen Grundpositionen neu zu erkennen."
> (Ye 2013; zitiert aus Zheng & Meyer 2018, S. 203)

Die MSH zählt John Dewey zu den Ahnherren ihres didaktischen Konzepts. Vielleicht ist es klug, auch Herbart in den Kreis der Ideengeber aufzunehmen!

4. Hoher Lernerfolg der Shanghaier Schüler:innen

In der PISA-IV-Studie (OECD 2010) haben die Schüler:innen der Großkommune Shanghai in allen Domänen die Spitzenplätze eingenommen. Darauf sind unsere chinesischen Kolleg:innen zu Recht stolz. Wie kann man den Erfolg erklären? Eine komplizierte Frage, wobei klar ist, dass es keine monokausalen Erklärungen geben kann! Seit über 20 Jahren gehört es zu den Standards didaktischer Theoriebildung und empirischer Forschung, bei Erfolgszuschreibungen zwischen Oberflächenstrukturen des Unterrichts und Tiefenstrukturen des Lehrens und Lernens zu unterscheiden (vgl. Messner 2019; Junghans & Meyer 2021, S. 80 ff.). Oberflächenstrukturen sind für jeden fachkundigen Beobachter auf den ersten Blick zu erkennen. Tiefenstrukturen kommen erst dann in den Blick, wenn Fachleute kluge Fragen stellen und Interpretationen dessen vornehmen, was sie gesehen haben. Ohne den Blick auf die Tiefenstrukturen kommt man schnell zu Fehlinterpretationen von Lernwirksamkeit. Das gilt auch für die Erklärung des Erfolgs der Shanghaier Schüler:innen. Sie haben die Spitzenplätze eingenommen – und dies trotz der Tatsache, dass der Unterricht dort – oberflächlich betrachtet – immer noch sehr lehrerzentriert ist. Das heißt aber lange noch nicht, dass der hohe Erfolg eine Folge der Lehrerzentriertheit ist. Ursächlich sind in Ländern mit konfuzianistischer Tradition, so der Unterrichtsforscher und Südostasienspezialist Andreas Helmke (2022, S. 97-100), ganz andere Variablen des Unterrichts, die sich mehrheitlich auf die Tiefenstrukturen beziehen, z.B. der gegenseitige Respekt und der Lerneifer der Schüler:innen, die Klarheit und Verbindlichkeit der Klassenführung und die Verständlichkeit der Aufgabenstellungen.

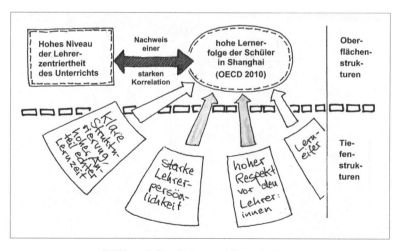

Abbildung 3: Oberflächen- und Tiefenstrukturen

Man kann also vermuten, dass die Shanghaier Schüler:innen noch besser abschneiden könnten, wenn ihr Unterricht stärker individualisiert würde und wenn sie mehr Spielräume für selbstreguliertes Arbeiten erhielten.

5. Gemeinsamkeiten und Unterschiede

Es gibt zwischen dem chinesischen und deutschen Didaktikdiskurs viele Gemeinsamkeiten, aber auch deutliche Unterschiede. In beiden Ländern gibt es die Konkurrenz ganz unterschiedlich gestrickter didaktischer Modelle. In beiden Ländern findet bei vielen, aber nicht bei allen Wissenschaftler:innen ein Rückgriff auf Klassiker wie Konfuzius und Humboldt, Herbart und Dewey statt. Beide Diskurse nutzen denselben internationalen Forschungsstand der empirischen Lehr-Lernforschung.[4] In beiden Ländern gibt es die Unterscheidung von Allgemein- und Fachdidaktiken, aber der in Deutschland zu beobachtende schleichende Bedeutungsverlust der Allgemeindidaktik (Meyer, Ren & Junghans 2022) ist in China noch nicht zu erkennen.

Konfuzius und Humboldt: Die im Vergleich zu englischsprachigen Ländern höhere Kompatibilität des chinesischen mit dem deutschsprachigen Didaktikdiskurs dürfte wesentlich an der Nähe des deutschen Bildungsverständnisses zur konfuzianistischen Lehr-Lerntradition liegen (vgl. Peng et al. 2022, S. 284 f.; Helmke 2022, S. 97–100). So ähnelt der neokonfuzianistische Begriff der Selbstkultivierung (Deng 2018, S. 73 f.) dem Humboldtschen Bildungsbegriff.

Harmonie oder Emanzipation? Ein deutlicher Unterschied zum deutschen Diskurs betrifft den Stellenwert des Harmoniebegriffs, der in konfuzianistischer Tradition[5] eine übergeordnete Kategorie der Persönlichkeitsbildung darstellt, aber auch als Zielkategorie für die Klassenführung und darüber hinaus ganz allgemein für Gestaltung des gesellschaftlichen Lebens genutzt wird (vgl. Meyer, Meyer & Ren 2017, p. 206). In deutschsprachigen Didaktikmodellen kommt der Begriff nirgendwo als Zielkategorie vor. Stattdessen werden bei uns Begriffe wie Mündigkeit, Autonomie und Emanzipation betont. Sie sind im Sinne Luhmanns funktionale Äquivalente für „Harmonie", haben aber selbstverständlich einen völlig anderen Theoriehintergrund und führen zu anderen unterrichtspraktischen Konsequenzen.

Auch der in beiden Nationen genutzte Individualitätsbegriff hat unterschiedliche Bedeutungen. In China wurde er lange als westliche bürgerliche Kategorie be-

---

4 Peng Zhengmei hat die chinesische Ausgabe von John Hatties Meta-Metanalyse „Lernen sichtbar machen" (2013) besorgt, Klaus Zierer (Meyers Oldenburger Lehrstuhlnachfolger) die Herausgabe und Übersetzung der deutschen Ausgabe (Hattie 2013) vorgenommen.
5 Im „Buch von Maß und Mitte" schreibt Konfuzius: „Wenn Mitte und Harmonie erreicht werden, kommen Himmel und Erde in ihre rechte Ordnung, und alle Dinge gedeihen." (Konfuzius 2015, S. 13). Vgl. auch Zhao Tingyang (2020, S. 19 f.).

trachtet und als Gegenbegriff zur Harmoniepflicht abgelehnt. Das ändert sich aber seit einigen Jahren (Deng 2018, S. 68).

Didaktik oder Curriculum? Es gibt in China eine intensive Diskussion zu der Frage, ob man sich eher an der US-amerikanischen Curriculumtheorie oder an der deutschsprachigen Didaktik orientieren solle (Deng 2016; Ding & Wang 2017; Kennedy & Lee 2017; Uljens & Ylimaki 2017). Dabei ist die Bildungstheoretische Didaktik für kritisch orientierte chinesische Erziehungswissenschaftler:innen von Interesse, weil sie helfen kann, sich von der Hegemonie der stark an Managementmodellen, an Standardisierung und Leistungskontrolle orientierten US-amerikanischen Curriculumtheorie zu emanzipieren. Peng Zhengmei erläutert mir (HM) mündlich seine Sicht auf den Hauptunterschied zwischen der amerikanischen Curriculumtheorie und der deutschen Didaktik:

> „Curriculum is the battlefield in a multiethnic and multicultural society. Didactics stands for an integrative national curriculum."

Die Didaktik auf einen nationalen Lehrplan zu beziehen, entspricht übrigens der deutschen Didaktiktradition (siehe S. 21), auch wenn dies aktuell kaum mehr thematisiert wird. Wir folgern aus Pengs Feststellung: Die Rezeption der Bildungstheoretischen Didaktik dient in China dazu, ein Gegengewicht gegen die dominante US-amerikanische Curriculumtheorie zu bilden, um im Vergleich beider Theorielinien eine gehaltvolle eigenständige Didaktiktheorie aufbauen zu können. Insofern kann die intensive Rezeption der deutschen Tradition als Schritt zur De-Globalisierung der Curriculumtheorie interpretiert werden.

Unterschiedliche Formen der Re-Kontextualisierung? In beiden Nationen stellt sich das Problem, wie trotz der beanspruchten Autonomie der Didaktik (siehe oben: Ye Lan) mit den politisch-administrativen Vorgaben für die Gestaltung von Schule und Unterricht umzugehen ist. Im deutschen Diskurs folgen viele Didaktiker:innen dem Konstrukt der „Re-Kontextualisierung" des Schweizer Bildungsforschers Helmut Fend (2008, S. 239 ff.). Er hat theoretisch gefasst und empirisch ermittelt: Wo immer Schulleitungen und Kollegien den Unterrichtsalltag bewältigen, werden die politisch-administrativen Vorgaben (Schulgesetze, Curricula usw.) umgedeutet, verändert und manchmal auch ignoriert. Für uns hat Fends empirischer Befund Gesetzescharakter: Lehrer:innen haben die Möglichkeit und die Pflicht, die staatlichen Vorgaben im Interesse der ihnen anvertrauten Schüler:innen zu deuten und gegebenenfalls umzuformulieren. Wir gehen davon aus, dass Fends Konstrukt auch für das chinesische Bildungssystem gilt. Die von dem Shanghaier Erziehungswissenschaftler Li Zhengtao (2015) entwickelte *transformational logic* für die neue Grund- und Mittelstufenbildung Chinas hat denn auch große Gemeinsamkeiten mit Fends Konstrukt, und dazu den Vorzug, noch besser in ein allgemeindidaktisches Modell eingebettet und zugleich empirisch überprüft zu sein.

Ein Zwischenfazit: Die von Immanuel Kant in seinen Vorlesungen zur Pädagogik formulierte Frage „Wie kultiviere ich die Freiheit bei dem Zwange" (siehe S. 78) ist weiterhin aktuell. Sie durchzieht den deutschsprachigen Didaktikdiskurs seit 250 Jahren. Wir sind uns sicher, dass dieses Spannungsverhältnis im chinesischen Didaktikdiskurs ebenfalls gegeben ist, auch wenn es etwas verhaltener manifest gemacht wird. Eine genauere Analyse wäre interessant.

6. Auf gutem Wege: Der chinesisch-deutsche Didaktik-Dialog

Die deutschsprachige Allgemeindidaktik wird in China in einer erstaunlichen Breite zur Kenntnis genommen.[6] Ein wichtiger Vermittler war dabei der Erziehungswissenschaftler Li Qilong[7]. Im Jahr 1989 lud er Wolfgang Klafki als ersten Westdeutschen zu Vorträgen an die East China Normal University (ECNU) in Shanghai ein. Vier Jahre später hat Li ein Buch über „Deutsche Didaktische Modelle" veröffentlicht (Li 1993) und zwölf Jahre später die verdienstvolle Neuübersetzung der Werke von Herbart (Li et al. 2002) abgeschlossen. Viele deutschsprachige Professoren haben Gastprofessuren in China wahrgenommen. Viele ihrer Bücher sind übersetzt worden.[8] Es gibt eine wachsende Zahl bilateraler Forschungsprojekte.[9] Viele chinesische Nachwuchswissenschaftler:innen haben in deutschsprachigen Ländern studiert, oft mit Stipendien des *Chinese Student Council*. Ein deutscher Doktortitel ist in China Gold wert!

Abbildung 4: Li Qilong
(Foto Hilbert Meyer)

---

6 Vgl. Kron (2004); Peng (2011); Meyer (2011); Kennedy & Lee (2017); Deng (2018); Benner (2023)
7 Li Qilong, geb. 1941, hat eine beeindruckende Berufskarriere vorzuweisen. Er stammt aus ärmsten Verhältnissen. Zur Schule musste er jahrelang barfuß gehen – 8 km hin und 8 km zurück. Er ist, wie er mir (HM) 2008 berichtet hat, bis heute der KP Chinas für die große Förderung dankbar, die er als Kind, Jugendlicher und Student erhalten hat.
8 Dietrich Benner ist regelmäßig zu Gastvorlesungen an der ECNU. Sein Buch „Allgemeine Pädagogik" (2015/2023) und mehrere weitere Bücher des Autors sind im Shanghaier Universitätsverlag erschienen. Das Kompendium *Grundwissen Didaktik* von Friedrich Kron ist in China in drei Auflagen erschienen (Kron 2004). Das Buch „Was ist guter Unterricht?" und drei weitere Bücher von Hilbert Meyer sind in Shanghai verlegt (Meyer 2011). In der von Erziehungswissenschaftlern der ECNU herausgegeben Zeitschrift *Global Education* wird regelmäßig über didaktische Entwicklungen in den USA, Deutschland und weltweit berichtet.
9 Z.B. ETiK-International-Shanghai (Benner & Nikolova 2016)

Abbildung 5: Peng Zhengmei (Foto Hilbert Meyer)

Konferenzen zum Chinesisch-deutschen Didaktik-Dialog: Li Qilongs Schüler Peng Zhengmei hat die Kooperation mit deutschen Didaktiker:innen fortgesetzt und intensiviert. Thema seiner Dissertation ist die deutsche Pädagogik von der Aufklärung bis in die Jetztzeit (Peng 2011). Seit 2013 gibt es eine von Peng, Klaus Zierer, Barbara Moschner und Hilbert Meyer initiierte Serie von inzwischen fünf Konferenzen zum chinesisch-deutschen Didaktik-Dialog, an dem Didaktiker:innen aus einer ganzen Reihe chinesischer Universitäten und aus Deutschland sowie aus Dänemark, Finnland und der Schweiz beteiligt waren. Die Konferenzen fanden statt:

- an der East China Normal University (ECNU) in Shanghai (2013)
- an der Carl von Ossietzky Universität in Oldenburg (2014)
- an der ECNU Shanghai (2016)
- an der Christian Albrechts-Universität in Kiel (2018)[10]
- und an der Anhui Normal University in Wuhu/Provinz Anhui (2019).

Ob, wann und wie die Konferenzserie nach Ende der Corona-Pandemie fortgesetzt werden kann, ist aktuell noch nicht geklärt.

In dem von Dietrich Benner, Hilbert Meyer, Peng Zhengmei & Li Zhengtao herausgegebenen Buch „Beiträge zum chinesisch-deutschen Didaktik-Dialog" (2018) sind wichtige Vorträge dieser Konferenzen dokumentiert.

Ein Zwischenfazit: Eine ganze Reihe chinesischer Erziehungswissenschaftler:innen kümmert sich intensiv um die Rezeption der deutschsprachigen Didaktik. Demgegenüber ist auf deutscher Seite der Kenntnisstand zur aktuellen chinesischen Didaktik auch wegen der fast immer fehlenden Sprachkenntnisse – vorsichtig ausgedrückt – entwicklungsbedürftig, obwohl es auch in China den skizzierten spannenden und perspektivenreichen Didaktikdiskurs gibt, von dem wir lernen könnten.

---

10 Von der Kieler Konferenz aus besuchte eine Delegation von chinesischen und deutschen Erziehungswissenschaftler:innen die MSH (siehe S. 161).

7. Weltweite didaktische Trends und ihre Bedeutung für die MSH

In der erziehungswissenschaftlichen Fachliteratur werden weltweit drei Trends immer wieder genannt, die von uns um einen vierten Trend ergänzt werden.[11] Sie sind sowohl in China als auch im deutschsprachigen Raum Gegenstand intensiver Diskussionen.

> Trend 1: Vom Lehren zum Lernen
> Trend 2: Vom Frontalunterricht zum individualisierenden Unterricht
> Trend 3: Von der Stoffvermittlung zur Kompetenzorientierung
> Trend 4: Von Kreidetafel und Schreibheft zu Whiteboard und Laptop

Die Plausibilität dieser von empirischen Unterrichtsforscher:innen analysierten und von konstruktivistisch orientierten Didaktiker:innen propagierten Trends kann im Blick auf den tatsächlichen Zustand des Unterrichts in europäischen ebenso wie in amerikanischen, afrikanischen und asiatischen Nationen gut belegt werden (vgl. Hattie 2013). Sobald aber aus den empirischen Befunden mehr oder weniger radikal vorgetragene Empfehlungen für die Reform des Unterrichts gemacht werden, erweisen sich die Trend-Bestimmungen als ungenau, als theoretisch naiv und in ihren praktischen Konsequenzen als problematisch.

Trend 1: *O.k., aber die Dialektik von Führung und Selbsttätigkeit lässt sich nicht aushebeln. Sie zwingt zur Blickwendung zurück zum Lehren!*

Der Perspektivwechsel vom gelenkten Lehren zum selbstregulierten Lernen beherrscht den Didaktikdiskurs nicht erst seit Kurzem, sondern seit den Zeiten der Reformpädagogik vom Anfang des 20. Jahrhunderts. Der Wechsel wird durch die global aufgestellte Konstruktivistische Didaktik (Reich 2002) vorangetrieben, aber er führt unseres Erachtens zu einer Scheinkontroverse zwischen den Verfechtern der lehrerzentrierten und der konstruktivistischen Didaktik, die im deutschsprachigen Raum insbesondere in den MINT-Fächern breite Anerkennung gefunden hat. Dass es sich um eine Scheinkontroverse handelt, sagen auch der in Australien lehrende Neuseeländer Hattie (2013, S. 31) und die US-Amerikaner Ryan & Deci (2017). Warum? Schüler:innen lernen besser, wenn sie eine vorbereitete Umgebung mit klaren Spielregeln und einem angemessenen Teil an direkter Instruktion geboten bekommen. Und gerade jene Kinder und Jugendliche, die mit Handicaps

---

11 Vgl. Hudson & Meyer (2011, p. 27 ff.); Helmke (2022, S. 51 ff.).

groß werden, sind, wie wir ebenfalls aus der empirischen Forschung wissen, stärker als die Leistungsstarken auf klar strukturierte Führung angewiesen.

Theoretisch-systematisch formuliert: Es gibt im Unterrichtsprozess grundsätzlich und nicht nur hin und wieder eine Dialektik von Führung und Selbsttätigkeit. Der Potsdamer Didaktiker Lothar Klingberg (1926-1999) hat sie am gründlichsten analysiert. Sie kann nicht ausgehebelt werden. Selbst wenn die Lehrperson dies möchte, setzt sie sich hinter ihrem Rücken durch. Deshalb rechnen wir damit, dass im deutschsprachigen Raum das Pendel auf der Achse Lehren & Lernen über kurz oder lang wieder zurückschlagen wird. Erste Anzeichen dafür gibt es (vgl. FRIEDRICH-Jahresheft 2016; Biesta 2017). Im chinesischen Diskurs sieht es anders aus. Dort ist eine intensivierte Beschäftigung mit der Perspektive der Lernenden angesagt.

Was heißt das für die MSH? Im Unterrichtskonzept der MSH findet sich ein überraschend großer Block für *Lernzeiten*, in denen die Schüler:innen mehr oder weniger selbstständig arbeiten sollen.[12] In anderen Schulen werden sie auch als Arbeits-und Übungsstunden (IGS Garbsen bei Hannover) oder als Silentium (Walddörfer-Gymnasium Hamburg) bezeichnet. Die Lernzeiten funktionieren nicht von selbst. Ein klares Arbeitsbündnis zwischen der Lehrperson und ihrer Klasse ist erforderlich – ein Begriff, der u.E. gut in die Bildungsgangdidaktik passt, auch wenn Meinert Meyer selbst ihn nicht verwendet hat.

Trend 2: *O.k., aber es wäre grundverkehrt, den lehrer:innenzentrierten Frontalunterricht vollständig durch einen schüler:innenzentrierten Individualunterricht ersetzen zu wollen.*

Das Ziel, das *gesamte* Unterrichtsangebot einer Schule von der Direkten Instruktion auf individualisierenden oder, wie seit ein paar Jahren gesagt wird, auf personalisierenden Unterricht umzustellen, halten wir für illusionär. Es ist auch bildungstheoretisch nicht zu begründen. Warum? Schule ist für das gemeinsame Lernen erfunden worden. Und das ist bis heute ihre Stärke, auch wenn die Notwendigkeit, den individualisierenden Unterricht auszubauen, unbestritten ist.

Wir behaupten: Lernen in der Gemeinschaft ist dem individualisierenden Lernen grundsätzlich überlegen! Die eigentliche Kunst der Didaktik besteht deshalb darin, das gemeinsame, das individualisierende und das kooperative Lehren und Lernen in eine ausgewogene Balance zu bringen. Das habe ich (HM) in meinem DREI-SÄULEN-MODELL zur Unterrichtsentwicklung zu beschreiben versucht (Meyer & Junghans 2021, S. 32). Es erfasst drei methodische Grundformen des Unterrichts und die vorgeordnete „Einrichtungs-Arbeit", mit der alle Lehrer:in-

---

12 Siehe den ANHANG von Beitrag 1 und Seite 175.

nen- und Schüler:innentätigkeiten gemeint sind, mit denen die Arbeitsfähigkeit der Schüler:innen hergestellt und die Klassengemeinschaft geformt wird.

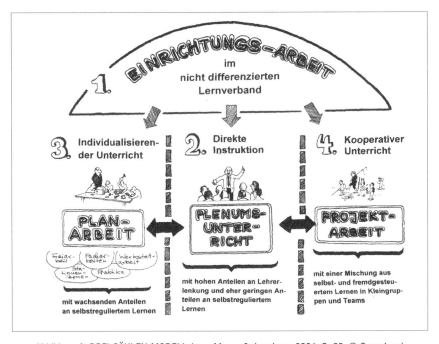

Abbildung 6: DREI-SÄULEN-MODELL (aus: Meyer & Junghans 2021, S. 32, © Cornelsen)

Unsere aus der Forstwirtschaft auf die Unterrichtsentwicklung übertragene Hauptbotschaft zu diesem Modell lautet: *Mischwald ist besser als Monokultur!* Erforderlich ist eine didaktisch begründete Balance zwischen den drei Säulen. Davon kann aber im Schulalltag in Deutschland keine Rede sein. Weiterhin bestätigen die Unterrichtsforscher, dass in der Sekundarstufe I im Durchschnitt 75 bis 85 Prozent des Unterrichts in der Grundform Direkte Instruktion erteilt werden. In China kann erst recht von einer Monokultur des Frontalunterrichts gesprochen werden. Ein eher langfristiges Ziel der Unterrichtsentwicklung in beiden Nationen ist deshalb für uns, *Drittelparität* zwischen den drei Säulen herzustellen. Deutsche Reformschulen wie die Laborschule Bielefeld, die Wartburg-Grundschule in Münster, die Reformschule Winterhude und das Walddörfer-Gymnasium in Hamburg haben dies realisiert und zeigen, dass man damit zu hohen Lernerfolgen kommen kann.

Was heißt das für die MSH? Wir empfehlen, auf Basis des DREI-SÄULEN-MODELLS eine Bestandsaufnahme der an der MSH erreichten Verteilung der Grundformen des Unterrichts vorzunehmen. Dabei reicht es nicht aus, stundenweise vorzugehen und dann 100 Prozent des Fachunterrichts zur Direkten Instruktion und 100 Prozent der Lernzeit zum Individualisierenden Unterricht zuzuordnen. Man muss genauer nachschauen, was tatsächlich in diesen Stunden passiert. Wann die geforderte Balance erreicht ist, kann aber nicht am grünen Tisch der Theorie entschieden werden. Das muss praktisch ausprobiert werden.

Trend 3: *O.k., die Vermittlung trägen Wissens muss überwunden werden. Aber Kompetenzorientierung ohne Rückgriff auf den Fächerkanon wird scheitern!*

Es gibt einen weltweiten Trend zur Kompetenzorientierung des Unterrichts – auch in China (Xu 2007; Cheng 2018; Peng et al. 2022, S. 300). Kompetenzorientierung meint einen offenen, schüleraktiven und teilweise selbstregulierten Unterricht, der den Schüler:innen helfen soll, die Anhäufung trägen Wissens, das zu nichts Nutze ist, zu vermeiden und das neu erworbene Wissen und Können schon im Unterricht und nicht erst im späteren Leben zu erproben. Das theoretische und schulpraktische Problem dabei: Man kann Kompetenzen nicht sehen. Sie gehören zu den auf Seite 289 genannten Tiefenstrukturen des Lehrens und Lernens. Deshalb sagt die seit 2004 übliche Verabschiedung kompetenzorientierter Bildungsstandards noch so gut wie nichts zu der Frage aus, mit welchen Methoden und Lehr-Lernarrangements diese Standards erreicht werden können. Bildungsstandards sind gut für die Leistungsüberprüfung, aber im Blick auf die Unterrichtsgestaltung ein stumpfes Schwert. Und noch etwas: Die auch in China vertretene Vorstellung, man könne „Schlüsselkompetenzen" inhaltsneutral definieren, beruht auf einem Irrtum. Kompetenzen sind immer inhaltsbezogen (Klieme & Leutner 2006). Deshalb gilt weiterhin: Es geht nicht ohne einen Fächerkanon für die Gestaltung der Schultafeln und ohne das dazu gehörende fachdidaktische Wissen der Lehrer:innen!

Was heißt das für die MSH? Weil Kompetenzen nur inhaltsbezogen vermittelt werden können, empfehlen wir der MSH, bei ihrem Fächerkanon und den ausgewiesenen Stundentafeln zu bleiben, aber in jedem Fach nicht nur auf die Wissensvermittlung zu achten, etwa auf die Anzahl der gelernten chinesischen Schriftzeichen, sondern immer auch auf die Kompetenzen. Das geschieht ja auch an der MSH, z.B. im Fach Modern Enterprise (S. 210) oder im Chinesischunterricht, in dem die Schüler:innen angehalten werden, kleine Dialoge auf Chinesisch zu führen, oder im Klassenrat, in dem die Schüler:innen schon in der ersten Klasse lernen, Konflikte nach demokratischen Regeln zu lösen.

Trend 4: *O.k., die Digitalisierung kommt mit Macht! Ob wir dies begrüßen oder nicht, ändert nichts daran. Deshalb müssen wir versuchen, das hohe didaktische Potenzial der neuen Medien zu nutzen!*

Digitale Unterrichtsmedien haben ein hohes didaktisches Potenzial für die Individualisierung von Lernprozessen, für die Aktualisierung und Verlebendigung der Lerninhalte und für die Leistungsmessung. Aber es stellt sich nicht von selbst ein. Es muss herausgekitzelt werden (Meyer 2021). Ebenso wichtig wie die Arbeit *mit* digitalen Medien ist dabei das Nachdenken *über* diese Medien. Nur so kann das Ziel, *digital literacy* zu vermitteln, erreicht werden. Für diese Aufgabe sind Schulen besser aufgestellt als jede andere gesellschaftliche Einrichtung. Die empirischen Befunde zeigen jedoch, dass Deutschland im Vergleich zu anderen europäischen Ländern (OECD 2015; Gerick & Eickelmann 2021) erheblichen Nachholbedarf in puncto Digitalisierung hat. Das gilt für die Kompetenzentwicklung der Schüler:innen, aber auch für die Einrichtung mit Hard- und Software und für die Fortbildung des Personals. Besonders prekär ist das niedrige Niveau der *digital literacy* bei den sogenannten Modernisierungsverlierern, also jenen 7 Prozent aller deutschen Zehntklässler, die die Schule ohne Abschluss verlassen und kaum Lesen und Schreiben gelernt haben.

Was heißt das für die MSH? Sie ist im Blick auf die Digitalisierung gut aufgestellt. Da ersparen wir uns jeden Ratschlag bis auf einen: Alle Kolleg:innen sollten sich intensiv um die kleine Gruppe der Lese- und Schreibschwachen kümmern. Vielleicht gelingt es ja, über attraktive digitale Medien doch noch ihre Lernkompetenzen zu stärken.

Zusammengefasst: Die Idee, den gesamten Unterricht im Sinne der genannten vier Trends umzuorganisieren, unterläuft den in deutschsprachigen Ländern und auch in China erreichten Stand der allgemein- und fachdidaktischen Theoriebildung. Ein solches Vorhaben behindert darüber hinaus, so behaupten wir, die nachhaltige Entwicklung der nationalen Bildungspraxen und auch jeder einzelnen Schule.

8. REFLEKTIERTE VIELFALT anstelle einer EINE-WELT-DIDAKTIK

Der chinesisch-deutsche Didaktikdialog zeigt, dass wir Wissenschaftler:innen zu den Globalisierungsgewinnern gehören. Wir können uns gegenseitig besuchen und uns austauschen, wir entwickeln Freundschaften, wir publizieren und starten Forschungsprojekte und schauen hin und wieder verwundert, aber auch verunsichert auf die aktuelle politische Situation und die Probleme der bilateralen Beziehungen. Aber was folgt daraus für die didaktische Modellbildung? Didaktik lebt von der Vielfalt lokaler, regionaler und nationaler theoretischer Entwürfe und praktischer Versuche, eine Antwort auf die Frage zu finden, wie Schulen und ganze Bildungssysteme ihre Standardaufgaben lösen und zugleich auf die Herausforderungen der Globalisierung reagieren können. Auch in Wissenschaft und Unterrichtspraxis ist Diversität ein hohes, ja zentrales Gut! Deshalb halten wir es für keine gute Idee, eine

EINE-WELT-DIDAKTIK oder ein EINE-WELT-CURRICULUM konstruieren zu wollen. Wir hätten nicht viel davon, wenn wir alle unsere Überlegungen auf einen global gültigen, dann aber kleinsten gemeinsamen Nenner bringen wollten. Er wäre abstrakt, blutleer und inhaltsarm, weil er von den Traditionen und konkreten Entwicklungsproblemen der einzelnen Nationen abstrahieren müsste. Eine solche Didaktik hätte keinerlei innovative Kraft. Und deshalb ist sie überflüssig!

Was eher gelingen könnte, ist die Bestimmung weltweit gültiger ethischer Grundlagen didaktischen Reflektierens und Handelns. Dafür haben Wang Hongyu (2014), Cameron McCarthy et al. (2014) und Roselius & Meyer (2018) einige Vorschläge gemacht. In jeder Didaktik sind Respekt, Gewaltverzicht, Erziehung zu Toleranz und Solidarität und der Verzicht auf totalitäre Weltbilder und Rassismus, unverzichtbare Elemente. Das entspricht weitgehend dem, was der deutsche Theologe und Philosoph Hans Küng (1990) als Projekt „Weltethos" gefordert hat.

Wir brauchen keine EINE-WELT-DIDAKTIK. Was wir brauchen, ist REFLEKTIERTE VIELFALT, die uns hilft, die blinden Flecken unseres eigenen didaktischen Denkens und Handelns zu erkennen, aber auch am Fremden das Eigene besser zu begreifen und in Wechselwirkung mit dem Fremden neue Erfahrungen zu machen.

Leseempfehlungen

Eine umfassende und kritische Gesamtdarstellung der chinesischen Nationalgeschichte von den Mythen der Vorgeschichte bis in die jüngste Zeit (Gründung der Volksrepublik, Mao Zedong, Kulturrevolution, Deng Tsiaoping) hat der Hamburger Sinologe Kai Vogelsang (2013) verfasst. Er entfaltet die Geschichte Chinas anhand der These, dass das Land immer schon ein Vielvölkerstaat war, der eben deshalb um seine Identität kämpfen musste und bis heute kämpft.

Eine gut zu lesende Einführung in die klassische chinesische Philosophie, die immer noch Einfluss auf den aktuellen Didaktikdiskurs hat, bringt der Münchener Sinologe Wolfgang Bauer (2001).

Einen kurzen Abriss der Geschichte des chinesischen Bildungssystems von den Zeiten des Kungfutse (Konfuzius) bis in die aktuellen Reformbemühungen des 21. Jahrhunderts bringen im „Handbuch Schulpädagogik" die Shanghaier Autor:innen Peng Zhengmei, Gao Yuan, Peng Tao, Gu Juan und Wu Rui (2022).

Eine kluge Analyse der Rahmenbedingungen für den überragenden Erfolg der Shanghaier Schüler:innen in den PISA-IV-Leistungstests (OECD 2010) hat Barbara Schulte (2017) vorgelegt. Eine Beschreibung der Schul- und Unterrichtswirklichkeit in China aus der Sicht einer deutschen Auslandslehrerin findet sich bei Claudia Wellnitz (2014).

Wenn Sie an schöner Literatur interessiert sind, empfehlen wir für eine häppchenweise Lektüre den 1319 Seiten langen Band „Die Reise in den Westen", übersetzt und herausgegeben von Eva Lüdi Kong (2016). Er bringt eine höchst amüsant zu lesende Mischung aus buddhistischer Meditation und Schelmenroman, die jede chinesische Schülerin/jeder Schüler aus einer Fernseh-Staffel kennt (siehe S. 91 und S. 117).

Wenn Sie die enge Verflechtung der chinesischen Essenskultur mit Philosophie und Politik kennenlernen wollen, empfehlen wir den kulinarischen Reiseführer „Eine Himmelsreise" von Marcus Hernig (2012), Associate Professor an der Tongji University in Shanghai.

Literaturnachweise

Autio, T. (2014). The Internationalization of Curriculum Research. In: W. F. Pinar (Ed.). *International Handbook of Curriculum Research*. (2nd ed.) New York: Routledge, pp. 17–31.

Bauer, W. (2001). *Geschichte der chinesischen Philosophie*. München: Beck.

Benner, D. (2015). *Allgemeine Pädagogik*. (8. überarb. Aufl.) Weinheim, Basel: Juventa.

Benner, D. (2023). (迪特利希·本纳. 普通教育学——教育思想和行动基本结构的系统的和问题史的引论. 彭正梅、彭韬、顾娟译. 上海：华东师范大学出版社）Übersetzung der 8. Aufl. *Allgemeine Pädagogik*. Shanghai: East China Normal University Press.

Benner, D., Meyer, H., Peng Z. & Li Z. (Hrsg.) (2018). *Beiträge zum chinesisch-deutschen Didaktik-Dialog*. Bad Heilbrunn: Klinkhardt.

Benner, D. & Nikolova, R. (Hrsg.) (2016). *Ethisch-moralische Kompetenz als Teil Öffentlicher Bildung*. Paderborn: Schöningh.

Benner, D. & Ye L. (2011). 中德学者关于教育学问题的一次对话 (Sino-German Dialoge on Pedagogy Issues: A Forum between „Life-Practice" Pedagogy Publications Editorial Board. In: "生命·实践"教育学系列论著编委会与本纳教授的座谈会 (*Journal of schooling studies 2011*). Vol. 8, No. 1, 5–13.

Biesta, G. G. (2017). *The Rediscovery of Teaching*. New York, London: Routledge.

Cheng S. (2018). *Zentrale Aspekte des chinesischen Diskurses über Kernkompetenzen von Schülerinnen und Schülern*. Shanghai: East China Normal University Press (in chinesischer Sprache).

Deng, Z. (2012). Constructing Chinese Didactics. In: K. Zierer (Hrsg.). *Jahrbuch für Allgemeine Didaktik*. Baltmannsweiler: Schneider Verlag Hohengehren, S. 108–128.

Deng, Z. (2016). Bringing curriculum theory and didactics together: A Deweyan perspective. In: *Pedagogy, Culture & Society*, 24 (1), pp. 75–99 (Routledge).

Deng, Z. (2018). Die chinesische Didaktik – neu interpretiert aus der Perspektive der deutschen Didaktik. In: D. Benner et al. (Hrsg.) (2018). *Beiträge zum chinesisch-deutschen Didaktik-Dialog*. Bad Heilbrunn: Klinkhardt, S. 64–80.

Ding, B. & Wang, F. (2017). Didactics meets curriculum studies in the context of teacher education in mainland China: A historical and comparative perspective. In: K. J. Kennedy & J. C.-K. Lee (Eds.). *European Didactics and Chinese Curriculum*. London, New York: Routledge, pp. 179–216.

English, A. R. (2013). *Discontinuity in Learning. Dewey, Herbart, and Education as Transformation*. Cambridge: Cambridge University Press.

Fend, H. (2008). *Schule gestalten*. Wiesbaden: VS Verlag für Sozialwissenschaften.

FRIEDRICH-Jahresheft XXXIV (2016). *Lehren*. Hrsg. A. Feindt et al. Seelze: Friedrich Verlag.

Fu, G. (2018). The knowledge-based versus student-centered debate on quality education: controversy in China's curriculum reform. In: *Compare: A Journal of Comparative and International Education*, 50:3, 410–427, DOI: 10.1080/03057925.2018.1523002.

Gerick, J. & Eickelmann, B. (2021). Schule und Lernen angesichts der Digitalisierung. In: Brägger, G. & Rolff, H.-G. (Hrsg.). *Kompetenzorientiert Unterrichten und Lernen mit digitalen Medien*. Weinheim: Beltz, S. 60–79.

Hattie, J. (2013). *Lernen sichtbar machen*. Baltmannsweiler: Schneider Verlag Hohengehren.

Helmke, A. (2022). *Unterrichtsqualität und Professionalisierung*. (Neuauflage) Hannover: Klett Kallmeyer.

Hernig, M. (2012). *Eine Himmelsreise. China in sechs Gängen*. Berlin: Die Andere Bibliothek.

Hudson, B. & Meyer, M. A. (Eds.) (2011). *Beyond Fragmentation: Didactics, Learning and Teaching in Europe*. Opladen: Barbara Budrich.

Jank, W. & Meyer, H. (2020). *Didaktische Modelle*. (14. Aufl.) Berlin: Cornelsen.

Kairov, I. A. and Associates (1953). 教育学 *(Pedagogics)*. 北京：人民教育出版社. Beijing: People Education Press.

Kansanen, P. (2020). Pedagogy as a Science. In: K. Zierer (Hrsg.). *Jahrbuch für Allgemeine Didaktik*. Baltmannsweiler: Schneider Verlag Hohengehren, S. 136–148.

Kennedy, K. J. & Lee C. K.-J. (Eds.) (2017). *European Didactics and Chinese Curriculum: Curriculum Thoughts in Dialogue*. New York, London, Hongkong: Routledge.

Klieme, E. (2022). Unterrichtsqualität. In: Harring, M., Rohlfs, C. & Gläser-Zikuda, M. (Hrsg.). *Handbuch Schulpädagogik*. (2. Aufl.) Bad Heilbrunn: Klinkhardt, S. 411–426.

Klieme, E. & Leutner, D. (2006). Kompetenzmodelle zur Erfassung individueller Lernergebnisse und zur Bilanzierung von Bildungsprozessen. In: *Zeitschrift für Pädagogik*. Jg. 52, S. 876–903.

Klingberg, L. (1990). *Lehrende und Lernende im Unterricht*. Berlin: Volk und Wissen.

Konfuzius (1982). *Lun Yu (Gespräche)*. Hrsg. und übersetzt von R. Moritz. Stuttgart: Reclam.

Konfuzius (2015). *Das Buch von Maß und Mitte*. Stuttgart: Reclam.

Kron, F. (2004). 教学论基础 (*Grundwissen Didaktik*). (3. Aufl.) Beijing: People's Education Press (人民教育出版社).

Küng, H. (1990). *Projekt Weltethos*. München: Piper.

Li B. (2000). 教学论 (*Didaktik*). Beijing: People's Education Press (人民教 育出版).

Li Q. (1993). 德国教学论流派 (*Deutsche Didaktische Modelle*). Xi'an: Shanxi People's Education Press (陕西人民教育出版社).

Li Q., Guo G. et al. (Eds.) (2002). 赫尔巴特文集 (*Sämtliche Werke von Herbart in 6 Bänden*) 翻译 李其龙 郭官仪 等. Übersetzt von Li Qilong et al.; Zhejiang: Education Press.

Li Z. (2015). 李政涛. 交互生成：教育理论 实践的转化之力. (*Interactive Generation: The Transforming Power of Educational Theory and Practice.*) 上海：华东师范大学出版社 Shanghai: East China Normal University Press.

Li, Z. & Li C. (2018). Die neue lebens- und praxisorientierte Pädagogik in China. In: D. Benner et al. (Hrsg.). *Beiträge zum chinesisch-deutschen Didaktik-Dialog*. Bad Heilbrunn: Klinkhardt, S. 98–113.

Lüdi Kong, E. (2016). *Die Reise in den Westen*. Stuttgart: Reclam.

McCarthy, C., Bulut, E. & Patel, R. (2014). Race and Education in the Age of Digital Capitalism. In: Pinar, W. F. (Ed.). *International Handbook of Curriculum Research*. (2nd ed.) New York: Routledge, pp. 32–44.

Messner, R. (2019). "Tiefen-Didaktik" – zur praktischen Wende der Lehr-Lernforschung. In: Steffens, U. & Messner, R. (Hrsg.). *Unterrichtsqualität. Konzepte und Bilanzen gelingenden Lehrens und Lernens*. Münster: Waxmann, S. 29–56.

Meyer, H. (2011). 怎样上课才最棒—优质课堂教学的十项特征 *Was ist guter Unterricht?* 华东师范大学出版社. Shanghai: East China Normal University Press

Meyer, H. (2021). Bildungstheoretische Standards für zeitgemäße Lernkulturen. In: G. Brägger & H.-G. Rolff (Hrsg.) *Handbuch Lernen mit digitalen Medien*. Weinheim: Beltz, S. 208–236.

Meyer, H. & Junghans, C. (2021). *Unterrichtsmethoden – Praxisband*. Berlin: Cornelsen.

Meyer, H. & Meyer, M. A. (2017). Zur internationalen Rezeption der Veröffentlichungen Wolfgang Klafkis. In: A. Köker & J. Störtländer (Hrsg.). *Kritische und konstruktive Anschlüsse an das Werk Wolfgang Klafkis*. Weinheim, Basel: Beltz, S. 180–209.

Meyer, M. A., Meyer, H. & Ren P. (2017). The German Didaktik Tradition Revisited. In: K. J. Kennedy & Lee C. K.-J. (Eds.). *European Didactics and Chinese Curriculum*. New York, London, Hongkong: Routledge, pp. 179–216.

Meyer, H., Ren, P. & Junghans, C. (2022). The Crucial Contemporary Topic of General Didactics in German-Speaking Countries. In: *Educational Research*. Beijing, Vol. 1, pp. 210–224 (in chinesischer Sprache).

OECD (2010). *PISA 2009. Ergebnisse: Was Schülerinnen und Schüler wissen und können*. Gütersloh: Bertelsmann.

OECD (2015). *Students, Computers and Learning – Making the Connection.* www.oecd.org/publications/students-computers-and-learning-9789264239555-en.htm.

Peng, Z. (2011). 德国教育学概观 - 从启蒙运动到当代 (*A Brief Introduction to German Pedagogy since Enlightenment*). Beijing: Beijing University Press.

Peng, Z., Gao Y., Peng T., Gu J. & Wu R. (2022). Schule in China. In: M. Harring, C. Rohlfs & M. Gläser-Zikuda (Hrsg.). *Handbuch Schulpädagogik.* (2. Aufl.) Bad Heilbrunn: Klinkhardt, S. 282–303.

Pinar, W. F. (2011). *The Character of Curriculum Studies: Bildung, Currere, and the Recurring Question of the Subject.* New York: Palgrave Macmillan.

Pinar, W. F. (Ed.) (2014). *International Handbook of Curriculum Research.* (2nd ed.) New York, London: Routledge.

Reich, K. (2002). *Konstruktivistische Didaktik.* Neuwied: Luchterhand.

Ren P. (2017). „*The students have been spoilt previously*" – *A Case Study on the Professionalization of Chinese Language Teachers in Hamburg.* (Hamburg: PhD Thesis, University of Hamburg).

Ren P. & Meyer, H. (2020). Evolution, Crisis and Outlook of General Didactics in Germany – Based on a Review of Classical Schools of Didactics. In: Vol. 8/2020. *Curriculum, Teaching Material and Method* (in chinesischer Sprache, übersetzt von Ren Ping), pp. 218–231

Roselius, K. & Meyer, M. A. (2018). Bildung in globalizing times. In: *Zeitschrift für Erziehungswissenschaft.* Jg. 21, H. 2. Open access Springer. https://doi.org/10.1007/s11618-018-0821-3, pp. 217–240.

Ryan, R. M. & Deci, E. L. (2017). *Self-Determination Theory.* New York: The Guilford Press.

Schulte, B. (2017). China. In: Trumpa, S., Wittek, D. & Sliwka, A. (Hrsg.) (2017). *Die Bildungssysteme der erfolgreichsten PISA-Länder.* Münster: Waxmann.

Shi, Liangfang (1999). 教学理论—课堂教学的原理、策略与研究 (*Didaktische Theorie – Prinzip, Strategie und Forschung zum Unterricht*). Shanghai: East China Normal University Press (华东师范大学出版社).

Uljens, M. (Ed.) (2023). *Non-Affirmative Theory of education and Bildung.* Springer: Open access.

Uljens, M. & Ylimaki, R. M. (Eds.) (2017). *Bridging Educational Leadership, Curriculum Theory and Didaktik. Non-affirmative Theory of Education.* Cham (Switzerland): Springer Nature.

Vogelsang, K. (2013). *Geschichte Chinas.* (5. überarb. Aufl.): Stuttgart: Reclam.

Wang, C. S. (1985): 教学论稿 (*Didactics manuscript*). Beijing: People's Education Press (人民教育出版社).

Wang, C. S. (2004). 认真对待"轻视知识"的教育思潮 (A Critical Reflection on the Thought of ,Despising Knowledge' in Chinese Basic Education.) In:再评由"应试教

育"向素质教育转轨提法的讨论 *Beijing University Education Review*. Vol.2, No. 3. pp. 5–23.

Wang, H. (2014). A Nonviolent Perspective on Internationalizing Curriculum Studies. In: Pinar, W. F. (Ed.). *International Handbook of Curriculum Research*. (2nd ed.) New York: Routledge, pp. 67–76.

Wellnitz, C. (2014). *Von den Siegern lernen? Bildung und Erziehung in der Volksrepublik China*. München: Oldenbourg.

Westbury, I., Hopmann, S. & Riquarts, K. (Eds.) (2000). *Teaching as a Reflective Practice. The German Didaktik Tradition*. Mahwah, New Jersey: Lawrence Erlbaum Associates Inc.

Xu B. (2007). Von der Wissens- zur Kompetenzorientierung? Zur Diskussion über Bildungsstandards in China am Beispiel des Mathematikunterrichts. In: D. Benner (Hrsg.). *Bildungsstandards*. Paderborn: Schöningh, S. 187–201.

Ye L. (2013): 课堂教学过程再认识：功夫重在论外 (The Re-Exploration of Classroom Instruction Process: Efforts beyond Opinions). In: *Curriculum, Teaching Material and Method*. Vol.33. No.5, pp. 3–13.

Ye L. (2015). *Reoccurence and Breakthrough. An Outline of „Life+Practice Educology"*. Shanghai: East China Normal University Press (in chinesischer Sprache; in englischer Sprache: Ye Lan (2020). *Life-Practice Educology: A Contemporary Chinese Theory of Education*. Boston: Brill).

Ye X. (2017). *Eine vergleichende Untersuchung zum Qualitätsverständnis von Unterricht in chinesischen und deutschen Lehrwerken der Didaktik*. Oldenburg: BIS-Verlag.

Zhang H. 张华 (2000).课程与教学论 (*Theories of Curriculum and Instruction*). Shanghai: Shanghai Educational Publishing House.

Zheng, L. & Meyer, M. A. (2018). Didaktik und Unterrichtsreform in Zeiten der Globalisierung. In: D. Benner et al. (2018). *Beiträge zum chinesisch-deutschen Didaktik-Dialog*. Bad Heilbrunn: Klinkhardt, S. 198–216.

Zhong, Q. (2004). 发霉的奶酪 –认真对待"轻视知识"的教育思潮 > 读后感 (Verschimmelter Käse – Rezension zu Wangs Beitrag 2004). In: *Global Education* (全球教育展望). Vol. 33, No. 10. pp. 3–7.

Eule der Weisheit" von Asia Salvini, Klasse 4 der MSH

Axel Beyer

Blick zurück nach vorn

Die Moderne Schule Hamburg ist zwölf Jahre alt. Wir sind aus der Hamburger Schullandschaft nicht mehr wegzudenken. Die erfolgreiche Bewältigung des Distanzunterrichts während der Corona-Pandemie hat uns gezeigt, dass wir insgesamt gut aufgestellt sind und krisenhafte Entwicklungen meistern können. Aber es gibt keinen Anlass, übermütig zu werden. Die Reise geht weiter. Und die Ziele der Schul- und Unterrichtsentwicklung müssen immer wieder neu justiert werden.

Außenstehende Beobachter:innen bestätigen, dass das „Betriebsklima" an unserer Schule gut ist. Darum bemühen wir uns intensiv. Eine Rolle spielt dabei sicherlich, dass wir noch eine kleine Schule sind. Die Schülerzahlen haben sich aber in den zwölf Jahren sehr positiv entwickelt. Die Schule wird weiterwachsen.

Deutschland leidet seit Jahren an einem Mangel an Chinakompetenz auf allen Ebenen. Unsere Bundes- und Landespolitiker, unser diplomatisches Corps, unsere Universtäten handeln weitgehend nicht aufgrund persönlicher Eindrücke sowie Erfahrungen mit der asiatischen Kultur, sondern übernehmen leichtfertig Meinungen von wenigen ausgewählten Experten. Unsere Wirtschaftsvertreter sind vermutlich durch ihre regelmäßigen Kontakte mit China deutlich kompetenter aufgestellt. Was dramatisch fehlt, ist das Bemühen, unsere Jugend auf eine Zukunft in Frieden und Freiheit, aber auch in wirtschaftlicher Zusammenarbeit mit den Großmächten vorzubereiten.

Mittelfristig ist der Ausbau universitärer Studiengänge für das Lehramt Chinesisch erforderlich. Wir haben in Deutschland endlich die ersten Lehrstühle für die Fachdidaktik Chinesisch. Aber es sind Stiftungsprofessuren, die mit finanzieller Unterstützung durch die Volksrepublik China eingerichtet wurden. Das reicht nicht. Wir können uns auch nicht auf Dauer darauf verlassen, dass in China ausgebildete Chinesischlehrer:innen den Unterricht in Deutschland tragen. Die Professuren für das Lehramt Chinesisch müssen dringend etatisiert und die Anzahl der Studiengänge erhöht werden. Dabei sollte die Engführung auf gymnasialen Oberstufenunterricht vermieden werden. Auch für zukünftige Facharbeiter mit Sek-I-Abschluss und für Absolvent:innen Berufsbildender Schulen sind Chinesischkenntnisse wichtig. Es fehlt auch immer noch eine wesentliche Voraussetzung für die Professionalisierung der Chinesischlehrkräfte: eine oder besser mehrere Fachdidaktiken für Chinesisch als Fremdsprachenunterricht.

Schulen stehen in Zeiten der Globalisierung vor großen Herausforderungen. Zwar können sie die politisch-ökonomischen und technologischen Entwicklungen, die Ursache der Globalisierungsprozesse sind, so gut wie gar nicht beeinflussen, aber sie müssen sich diesen Veränderungen gegenüber verhalten. Dafür sind die in Deutschland diskutierten Konzepte globalen Lernens hilfreich. An der MSH bemühen wir uns, diesen Herausforderungen mit der Dreisprachigkeit und auch mit dem Fach *Modern Enterprise* zu entsprechen. In diesem Punkt könnten andere Schulen im In- und Ausland von unserem Schulkonzept lernen.

Wir müssen den geistigen Austausch mit China ernsthaft betreiben: Es reicht nicht aus, ein folkloristisches Interesse zu entwickeln. Wir müssen überlegen, was wir vom chinesischen Bildungssystem lernen können. Vorbildlich ist in meinen Augen die Selbstverständlichkeit, mit der chinesische Lehrer:innen Verantwortung für die Gesunderhaltung ihrer Schüler:innen übernehmen. Vorbildlich ist auch die breite Praxis der Aktionsforschung an chinesischen Schulen, bei der die Lehrer:innen ihre eigene Unterrichtspraxis erforschen. Weltweit adaptiert werden inzwischen die zuerst in China (und nicht in Japan) praktizierten *lesson studies,* bei denen Unterricht gemeinsam geplant, individuell durchgeführt und dann gemeinsam ausgewertet wird. Das Schulsystem Chinas zeigt, dass man auch mit einem streng frontal ausgerichteten Unterricht bei den kompetenzorientierten PISA-Leistungstests den Spitzenplatz einnehmen kann. Aber das heißt nicht, dass wir diese Praxis adaptieren sollten. Sie fußt auf einer Lernhaltung und Leistungsbereitschaft der Schüler:innen, die so in Deutschland nicht gegeben ist. Umgekehrt müssen wir verstehen lernen, warum für Chines:innen das Disziplinverhalten deutscher Schüler:innen ein Graus ist, aber die deutsche Kulturtradition, die Bildungstheorie der Klassik, die Praxis individualisierenden Unterrichts und anderes mehr ein Geschenk sind.

In Umbruchzeiten wird Chinakompetenz noch wichtiger, als sie es eigentlich schon immer war. Unsere Erfahrungen an der MSH zeigen, dass es nicht ausreicht, nur eine Mixtur von chinesischer und deutscher Schulkultur vorzunehmen. Erforderlich ist eine Schulkultur, die die Stärken Chinas und Deutschlands aufnimmt, aber daraus etwas Eigenständiges, Neues und Zeitgemäßes macht.

Die internationalen Auseinandersetzungen sind schärfer geworden. Die von Bundeskanzler Olaf Scholz ausgerufene *Zeitenwende* berührt auch die Rahmenbedingungen unseres Schulkonzepts und seine praktische Umsetzung. Der Schüleraustausch mit Xi'an wie mit der Thaddeus Stevens School in Vermont/USA ist in der aktuell praktizierten Form ein wichtiges Fundament unserer Arbeit als einer internationalen Schule.

Wir halten aber an der Idee einer internationalen Verständigung fest, auch wenn seine Realisierung komplizierter geworden ist. Das Schlimmste, was passieren könnte, wäre der Versuch einer militärischen Übernahme von Taiwan durch die

Volksrepublik China. Die Fortsetzung des Schüleraustausches mit Xi'an in der aktuell praktizierten Form wäre dann nicht mehr möglich, zumindest würde es viele Jahre dauern, bis wir an einen Neustart denken könnten. Aber ich verweise noch einmal auf das von Zhao Tingyang formulierte Tiangxia-Prinzip (Beitrag 12): Wir müssen versuchen, Feinde zu Freunden zu machen – alles andere hat keine Zukunft!

Wir wollen eine Schule sein, in der man unterschiedliche Ideen, die Welt zu verstehen, kennen lernen kann. Es geht nicht darum, die Ideologie einer gerade regierenden Staatsführung zu übernehmen, sondern zu verstehen, was ihre Grundlagen sind. Diese Verknüpfung von „Verstehen" und „Nicht-Verstehen" ist nicht neu. Sie bildet den Kern der Bildungstheorie Wilhelm von Humboldts, die Meinert Meyer als Grundlage für das pädagogische Konzept der MSH empfohlen hat. Bei der Eröffnungsfeier der MSH im Jahr 2011 hat er gesagt:

> „Ich hoffe, dass die zukünftigen Absolvent:innen der MSH Verantwortung für die deutsch-chinesischen Beziehungen übernehmen können und wollen, einschließlich der Förderung der demokratischen Kultur, die wir uns für Deutschland und China wünschen. Ich stelle mir vor, dass sie als junge gebildete Persönlichkeiten Mittler zwischen Ost und West, China und Deutschland werden und für die Aushandlung der Frage, wie wir in dieser Welt zusammenleben wollen, kompetent tätig werden."

Das sind hohe Ansprüche! Und sie sind angesichts der Verwerfungen der letzten Jahre nicht kleiner, sondern größer geworden. Aber ich bin sehr zuversichtlich, dass wir uns mit unserem Schulkonzept und mit seiner praktischen Umsetzung auf dem richtigen Weg befinden.

Hamburg,
1. Juni 2023

(Axel Beyer)

Autor:innenverzeichnis

1. **Axel Beyer** hat das Erste und Zweite Examen für das Lehramt an Gymnasien in den Fächern Geschichte und Biologie absolviert. Er war mehrere Jahre Geschäftsführer der *Deutschen Gesellschaft für Umwelterziehung* und Koordinator der weltweiten Umweltauszeichnung *Blaue Flagge* für die Bundesrepublik Deutschland. Er war der Initiator und Koordinator von *Energiesparen in Schulen* in verschiedenen Bundesländern. Er hat das große Projekt *Umweltschule in Europa* in Deutschland initiiert und bundesweit koordiniert und zu einer erfolgreichen Auszeichnung für Allgemein- und Berufsbildende Schulen in allen Bundesländern gemacht. Er war der Initiator und ist Gründungsschulleiter der Modernen Schule Hamburg. In dieser Funktion ist er bis heute tätig.

2. Frau **Yun Dörr** ist gebürtige Chinesin. Sie hat Computerwissenschaft an der Lanzhou Universität in China studiert. Anschließend hat sie eine pädagogische Ausbildung mit Berechtigung zur Arbeit als Hochschuldozentin absolviert und sich dafür beim chinesischen zentralen Bildungsministerium qualifiziert. Danach hat sie 12 Jahre an der Lanzhou University of Finance and Economics als Dozentin gearbeitet. Von 2002 bis 2010 hat sie an mehreren Sprachschulen in Hamburg als Chinesischlehrerin gearbeitet, u.a. an der Chinesischen Schule Hamburg. Dort unterrichtete sie hauptsächlich chinesische Kinder und Jugendliche, die in Hamburg leben. Für diese Arbeit hat sie vom Staatsrat der Volksrepublik China einen *Exzellenzpreis für Chinesischlehrer im Ausland* erhalten und wurde dafür vom Generalkonsul der Volksrepublik China in Hamburg ausgezeichnet. Sie hat schon vor Gründung der MSH mit den Initiatoren zusammengearbeitet und dann von Beginn an, also seit 2010, an der Schule Chinesisch und Mathematik unterrichtet. Sie ist Koordinatorin für Chinesisch an der MSH und zuständig für den Aufbau und die Entwicklung des Chinesischunterrichts. In dieser Funktion ist sie Schulleitungsmitglied. Sie ist maßgeblich für den Aufbau des Schüleraustausches mit der Fremdsprachenschule in Xi'an verantwortlich.

3. Frau **Guo Ying** ist gebürtige Chinesin. Sie hat Sprachwissenschaften an der Technologie-Universität in Tianjin studiert und einen akademischen Abschluss in Erziehungswissenschaften an der Pädagogischen Hochschule in Tianjin erworben. Sie war von 2013 bis 2021 Lehrerin an der MSH mit dem Fach Chine-

sisch. Sie war am Aufbau des Schüleraustausches mit der Fremdsprachenschule in Xi'an beteiligt.

4. **Matthias Kießner** ist Österreicher und hat in Graz studiert. Er ist Lehrer in den Fächern Englisch, Sport und Informatik. Er unterrichtet seit 2016 an der MSH. Er ist Schulleiter des Gymnasiums und aus freien Stücken Initiator und Verantwortlicher für die Entwicklung digitalen Unterrichts und zuständig für die digitale Infrastruktur der MSH.

5. **Sarah-Fay Koesling** ist Grundschullehrerin mit Erstem und Zweitem Examen in den Fächern Deutsch, Religion und Englisch. Sie unterrichtet seit 2015 an der MSH und leitet die Grundschule. In dieser Funktion ist sie Schulleitungsmitglied. Sie engagiert sich für den Aufbau der demokratischen Unterrichtskultur an der MSH. Ein weiterer Arbeitsschwerpunkt ist die Kommunikation mit den Eltern.

6. Dr. **Hilbert Meyer** ist emeritierter Professor für Schulpädagogik an der Carl von Ossietzky Universität Oldenburg. Seine Arbeitsschwerpunkte sind Allgemeine Didaktik, Unterrichtsmethodik und Unterrichtsentwicklung. Er hatte wiederholt Gastaufenthalte an chinesischen Universitäten, u.a. an der Nanjing University, an der East China Normal University Shanghai, an der Beijing Normal University, an der Anhui Normal University Wuhu und an der Hefei University for Applied Sciences in Hefei. Er kennt die MSH aus Unterrichtshospitationen und Fortbildungsveranstaltungen. Er hat mehrere Veröffentlichungen in deutscher, englischer und chinesischer Sprache zur Allgemeinen Didaktik, zur Unterrichtsentwicklung und zur Vergleichenden Erziehungswissenschaft herausgegeben.

7. Dr. **Meinert Arndt Meyer** (1941-2018), der zehn Minuten ältere Zwillingsbruder von Hilbert Meyer, war Professor für „Erziehungswissenschaft unter besonderer Berücksichtigung der Schulpädagogik mit dem Schwerpunkt Allgemeine Didaktik" an der Universität Hamburg. Seine Arbeits- und Forschungsschwerpunkte waren Bildungsgangdidaktik, Gymnasiale Bildung sowie Historische und Vergleichende Erziehungswissenschaft. Er war maßgeblich an der Gründung der MSH beteiligt. Er reiste zu Besuchen und Vorträgen u.a. an die Universitäten Beijing, Wuhan, Shanghai und Wuhu. Er hat mehrere Veröffentlichungen in deutscher, englischer und chinesischer Sprache zur Allgemeinen Didaktik und zur Vergleichenden Erziehungswissenschaft vorgelegt.

8. **Constanze Möricke** hat ihre Wurzeln im künstlerisch-darstellerischen Bereich. Nach einem mehrjährigen Engagement im Ballettensemble der Staatsoper Unter den Linden (Berlin) hat sie in mehreren Musicals mitgewirkt. An der Staatlichen Ballettschule Berlin hat sie ein Diplom als Staatlich geprüfte Bühnentänzerin erworben. Ihr Arbeitsschwerpunkt ist der Bereich Tanz und Bewegung. Sie ist zertifizierte Nia-Lehrerin und unterrichtet dieses Fach an der MSH seit 2011.

9. Herr Dr. **Ren Ping** ist seit 2022 Juniorprofessor an der Universität Guangzhou (*Canton*), Volksrepublik *China*. Er ist an der Universität Hamburg mit einer von Meinert Meyer betreuten Dissertation mit dem Titel „*The students have been spoilt previously* – A Case Study on the Professionalization of Chinese Language Teachers in Hamburg" promoviert worden. Er hat zahlreiche Veröffentlichungen in deutscher, englischer und chinesischer Sprache zur Allgemeinen Didaktik und zur Vergleichenden Erziehungswissenschaft vorgelegt.

10. **Tiyama Saadat** ist seit der 1. Klasse Schülerin an der MSH. Sie hat ihr Abitur im Jahr 2023 mit Chinesisch als Prüfungsfach abgeschlossen. Darüber hinaus hat sie die *Hanyu Shuiping Kaoshi*-Prüfung auf der vierten Stufe gemeistert. Im Jahr 2022 hat sie im internationalen Wettbewerb „Chinese Bridge 2022" in Deutschland den 2. Platz belegt.

11. **Franziska Trautmann** ist Gymnasiallehrerin mit Erstem Staatsexamen und einem Master Abschluss in European Studies (Geschichte, Wirtschaft, Jura und Politik). Seit 2021 unterrichtet sie an der MSH. Sie ist Klassenlehrerin der 6. Klasse und unterrichtet die Fächer Englisch, Geschichte und Geographie.

Abbildungsverzeichnis

Vorwort:
- Abb. 1, Seite 8: Foto „Bildübergabe Meyer an Beyer" (Sibylle Hummel)
- Abb. 2, Seite 10: „Nashorn" (Meinert Meyer)

Kapitel 1:
- Abb. 1, Seite 13: „Schulgebäude" (Axel Beyer)
- Abb. 2, Seite 17: Foto „Axel Beyer" (Sibylle Hummel)
- Abb. 3, Seite 20: „Wilhelm von Humboldt" (Bildarchiv Meinert Meyer)
- Abb. 4, Seite 24: „Tor zur Verherrlichung der Wahrheit" (Yun Dörr)
- Abb. 5, Seite 25: Kalligraphie 勤学苦练 („Fleißig lernen und hart üben")
- Abb. 6, Seite 35: „Nia", aquarellierte Zeichnung (Meinert Meyer)
- Abb. 7, Seite 42: „Demokratieerziehung", aquarellierte Zeichnung (Meinert Meyer)

Kapitel 2:
- Abb. 1, Seite 53: „MSH mit Tulpe" (Meinert Meyer)
- Abb. 2, Seite 57: „Flugblatt" (Axel Beyer; Fotos: Sibylle Hummel)
- Abb. 3, Seite 69: „Jan" (Meinert Meyer)

Kapitel 3:
- Abb. 1, Seite 73: „Nashorn" (Meinert Meyer)
- Abb. 2, Seite 75: „Bildungsgang" (Meinert Meyer)
- Abb. 3, Seite 78: „Immanuel Kant" (Bildarchiv Hilbert Meyer)
- Abb. Seite 86 (ohne Abbildungsnummer): „Eule" (Emily Giang)

Kapitel 4:
- Abb. 1, Seite 91: „Reise in den Westen" (Sophia-Linda Chen)
- Abb. 2, Seite 103: Foto „Bildgeschichte zum Hasen" (Helga Volquards)
- Abb. 3, Seite 104: „Wir basteln Masken und erzählen eine Geschichte" (Yun Dörr)
- Abb. 4, Seite 105: „Malen des Zeichens yáng" (Helga Volquards)
- Abb. 5, Seite 118: „Fächertanz" (Iris Born)
- Abb. 6, Seite 118: „Neujahrsfest" (Iris Born)
- Abb. 7, Seite 119: Foto (1): „Jiaozi" (Iris Born)
- Abb. 8, Seite 119: Foto (2): „Jiaozi" (Iris Born)
- Abb. 9, Seite 119: „Laternenfest" (Yun Dörr)
- Abb. 10, Seite 120: „China Time" (2) (Yun Dörr)

- Abb. 11, Seite 121: „Sieben Preisträgerinnen schulintern" (Yun Dörr)
- Abb. 12, Seite 122: „Xiangqi-Turnier" (Uwe Frischmuth)
- Abb. 13, Seite 124: „Brief" (Zeng Haoting)
- Abb. 14 und 15, Seite 129: „Schriftzeichen"
- Abb. 16, Seite 134: Foto „Xiu Chunmin" (Li Mian)

Kapitel 5:
- Abb. 1, Seite 137: „Tiyama Saadat" (Hilbert Meyer)
- Abb. 2, Seite 140: „Lehrerin spielen" (Bildarchiv Saadat)
- Abb. 3, Seite 146: Chinese Bridge

Kapitel 6:
- Abb. 1, Seite 150: „Besuch aus China" (Helga Volquarts)
- Abb. 2, Seite 151: „Schulgebäude Xi'an" (Fototeam der Fremdsprachenschule Xi'an)
- Abb. 3, Seite 152: „Pausengymnastik" (Yun Dörr)
- Abb. 4, Seite 153: Gedicht „Freundschaft" von Wang Bo (Kalligrafie: Jing Jie)
- Abb. 5, Seite 153: „Die Schulleiter Zhang Huaibin und Axel Beyer mit Buddelschiff" (Sibylle Hummel)
- Abb. 6, Seite 156: „Gruppenfoto auf dem Schulhof in Xi'an" (Dang Xiaoxiang)
- Abb. 7, Seite 156: „Aufwärmübung vor einer Kampfsportübung in Xi'an" (Guo Ying)
- Abb. 8, Seite 157: „Kalligrafieunterricht" (Guo Ying)
- Abb. 9, Seite 157: „Erhu-Instrument spielen" (Guo Ying)
- Abb. 10, Seite 157: „Scherenschnitte" (Guo Ying)
- Abb. 11, Seite 158: „Vor dem Terracotta-Museum im Regen" (Li Yuqi)
- Abb. 12, Seite 158: „Foto vor dem Glockenturm" (Li Yuqi)
- Abb. 13, Seite 158: „Stadtspaziergang" (Zhu Shan)
- Abb. 14, Seite 159: „Empfangsfoto in der MSH" (Claudia Engelhard)
- Abb. 15, Seite 160: „Chinesische Schülerinnen mit Kalligrafie" (Claudia Engelhard)
- Abb. 16, Seite 160: „Segeln an der Alster" (Yun Dörr)
- Abb. 17–19, Seite 161: Grußbotschaften
- Abb. 20, Seite 164: „Austauschschülerin Mara" (Claudia Engelhard)

Kapitel 7:
- Abb. 1, Seite 169: „Schülerinnen meiner vierten Klasse" (Yun Dörr)
- Abb. 2, Seite 170: „John Dewey" (Karsten Friedrichs-Tuchenhagen, © Cornelsen)
- Abb. 3, Seite 179: „Klar Schiff" (Asia Salvini)
- Abb. 4, Seite 181: „Schutzengel" (Mathilda Kuhn)
- Abb. Seite 194 (ohne Abbildungsnummer): „Eule" (Catlaya-Diantha Kunze)

Kapitel 8:
- Abb. 1, Seite 202: „Matthias Kießner" (Julia Schinwald)

Abbildungsverzeichnis

Kapitel 9
- Abb. 1, Seite 224: Eigener Screenshot aus der Arbeit mit Tinkercad
- Abb. 2, Seite 226: Eigener Screenshot eines von einem Fünftklässler programmierten Spiels
- Abb. 3, Seite 227: Programmierung eines Spiels durch eine Fünftklässlerin (Franziska Trautmann)

Kapitel 10:
- Abb. 1, Seite 238: Nia-Bewegungen (1) (Adelina Möricke)
- Abb. 2, Seite 238: Nia-Bewegungen (2) (Adelina Möricke)
- Abb. 3, Seite 239: „Five Stages" (nianow.com/Nia-5-Stages)
- Abb. 4, Seite 241: „Basic-Übung" (Constanze Möricke")
- Abb. 5, Seite 242: „Freedance" (Constanze Möricke)
- Abb. 6, Seite 242: „Bewegungsübung" (Constanze Möricke)
- Abb. 7, Seite 246: „Nia in Pandemiezeiten" (Constanze Möricke)

Kapitel 11:
- Abb. 1, Seite 258: „Was die Leute von 4K halten" (Jöran Muuß-Merholz mit Zeichnungen von Hannah Birr)

Kapitel 12:
- Abb. 1, Seite 267: „Meyer & Beyer" (Helga Volquards)
- Abb. 2, Seite 274: „Münze" (Hilbert Meyer)

Kapitel 13:
- Abb. 1, Seite 282: „Unterricht in Xi'an" (Guo Ying)
- Abb. 2, Seite 287: „Ye Lan" (Bildarchiv Hilbert Meyer)
- Abb. 3, Seite 289: „Oberflächen- und Tiefenstrukturen" (Hilbert Meyer)
- Abb. 4, Seite 292: „Li Qilong" (Hilbert Meyer)
- Abb. 5, Seite 293: „Peng Zhengmei" (Hilbert Meyer)
- Abb. 6, Seite 296: Grafik „DREI-SÄULEN" (Hilbert Meyer, © Cornelsen)
- Abb. Seite 304 (ohne Abbildungsnummer): „Eule" (Asia Salvini)

Sach- und Personenregister

A

Abitur
- Abiturfächer 145, 252 f., 256, 260
- Aufgabenfelder 251
- unter Aufsicht 253
- Belegverpflichtungen 252
- externes Abitur 252
- im Fach Chinesisch 99, 110, 145, 252, 256, 260

Abschlusskreis 186, 276
Allgemeinbildung **18–23**, 46, 85, 249, 283
Anmeldezahlen (Schüler:innen) 30 f., 35, 64, 271
Arbeitsbündnis 80 f., 137, 176, 295
Arbeitsplatz
- Lehrer:innen 173, 202
- Schüler:innen 180

Aufnahmeverfahren Gymnasium (in China) 130 f.
Auszeichnungen (der MSH) 210, 280
Autonomie, Autonomieerfahrung 76 f., 82, 283, 290
Autorität *siehe Lehrer:innenautorität*

B

Bedürfnis 79, 182 ff.
Belastung, zeitliche 129
Belohnung und Bestrafung 174 f., 181
Benner, Dietrich 249, 288, 292
Beobachtung, teilnehmende 37
Beobachtungsbogen des IfBQ 38 f.
Berufsbildung/Berufsorientierung 22 f., 248
„Besonderes pädagogisches Interesse" 15, 58
Betriebsklima 269, 305

Bewegung 64, 235–247
Biesta, Gert G. 285
Big Data 228 f., 259
Bildung, Bildungsbegriff 18, 77 f., 290
- als Transformationsprozess 22, 284
Bildungsarbeit, ganzheitliche 80, 170, 247
Bildungsgang 47, **79**, 137, 270
Bildungsgangdidaktik 14, **73–87**, 137, 203, 267, 295
Bildungsgangforschung 84, 270
Bildungstheorie 14, **19–22**, 74, 77, 274, 285, 291
Blankertz, Herwig 22 f., 77 f., 274
Botschaft der VR China 134
Buddha, Buddhismus 91, 117

C

China
- als Kooperationspartner 56, 113, 305, 307
- als Kulturnation 15, 26, **114–116**, 123, 138, 145, 152, 273
- als Vielvölkerstaat 275

Chinakompetenz 112, 155, **272**, 276, 305 f.
CHINA-TIME 120, 141
Chinese Bridge 122, 146, 148
Chinese Proficiency Test (HSK) 41, **108–110**, 140, 215
Chinesisch 17, 31, 40, 44
- Aussprache 99–101, 108
- Bildungspotenzial 23–27
- Grammatik 101 f.
- Pinyin 99–101
- Radikal (Wurzelzeichen) 95
- Schrift, Schriftzeichen 23–26, 95–99, 129

- Striche, Strichreihenfolge 98, 104
- Wörterbuchnutzung 100 f.
- Wortschatz 99, 109

Chinesischdidaktik 44–46, 305
Chinesischlehrer:innen 62 f., 92, 115, 132 f., 139, 272, 305
Chinesischunterricht 32, 41, 44, 61, 66, **91–136**, 137–147
- als Abiturfach 99, 110, 145, 252, 256, 260
- Curriculum 41, 44 f., 47, 106 f.
- Grundschule 91–136
- Gymnasialstufe 61, 110, 255 f.
- Kompetenzorientierung 111, 284, 297
- Lerntempo 41, 94, 98, 106, 129
- Lesen 111, 141
- mit digitalen Medien 103, 215
- als Pflichtfach 17, 41, 75, 92, 271
- Propädeutik 92
- Schreiben 104, 111
- Sprechen, Reden 103, 107, 145
- Schulbuch 61
- Üben 106, 130
- Unterrichtsmethoden 102–107, 126 f., 132 f.,
- Zuhören und Nachsprechen 104

Chinesisch-Wettbewerbe **120–122**, 139, 146, 280
CLIL (Content and Language Integrated Learning) 27, 40 f.
code switching 191
Corona-Pandemie 142 f., 161, 181, **217 f.**, 245 f., 261
Curriculum, -entwicklung, -theorie 41, 75, 79, 106 f., 110, 285, 291

D

dào, Daoismus 24, 117
Das Gesicht wahren/verlieren 32, 116
Das-schaffe-ich-Mentalität 68
Demokratie, demokratisch 23, 27, 82, 170, 268
Demokratiebewegung 275

Demokratiedefizit 46
Demokratieerziehung 42 f., 170–172, 187
Demokratieförderung 27 f., 63, 169, 276
Demokratisch Leben und Handeln lernen 137, **169–172**, 269, 276
Deng, Zongyi 285, 291
Denken, kritisches 20, 210, 257, 260, 283
Deutsch-Chinesische Gesellschaft 17, 56
Deutsch-Ecke 102
Deutsche Gesellschaft für Umwelterziehung 54 f., 267
Dewey, John 27 f., 42, 81, **170–172**, 268, 276, 286, 288
Dialektik, dialektisch 20, 76, 80, 295
Didaktik 79 f., 284, 298
- bildungstheoretische 291, 298
- chinesische 285–288, 291
- persönliche 48

Didaktikdialog, chinesisch-deutscher 45, 161, 273, **282–304**
Didaktikmodelle 285 f., 292, 298
Differenzierung, innere 32, 41, 71, 93
Digitalisierung 202–220, 257, 283, 297 f.
- Chancen und Risiken 231
- Euphorie und Frustration 208
- Fördermittel 216
- Fortbildung 206
- im NaWi-Unterricht 221–234

Digitalkompetenz (der Schüler:innen) 203–205, 259
Digitalkonzept der MSH 209–213
- Fünf-Jahres-Plan 216
- Lernplattform 206 f.
- Präventionsarbeit 209, 222, 232
- Rahmenplan 214
- Schülergeräte 209
- Software 211, 223

digital literacy 219, 283, 298
DigitalPakt Schule 209, 216
Ding, Bangping 285, 291
Distanzunterricht 142–144, 217 f., 230, 246
Disziplin, diszipliniert 32, 174, 246
Disziplinlosigkeit 71, 306

Drei-Säulen-Modell (der Unterrichtsentwicklung) 47, 295 f.
Dreisprachigkeit 15, 26, 33, 60, 306
Drohnen 228, 230

E

East China Normal University Shanghai 287, 292
Edelstein, Wolfgang 28
Edison-Roboter 227
EINE-WELT-DIDAKTIK 298
Eltern, Elternarbeit 36, 59, 60 f., 117, 178, 203, 217
Emanzipation 78, 290
embryonic society 82
Englisch 21, 26, 40, 44, 70, 190, 261, 271, 283
Englischunterricht
- an der MSH 61, 204, 211
- in China 131

Entfremdung 20
Entwicklungsaufgaben 82
- der Lehrer:innen 47, 63
- der Schüler:innen 31, 47, 79, 82 f., 85, 137

EPA Chinesisch (der KMK) 44 f.
Erfahrung 81, 170, 172
Essen, chinesisches und deutsches 118 f., 141, 163
Evaluation (der MSH) 16, 37-44
Experimentalschule 79

F

Fachdidaktik
- chinesische 44–46, 305
- interkulturelle 71 f.

Fachgruppe, Fachkonferenzarbeit 72, 132, 278
Fachlehrer:innen 176, 217
Fachunterricht 62, 64, 249 f.
Fachverband Chinesisch e.V. 111 f., 114, 272 f.
Fächerkanon 18-23, 60 f., 75, 297

Fend, Helmut 291
Feste und Feiern 117–119
Filmserien, chinesische 138, 146 f.
Finanzierung (der MSH) 270
flash card 102 f.
Fleiß, fleißig 25, 93, 174
flipped classroom 232
Fördern, individuelles und gemeinsames 32, 127, 131
Fortbildung 132, 216
Fragebogen (Grundschule) 197–201
Freiheit 20, 78 f., 169
Freunde und Feinde 273, 305
Frontalunterricht 106, 128 f., 132, 295 f.
Führung 20, 76, 295
„Fünf Rückgaben" 288

G

Gemeinsamer Europäischer Referenzrahmen (GER) 111
Genehmigungsprozess 15 f., 33
Generalkonsulat Hamburg 133 f.
Gesundheitserziehung 306
Giraffensprache 182
Globalisierung/De-Globalisierung 23, 48, 114, 216, 231, 283, 291, 298, 306
GmbH 270
Grammatik 101 f., 214
Griechisch 21 f.
Gründungsphase MSH 14 f., 55 f., 267 f.
Grundformen des Unterrichts 295–297
Grundschulunterricht an der MSH 14–16, 102–108, 139, **169–201**, 278
Gymnasialunterricht an der MSH 110, 145 f., **248–263**, 278

H

Habermas, Jürgen 274
Haltung 170
Hamburg-China-Gesellschaft 17, 56
Hanyu Shuiping Kaoshi-Test 41, **108–110**, 140, 144, 215
Harmonie 290

Hattie, John 32, 43, 48, 173, 276, 285, 294
Helmke, Andreas 289
Herbart, Johann F. 286, 288, 292
HSK-Prüfung *siehe Hanyu Shuiping Kaoshi*
Humboldt, Wilhelm von 19–22, 77, 273, 290, 305

I

IfBQ (Institut für Bildungsmonitoring und Qualitätsentwicklung) 47
Immersion, immersiv 27, 40, 70, **93 f.**, 102, 128, 190
Immersionsunterricht 94, 102
Individualisierung 32, 68 f., 93, 269
Individualität, Individualitätsprinzip 20, 171, 274, 290
Infrastruktur, digitale 202-209
Instruktion, direkte 295 f.
Interesse 79, 171
Internationalität
- der Bildungsarbeit 254
- des Kollegiums/der Schüler:innen 65, 261, 272

J

Jahresberichte zur Evaluation der MSH 13, 38, 43, 46
Jiaozi 118 f., 141

K

Kalligraphie 15, 153, 159 f.
Kalligraphieunterricht 105, 157
Kant, Immanuel 78, 274, 292
Kinderbücher, -lieder 103 f., 107, 138, 141
Kinderspiele 103
Klafki, Wolfgang 18, **22**, 77, 85, 292
Klarschiff-Stunden 179 f.
Klassenbuch, digitales 177
Klassenfahrten (nach China) 155-159
Klassenführung 32, 45, 71, 76, 289 f., 295
Klassengemeinschaft 128 f., 170, 180, 185, 296

Klassenlehrer:innen 169, 174, 176, 190, 217
Klassenrat, Klassensitzung 156, 186–188, 195 f.
Klassenraum 118, 151, 180, 203
Klassensprecher:in 188 f.
Klebezettel 176
Klima, lernförderliches 125, 277
Klingberg, Lothar 77, 295
Körperbewusstsein 235, 241
Kollaboration 210, 257
Kollegium (der MSH) 31, 70, 206, 208, 213, 217
Koller, Hans Christoph 22
Kommunikation 23, 170, 210, 257
- gewaltfreie 182–184
- sinnstiftende 277
Kompetenz
- Begriff 297
- didaktische 83 f.
- digitale 203, 206, 223
- interkulturelle 110, 113, 115–117, 124, 128, 255, 272
- kommunikative 92, 111, 257
- 4K/21st Century Skills 23, 210, 257, 261
Kompetenzentwicklung 20, 111, 132, 298
Kompetenzerfahrung 82, 283
Kompetenzorientierung 111, 284, 297
Kompetenzstufen (Chinesisch) 111 f.
Ko-Konstruktion 234
Konflikt, Konfliktbearbeitung 181, 276
Konfliktgespräch 183 f.
Konfuzius 24 f., 107, 114, 290
Konfuzius Institut Hamburg 109, 119, 122, 133
Konzentrationsfähigkeit 129, 241
Konzept, pädagogisches (der MSH) 26–29, 165, 250–262
Kooperation/Kooperationsfähigkeit 23, 232, 283
Kreativität 23, 210, 257
Kritisieren, Kritikfähigkeit 20, 117, 287

Kultur,
- chinesische 14, 26, 109, **114–116**, 123, 138, 145, 152, 272
- demokratische 307

Kulturrevolution 115, 286, 299
Kulturveranstaltungen 105, 115
Kurs „Forschen und Entdecken" 221–234

L

Laptop, Laptopwagen 205, 222
Laternenfest 119
learning by doing 81, 171
Lehramtsstudium Chinesisch 113, 305
Lehren 74, 76, 294
Lehrergehälter 279
Lehrer:innen 62 f., 70, 132 f., 272, 305
Lehrer:innenautorität 116, 128, 147, 171
Lehrerteam 102
Lehrerzentriertheit 129, 289, 294 f.
Lehrer-Schüler-Verhältnis 28, 84, 172 f., 203, 233
Lehr-Lernforschung 76, 290
Lehr-Lernmittel, digitale 210, 219
Leistungsbewertung 29, 47
Leistungsdruck 178
Leistungsentwicklung 35 f., 47
Lernbox 177
Lerneifer 289
Lernen 74, 76
- mit digitalen Medien 202-220
- forschendes 260
- interkulturelles 28
- lehrerzentriertes 129, 289, 294 f.
- als chinesisches Schriftzeichen 25, 129
- selbstbestimmtes 174
- selbstgesteuertes/selbstreguliertes 20, 82, 175, 294

Lernerfolg 35 f., 48, 94, 277, 279, 288 f.
Lernkultur (chinesische) 106
Lernplattform, digitale 206 f.
Lernsoftware 211 f., 223
Lernspiele 177, 225, 229
Lernstandserhebung 16, 36, 46 f.

Lerntempo 41, 106, 127, 129
Lernzeiten 29, 175–178, 295
Lesen 111, 141
Li Bingde 286
Li Qilong 292
Li Zhengtao 292
Lobrunde 187

M

Mädchen, Mädchenbildung 143, 233, 243
Medien, digitale 102 f., 176, 208, 211, 215, **221–234**, 259, 261, 297 f.
Medienmündigkeit 221
Meer-von-Aufgaben-Strategie 130
Mehrsprachigkeit 190
Methodenwahl 132
Methodenvielfalt/-tiefe 126 f., 133
Microsoft® Office 207
Microsoft®Teams 142, 232
Migrationshintergrund 33, 140, 272
Mittagessen 42 f.
Modern Enterprise 19, **210–213**, 216, 259, 297, 306
Morgenkreis 185 f.
Motivation 82, 174 f., 223, 233
Mündigkeit, mündig 20, **77 f.**, 171, 274, 290
Musik, Musikunterricht 40, 230, 239

N

Namensgebung 268
Nashorn 10, 73
NaWi-Unterricht 221–234
negotiation of meaning 81
Neubert, Stefan 172
Neujahrsfest 105, **118**, 139, 141
Nia (Neuromuscular Integrative Action) 34 f., 64, 235–247

O

Oberflächen- und Tiefenstrukturen 288, 297
Oberstufe (der MSH) 145 f., 248–263
- didaktisches Konzept 254
- Profil Digital 249
- Profil International 255
- Studienstufe 248

Oberstufenfächer 251 f., 256, 260

P

Partizipation 172, 186
Peng Zhengmei 114, 290, 292, 299
Persönlichkeit, Persönlichkeitsbildung **19–22**, 48, 77, 219, 235, 290, 307
Personalentwicklung, -einstellungen 31, 70 f., 279
Pflichtfach Chinesisch 17, 41, 75, 92, 271
Philosophie
- chinesische 115, 273–276
- deutsche 20, 78, 274

Pinar, William F. 285 f.
Pinyin 99-101, 215
PISA-IV 289, 299, 306
Planarbeit 29, 296
Portfolioarbeit 29
Power-Stil 71
Präsenzunterricht 217
Privatschule 14, 16, **56–58**, 257, 260, 268
Profilbereiche (der Oberstufe) 250, 256, 260
Profiloberstufe 249–252
Programmieren 225, 227 f.
Projekt, Projektarbeit 28, 47, 179, 230, 260, 270, 296
Prüfungen **108–110**, 140, 144 f., 152 f., 252 f.

Q

Qualitätsentwicklung, -sicherung 47, 60, 133, 270
Qualitätskriterien 125–128

Quereinsteiger
- Schüler:innen 35 f., 41, 65, 110, 144, 178, 278
- Lehrer:innen 236, 279

Qin Shihuangdi 123, 150

R

Radikal (Wurzelzeichen) 95
Rahmenplan Digitalisierung 214
Recherchieren 232
Reflexion 81, 84, 171
Reise in den Osten 92, 124
Reise in den Westen **91**, 117, 122, 138, 299
Respekt 117, 128, 268, 289, 299
Re-Kontextualisierung (von Vorgaben) 291
Rhythmisierung (des Unterrichts) 32 f.
Rolff, Hans-Günter 269
Rosas, Debbie & Carlos 235
Rosenberg, Marshall B. 182

S

Sach-Fachunterricht
- bilingual 70
- interkulturell 115

Scham, öffentliche 116, 178
Schreiben 104, 110 f., 204
Schlüsselprobleme 85
Schriftzeichen 23–25, **95–99**, 110 f., 129
Schülerfeedback 28, 43, 173
Schüleraustausch 150, 155–165, 306
Schüler:innen auf der MSH 66, 277 f.
- Geflüchtete 67
- Nationen 65, 261
- Selbstvertrauen 68
- soziale Zusammensetzung 64–68, 143, 190, 278

Schülerzahlen, -anmeldungen (an der MSH) 30 f., 59, 64, 271, 278
Schulalltag 36 f., 60, 125–132
Schulaufsicht 75, 268
Schulautonomie 77
Schulbehörde Hamburg **14–16**, 43, 56, 110, 248, 268

Schulbuch 61, 210
Schule
- in freier Trägerschaft 14, 16, **55–58**, 75, 86, 268, 270
- internationale 66, 271
Schulgebäude 17, 271
Schulgeld 14 f., 56, 67, 271
Schulgemeinschaft 170, 185
Schulhof 118, 151, 181
Schulinspektion (Hamburg) 38 f.
Schulkultur 107 f., 306
Schulleiter/Schulleitung 16 f., 31, 60, 150, 153, 205
- Berufsbiografie Beyer 54 f.
- kollegiale 278
- Leitungsteam 268
Schulpartnerschaften
- Xi'an (VR China) 123 f., 150–165, 232
- Thaddeus-Stevens-School (USA) 142, 270
Schulwahl 66 f.
Schutzengelprinzip 180
Scratch 225
Selbstbestimmung 80
Selbstbewusstsein 61, 173
Selbstregulation/-steuerung 20, 82, 84, 175, 257
Selbstständigkeit, selbstständig 78, 257
Selbsttätigkeit 76, 295
Selbstwertgefühl 173
Selbstwirksamkeitserfahrung 174 f., 181
Service learning 179
Shanghai 46, 282, 287
Shi Liangfang 286
Singen 107, 146
Sinnkonstruktion 81 f., 127, 137
Smartboard 94, 103, 138, 202
Smartphone 221
Software 223
Solidaritätsfähigkeit 23, 299
Sonderungsverbot 15, 58, 277
Spaß (beim Lernen) 25, 94, 129, 131, 139–141, 176, 233, 243, 278
Sprachbad 94

Sprache **19–23**, 93, 109, 116, 138, 272
Sprachenwahl 17, 21 f., 26, 60, 145
Sprachlehrer:innen 62, 132 f., 305
Sprachprüfungen (Chinesisch) **108–110**, 140, 144 f.
Sprachunterricht 17, 62
- kompetenzorientierter 111
- fächerübergreifender 229 f.
Sprach- und Kulturwettbewerbe 120–122
Sprechen 103, 111, 229
Studienstufe der MSH 248
Studierfähigkeit 249
Stundentafel
- Grundschule 51
- Gymnasium 52
- in der Pandemie 218
Suchtprävention 213, 232

T

Tablets 216
Taiwan 275, 307
Teamkompetenz 283
Terrakotta-Armee 150
Thingiverse.com 225
Tiangxia (Alles unter dem Himmel) 273, 305
Tierkreiszeichen 138
Tinkercad 223 f.
Tools, digitale 217, 222, 230
Trends, didaktische 294-298
Türkisch 17

U

Üben, Übungsaufgaben 25 f., 29, 77, 126, 128, 130, 177, 240
Uljens, Michael 285, 291
Umweltschule in Europa 54 f.
Universalität 20
Universität Hamburg 14, 37, 73, 133, 282
Unterricht
- bildender 283
- demokratieförderlicher 63
- als dialektischer Prozess 76 f.

- fächerübergreifender 214, 229
- immersiver 17, 93
- kompetenzorientierter 111, 284, 297
- kooperativer 296
- individualisierender 93, 147, 294, 296
- jahrgangsstufenübergreifender 47
- trilingualer 16, 34, 44

Unterrichtsfächer 18 f., 250, 256, 260
Unterrichtskultur 29, 80, 277
Unterrichtsmethoden 102–107, 106 f., 126 f., 132
Unterrichtsqualität 125–128
Unterrichtssprache 16, 33, 102, 190
Urteilsfähigkeit 23

V

Verantwortung,
  Verantwortungsübernahme 20, 22, 48, 77, 169, 175, 179, 181, 283, 305
„Verschimmelter Käse" 287
Verstehen-Nichtverstehen 21, 307
Verwaltungsgerichtsverfahren 15, 58
Vielfalt, reflektierte 298
Vorlesen 42

W

Wang Bo 152
Wang Cesan 286 f.
Wasserschreibtuch 105
Weiqi 121, 157
Weltethos 299
Weltgesellschaft 28

Weltordnung 273-275
Weniger, Erich 75, 77
Wettbewerbe **120–122**, 139, 146, 148
Whiteboard 177
Wissenschaftspropädeutik 249
Wortschatz (Chinesisch) 99, 109
Wurzelzeichen (Radikal) 95 f.

X

Xi'an 150
Xi'an-Fremdsprachenschule 123, 139, 141, **150–165**, 232, 305
Xiangqi 121, 157
Xiu Chunmin 134

Y

Ye Lan 286-288
Youth Chinese Test 108

Z

Zehnerkatalog „Guter Unterricht" 125–128
Zehn-Finger-Tippen 214, 222
Zeichentrickfilm 103, 117, 138
Zhao Tingyang 273 f., 290, 305
Zwang 76, 78

21st Century Skills 23, 210, 257
3D-Druck 222–224, 231, 259 f.
4K-Kompetenzen 257, 261

Harry Friebel

An den Nationalsozialismus erinnern

Entwicklung der Erinnerungskultur
und zukünftige Perspektiven.
Ein Essay

2023 • 99 Seiten • kart. • 12,00 € (D) • 12,40 € (A)
ISBN 978-3-8474-2739-1 • eISBN 978-3-8474-1909-9

Was war der Holocaust damals und wie wirkt der Holocaust heute noch? Harry Friebel betrachtet den Themenkomplex „Erinnerungskultur" aus einer interdisziplinären Perspektive und untersucht Motivationen, Bedeutungen und Interessenlagen auf verschiedenen Ebenen. Besondere Aufmerksamkeit wird der Wechselseitigkeit von Täter- und Opferperspektive innerhalb der NS-Diktatur und im Leben der Nachkommen in einer multikulturellen Moderne gewidmet. Abschließend diskutiert der Autor die Frage, wie eine Erinnerungskultur für die Zukunft aussehen kann.

www.shop.budrich.de

Manfred Liebel

Kritische Kinderrechtsforschung

Politische Subjektivität und die Gegenrechte der Kinder

2023 • 284 S. • kart. • 34,90 € (D) • 35,90 € (A)
ISBN 978-3-8474-2708-7 • eISBN 978-3-8474-1876-4

Das Buch beleuchtet die Debatte und Forschung zu Kinderrechten. Es macht auf Themen aufmerksam, die bisher vernachlässigt wurden, und skizziert neue Konturen und ethische ebenso wie politische Herausforderungen einer kritischen Kinderrechtsforschung, die sich den Kindern als sozialen Subjekten verpflichtet sieht. Es greift hierzu Diskussionen auf, die im Globalen Süden, insbesondere in Lateinamerika geführt werden.

www.shop.budrich.de

Neue Reihe

Pädagogische Einsichten: Praxis und Wissenschaft im Dialog

Die Reihe strebt an, in alltäglichen pädagogischen Erfahrungen und in wissenschaftlichen Studien gewonnenes Wissen im Bildungswesen bekannt zu machen. Die Reihe beruht auf der Einsicht, dass sowohl in pädagogischen als auch in wissenschaftlichen Arbeitsfeldern wertvolle Erkenntnisquellen erschlossen werden. Sie sollen aufeinander bezogen und wechselseitig in verständlicher Sprache zugänglich gemacht werden. Jedes der Bücher trägt dazu bei, Brücken zwischen Praxis und Theorie zu bauen.

Bände der Reihe:
Band 1: Schulen inklusiv gestalten (ISBN 978-3-8474-2651-6)
Band 2: Auffälliges Verhalten in der Schule (ca. Oktober 2023, ISBN 978-3-8474-2747-6)
Band 3: Unterrichtsstörungen und Konflikte im schulischen Feld (ca. November 2023, ISBN 978-3-8474-2748-3)

www.shop.budrich.de